国资国企改革经验案例丛书

改革样本

国企改革"双百行动"案例集（上）

国务院国资委改革办　编
国务院国资委新闻中心

机械工业出版社
CHINA MACHINE PRESS

本书分上、下两篇,以案例形式系统地总结并展现了81家中央企业所出资的"双百企业"和67家地方"双百企业"的改革实践,力求对更多国有企业提供有益的借鉴。本书值得政府领导、国有企业管理者、国资国企相关工作人员和国资国企改革研究人员等读者阅读。

图书在版编目(CIP)数据

改革样本.1,国企改革"双百行动"案例集.上/国务院国资委改革办,国务院国资委新闻中心编.—北京:机械工业出版社,2020.10(2024.1重印)
ISBN 978-7-111-66806-0

Ⅰ.①改… Ⅱ.①国… ②国… Ⅲ.①国企改革-案例-中国 Ⅳ.①F279.21

中国版本图书馆CIP数据核字(2020)第200807号

机械工业出版社(北京市西城区百万庄大街22号 邮政编码100037)
策划编辑:李 鸿 责任编辑:李 鸿 李 前 李 璐
责任校对:赵晓晨 责任印制:单爱军
封面设计:高鹏博
北京虎彩文化传播有限公司印刷
2024年1月第1版·第9次印刷
170mm×242mm·51.5印张·659千字
标准书号:ISBN 978-7-111-66806-0
定价:169.00元

电话服务　　　　　　　网络服务
客服电话:010-88361066　机 工 官 网:www.cmpbook.com
　　　　　010-88379833　机 工 官 博:weibo.com/cmp1952
　　　　　010-68326294　金 书 网:www.golden-book.com
封底无防伪标均为盗版　机工教育服务网:www.cmpedu.com

编 委 会

主　任：郝　鹏

副主任：翁杰明　彭华岗

成　员：尹义省　季晓刚　周巧凌

　　　　杨景百　闫　永　李鹏飞

　　　　付　强　王　硕　邢　越

　　　　李鹏程　宇　帆　汤鹏飞

　　　　王鹏起　骆呈军　王成龙

　　　　张　德　郭大鹏

前言

党的十八大以来,以习近平同志为核心的党中央全面加强对深化国有企业改革的领导,部署、推动国有企业改革进入新时代。国企改革"1＋N"政策体系基本建立,改革的顶层设计日臻完善;"十项改革试点"梯次展开,探索形成了一大批改革经验。2018年8月,国企改革"双百行动"正式启动,这是贯彻落实习近平总书记关于抓改革落实落地、抓基层探索创新和把改革工作重点放到解决实际问题上等一系列重要指示、批示精神的重要举措,也是破解国企改革重点难点问题、纵深推进各项改革任务的迫切需要,更是一项强调系统性、整体性、综合性、协同性的国企改革专项工程。其根本目的就是要全面落实国企改革"1＋N"政策体系,全面应用前期各专项试点取得的经验成果,有效打通各项政策要求落实落地的"最后一公里",着力培育一批国企改革尖兵,充分发挥引领示范带动作用,切实提升国企改革的综合成效。

两年多来,在"双百九条""两个操作指引"等更具针对性、操作性的政策指导下,广大"双百企业"大胆探索、锐意创新,迎难而上、动真碰硬,在改革的一些重要领域和关键环节迈出了实质性步伐,取得了显著成效。一大批"双百企业"积极稳妥、分层分类推进混合所有制改革,在"混资本"的同时着力"改机制",各类所有制企业取长补短、相互促进、共同发展的改革红利逐步显现。一大批"双百企业"持续完善法人治理结构,科学划分各治理主体权责边界,不断加大授权放权力度,公司治理发生了深刻变化。一大批"双百企业"着力健全市场化经营机制和激励约束机制,积极推进各级经理层成员的任期制和契约化管理,主动探索推行职业经理人制度,全面实施市场化用工,不断优化工资决定和增长机制,有序调整企业内部收入分配结构、拉开收入分配差距,灵活开展多种方式的中长期激励，广大干部职工的活力动力得到了有效激发。一大批"双百企业"加大解决历史遗留问题力度，下大力气推进"三供一业"和市政社区分离移交、厂办大集体改革、退休人员社会化管理等工作，率先实现了轻装上阵。广大"双百企业"将加强党的领导和党的建设贯彻改革发展工作始终，将党建工作与生产经营深度融合，以高质量党建引领高质量发展，企业领导人员担当作为的意识进一步提升，企业领导班子和人才队伍建设水平显著增强，企业内部改革发展、干事创业的良好氛围更加浓厚。

目前，"双百企业"中已经涌现出北新建材、中车株洲所、郑煤机、万华化学等一大批治理结构科学完善、经营机制灵活高效、党的领导坚强有力、创新能力和市场竞争力显著提升的改革尖兵。"双百行动"在中央企业内部和各地国资国企系统内部都形成了明显的示范效应和辐射效应。不少中央企业和地方国资委都主动按照"双百行动"的工作思路和要求，在本企业、本地区同步指导和推动其他所出资企业对标"双百企业"，找差距、补短板、抓落实，统筹协同实施综合性改革，"双百行动"以点带面、星火燎原的改革态势已经初步形成。

为落实推进"国企改革三年行动"，更好地总结应用、复制推广"双百企业"的好经验、好做法，我们以案例形式系统总结并展现了81家中央企业所出资的"双百企业"和67家地方"双百企业"的改革实践，力求对更多国有企业提供有益的借鉴，发挥"他山之石、可以攻玉"的积极作用。

面向未来，"双百企业"要继续坚持问题导向、目标导向、效果导向，聚焦"五突破、一加强"目标任务，突出重点、探索创新，精准发力、务求实效。广大国有企业要主动学习借鉴和应用"双百企业"的改革经验，综合运用有利于激发企业活力、提高运营效率的改革举措，促进改革发展高效联动，充分发挥国有企业在优化结构、畅通循环、稳定增长中的引领带动作用，确保在更高起点、以更大力度推动更深层次的改革取得新进展、新突破、新成效。

本书编写组

目 录

前言

上篇 中央企业

1. 坚守改革初心 为高质量发展汇聚磅礴之力
   中国核工业二三建设有限公司 ·········· 3

2. 借势"双百行动" 跑出改革加速度
   中国核工业华兴建设有限公司 ·········· 9

3. 以科研院所整合为契机 打造铀矿冶一体化价值链
   中核矿业科技集团有限公司 ·········· 14

4. 敢于创新 勇于突破 推动高质量发展
   湖南航天有限责任公司 ·········· 19

5. 聚焦目标谋突破 改革创新勇担当
   海鹰航空通用装备有限责任公司 ·········· 25

6. 积极推进"混改" 勇做凿破军民融合壁垒的"破冰者"
   合肥江航飞机装备股份有限公司 ·········· 30

7. 深入推进"双百行动" 改革发展迈上新台阶
   内蒙古北方重工业集团有限公司 ·········· 36

8. 坚持"四个引领" 推动"四个升级" 打造国际一流的高端装备制造集团
   武汉重型机床集团有限公司 ·········· 43

9. 以国际化、市场化、职业化为目标 助推改革落实落地
   中国航发商用航空发动机有限责任公司 ·········· 51

10	深入推进岗位管理改革　助力高质量快速发展
	昆仑能源有限公司 …… 57

11	以"联量计酬"为基础　构建"三位一体"的激励约束机制
	中国石化润滑油有限公司 …… 61

12	以契约化管理为突破口　推进机制改革走深走实
	中石化石油机械股份有限公司 …… 66

13	大力推行职业经理人制度　增强增长内生动力
	中石化易捷销售有限公司 …… 72

14	聚焦市场竞争能力　发挥改革示范作用
	中海油安全技术服务有限公司 …… 77

15	以"三项制度"改革为突破点　全面激发内生动力
	中海油田服务股份有限公司 …… 83

16	完善业务布局　推进"三项制度"改革　推动企业驶入发展"快车道"
	国网电动汽车服务有限公司 …… 89

17	以生态共建打造央企发展互联网的一面旗帜
	国网电商公司（国网金融科技集团） …… 94

18	深化综合性改革　提升核心竞争力　开拓高质量发展良好局面
	南瑞集团有限公司 …… 100

19	规范治理　搞活机制　老国企主动求变走市场化改革之路
	广东电网能源发展有限公司 …… 106

20	坚持两个"一以贯之"　全力打造南网能源深改模式
	南方电网综合能源股份有限公司 …… 112

21	健全激励约束机制　激发科技创新活力　打造科研企业改革"样板"
	南方电网科学研究院有限责任公司 …… 119

22	推进治理体系和治理能力现代化　打造供电企业改革"样板"
	深圳供电局有限公司 ·················· 124

23	深化改革新作为　释放改革新红利
	山东新能泰山发电股份有限公司 ·················· 130

24	以产业协同战略为引领　以股权多元化为突破
	华电江苏能源有限公司 ·················· 135

25	深化市场化改革　推动高质量发展
	华电重工股份有限公司 ·················· 141

26	以"混"促"改"　探索实践国企"混改"新途径
	中国长江电力股份有限公司 ·················· 146

27	以改革为动力　凭机制添活力　将职业经理人制度改革推向深入
	三峡资本控股有限责任公司 ·················· 151

28	推动综合改革　破解发展困局
	神华包神铁路集团有限责任公司 ·················· 156

29	全面实施综合改革　打造企业高质量转型发展的强大引擎
	北京国电龙源环保工程有限公司 ·················· 162

30	以"混改"为契机　走生态协同发展之路
	联通智网科技有限公司 ·················· 167

31	聚焦"三项制度"改革　激发企业内生动力
	咪咕文化科技有限公司 ·················· 172

32	向改革要动力　为发展添活力
	中国移动通信集团终端有限公司 ·················· 177

33	以市场化改革为抓手　以健全激励约束机制为动力
	长春一汽富维汽车零部件股份有限公司 ·················· 181

34	全面深化综合改革　激发内生动力和发展活力
	一重集团大连工程技术公司 ·················· 186

35	扎实推进海外党建　着力保障国际化经营
	中工国际工程股份有限公司 ·················· 191

36	持续深化"三项制度"改革整装进发
	东方锅炉股份有限公司 ······················ 197

37	以改革创新集聚持续发展动力　推动实现跨越式发展
	成都积微物联集团股份有限公司 ·············· 203

38	多点突破　功勋企业焕发活力
	西南铝业（集团）有限责任公司 ·············· 209

39	激发企业活力　实现逆势提升
	宁波中远海运物流有限公司 ·················· 215

40	做好有企业家精神的"当家人"
	东方航空物流股份有限公司 ·················· 220

41	多措并举　强化激励　加快建设科技创新型精细化工企业
	中化国际（控股）股份有限公司 ·············· 225

42	坚定推进股权多元化和体制机制改革　提升竞争力和创新动力
	中化能源股份有限公司 ······················ 229

43	攻坚克难求突破　改革创新见实效
	中钨高新材料股份有限公司 ·················· 233

44	立体推进　持续创新　转型再升级
	中建一局集团第二建筑有限公司 ·············· 239

45	深化"三项制度"改革　激发公益类企业高质量发展的内生动力和活力
	中国储备棉管理有限公司 ···················· 244

46	以"混改"为发展赋能 打通新兴产业转型之路
	中国国投高新产业投资有限公司 ········· 250

47	率先"混改" 带动治理体制及激励约束机制变革
	招商路凯国际控股有限公司 ········· 255

48	以重组为契机 以改革为抓手 推动转型升级
	中国旅游集团旅行服务有限公司 ········· 260

49	共担风险 共享收益 跟投机制为创新创业提供有效保障
	新时代健康产业(集团)有限公司 ········· 266

50	多维并举 深化改革促发展
	中特物流有限公司 ········· 271

51	改革创新 以新担当、新作为引领高质量发展
	中国煤矿机械装备有限责任公司 ········· 276

52	坚持创新驱动深化改革 助力企业高质量发展
	中煤科工集团西安研究院有限公司 ········· 282

53	引"战投" 转机制 探索科研院所创新转型发展
	中钢集团马鞍山矿山研究总院股份有限公司 ········· 287

54	坚持市场化导向、多元化激励 激发企业活力
	北京钢研高纳科技股份有限公司 ········· 292

55	调整布局结构 创新体制机制 系统推进改革和转型升级
	中国化学工程重型机械化有限公司 ········· 298

56	深化混合所有制改革 提升企业发展质量
	中国盐业股份有限公司 ········· 303

57	全方面深化"混改" 推动实现高质量发展
	北新集团建材股份有限公司 ········· 308

58	深化改革创新　激发院所活力　全力建设创新型现代企业
	中材高新材料股份有限公司 …… 313

59	以深化改革为动力　激发企业经营活力
	中智人力资源管理咨询有限公司 …… 318

60	全面推进综合性改革　打造企业内生发展力
	中车株洲电力机车研究所有限公司 …… 322

61	创新海外党建　共促经营生产
	中铁国际集团有限公司 …… 328

62	着力解决历史遗留问题　探索创新企业发展模式
	中铁二十三局集团有限公司 …… 334

63	做好改革文章　打造国内领先的综合地产投资开发集团
	中交房地产集团有限公司 …… 339

64	加速转型发展　国之重器升级核心动力
	中交疏浚（集团）股份有限公司 …… 346

65	建立职业经理人机制　创新混合所有制企业管控模式
	中农发种业集团股份有限公司 …… 352

66	打造"两山"理论高水平转化的千岛湖样本
	杭州千岛湖发展集团有限公司 …… 358

67	深化"三项制度"改革　建立市场化激励机制
	中国工艺集团有限公司 …… 365

68	以综合改革为契机　做强世界铸管行业领导者和冶金行业领先者
	新兴铸管股份有限公司 …… 370

69	强激励　深挖潜　促发展　借力"双百行动"东风推动高质量发展
	重庆市泽胜船务（集团）有限公司 …… 376

70	以科技促创新　以融合求发展
	中航材利顿航空科技有限公司 ·········· 381

71	引资本　优治理　转机制　以"双百行动"助力转型升级
	中国能源建设集团湖南省电力设计院有限公司 ·········· 386

72	稳步推进混合所有制改革成效显著
	中国黄金集团黄金珠宝股份有限公司 ·········· 392

73	"三能"改革敢动真　"赛马"选材效果好
	中国广核新能源控股有限公司 ·········· 397

74	打造以岗位为核心的人力资源体系　助力实现战略领先和价值领先
	中广核核电运营有限公司 ·········· 402

75	聚深化改革之力　推动高质量发展
	北京易华录信息技术股份有限公司 ·········· 407

76	以"混"促"改"　打造优质互联网营销生态
	深圳市易平方网络科技有限公司 ·········· 412

77	多层次推进激励约束机制改革　激发科技型企业人才活力
	西安西电电力系统有限公司 ·········· 417

78	坚持问题导向　以改革激发企业创新创效活力
	武汉中铁伊通物流有限公司 ·········· 424

79	强化改革激励　加快科技创新
	中铁物轨道科技服务集团有限公司 ·········· 429

80	发挥金融服务功能　助力央企高质量发展
	国新资本有限公司 ·········· 435

81	探索国资监管与市场化机制有效结合的基金运作模式
	中国国新基金管理有限公司 ·········· 440

上篇

中央企业

1

坚守改革初心　为高质量发展汇聚磅礴之力

中国核工业二三建设有限公司

一、基本情况

中国核工业二三建设有限公司（以下简称"中核二三"）是中核集团所属三级子企业，是中国规模最大的核工程综合安装企业，是国际上唯一一家连续30余年不间断从事核电站核岛安装的大型企业。中核二三先后承接了国内40台核电机组的安装任务，市场占有率达85.1%，拥有联合国国际原子能机构（IAEA）授权的"核电建设国际培训中心"。中核二三以"双百行动"为契机，紧紧围绕"五突破、一加强"目标任务，深入推进综合性改革，截至目前，已完成22项改革任务，累计完成率为78.6%，按期实现各项节点目标，取得了重要阶段性改革成果。2019年，中核二三全面完成各项经营指标，营业收入首次突破百亿元大关。

二、主要做法

（一）完善市场化经营机制，激发内生动力

一是优化调整组织机构。为建立与市场化经营相适应、精简高效的管理机构，中核二三围绕"强军兴核优民"发展战略，推行了近年来最大规模的组织机构改革。中核二三成立了军工事业部，整合组建核能事业部、

建设事业部；总部职能部门由原来的14个调整为12个，直营生产单位由原来的7个调整为4个；两级机关岗位编制总数减少22.31%，总人数减少20.12%，驻京人数减少25.64%，每年直接降低两级总部人工成本3 375万元。

二是深化实施"三项制度"改革。中核二三坚持"四个不唯"、打破"论资排辈"，总部部门正副职、事业部领导班子成员全体起立，面向全公司和社会公开竞聘，共计143人参与竞聘44个管理岗位，领导干部"能上能下"机制得到充分运用。中核二三注重加大基层一线干部的选拔力度，新提拔中层干部中有35%来自基层；注重年轻干部提拔，处级干部平均年龄下降至44岁；推动职业经理人制度体系建设，选拔认定高级职业项目经理20名、中级职业项目经理25名、后备级职业项目经理14名，建立了职业项目经理人才库。

三是重塑优化薪酬分配体系。为建立市场化、差异化的薪酬分配制度，重塑公司激励与约束机制，中核二三形成了"一个目的、二个导向、三个倾斜"的全新薪酬体系，解决了"该高不高、该低不低"的问题，同级别、同岗位工资根据绩效浮动最高可相差1倍。"一个目的"即打破原有岗位设置，推动大岗位管理机制，完善岗位任职资格管理，理顺岗位、岗级及薪档关系，打通员工职业发展通道。"二个导向"即坚持业绩导向，做到真考核、真激励，让项目经理分享超额利润，实现超额收入；坚持贡献导向，专项表彰为公司做出特殊贡献的组织和人员。"三个倾斜"即坚持向科技人才、专家人才、技能人才倾斜；坚持向现场一线人员倾斜；坚持向军工倾斜。

（二）强化激励约束机制，激发员工干事的激情

一是推行岗位分红激励措施。为解决公司创新能力不足、科研成果转化率低等问题，中核二三按照"定资格、定总额、定对象、定业绩、定分

配、定管理"的方式，积极探索岗位分红激励，建立了规范的岗位体系和评估体系，明确了岗位序列与岗位价值，加大激励政策向科研人员倾斜力度。按照中核集团批复要求，中核二三针对科研项目的管理与技术岗位等250余个岗位实施岗位分红，预计2019—2021年累计发放岗位分红款1500余万元，实现科研员工利益与公司利益捆绑，有效促进公司创新能力整体提升。2019年，中核二三荣获专利授权达40项，较2018年增长56%，有效提升了公司在行业中的核心竞争力，巩固了公司在国内军工、核电安装领域的"排头兵"地位。

二是推广模拟股份制。为提高公司民用项目部二次经营能力、安全管控能力、施工组织能力、物资管理能力及质量监督能力，2018年，中核二三选取神华榆林项目部作为项目模拟股份试点单位，发布项目模拟股份实施方案，与项目核心骨干员工签订股权协议、收缴风险抵押金。实施模拟股份制后，民用项目部全体参股人员的积极性、责任心、成本意识、风险管控意识明显增强。该项目部最终实现超额利润170万元，经严格按协议进行考核与兑现，参股人员共计分红92.58万元。在总结成功经验的基础上，2020年，中核二三在多个新开工民用项目复制、推广了该方案。

（三）探索混合所有制改革，增强核心竞争力

一是并购重组中核城建，提升建安一体化能力。为实现"调结构、补短板、提能力、扩规模"的战略目标，中核二三通过并购控股成立了中核城建，快速弥补了土建能力短板，提升了建安一体化能力，助推了产业链延伸，扩大了经营规模，增强了企业活力与市场竞争力。2019年8月完成并购重组后，中核城建在2019年9—12月即实现营业收入25.21亿元，利润总额达1.65亿元；同时，中核二三获得了投资收益率高达196%的良好回报。同时，为推进契约化、市场化、职业化管理，完善市场化经营机制，在中核城建开展职业经理人试点，中核二三发布了"两办法"并与中

核城建职业经理人签署了"两书"。2019年,中核城建经营业绩考核结果为优秀,实现业绩与薪酬同升同降,达到了增强公司活力及市场竞争力的目的,为后续推进"双指引"的落地奠定了坚实的基础。

二是参股新设中核普达,打造智慧核建。为引入国际领先的柔性测量与数据获取、计算与分析技术,智能测控与人工智能技术,中核二三与民营企业合资组建了深圳中核普达测量科技有限公司,将精密测量核心能力应用到连云港项目、福清项目、防城港项目、国际核聚变能源(ITER)计划等重大专项工程中,在工期压缩和质量精控上多次刷新核工程世界纪录,赢得了业界普遍赞誉。同时,中核二三以中核普达作为纽带成立了"智慧核建联合创新工作室",研发出国内首款智能监火机器人"中核北极光1号"、国内首款设计图智能识别仪"中核鸿光1号"、普雅全新安全智能盖板等,自主研发的先进精密三维测量与BIM(建筑信息模型)技术在国核示范项目中得到成功应用,实现了大型模块吊装"零碰撞",为打造智慧核建提供了源源不断的"核动力"。

三是引入"双百基金",实现公司层面股权多元化。为推进完善现代企业制度、健全法人治理结构,中核二三多渠道择优遴选战略投资者,拟引进国改双百发展基金管理有限公司约10亿元投资,借助其资本力量推动实现股权多元化和体制机制创新,达到降低资产负债率、支撑技术研发、拓宽融资渠道、提高公司运转效率与盈利能力的目的。2020年2月,双方已签署合作意向协议书,资产评估、财务与法律尽职调查等相关工作均按计划正在有序推进。

(四)全面加强党的建设,为改革发展提供坚强的组织保证

一是推行基层党组织公推直选。作为中核集团首家探索推广基层党组织公推直选换届单位,中核二三已实现部分基层党委公推直选换届,进一步增强了基层党组织的公信力。二是开展标准化党支部建设。中核二三坚持"四同步""四对接"原则,提出了基层党支部标准化工作方案,党支部设置与生产经营最小管理单元保持一致。三是党建工作队伍持续加强。中核二三成立了"党群工作中心",位列总部职能部门首位,专职党务人员数量按职工总数的1%或不少于所在单位部门平均职工人数配备。四是打造"党建云"平台。中核二三探索把"支部建在连上"转化为"支部建在网上",搭建了集党务管理、党员发展、基层组织监督、党务公开为一体的"党建云"平台,推动了党建信息化,促进了企业改革发展。

三、改革成效

中核二三坚守改革初心,深入开展"双百行动"综合性改革,为助推实现公司高质量发展汇聚磅礴之力,努力推动公司向"世界一流建安企业"迈进。

一是提升经营业绩方面。2019年,中核二三实现营业收入103.06亿元,同比增长23.8%;利润总额达4.64亿元,同比增长29.1%;经济附加值(EVA)为5.34亿元,同比增长16.3%;新签合同额为146.5亿元,同比增长72.1%;任务储备额为312亿元,同比增长80.3%。2020年1—6月,面对疫情影响,中核二三仍保持经济指标快速增长,实现营业收入52.1亿元,同比增长42.6%;实现利润总额2.73亿元,同比增长13.6%;实现经济附加值2.7亿元,同比增长4.6%;新签合同额为43.81亿元,同比增长16.4%;任务储备额为317亿元,同比增长83.3%。一系列的改革措施推动中核二三经营规模、效益迈向新台阶,为其可持续高质量发展奠定了坚实的基础。

二是服务国家战略方面。为保障重大专项工程的顺利实施,中核二三聚焦"强军首责",成立了军工事业部,建立了重大军工项目工程总指挥协调机制,由主要领导挂帅,党委委员分工负责,靠前指挥、督促实施,目前各项重大军工工程推进顺利；合并成立了新的核能事业部，先后承担二代改进型压水堆、先进堆、快堆、AES-91、EPR（先进压水堆）、高温气冷堆、"华龙一号"、AP1000 和 CAP1400 等不同堆型的核岛安装和筹备任务，有力地保障了核电项目的顺利实施，树立了国内外核电建设标杆。

三是履行社会责任方面。为稳定员工队伍，弥补行业原因可能造成的员工家庭问题，中核二三依托现有单位推进"家园植根计划"，建立了华东、华南、华北、西南、西北 5 大基地，让员工以 500 千米为半径就近工作，切实增进了员工的福祉；推进"思想植根计划"，传承和弘扬"两弹一星"精神和"四个一切"核工业精神，积极践行新中核文化理念体系，引导员工价值回归，推动形成了公司与员工共同发展的良好局面。

2

借势"双百行动" 跑出改革加速度

中国核工业华兴建设有限公司

一、基本情况

中国核工业华兴建设有限公司(以下简称"中核华兴")是中国核工业集团有限公司(以下简称"中核集团")的重点成员单位,成立于1958年,至今已走过超一甲子的风雨与辉煌。中核华兴曾承担过我国"两弹一艇"试验基地及多个重要核工程、军工工程的建设,是全球核电建造龙头企业,拥有建筑业"双特双甲"资质。中核华兴主营业务覆盖军工工程、核电工程、市政工程、房屋建筑工程、基础设施工程等领域,致力于发展成为"建筑业全产业链资源整合者和一体化解决方案服务商"。中核华兴以"双百行动"为抓手,紧紧围绕"五突破、一加强"任务目标,全方位、立体化地推动深化改革工作。截至2020年6月底,中核华兴已完成"双百行动"完整台账31项任务中的24项,整体完成率为77%。

二、主要做法

(一)以股权多元化和混合所有制改革为突破口,打通产业链条

一是以"引进来"的"混改"方式,补齐短板,打通产业链条。中核华兴联合优秀民营资本方成立中核华信资本管理有限公司、中核华瑞投资

管理有限公司，致力于补齐公司作为传统建筑企业在金融端的短板，打通了"募投管退"产业链条。截至2019年年底，中核华兴通过"产融结合"模式带动工程建设主业合同金额累计达392亿元，到2020年6月底已累计达到414亿元。

二是以"走出去"的"混改"方式，拓展市场、优化业务布局。中核华兴通过"走出去"并购"混改"方式成立中核港航工程有限公司，填补了中核集团在海工建设领域的空白，补齐了核电工程建设细分专业的短板。中核华兴积极践行"一带一路"倡议，走出国门，成立了跨国混合所有制公司。中核华兴与法国Efinor公司在英国注册成立了合资公司H&E Engineering Ltd.，并以此为平台，成功承接英国欣克利角C核电站HXA厂房储罐项目，为我国核电"出海"增光添彩。

三是通过股权多元化方式，推动商业模式创新和市场开发。中核华兴与无锡市梁溪区政府合资设立了股权多元化公司——中核梁溪投资管理有限公司，深度参与梁溪区棚户区改造、建筑垃圾资源化利用等项目，成功签订了年处理建筑垃圾量30万吨的建筑垃圾循环基地项目；与常州市天宁区政府合资设立了股权多元化公司——中核天成基金管理（常州）有限公司，积极参与常州市天宁区产业园建设，并成功签约了常州中核智能驾驶零部件产业园项目。

四是坚持完善股权多元化和混合所有制公司法人治理结构。中核华兴在下属5家控股的股权多元化或混合所有制企业均建立了分工明确、权责清晰、运作规范、有效制衡的法人治理结构。5家企业均组建了董事会，确立了以董事会为核心的治理模式。5家"混改"企业经理层成员市场化选聘率达61%，国有股东与民营股东派出董事比例均为3∶2，充分遵循了规范治理和市场化原则。

（二）以健全激励约束机制为引擎，不断提高员工干事创业的活力和动力

一是创新经营业绩考核机制，聚焦高质量发展。中核华兴打破以往分板块及百分制经营业绩考核管理格局，创造性地搭建了"经济效益×发展质量-约束性指标"的考核架构。该考核机制聚焦经营指标落实，以效益为导向，以高质量发展为目标。根据2019年经营业绩考核结果，中核华兴所属6家二级单位负责人收入降低，降幅最高达68.2%；10家二级单位负责人收入增加，增幅最高达37.3%，收入差距达到5.7倍。

二是改革薪酬制度体系，实现收入"能高能低"。中核华兴以问题为导向，以解决实际困难为出发点，聚焦公司当期员工薪酬较低、薪酬差距较小的问题，优化薪酬体系并实现差异化。中核华兴通过调整考核周期、加大考核结果影响和增加薪酬档级等措施，使员工当期收入提高30%，同档级员工、考核优秀员工与一般员工收入差距达到1倍，实现了收入"能高能低"。

三是建立健全基层项目激励约束机制。中核华兴结合自身发展情况，完善工程项目激励约束制度，建立了民用工程项目激励奖金。该制度以目标成本为考核基准，项目管理团队承担承包经营风险，分享项目超额利润，实现员工激励与项目效益关联。中核华兴建立了风险共担、利益共享的市场化经营机制，提升了基层项目人员干事创业的积极性和主动性。

（三）全面加强党的领导和党的建设，为"双百行动"保驾护航

一是牢固树立党建质量管理理念，构建党建质量管理体系。中核华兴立足自身行业特点，运用核电站工程质量管理中的"过程方法"工具，以"政治过硬、业绩优良、顾客满意"为目标，依据"管理＋过程"模式，建立了党建质量管理体系。该体系坚决落实党建工作"四同步""四对接"，扎实推进"六个结合"（党组织与生产经营组织设置结合、党组织负责人与经营管理负责人配备结合、党组织的活动与生产经营中的攻坚克难工作结合、党员先锋模范作用与岗位建功立业结合、解决思想问题与解决实际问题结合、政治建设与企业文化建设结合),保证了党建业务标准统一规范,为推进新时代党的建设伟大工程提供了全新的生动实践。

二是完善党建管理目标评价定级,提升标准化水平。中核华兴吸收借鉴核电工程安全质量环保标准化及国际标杆评价理念,建立了《党建质量管理目标评价办法与标准》;根据"政治过硬、业绩优良、顾客满意"3项管理目标实现程度,建立了包含59个维度、331项考核指标的党建质量评价定级体系,为党建工作的开展提供了行动指南和衡量标准。

三是推进党建与生产经营深度融合,打造"双责任区"。中核华兴依托原有的15个基层党建责任区,同步建立起15个党建、安全生产"双责任区"。中核华兴给每位公司领导均安排了责任区,并规定公司领导每季度在责任区开展调研、检查等工作的总时间不少于7天。通过落实"双责任区"制度,中核华兴实现了党建与安全生产齐抓共管、有效融合。

四是发挥党建考核乘数效应,强化刚性激励约束。中核华兴在考核机制方面打破了传统赋予党建、生产经营考核结果各占一定权重的模式,将其改为将党建、生产经营考核结果分别转化为系数相乘,以乘积结果核定领导班子成员年度应发薪酬,变"党建+生产经营"为"党建×生产经营",严格落实管党治党责任,切实将重视党建工作落实到行动上。

三、改革成效

一是收入利润持续增长,高于行业平均水平。2019年,中核华兴完成营业收入189亿元,同比增长21.27%,是2019年我国建筑业整体增长率5.68%的约3.7倍;实现净利润5亿元,同比增长19.88%;全员劳动生产率达到20.76万元/人,同比增长14.13%,各项指标均创历史新高。

2020年上半年，面对突如其来的疫情影响，中核华兴紧扣"深化改革年"总要求，坚持"稳"字当头，持之以恒地做好常态化疫情防控工作，精准施策助力复工达产；实现经营收入105.2亿元，同比增长6.46%，实现净利润2.52亿元，同比增长4.21%。中核华兴承担的"霞浦示范快堆"工程、"国和一号"示范工程、"华龙一号"海外首堆工程等国家重大项目正按计划稳步推进。

二是混合所有制和股权多元化企业迸发出新的发展活力。2019年，中核华兴下属中核港航工程有限公司实现营业收入4.1亿元、利润902万元、新签合同额3.55亿元。中核华兴通过混合所有制改革，快速进入核电站配套海洋工程建设领域。目前，中核华兴下属"混改"企业员工薪资中各类浮动部分的比重已超过50%。2020年，中核华兴实施项目承包激励制度的2个试点项目预计实现激励奖金160万元，涉及员工34人。

三是激励约束机制让员工更有获得感和幸福感。根据2019年公司经营业绩考核结果，中核华兴60%以上的中层干部实现了收入增长，充分调动了各级领导班子推动公司高质量发展的积极性。在基层方面，2019年，中核华兴共有14个工程项目、近700名员工获得民用工程项目激励奖金，激励总金额达到9 177万元，智力要素价值得到进一步体现，责任成本约束进一步落实，项目经营效益得到了进一步提高。

3

以科研院所整合为契机
打造铀矿冶一体化价值链

中核矿业科技集团有限公司

一、基本情况

中核第四研究设计工程有限公司（以下简称"核四院"）成立于1958年，是中国核工业集团有限公司（以下简称"中核集团"）骨干研究设计院所之一，60多年来主要致力于我国铀矿冶工程研究设计工作，是我国天然铀战略保障的主要技术支撑力量，同时在核技术应用及非核民品领域实现了市场化发展。核工业北京化工冶金研究院（以下简称"核化冶院"）成立于1958年，是国内专业从事铀矿采冶、铀化学化工研究的综合性研究机构。2019年7月中核矿业科技集团有限公司（以下简称"中核矿业科技"）成立后，实现了对核四院和核化冶院的一体化融合管理，并以"五突破、一加强"目标为指引，努力继承整合"老"院所资源，在全面推进市场化体制机制改革创新、着力激发市场化发展"新"活力方面取得显著成效。截至目前，中核矿业科技已完成18项改革任务，累计完成率为78.3%。

二、主要做法

（一）增强实力，打造铀矿冶一体化价值链

一是实施战略整合。为担当起中核集团天然铀科研设计平台的战略使

命，核四院坚持战略导向和问题导向，直面发展需求和能力短板，积极寻求重组、融合、协作的机会，在中核集团党组的坚强领导下，推动实施与核化冶院跨体制的战略整合，以新成立的中核矿业科技为核心经营主体，按照市场化经营理念，推进核心价值体系向核心生产能力转变，锻造出一条集科研、设计、工程、产业为一体的铀矿冶科技创新价值链。

二是创新建立现代法人治理结构。核四院在与核化冶院"强强联姻"过程中，按照交叉任职原则，通过冻结核化冶院事业编制，实行党委领导下的院长负责制，落实党委书记、董事长、法人代表"一肩挑"等改革举措，快速实现了"三块牌子、一套人马"顺畅运行；逐步完成了中核矿业科技组织机构优化和干部调配，制定发布了公司基本制度，同步废止了"两院"的相应制度，确保了3家法人单位"三重一大"决策体系有效运行、制度体系全面统一、管理流程顺畅融合。中核矿业科技积极构建"权责对等、运行高效"的现代企业法人治理结构，坚持两个"一以贯之"，创新推进董事会、监事会建设，准确界定董事会、监事会、经理层等治理主体的职责权限和授权体系，协调董事会、监事会与"老三会"（党委会、工会、职工代表大会）角色定位，实现各方职权清晰界定和企业生产经营高效运行。

三是推进市场化股份制改革。核四院按照"敞开门、走出去"的原则，以中核矿业科技为新的发展平台，积极探寻与相关产业、各种企业及各类资本的战略合作机会，不断优化资源配置，放大国有资本功能。

（二）提升动力，突破市场化经营机制

一是实施全员企业化管理。核四院员工100%实现劳动合同制，实施全员绩效考核管理，实现了员工"能进能出"、收入"能增能减"、干部"能上能下"的市场化机制。2018年以来，核四院通过招聘录用并签订劳动合同员工90人，因考核不称职解聘15人；考核称职及以上正常调整薪资

820人次，考核基本称职及以下缓调或降级3人；因工作需要并参照考核结果提拔年轻中层干部20人，因考核基本称职及以下调整中层干部5人。

二是推进混合所有制改革。中核矿业科技按照"控得住、搞得活"的原则推进混合所有制改革。例如，针对下属"混改"企业河北中核岩土工程有限责任公司（以下简称"河北中核岩土"），中核矿业科技一方面利用央企优势及影响力，在董事会5席中占据3席，实现实质控制，确保决策过程中国有资产安全；另一方面对河北中核岩土的日常生产经营充分授权，发挥职工主观能动性和市场化经营优势。

（三）激发活力，创新多维度激励机制

按照"分类实施、试点推进"的原则，中核矿业科技在不同层面、不同维度探索开展了薪酬激励约束机制创新。

一是实施工资总额备案制。中核矿业科技建立了与企业经济效益和劳动生产率挂钩的工资决定和正常增长机制；在分配制度上，对以往"论资排辈""唯职称论"的工资体系进行彻底改革，建立了收入"能增能减"的市场化薪酬机制。

二是推行虚拟股份激励。中核矿业科技以激发民品市场发展活力、留住核心人才为目标，推进了民品业务领域薪酬市场化改革。中核矿业科技在医药化工等民品业务市场发展较为充分的领域实施虚拟股份激励，坚持股份配置以工作岗位和业绩为基础，以股份激励理论为指导，模拟股份制公司运行，风险共担、利益共享。一方面，员工奖酬金分配与部门经济效益直接挂钩，并以风险保证金的形式予以明确；另一方面，员工薪酬分配实施3年滚动兑现，构建了民品业务领域的中长期激励机制，同时为进一步深化股份制改革奠定了基础。

（四）强化定力，将党的领导融入公司治理

一是明确党在公司治理中的领导作用。中核矿业科技将党建工作总体

要求写入公司章程，修订公司党委会工作规则和"三重一大"决策实施办法，明确公司党委会决策（含重大问题前置研究）范围、事项和权限，对党委前置研究公司重要决策事项实行清单化管理，将党组织意见转化为公司意志或经营决策，实现党的领导与公司治理有机融合，从组织上、制度上、机制上确保党委"把方向、管大局、保落实"的领导作用得到充分发挥。

二是完善党组织建设。中核矿业科技按照"四同步、四对接"的总体要求，把党的建设纳入公司改革同步谋划，确保党的工作与业务工作同步开展、无缝对接。中核矿业科技、核四院实现党委书记、董事长"一肩挑"，核化冶院实行党委领导下的院长负责制，充分实现了党对企业的领导；坚持"双向进入、交叉任职"原则，创新工作思路，完善中核矿业科技、核四院、核化冶院"三块牌子、一套人马"党委建设；做到基层党组织和党员管理全覆盖，完成3个总支、42个党支部的组织建设工作。

三、改革成效

一是企业发展实力大幅增强。中核矿业科技注册资本为10亿元，是核四院注册资本的7.5倍，风险承担能力更强。截至2019年年底，中核矿业资产总额达16.7亿元，是2018年核四院资产总额的1.8倍，发展潜力更足；2019年，中核矿业科技实现营业收入10.5亿元，利润总额达到6 937万元，相比2018年"两院"利润总额增长14%，相比2018年核四院营业收入和利润总额分别增长47.9%和111.3%，经营业绩和盈利能力大幅提升。

二是市场化经营及激励效果显著。中核矿业科技下属混合所有制企业经营态势进一步优化，经营管理规范程度进一步提高，经济效益大幅提升，其中河北中核岩土利润总额由2018年的206万元增加至2019年的2

097万元。中核矿业科技虚拟股份激励效果凸显：一方面，相关业务收入大幅提高，2018年河北中核岩土医药化工业务实施虚拟股份后，相比2017年营业收入增长33.4%，2019年再度增长36.7%，年均合同额增长41.4%；另一方面，"企业得发展、员工得实惠"的改革目标得到了充分体现，员工收入年均增长20%左右，职工队伍更加稳定。

三是铀矿冶一体化链条价值凸显。中核矿业科技通过融合核四院、核化冶院的优质资产、资质、人员和业务，在天然铀和共伴生放射性资源开发领域构建了研究-设计-工程-产业一体化的价值链条。2019年以来，中核矿业科技实现了97个在研科研项目同步推进；新增国家重点研发计划重点专项、国家自然科学基金、国防预研基金、核能开发、退役治理专项等各类科研项目（课题）38项，新增科研经费1.5亿元，其中首次牵头获批国家重点研发计划重点专项项目，总经费达7 391万元；实现专利授权48件，软件著作权登记22项，获得"国防科技进步奖"等各类科技奖励23项；获批国家国防科技工业局铀采冶工程验证科研条件建设项目，以及自然资源部放射性与稀有稀散矿产重点实验室。中核矿业科技面向市场积极推进成果转化，开发的地浸二次开发技术在铀矿山得到成功应用，可使矿山服役年限延长5年。

4

敢于创新　勇于突破　推动高质量发展

湖南航天有限责任公司

一、基本情况

湖南航天有限责任公司（以下简称"湖南航天"）的前身〇六八基地成立于1970年，为军工科研生产三线基地，是中国航天科工集团有限公司（以下简称"航天科工"）所属二级子企业，旗下拥有26家单位。经过50年的发展，湖南航天已形成航天装备、新材料、环境综合治理3大产业板块，主营产品覆盖小型导弹武器系统、惯性制导、浮空器、隐身材料、磁性材料、特种防护材料、高分子特种材料、轻质高强合金材料、新材料检测检验、环境治理工程等领域。湖南航天现有总资产114.4亿元，地跨湖南、湖北、北京、广东等地，拥有5个国家级、24个省级工程中心（技术中心和实验室），6个集团公司级工程中心，3个市级技术中心和工业研究院，2个院士专家工作站，2个博士后工作站。湖南航天积极响应国家号召，深化国企改革，于2016年完成公司制改革，并先后被纳入国家发展和改革委员会（以下简称"国家发展改革委"）混改试点和国务院国有资产监督管理委员会（以下简称"国务院国资委"）"双百行动"综合改革单位。

二、主要做法

（一）积极稳妥地推进各项改革工作，圆满完成"混改"任务

一是提高政治站位，强化组织领导。湖南航天党委从思想上、行动上坚决与党中央保持高度一致，切实贯彻落实党中央、国务院重大决策部署，将全面完成"混改"作为2019年的政治任务和头等大事来抓，成立以公司主要领导为组长的专项工作小组，定期召开专题会，研究解决重点、难点问题。经过深入研究，湖南航天制定了1个"混改"总体实施方案和8项专项工作方案，通过倒排计划，将工作细化到天，并每日召开调度会，协调推动工作，确保按时完成"混改"增资工作。

二是优化资本结构，提高主业集中度。湖南航天综合分析技术发展趋势与外部市场环境，在原有产业结构的基础上，优化资本结构，聚焦航天装备、新材料、环境综合治理"一主两翼"产业布局，先后剥离2家非主业公司，清理退出了10家不符合主业发展方向的"小、散、弱"企业，处置了2批闲置资产，主业集中度由2016年的71%提高至2019年的90%以上，为企业吸引外部投资者创造了有利条件。

三是遵循市场规则，贯彻"四引"方针。湖南航天遵循市场规则，加大"混改"项目的推介力度，通过在北京产权交易所、南京召开项目推介会，向市场传递"混改"项目信息，确定领投方；接受领投方聘请的专业机构开展尽职调查，明确投资即"投人、投势、投诚、投心"，体现公司高管推进公司转型发展的决心、信心和责任心，获得了市场及投资人的认可；将"引机制、引资源、引智力、引资金"方针贯彻始终，选择赋能投资人。

四是充分沟通解释，坚守红线底线。湖南航天加强组织、落实责任，确定重点投资机构具体负责人及责任领导，24小时内回复投资者关注的问

题，累计答复问题391条，共215页，并积极跟进投资人内部决策进度。在"混改"增资合同谈判阶段，湖南航天坚持"不保底、不回购、不对赌"，在不突破航天科工党组决策意见和挂牌方案的基础上，既坚守红线底线，又回应投资人合理要求。湖南航天专业、务实、高效的作风得到了投资人的充分认可。

五是优选战略投资，实现股权多元化。湖南航天以"产业协同、创新协同、资源协同、人才协同"为导向，优选战略投资者，重点引进与湖南航天具有较强协同性的4家投资人，在超募资金6.63亿元的情况下，按照协同能力分配投资额度，最终引入社会资金13.37亿元，实现了股权多元化。航天科工对湖南航天的持股比例由100%降至68.35%，由此赋予湖南航天"创新机制新动能、协同发展新势能、资本运作新效能、高端人才新聚能"。

（二）持续完善市场化经营机制，增强企业活力

一是持续完善公司法人治理结构，为市场化经营机制提供基础保障。湖南航天勇于担当、大胆创新，着力完善法人治理结构、提升决策效率，通过外部投资方推荐董事、设立独立董事，构建平衡各方利益的核心决策平台，形成了定位清晰、权责对等、运转协调、制衡有效的法人治理结构；通过将股东大会、董事会、监事会、经理层相关职权写入公司章程，将股东大会、董事会议、监事会议和总经理办公会相关议事规则制度化、规范化，实现了公司治理制度化、体系化和规范化。

二是建立市场化选聘机制，着力推行职业经理人制度。在党管干部的前提下，湖南航天以市场化为导向，以内部培养和外部引进相结合，畅通身份转换通道，切实落实市场化选聘机制，改变传统的选人用人方式，加大职业经理人市场化选聘比例，各级次企业累计选聘职业经理人16名，全部实行任期制和契约化管理。

三是完善市场化薪酬分配机制,充分激发全员干事创业积极性。湖南航天充分运用市场手段调节收入分配,设置差异化的薪酬项目,强化目标导向与责任落实,相同职级管理人员之间薪酬差距平均达 1.5 倍左右,充分引导薪酬分配向"能担当者、高绩效者、干成事者"倾斜,确保相关人员在物质上得到应有回报、精神上得到有效激励。

四是建立中长期激励机制,全级次推行骨干员工持股。湖南航天依照国务院国资委对"双百企业""试出边界"的总体要求,在充分征求员工意见的基础上,先行制定和推进本级骨干员工持股框架方案,**拿出湖南航天总股本的 2%**,用于重点激励对公司经营业绩和持续发展有直接或较大影响的核心技术人员和经营管理人员,充分激活干部职工干事创业热情;同时,按照"因企施策、循序渐进"的原则,制定了湖南航天中长期激励指导意见,全面推进所属单位骨干员工持股,具备条件的 9 家所属单位股权激励方案成熟一家落实一家,形成企业和员工利益绑定、共同发展的"双赢"局面。

(三)妥善解决历史遗留问题,实现"轻装上阵"

一是清晰划定资产边界,完成土地确权及处置。湖南航天历史遗留问题复杂,事业企业混编,土地权属不清。自开展"双百行动"以来,湖南航天先后完成了土地确权、土地价值评估、划拨地收储等工作,土地权属逐步清晰明确;通过与湖南省政府积极沟通协商,完成公司本级土地置换;利用土地处置资金进行新园区建设,实现了城市区域规划布局与企业科研生产条件的"双提升"。

二是考虑自身对地形地貌和隐蔽工程的了解,采取"先改造、后移交"的方式,率先完成"三供一业"分离移交工作,综合工作进展位居全长沙市 87 家央企之首。2018 年,湖南航天实现 24.3 万平方米、3 252 户职工家属区供水、供电、物业改造和移交地方政府管理,得到航天科工、地方政府和社区居民的广泛认可,有效减轻了企业包袱,实现了"轻装上阵"。

三是加强与地方政府沟通,积极疏导职工情绪,顺利完成退休人员社会化管理。退休老同志航天情结深,心理上对社会化移交有抵触情绪。湖南航天主动开展政策宣贯和思想动员工作,邀请政府人员到现场解释、答疑,并确保在移交后继续关怀老同志。2018年,湖南航天顺利完成1 306位退休人员、636位社区党员移交地方政府的任务,实现了零负面反馈。

三、改革成效

"双百行动"试点是湖南航天实现历史性跨越发展的重要机遇,是推动实现高质量发展的"百年大计"。"双百行动"及"混改"任务的圆满完成有效推动了湖南航天高质量发展,使湖南航天经营业绩实现快速增长,发展战略更加清晰,战略协同优势凸显,形成了可复制、可推广的改革经验。

一是经营业绩高质量快速增长。2019年,湖南航天转型发展成效明显,产业化能力稳步提升,经营质量和风险防控能力不断提升,全年实现营业收入50.14亿元,同比增长17.30%;实现利润总额3.7亿元,同比增长52.91%;位列湖南企业100强中的第79位、湖南制造企业50强中的第37位。2020年,湖南航天克服疫情的不利影响,创新发展方式,上半年实现营业收入23.31亿元,同比增长14.30%;实现利润总额1.71亿元,同比增长49.59%,有效推动了公司高质量发展。

二是发展战略进一步清晰明确。湖南航天借"混改"契机,通过全面梳理产业发展现状,分析找准市场定位,重点布局"一主两翼"产业板块,构建"1圈3链4支撑"的产业结构,进一步清晰明确了战略发展目标。其中,"1圈"是指新材料产业生态圈;3链是指导弹武器系统产业链、临近空间与低空飞行器产业链和环境综合治理产业链;4支撑是指智慧检测能力、智能制造能力、协同创新能力、产融协同能力。

三是协同发展能力进一步提高。本次"混改"引入的4家战略投资者与湖南航天在航天装备及新材料产业上具有较强的协同互补性,进一步提高了湖南航天的协同发展能力和整体竞争能力,赋予了湖南航天"创新机制新动能、协同发展新势能、资本运作新效能、高端人才新聚能"。

四是改革经验可借鉴、可复制和可推广。湖南航天"混改"得到了多方肯定。作为国家第二批混合所有制改革试点中的唯一军工单位,湖南航天争当"强军首责的践行者、市场机制的探路者、跨越发展的推动者、经验模式的示范者、重大决策的执行者",形成了可借鉴、可复制、可推广的改革经验。

5

聚焦目标谋突破　改革创新勇担当

海鹰航空通用装备有限责任公司

一、基本情况

海鹰航空通用装备有限责任公司（以下简称"海鹰航空"）是中国航天科工集团有限公司（以下简称"航天科工"）所属三级企业，成立于2012年12月25日，是北京市高新技术企业。作为航天科工唯一的无人机研发企业，海鹰航空致力于打造国际一流的中高端无人机创新研发和产业化发展平台。海鹰航空聚焦军民2大产业领域，形成产品研制、维修保障和运营服务全产业链商业模式。军用领域重点开展中程高速无人机、临近空间长航时无人机、隐身长航时无人机、高速长航时察打一体无人机和靶机5大类产品研制和保障服务，靶机及带飞平台在国内海军试验鉴定市场占据稳定份额，隐身长航时无人机突破了多项关键技术，实现了国内首型隐身长航时无人侦察机最高飞行纪录。民用领域面向边防、气象等各行业应用，创新构建系统级解决方案，积极整合社会优质资源，探索商业模式创新，打造"天鹰"无人机品牌，为经济建设及行业发展做出了贡献。

二、主要做法

（一）引入市场机制，激发企业活力

海鹰航空成立了民用无人机事业部，缩短了市场营销与产品研发之间

的管理链条，融合民用市场营销与产品研发职能，建立了面向市场的快速响应团队；按照项目制管理模式，成立了靶机项目部，进一步提升了靶机及带飞平台市场开拓和批量化生产管理能力。在统筹管理、统一指导的制度框架下，海鹰航空以目标考核为导向，研究制定了公司市场营销体系运行及激励办法，通过建立与市场接轨的经营分配机制，彻底激活并释放事业部及项目部的活力；通过一系列管理制度的出台，营造了"海阔凭鱼跃，天高任鸟飞"的企业氛围，最大限度地激发了企业活力。

（二）加快社会成熟型人才引进，优化人才引进管理机制

海鹰航空率先推行市场化选聘高级管理人员，成功引进1名职业经理人和3名市场总监；持续加大市场化选聘高层次人才力度，大力开展"领军、独当一面、核心骨干"3类人才的引进工作，2019年共引进到位45名社会成熟型人才，有效补充了专业技术和管理人才队伍；积极推进市场化用工方式，制/修订《市场化选聘管理办法》《高层次人才引进管理办法》等多项规章制度，进一步明确了专业人才引进标准；完善全员绩效考核体系，按照专职技术领导/市场总监、中层领导干部及职工分级分类制定考核内容，科学评定公司人员绩效、贡献及职责履行情况，激发了人员的积极性和创造性。

（三）大胆探索薪酬分配制度，推动建立中长期激励机制

海鹰航空借鉴市场概念建立公司薪级体系，将岗位与薪级分开，灵活应对组织变化，打破了以"职称/身份/资历"取薪模式，转变为"依贡献分配，鼓励价值创造"；制定市场总监薪酬管理方案，采用"基薪+考核绩效+市场提成"模式，每年年初与每位总监签署年度责任书，依据责任书的承诺业绩决定总监基本薪酬，依据汇款情况、项目利润及市场拓展难度兑现市场提成，强化总监收入与业绩挂钩程度；持续完善以岗位工资为主体，以协议工资、专项奖励及其他福利保障为补充的多层次、系统化的

正向激励体系。同时，海鹰航空依据《国有科技型企业股权和分红激励暂行办法》等文件，结合资本运营工作路线，充分开展顶层规划，深化内部收入分配制度改革，研究制定了股权激励实施方案。股权激励以增量激励为原则，采取股权出售的激励方式，拟通过持股平台对公司 46 名重要技术人员和经营管理人员实施股权激励，增资额预计为 3 220 万元，增资后国有控股比例为 93.26%，激励对象持股比例为 6.74%。通过建立中长期激励机制，海鹰航空更有益于吸引和留住关键核心人才，使入股员工与企业共享改革发展成果、共担市场竞争风险，强化公司与个人共同持续发展的理念和企业文化。

（四）以"混改"为契机，提升企业核心竞争力

为充分实现由传统科研院所向现代化公司制企业的转型，海鹰航空通过推进此次"混改"工作，以"建设成为具有较强核心竞争力的国有高新技术企业"为目标，编制了"混改"路线图，同时对公司存在的各类经营独立性问题和规范性问题进行了详细梳理，并制定了针对性解决方案。海鹰航空业务结构和管理模式从原有上级部门制订经营计划向现在以公司自有合同为核心开展经营活动转变、相关资产按照法律法规要求进行产权明晰等，进一步夯实了企业的治理结构和市场主体地位，并强化了公司在业务结构和产业链条中的重要性，提升了公司作为现代化企业的核心竞争力。海鹰航空先后与多家投资机构、地方政府进行了对接，并选定 1 家初步投资对象完成了战略投资意向书的签订。

三、改革成效

在"双百行动"改革创新及一系列政策红利的驱动下，海鹰航空保持了快速发展的良好势头，展现出了强大的发展动力和潜力，经营活力显著提升。

(一)聚焦主业夯实发展基础,锐意创新屡创经营佳绩

2019年,海鹰航空经营业绩持续显著提升:实现营业收入3.63亿元,同比增长40%以上;全员劳动生产率达42.39万元/人,同比增长20%以上;经济附加值(EVA)率达18.26%,同比增长60%以上。全年研发费用投入为3944.93万元,共完成40个集团级(含)以上课题立项,总经费达2.6亿元,立项数量和研发经费投入创历史新高。

(二)营销拓展稳固先发机遇,体系思维凝聚资源合力

海鹰航空市场拓展屡创佳绩,行业影响力持续提升。目前,海鹰航空已经形成体系化的供靶、带飞、战术侦察和战术对地攻击等应用场景,在中高端靶机市场占据重要的位置,开创了国内高速无人带飞平台的先河,承担了系统级供靶任务解决方案。海鹰航空民用板块逐步进入国土巡边防控、自然资源管理、气象探测、应急救援保障和海洋巡查监视等应用领域,正在从"卖飞机"转变为"卖解决方案";基于"云服务"打造数据产品和信息服务能力,逐步形成"无人机+云服务"的整体解决方案。

(三)技术创新巩固优势地位,平台发展助推产业升级

海鹰航空技术能力逐步夯实,产业平台初步构建。2019年,海鹰航空共完成12型155架次科研试飞及供靶服务任务,成功率达96%;民用无人机完成154架次年度飞行任务,成功率达99%。同时,海鹰航空密切跟踪军方主战装备、军民融合应用和国内外市场需求,大力发展了隐身长航时无人机、临近空间超长航时无人机和高速长航时察打一体无人机系统关键技术攻关和研制,为后续的型号产品化及应用提供了良好的技术支撑;同步构建了无人机作战和系统总体、平台、任务载荷和应用、测控与信息传输、地面支撑与保障等技术体系,涵盖了无人机系统主要产品和应用的全部环节;同步优化了供应链、成本工程、质量管控等环节,产业化发展平台已初步构建。

（四）机制创新激发治理能效，科学管理护航企业转型

海鹰航空瞄准向现代化企业转型的经营目标，落实董事会对企业中长期发展的决策权、经理层成员选聘权、经理层成员业绩考核和薪酬分配权等权利，建立了授权放权清单，推进了授权放权工作，提高了企业治理能效；持续完善公司治理体系建设，先后在公司内建立完善了科研生产治理体系、绩效与薪酬管理治理体系、市场营销治理体系和风险管控治理体系，有效加强了公司治理效能；积极推进以项目制为代表的营销管理体制创新，进一步优化了资源能力配置，提升了市场响应速度，激发了市场营销活力。

6

积极推进"混改"
勇做凿破军民融合壁垒的"破冰者"

合肥江航飞机装备股份有限公司

一、基本情况

中航机载系统有限公司所属合肥江航飞机装备股份有限公司（以下简称"航空工业江航"）成立于2007年，主营业务聚焦航空装备及特种制冷领域，主要提供航空氧气系统、机载油箱惰性化防护系统、飞机副油箱等航空产品，以及军民用特种制冷产品。发展至今，航空工业江航已成为国内唯一的航空氧气系统及机载油箱惰性化防护系统专业化研发制造基地，也是国内最大的飞机副油箱及国内领先的特种制冷设备研发制造商。此外，航空工业江航系国家高新技术企业、国家认定的企业技术中心、安徽省创新型企业及安徽省产学研联合示范企业、中国制冷空调工业协会理事单位、安徽省航空学会副理事长单位。

二、主要做法

航空工业江航按照"完善治理、强化激励、突出主业、提高效率"的要求，紧密结合集团公司"瘦身健体、提质增效"专项工作稳步推进改革，分为"突出主业，退出非主业领域""引入外部投资者，实施核心员工持股计划""完善治理、强化激励、提高效率,择机上市"三步实施。

(一)突出主业

航空工业江航突出主业,以"1+2"为产业布局,航空产业围绕"建能力、补短板、强专业",非航空防务及民品围绕"双管控、放活力、拓市场、做精品",形成以航空供氧、制氮和副油箱为主,以特种制冷和医疗健康产品为辅的产业格局。

按照国家"瘦身健体、提质增效"的要求,航空工业江航聚焦战略、主业和核心技术,集中优势资源做强做优做大航空主业,增强制冷及医疗健康产业市场竞争力,同时,坚持存续公司能够实现盈利的原则,将非主业资产及与主业无关的土地、房产进行清理或退出。

航空工业江航先后与30多家有意向的战略投资者进行了沟通,多次集中召开了战略投资者沟通见面会并进行路演。期间,先后有7家外部投资者团队到航空工业江航进行尽职调查;同时,航空工业江航对契合度较高的5家战略投资者进行了反向尽职调查。

经过在北京产权交易所挂牌、专业评审和竞争性谈判,航空工业江航最终确定国新资本有限公司、宁波梅山保税港区浩蓝鹰击投资管理中心(有限合伙)(以下简称"浩蓝投资")、中兵宏慕(宁波)股权投资合伙企业(有限合伙)(以下简称"中兵宏慕")、江西省军工控股集团有限公司4家企业为战略投资者。

(二)完善治理

"混改"后,航空工业江航7名董事会成员中有3名董事由原股东推荐,新增职工董事1名,另外3名董事由新股东推荐并选举产生(其中包括1名民营企业推荐的董事);在监事会中,1名监事由原股东推荐,1名为职工监事,1名监事由外部股东推荐。

(三)强化激励、提高效率

航空工业江航在其子公司——天鹅公司试行了市场化选聘职业经理人方式,推进公司内部市场化改革试点;先后制定了《航空工业江航职业经理人管理暂行办法》《职业经理人经营目标与薪酬福利方案》,以确保职业经理人的选聘、职责和权限、考核整体过程可控。

基于公司战略、目标、产业管控模式的再认识,航空工业江航通过对主营业务价值流程的梳理,开展部门职责分析工作,以"控总量、调结构、简机构、精干部"为目标,以精简职能部门和削减辅助人员为重点,稳步实施了"三定"(定岗、定编、定员)工作,实现了全员竞聘上岗。

航空工业江航建立了激励约束机制,通过实施核心员工持股计划,激发员工积极性。持股人员由"长""家""匠"3类人员组成,即公司的经营管理人员、研发技术人员、技能业务核心骨干人员,共计146人,其中"长"占比为8.22%,"家"占比为78.77%,"匠"占比为13.01%。

航空工业江航从领导干部和员工的薪酬管理权限、结构调整、工作业绩考核与绩效挂钩等方面系统设计,统一了公司各岗位薪酬标准,基本化解了同岗不同酬的历史遗留矛盾。同时,航空工业江航将原有薪酬结构调整为固定、浮动和专项3个部分,管理模式调整为两级管理,体现了全新薪酬体系的基本框架和思路,逐步加大了考核力度,基本实现了"按照工作绩效、任务量大小进行分配,实现多干多得、少干少得、不干不得"的目标。

(四)择机上市

2019年3月,航空工业确定了以主要领导担任组长的全面深化改革领导小组为改革领导机构,统筹策划航空工业江航科创板上市实施方案。

航空工业江航成立了资本化运作项目领导小组,分别设立综合推进组、业务规划组、财务内控组、法律合规组4个工作组,分业务线、财务线、法律线三线并行开展工作。同时通过建立项目现场驻场制度、实施前期规范阶段月例会机制、项目重要节点周例会机制、重点问题专题会议机制、备忘录机制和工作时间表等机制，形成良好的内、外部沟通机制，协调处理了推进工作中的相关事项，有效保证了科创板上市工作的稳步推进。

2019 年 11 月 21 日，上海证券交易所正式受理航空工业江航科创板上市申请。2020 年 7 月 6 日，中国证券监督管理委员会（以下简称"中国证监会"）同意航空工业江航科创板 IPO 注册。航空工业江航有望冲击科创板军工央企第一股。航空工业江航在科创板上市，不仅是航空工业积极推动国有资本投资试点的有益探索，而且是体现航空产业高科技含量的重要举措。

历经 3 年多国有军工企业混合所有制改革的航空工业江航正式进入资本化运作阶段，这也标志着航空工业江航即将为国家国有军工企业混合所有改革试点全流程实践开启新阶段。

三、改革成效

（一）注重机制推"混改"

一是充分吸收各类资本参与"混改"。本次航空工业江航引入了央企集团子公司、地方国企、民营企业及员工持股平台等多种经济所有制形态，实现了各种所有制资本取长补短、相互促进、共同发展。

二是把引资本与转机制结合起来，通过产权多元化推动企业法人治理结构完善。航空工业江航通过增加外部董事、监事占比，赋予外部股东充分的发言与决策权。在此基础上，航空工业江航制定了公司章程，各股东按出资比例行权履职，董事会（监事会）决策重大投资、选人用人、薪酬分配等重大事项，初步形成了协调运转、有效制衡的现代公司治理结构。

三是将党的领导融入治理结构。中国航空工业集团党组主要领导将航空工业江航作为党建工作联系单位,强化对其党建工作的领导和指导,进一步推动了企业党建工作。航空工业江航在"混改"过程中发挥党组织的作用,先后组织各级党支部书记开展 30 多次"混改"专题党课,印制了《江航公司混合所有制改革 60 问》;发挥党支部的战斗堡垒作用,平稳有序地推动薪酬体系、"三定"改革及员工持股等工作。在此基础上,航空工业江航切实将党建工作融入"混改"企业,在新的公司章程中设置专项党建要求,明确和落实党组织在企业法人治理结构中的法定地位,把党委会决策作为董事会、总经理办公会决策的前置程序。

(二)注重合作推"混改"

航空工业江航在"混改"过程中选好合作伙伴,引入外部战略投资者,创造优质增量。一方面,航空工业江航利用新股东资源优势,协助构建集成一体化的产品营销模式,拓展现有产品市场领域,进一步提升项目储备数量。例如,航空工业江航与新股东浩蓝投资开展合作,进入舰船市场,为舰船空调行业提供配套服务,目前已经获得舰船市场大额订单;借助新股东中兵宏慕实际控制人兵器工业集团背景,挖掘陆军机关、坦克、装甲总体配套业务,进一步拓展坦克、装甲类军用空调业务市场。另一方面,航空工业江航发挥各类股东丰富的产业经验优势,进一步优化资源配置,改善工艺生产流程,提高产出效率。

(三)注重创新推"混改"

航空工业江航优化资源配置聚焦主业,推动关键业务、关键产品及关键技术取得突破。自主研制直接式控制技术的电子供氧抗荷调节子系统取得重要突破,成为有关重点型号的主要系统供应商。同时,航空工业江航将本次引入投资者所获资金投入产业建设,增强投入航空主业研发生产的能力。此外,航空工业江航在公司章程中明确了"国拨技改"的具体处理方式，约定每 3 个年度内，航空工业江航（或所属企业）可选择以上一年度经审计的资产净值为基础，单独享有"国拨技改"投入转固对应的权益，推动了行业主管部门关于"国拨技改"投入由军工企业独享的要求落地。

（四）注重发展推"混改"

一是聚焦主业谋发展。航空工业江航通过"混改"，调整内部业务构架，优化机制，集中资源聚焦主业，有效实现了国有资产保值增值，放大了国有资本功能。"混改"重点在增量，航空工业江航引入社会化资本约 3 亿元，远超其近 5 年的国家投入总额，用于合肥江航国家项目中的自筹部分及在研民品衍生项目，极大地增强了企业自身造血功能，促进了企业后续发展。2019 年，航空工业江航实现净利润超过 1.13 亿元，较"混改"前 2017 年的 5 911 万元增长 91.2%。

二是强化激励促改革。建立与市场接轨的激励机制，是实施"混改"的重要目标之一。近年来，航空工业江航在吸引人、留住人、激励人方面压力较大。本次在开展核心员工持股计划的基础上，航空工业江航建立了"长""家""匠"分离的人员职业晋升机制，畅通了员工职业发展通道，逐步加强了人才储备，遏制了人才流失。同时，航空工业江航深化薪酬改革，调整薪酬结构和分配方式，建立了市场化的基于"岗位绩效"的考核机制，靠贡献确定收入，实现"多劳多得、少劳少得、不劳不得"；逐步加大了考核力度，形成了岗位淘汰机制，实现了员工"能进能出"常态化。2019 年，航空工业江航全员劳动生产率为 26.7 万元/人，较"混改"前 2017 年的 14.9 万元/人增长 49.2%。

7

深入推进"双百行动"
改革发展迈上新台阶

内蒙古北方重工业集团有限公司

一、基本情况

内蒙古北方重工业集团有限公司（以下简称"北重集团"）始建于1954年，是国家"一五"期间156个重点建设项目之一，隶属于中国兵器工业集团有限公司（以下简称"兵器集团"），是国家重要的火炮研发生产基地、国家高强韧炮钢研发生产基地、国家矿用汽车研发生产基地。北重集团承担服务国家国防安全和国民经济发展2大使命，遵循军民融合发展的趋势，形成了防务装备产品、特种钢及延伸产品、矿用车等工程机械产品3大核心业务。北重集团研发、制造的大量武器装备列装陆、海、空部队，在多次国庆阅兵仪式上接受了党和国家领导人及全国人民的检阅。北重集团以大口径厚壁无缝钢管为代表的特种钢及延伸产品达到了世界先进水平，已应用于国内近百台亚临界、超临界和超超临界火电机组的4大管道，是"中国制造2025"强基工程的中标产品、国家能源局确定的国产化示范产品。北重集团矿用车等工程机械产品已销往全球63个国家和地区，遍布国内外500多个大型矿山和重点水利水电等工程，销量居全球前三甲。2016年，北重集团荣获"制造业单项冠军示范企业"称号。

二、主要做法

（一）积极稳妥地推进股权多元化和混合所有制改革，提高运行效率

一是北重集团进入国有企业混合所有制改革第四批试点企业名单，目前制定并完善了"混改"试点方案，经兵器集团审议通过，上报国家发展改革委，待审批后实施。

二是积极推动所属子企业的混合所有制改革，积极发展混合所有制经济。2020年，北重集团合并报表范围内共有混合所有制企业3家，包括1家控股上市公司、2家控股有限公司。

三是推动公司非主营业务民品单位市场化改革，通过交易所公开挂牌的方式完成了对北方安防公司16%股权的转让工作；充分利用"脱困攻坚"专项工作的有利契机，在其所属全资子公司——专汽公司推行混合所有制改革，力争实现体制机制转变及可持续发展。

四是积极推动市场化债转股，实现市场化债转股金额20亿元。

（二）进一步健全公司法人治理结构，确保依法行权

一是科学界定党委、董事会、经理层在重大事项决策过程中的职责权限，梳理、明确需要上会决策的重大事项。

二是加强董事会专门委员会建设，为董事会规范运行、科学决策提供专业支撑。

三是围绕总部部门职能定位和业务流程，厘清管控边界，梳理完成公司总部"十部一室一中心"工作职责，明确了各职能部门及各职能部门间的业务流程。

四是修订、完善各事业部和子公司运行制度并制定流程，指导各事业部和子公司开展制度体系修订、完善工作；对现行制度进行了全面梳理、优化，搭建了全新的制度框架。

（三）进一步完善公司内部市场化经营机制，释放经营活力

一是与事业部、子企业的经营主体签订任期契约化合同，根据各单位的实际情况及差异化功能定位确定个性化考核指标。

二是建立经营成果评价机制，开展经营绩效审计、内部控制审计及年度绩效兑现审计工作，为各单位经营成果评价提供依据。

三是根据事业部、子公司定位，制定正（负）面清单，明确授权边界。

四是建立职业经理人制度。从管理权限和职责分工、职数和任期、薪酬与激励等9个方面进一步规范了公司职业经理人管理工作。

五是全面推行项目负责人/项目总师负责制，全面打造"纵向为行政系统、横向为项目研制设计师系统"的"纵横交叉"管理模式，明确项目负责人/项目总师具有项目的技术管理权、资源调配权、薪酬激励考核权，强化项目负责人/项目总师对项目全过程的责任，提高创新积极性。

六是扎实推进科技人才职业发展新体系建设，为科技人才建立更加科学、成熟、完善的职业发展通道。

（四）进一步健全公司激励约束机制，激发内生动力

一是大力推进单位内部竞争上岗、系统内公开竞聘、面向社会公开招聘和人才中介机构猎取"四位一体"的竞争性选拔任用机制。北重集团与中华英才网签订了合作协议，在材料领域、机械领域、武器系统领域、信息领域猎聘高层次人才；与南京理工大学、西安交通大学展开合作，引进2名博士进入公司博士后科研工作站；招聘南京理工大学火炮领域博士研究生2名；与4名专家签订聘用协议，在武器设计、舰炮设计、钢铁冶金技术等方面提供服务；特聘3名专家加入公司基础性创新团队——北方重工高温镍基合金重型挤压技术研究中心。

二是探索建立对公司管理人员的动态考核调整机制。北重集团对于在

中层领导人员年度考核总排名中连续 2 年位于后 5% 的人员，直接在本年度评为 C 级；连续 2 年评为 C 级且经综合研判确属不能胜任的人员，直接评为 D 级，进行组织调整。考评分级结果一方面可作为领导人员组织调整的重要依据；另一方面可作为领导人员薪酬兑现和培养、使用、奖惩的重要依据。

三是疏通出口，实现领导人员"能上能下"。北重集团修订了《内蒙古北方重工业集团有限公司领导人员管理办法》《内蒙古北方重工业集团有限公司中层领导人员选拔任用工作管理办法》等制度，对领导人员选拔任用、资格条件、管理考核、退出，以及提醒、诫勉等进行了明确规定，建立了领导人员"能上能下"的制度体系。

四是以劳动合同管理为核心，构建"能进能出"的劳动用工体系。北重集团严格按照劳动合同管理办法进行劳动用工管理，签订劳动合同，依法依规办理员工离职、调动、退休及内退。

五是多措并举，建立收入"能增能减"、有效激励的薪酬分配制度。北重集团强化了工资分配与全员业绩考核的联动，以劳动生产率为基础，结合年度目标，建立了工资总额与经济效益联动机制，合理确定了各单位的工资总额。北重集团结合公司实际，根据各类人才的特点，制定了个性化的薪酬激励方案，进一步明确了各类人才考核办法和薪酬计算方法，切实提高了专门技能人才、专业技术人才的收入，提高了透明度，实现了收入公平；进一步提高了绩效考核比例，构建了突出业绩和贡献的薪酬激励机制，鼓励创造价值、增加效益的劳动，充分发挥薪酬的导向作用。

（五）扎实稳妥地推动解决历史遗留问题，减轻企业包袱

一是在"三供一业"分离移交方面，北重集团经过与内蒙古自治区人民政府、包头市人民政府、各接收单位多次深入沟通洽谈，于 2018 年 9 月底前完成了供水、供电、供热、物业管理移交正式协议的签订工作，现已全面完成分离移交工作。

二是在所属北方医院改革方面，北方医院采取整体资产协议转让的方式，转让给国药集团所属国药医疗有限公司。2019年12月，北重集团与国药医疗有限公司完成了管理交接，医疗改革顺利完成。通过本次整体转让，北重集团实现了医疗业务的整合，北方医院由北重集团项下的非主业整合到央企医疗行业实力雄厚的国药集团，成为核心业务。

三是在职教机构深化改革方面，北重集团与包头职业技术学院签订了北重集团高级技工学校3年托管协议，完成了技校的深化改革工作。

（六）全面加强党的领导和党的建设

一是加强党的领导。北重集团推进公司及下属企业党建工作要求进公司章程，明确党组织在公司法人治理结构中的法定地位。

二是压实党建责任。北重集团对基层党建工作实行"清单管理"；持续开展基层党组织书记抓党建述职评议考核；坚持既报经济账又报党建账，实现了领导班子和领导人员党建考核占年度绩效考核20%的权重。

三是建强基层组织。北重集团牢牢把握全面从严治党的总要求，推进"两学一做"，使学习教育常态化、制度化，持续推动党建工作向基层延伸，持续推动党建工作和生产经营双融合、双促进。

四是积极探索党管干部原则和董事会选聘经营管理人员有机结合的途径和方法。北重集团坚持"双向进入、交叉任职"的领导体制，并已在各事业部和子（分）公司推行。

三、改革成效

一是经营质量稳步提升。2018年，北重集团实现利润6 963万元，补贴前利润同比增长431%；资产负债率、成本费用率等指标同比明显改善，荣获集团公司2018年度经济效益突出贡献一等奖。2019年，北重集团实现补贴前利润总额 7 684.58 万元；应收账款占用 11.1 亿元，存货占用 17.94 亿元；带息负债规模为 42.62 亿元，控制在了 44 亿元的约定目标之内；全员劳动生产率、经济附加值同比均有所增长。对照兵器集团公司责任书约定目标，北重集团各项经营目标和重点任务全部完成。2020 年以来，北重集团党委认真贯彻落实党中央决策部署，认真贯彻落实集团公司党组、内蒙古自治区、包头市关于疫情防控的工作要求，按照"生产不断线、设备不停机、人员不聚集、防控不放松"的原则，统筹抓好疫情防控和复工复产提质增效，常态化抓实抓细各项防控措施，充分发挥各级党组织的战斗堡垒作用和广大党员的先锋模范作用，为公司顺利复工复产提供了保证。北重集团上下认真贯彻落实集团公司年度工作会精神、紧紧围绕公司年初确定的各项生产经营目标，抓创新、抓产出、抓订单。2020 年 1—6 月，北重集团累计实现营业收入 26 亿元；实现补贴前利润总额 2 605 万元；实现全员劳动生产率 7.48 万元/人，同比增长 35.7%。经营质量稳中有升，2020 年 4 月、5 月、6 月连续 3 个月实现盈利，全员劳动生产率、成本费用占营业收入比重、资产负债率等指标同比持续改善。

二是主责主业更加凸显。北重集团军品、特种钢、矿用车 3 大核心业务的收入和利润占比分别达到 90% 以上和 86%。军品方面，加快从军品经营型向装备保障型转变，履行好强军首责的力度不断加大；特种钢方面，坚持"高精特优"发展思路，高合金耐热厚壁无缝钢管、高端模具钢等高品质产品收入进一步提高，市场竞争力得到增强；矿用车方面，继续保持国内市场龙头地位，北方股份连续 7 年入选"全球工程机械制造商 50 强"。2020 年 1—6 月，军品生产组织有序，充分发挥了经营"压舱石"作用。同期，民品稳定增长，累计实现收入 10.8 亿元，同比增长 20%。其中，民品外贸出口大幅增长，完成民品外贸交货值 3.37 亿元，同比增长 103%。

三是深化改革成效显著。北重集团扎实推进"专项治理""处僵治困""压减""企业办社会职能移交"等一系列改革任务的落实,其中"专项治理""处僵治困""三供一业移交"等专项工作已全部圆满完成,"压减"工作超额完成。北重集团"处僵治困"工作获得了国务院国资委督导组、专项审计调查组的高度认可,被国务院国资委督导组推荐列为"处僵治困"先进典型案例。2020年1—6月,厂办大集体改革和退休人员管理职能社会化移交按计划进行,"三供一业"政策资金缺口问题已经形成解决方案。

四是市场开拓再创佳绩。2018年,北重集团特钢P92产品迈出了走出国门的"第一步";矿车产品累计签订价值11.25亿元的订单,海外订单额达到6.7亿元,同比提高2倍。2019年,北重集团特钢产品累计签订价值5.56亿元的订单,同比增长49.8%;矿车产品累计签订价值18.6亿元的订单,同比增长65.3%。2020年1—6月,特种钢国内招标的6个超超临界火电项目中有4个实现了国产化,全部中标,涉及金额达2.05亿元。矿用车继续保持国内市场领先地位,国内项目中标率达80%;国际市场开拓成效显著,成功进入澳大利亚等高端市场,合同金额近10亿元。近期又先后中标紫金矿业塞尔维亚波尔铜业、海螺集团、华润集团等多个项目,涉及金额近2.8亿元。

8

坚持"四个引领" 推动"四个升级"
打造国际一流的高端装备制造集团

武汉重型机床集团有限公司

一、基本情况

武汉重型机床集团有限公司（以下简称"武重集团"）是中国兵器工业集团所属我国重型机床行业大型骨干企业，是国家"一五"时期156项重点项目之一，是国内生产重型、超重型机床规格最大、品种最全的企业。武重集团主导产品包括重型、超重型立式车床，卧式车床，落地铣镗床，龙门镗铣床，滚齿机，盾构机，牙轮钻机，铁路装备及各种专用机械设备等10大类、50多个系列、400余个品种。武重集团还为客户提供装备绿色再制造、盾构机掘进、大型铸件、金属结构件等现代制造服务。2万多台（套）由武重集团研制的工作母机服务于我国能源、交通、冶金、机械、铁路、航空、航天、军工等行业，并出口至40多个国家和地区。

二、主要做法

（一）推进业务整合优化，促进企业转型升级

一是优化产业布局，打造"三大平台"。武重集团实施了战略转型，形成了"机床＋专机"双轮驱动发展、数字化转型和服务型制造融合新业

态、智能制造新兴业务协同发展的产业格局,并着力打造"三大平台"。第一,核心业务平台。武重集团新设了机床子公司,与现有专机公司分别承担2大主业,实行轻资产运营,采用"技术+装配"的哑铃型管理模式,增强造血能力。机床主业发挥模式、技术、产品、标准引领作用,专机主业增强产业控制力,协同带动同一产业链上游的机加/毛坯环节效率、效益提升,打造细分领域的隐形冠军,实现产业结构升级("产品+")。第二,制造服务平台。武重集团以绿色再制造和"武重云"为依托,以产品全生命周期管理为核心,大力发展数字化与制造服务融合的新业态和新模式,实现价值升级("互联网+")。突破盾构机及牙轮钻机经营租赁一体化运作模式,培育稳定增长极,实现发展模式升级("服务+")。第三,业务孵化平台。武重集团内部鼓励建立"双创"团队,所属装备技术研究院模拟子公司运行,承载数字化生产线、智能制造等新兴业务孵化功能,形成新的经济增长点,实现产业链升级。2016—2019年,武重集团新签合同额由11.31亿元增加至15.62亿元;新签订单中制造服务收入占比达到20%,智能化、数字化生产线业务占比突破10%,为其可持续发展奠定了良好的基础。尤其是2020年,面对疫情的严峻挑战,武重集团在中国兵器工业集团的坚强领导下,率先实现复工复产并在短时间内迅速达产达效,抢抓后疫情时代市场恢复性增长机遇。2020年上半年,武重集团新签合同额达9.43亿元,在手订单额突破18亿元,获得了风电及工程机械领域批量高端机床、特种车体高效加工生产线等订单,以实际行动践行了初心使命,彰显了国有企业的责任担当。

二是坚持创新驱动,优化技术创新体系。在推动"四个升级"过程中,武重集团把科技创新作为第一动力,紧紧牵住关键核心技术攻关这个"牛鼻子",强化顶层设计,科学制定科技发展规划,优化技术研究和产品研发体系建设,建设"有活力、可持续、开放式"的技术创新体系;围绕用户急需、技术短板领域加大研发投入，针对重型机床"科研+制造+服务"这一特性，每年技术研发投入增长率均不低于10%，致力于推动产品和技术升级；深化产学研合作，联合华中科技大学、清华大学等重点高校建立"数字化设计与制造国家创新中心"，在基础试验和基础研究领域形成了产、学、研合力。

三是以"混改"为突破口，促进经营机制转换。武重集团将机床业务"混改"作为重点，制定了"混改"框架，明确了"混改"范围、实施路径和资本运作方式；积极探索同民营企业以资本为纽带开展产业链上下游合作，着力引入高匹配度、高认同感、高协同性的战略投资者；拟实施武重控股、社会资本参股、经营层和骨干员工持股、产业基金等第三方参与的产权制度改革，释放引资本对转机制的促进作用，加快企业转型升级。

（二）持续优化法人治理结构，提升业务板块的市场竞争力

武重集团及各级子公司均依法建立股东大会、董事会、监事会、经理层等法人治理结构并有效运行，落实了董事会依法行使重大决策、薪酬分配等权利，实行了区域企业监事监督管理模式。武重集团以提高运行效率和整体收益最大化为目标，明确了下属子公司作为业务决策中心、业务创新中心和成本利润（价值创造）中心的定位，实行责权体系分类授权管理。自2018年起，武重集团集中出台了"供应链改革""财务体系改革""库管中心改革"等职能改革方案及各子（分）公司专项改革方案，将"以用户为中心"的市场化经营机制融入产业链各环节。武重集团从经营规模、经营质量、管控体系等维度对子公司发展成熟度进行评价，在资源配置、薪酬管理、财务管理、质量管理、采购管理等方面设定科学合理的管控边界，制定了权责清单，切实做到了真放权、真搞活、敢探索、敢实践，促使子公司自主经营、良性发展。截至2019年年末，武重集团已经先后完成再制造公司、矿机公司等4家单位的分级授权管理工作，其中再制

造公司销售收入较2017年翻番，矿机公司销售收入较2017年增长30%以上。

（三）以转换经营机制为关键，推动新"三项制度"改革落地

一是推进党管干部与市场机制相结合，实现干部"能上能下"。武重集团推行职业经理人管理制度，公开引进及选聘各层级职业经理人12名，实现市场化选聘、契约化管理、差异化薪酬、市场化退出，经市场化选聘的内部转任职业经理人，人事关系转至社会人才管理部门。武重集团实行了"能者上、庸者下"的业绩考核动态管理，对中层管理人员按照A、B、C、D四个档次进行分级管理，近2年竞争性选拔中层干部9人，降级或解聘中层干部1人。2020年上半年，中层管理人员平均年龄为38岁，呈现知识化、年轻化态势，为武重集团实现高质量发展提供了有力的人才保障和智力支持。

二是推行市场化用工方式，实现员工"能进能出"。武重集团深入实施了"335人才战略"，累计培养选聘300名科技骨干、300名武重工匠、5个核心技术创新团队，完善了多维度的人才架构，健全了制度保障，为企业持续发展提供了动力源泉；实行了开放性的选人模式，通过多种招聘渠道"筑巢引凤"，2018年以来，累计引进各类人才189人，其中包含智能制造、机床、专机等领域高层次技术人才15人；采取"走出去"和"引进来"相结合的方式探索校企合作，将人力资源的触角向前延伸，累计引入各类技能人才240余人；深化市场化劳动用工机制，实施"小核心、大板块"机构调整，2020年总部机构数量较2017年年末缩减20%，由原来的19个减少至13个，人数缩减了93人，保持了机构精简、人员精干；坚持分类发展，打通技术、技能、营销、管理、党建"五个通道"，激发各类人才活力。

三是实行市场化薪酬改革，实现收入"能增能减"。武重集团作为中国兵器工业集团工资总额备案制试点单位,实行工资总额与效益联动的预算管理,在薪酬分配上具有更强的自主性、灵活性,有利于公司提供更有市场竞争力的薪酬待遇,促进引才引智。为更好地发挥考核导向作用,武重集团从有效供给、成本管理、产品质量等方面入手,建立了高质量发展的指标体系,完善了各类考核指标实施细则,切实推动各单位走高质量发展之路;完善以二级分配为核心的薪酬分配体系,根据岗位编制推行"减人不减薪、增人不增薪"的薪酬总额核算方式,在引导各单位完成经营指标的同时,兼顾优化人员结构;健全差异化的考核体系,合理拉开工资分配差距,使收入向关键岗位、生产一线岗位和紧缺急需的高层次、高技能人才倾斜,以提升员工积极性、主动性和创造性。

四是坚持正向激励导向,构建多元化的激励体系。武重集团重点实施科技创新激励,制定了《科技创新改革方案》《科技创新激励办法》,明确了新产品提成、价值创造等30个激励方向。2018年至今,武重集团实施科技创新激励涉及金额共计448万元。武重集团实行了超额目标奖励和任期激励措施,在实际经营业绩满足设定标准的情况下,增量部分的利润按照一定比例计提,对班子团队和技术、生产、管理等核心骨干人员予以分档奖励,上不封顶;在《绩效考核责任书》中明确规定,目标超额完成10%~20%,其班子成员收入增长5%~15%,以此激发各经营单位干事创业的激情;制定并实施了《武重集团中长期激励工作方案》,实施了科技型企业项目分红、混合所有制企业员工持股、超额利润分享等措施,建立了投资者、经营者和员工利益共享机制,激发了全员干事创业的动力活力。

五是推进划小承包制改革,激发微观主体活力。2019年,武重集团订单整体呈现批量化、高质量、低成本、短周期等特征,集团内部实施了承包制,结合一线生产场景,打破原有"单台机床"作业模式,建立了加工机台、装配部装、装配总装的微组织，竞争性选拔"班组长"进行承包，搞活激励分配，为想干事、能干事的人提供广阔的平台，让基层员工拥有更多获得感。截至 2020 年 6 月底，武重集团划小承包覆盖 52 台设备、9 个部装/总装班组，涉及 900 余人，极大地激发了一线员工的积极性，促使整体生产效率提升了 20%~30%。

（四）加强党的领导和党的建设，为改革发展提供坚强的政治保障

在推进改革过程中，武重集团不断增强"四个意识"，坚定"四个自信"，坚决做到"两个维护"，全面加强党的领导和党的建设，为改革发展提供坚强的保障；坚持两个"一以贯之"，把党的领导和完善公司治理结构统一起来，努力建设中国特色现代企业制度。武重集团及下属 5 个子公司均完成党建工作进章程工作，严格贯彻落实党委研究讨论前置程序要求，明确了公司党委研究讨论作为董事会、经理层决策重大问题的前置程序，确保了党组织的意志与公司治理相融合；充分发挥公司党委"把方向、管大局、保落实"的作用，建立"三重一大"决策事项清单，厘清党委与公司其他治理主体的权责边界，规范重大事项决策程序，实现党组织发挥作用的组织化、制度化、具体化；深化"三基"建设，持续推进党建"三大工程"，促进党建与生产经营深度融合、同频共振、同向发力，把党建工作做出生产力、做出凝聚力、做出竞争力。

三、改革成效

（一）综合实力明显提升

在行业延续下行萎缩的态势下，武重集团通过实施改革创新举措，有效应对了外部环境深刻变化、困难风险明显增多的多重挑战，经营质量、效益稳步提升。2018 年以来，武重集团新签订单额、营业收入、利润年均增长约 10%，机床市场份额由原来的 50% 增至 70%，每年新产品年收入

占比均超过60%，全员劳动生产率、经济附加值、经营活动现金流等指标均同比改善，产业结构、动力结构、人才结构也持续优化。在部分同行企业减员破产的颓势下，武重集团走在了转型发展的前列，成为引领行业发展的"排头兵"。

（二）市场竞争力显著增强

实行"双百行动"综合性改革之后，武重集团各业务板块经营活力和市场竞争力持续增强。机床板块巩固了在多个细分领域市场占有率第1名的地位，培育了若干行业典型用户，树牢了海上风电、船舶、轨道交通等领域的标杆配套地位；专机板块服务于军民融合，获得了中国空气动力试验基地2.4米低温风洞、4.8米大规格风洞等国家重大项目。武重集团成为中国兵器工业集团首家开展盾构机制造及服务的企业，轨道交通、铁路装备、矿山开采等新增业务快速增长，为服务国家"一带一路"建设做出了积极贡献；以智能制造为主攻方向，定制的辙叉加工、铝锭铣等10余条智能生产线深受用户好评，形成了示范效应；结合物联网应用，"武重云"平台实现设备全生命周期服务，现已接入用户200余家，引领行业从"卖产品"向"卖服务"转型。

（三）服务国家战略的能力有效提升

面向国家战略领域和重大工程，武重集团担起振兴民族工业的责任担当，扛起高端装备、短板装备、智能装备的国产化"大旗"。其自主研制的五轴立式铣车加工中心，解决了大型船舶燃气轮机机匣大直径薄壁件异形曲面的加工难题，最薄处仅有2~3毫米，不仅精度达标，而且效率比传统方式提高3倍；高速度、高精度、高刚度、大扭矩数控落地铣镗床，主轴转速从每分钟1 500转提高到3 500转，解决了大型海上风电轮毂结构特殊、形状复杂的加工难题，性能指标达到了国际先进水平；数字化龙门移动式蒙皮制孔机床、高速龙门铣主轴等一批新产品，填补了航空、船舶等领域的装备空白,技术水平国际领先,零部件国产化率超过95%;完成了多台"风洞实验装置""国际热核聚变实验堆计划"等关键项目,掌握了一系列短板装备制造工艺,突破了多项"卡脖子"技术,积极践行了强军首责。上述武重集团造"母机",打破了进口依赖,已运用于国产飞机、大型船舶、重载火箭、超大型核反应堆等"大国重器"中,为我国工业体系和国防建设做出了重大贡献。

9

以国际化、市场化、职业化为目标 助推改革落实落地

中国航发商用航空发动机有限责任公司

一、基本情况

中国航发商用航空发动机有限责任公司（以下简称"中国航发商发"）于2009年1月18日在中国上海成立，隶属于中国航空发动机集团有限公司（以下简称"中国航发"），主要从事商用飞机动力装置及相关产品的设计、研制、生产、总装、试验、销售、维修、服务、技术开发和技术咨询等业务。商用航空发动机产业是国家战略"高地"，被誉为"工业皇冠上的明珠"，具有投入大、研发周期长、投资回报高的特点。目前，中国航发商发由初创期向成长期迈进，仍处在产品研发阶段，尚未进入市场，无主营业务收入，且产品研制、企业经营与产业发展态势发生重大转变，面临研发攻坚决胜期、资源投入高峰期、产品市场导入期"三期叠加"的严峻考验。资源条件不足、运营管理亟待加强、人才队伍薄弱、人员流失严重等短板问题促使中国航发商发寻求改革解决措施。

二、主要做法

（一）探索"央企市营"模式，全力推进"三项制度"改革，打造职业化的人才队伍

一是建立全面薪酬管理体系。中国航发商发研究结构薪酬和奖励分配

机制方案，实现绩效奖金与岗位、职级脱钩，做到"多劳多得、优劳优得"，实现"拿工资"向"挣工资"转变、"单兵作战"向"团队协作"转变、"单点核算"向"多次分配"转变。部门业绩决定部门奖金包，按"271"原则进行绩效奖金的第一次分配，部门内按"361"原则对个人绩效奖金进行第二次/第三次分配。中国航发商发积极开展市场对标，确定各类员工薪酬水平，在坚持"向一线倾斜""向骨干倾斜"的原则下完成套改工作。

二是推动岗位职位优化。中国航发商发聚焦人才队伍发展规划，横向将职位体系划分为管理、技术、技能 3 大类、9 个序列、24 个子序列，纵向拉伸各类职业发展通道晋升空间，打造"之"字型垮序列发展模式，疏通职级拥堵问题，完善人才梯队建设。

三是推进绩效体系改革。中国航发商发制定了各级组织干部和员工绩效目标，坚持执行过程监控、日常数据收集、提醒和辅导的管理方式，坚持工作业绩与价值观并行考核，坚持"361"原则，建立了全生命周期管理的干部人事考核体系，做到月度、季度、半年度及年度考核，并按考核结果兑现奖励。

四是研究工资总额管理机制。中国航发商发深入研究《中央企业工资总额管理办法》《国务院关于改革国有企业工资决定机制的意见》（国发〔2018〕16 号）等要求，基于公司所处战略投入期的发展阶段，探索试行工资总额周期备案制的可行性与优势。

五是探索中长期激励机制。中国航发商发研学《关于国有控股混合所有制企业开展员工持股试点的意见》（国资发改革〔2016〕133 号）及《国有科技型企业股权和分红激励暂行办法》（财资〔2016〕4 号）等政策文件，探索项目研制阶段可采取的岗位分红、虚拟股权、预期成果等奖励机制实施的可行性。

(二)完善市场化运营机制,构建核心竞争力

一是健全法人治理结构。中国航发商发持续完善现代企业制度,学习调研云塞智联、中国宝武等国内标杆企业公司治理经验,结合自身实际,持续优化公司治理机制;为充实完善董事会在客户需求、产品适航取证、市场客服、维护大修等领域的战略决策能力,经研究,引入2名咨询、顾问类成员,丰富董事会构成;进一步理顺董事会各专门委员会议事规则,形成内部工作机制,为各委员会运作提供了有力支撑。

二是明确分层、分级决策事项清单。中国航发商发根据集团重大事项决策机制持续梳理完善党委会、股东大会、董事会、经理层等决策清单,严格规范各治理主体权责边界,将董事会对企业中长期发展决策权、经理层成员选聘权、经理层成员业绩考核和薪酬管理权、重大财务事项管理权等落实到位,严格落实党组织研究讨论是董事会、经理层决策重大问题的前置程序,落实党组织在公司治理结构中的法定地位。基于多轮讨论、梳理,中国航发商发发布了《贯彻"三重一大"决策制度实施办法》《党委会议事管理办法》《总经理办公会议事管理办法》等制度文件。

三是制定并推进供应商分类、分级管控策略。中国航发商发组织开展长三角地区航空发动机研制社会资源的全面调研与分析,与以长三角地区为核心的商用航空发动机优质试制资源深入合作,补足民机行业内试制资源短板,形成良性发展的市场化合作机制,建立完整、可靠、安全、可持续的商用航空发动机。为做到供应商的有效、特色管控,中国航发商发实施了供应商分类、分级管控方案,形成了包括准入、增长、优选、战略伙伴、命运共同体5个层级的分级策略,建立了评估机制和管理策略。

四是探索创新机制,营造创新氛围。中国航发商发建立了由创新方法、创新机制、激励机制、创新文化构成的技术创新体系,形成了创新文化与氛围;认真研究TRIZ(发明问题解决理论)、技术成熟度工具等方法,

创立了技术攻关悬赏机制、微创新、Program-Day（项目日）、种子基金、众创、狼团队、产研协同等创新机制，打造了创新工作坊，以创新文化持续营造创新氛围，促进创新研究成果在项目中的转化利用。

（三）研究积极推进股权多元化，绘制民用航空发动机国际化版图

中国航发商发聚焦当期科研型号重点任务资源不足、行业资源瓶颈，重点建设研保条件尚未覆盖急需解决的问题，积极引入国务院国资委改革专家及相应的外部机构，充分发挥市场机制作用，带动商用航空发动机产业链上下游协调发展，进一步吸引航空主制造商、航空维修服务商、航空产业开发投资等战略投资者，引入产业资本，构建了支撑商用航空发动机产品研发、生产及运营的利益共同体，为民机产品开展国际化竞争、绘制国际化版图提供了积累。

（四）加强党的建设和党的领导，抓好全面从严治党

中国航发商发按照"1-5-8-8-N"总体思路部署全年党建工作，推动基层党组织"政委"认真履行职责，推进党建工作责任落实；从辅助部门招聘、新员工融入、薪酬福利政策支持、员工异动思想动态管理、员工稳定等多个方面做出明确规定，形成了"绩效拉动、目标牵引、价值导向"的良好"政委体系"生态，强化了基层"政委"实效。

中国航发商发整合纪检、审计、合规、内控、法律、质量、保密、质量、流程等监督职能，建立了风险防控"大监督"体系，健全组织协调机制，完善信息共享机制，夯实监督协同机制，强化人才保障机制。

三、改革成效

经过持续推进，中国航发商发"双百行动"深化改革取得显著成效。

（一）科研人才队伍更加稳定，整体敬业度大幅提升

通过"三改"工作，中国航发商发系统地完善、规范了人力资源管理

制度流程，畅通了相关体系间的衔接关系，激活了员工内生动力，增强了员工获得感，促进了个人价值与组织价值双赢。中国航发商发基于职位职级体系建立了各类人才梯队，打通了管理序列、技术序列和项目序列人才流动机制，推动了人才"能上能下""能左能右"；建立了全新的干部、员工绩效管理体系及全面薪酬管理体系，在2019年试运行的基础上完成了固化，并在2020年第一、二季度进行试运行。相较于2019年，2020年中国航发商发整体敬业度提升了14.2%，其中个人敬业行为提升12.6%，组织赋能感提升16.8%，行动信任指数提升14.4%。截至2020年6月30日，科技人员流失率为0.79%，比2019年同期的3.65%降低2.86%。中国航发商发员工对薪酬、绩效、人才结构优化等制度整体满意，达到了保留人才、激励核心和稳定队伍的目的。

（二）公司治理机制更加完善，规范了治理主体权责边界

中国航发商发审议通过了公司法人治理结构方案，完成了公司章程修订，董事会成员从7人增至9人，并在2020年引入1名适航方面的外部董事；完成了"人事任免""公司治理""战略规划""投融资与资本运营"等10个方面、123条事项决策清单及审批层级设置工作，分级确定了党委会、董事会、股东大会审议/审定事项；严格落实了党委会研究讨论作为董事会、经理层决策重大事项的前置程序，充分发挥了党组织"把方向、管大局、保落实"的重要作用。

（三）创新氛围更加浓厚，有效破解了瓶颈技术

截至2020年6月30日，中国航发商发2020年共推动策划实施6个技术悬赏试点项目、1个狼团队项目、6个种子基金项目、34个微创新项目、15个Program-Day项目和2个TRIZ项目，各项目按计划开展并充分评估其创新成效，支持解决型号研制、技术攻关和科研管理等过程中的难点或瓶颈技术难题。

（四）行业合作更加有力，扩大了供应商"朋友圈"

中国航发商发利用临港自贸区新片区战略机遇，联合当地政府及企业规划建设商用航空发动机配套产业园与技术创新港，推动关键技术相关项目落地实施，加快"关键在手"核心能力布局；积极融入长三角一体化国家战略，推进了长三角地区试制资源网络的搭建；联合集团内外战略供应商组建了产业联盟，推动了关键瓶颈技术问题协同攻关；与10余家国外供应商加强战略合作，拓展了国外供应商资源。截至2020年6月，中国航发商发基本信息库在册国内外供应商超2 300家。

（五）党建责任更加夯实，风险防控全面加强

中国航发商发建立党建工作责任制考核评价制度，通过建立各党支部"一图三单"（一图即组织功能图，三单即计划过程总结单、程序清单、可视化清单）推进党建工作责任落实；编制公司党委党建责任执行手册，严格落实基层联系点和服务骨干专家制度；持续完善基层党支部相关"制度-程序文件-指导书"；按季度召开党建工作例会和党支部书记例会，及时发现问题并整改。中国航发商发全面加强风险防控，2020年开展了1次"啄木鸟"风险评价专项行动，开展了年度"三大费、六小费"专项检查，根据检查中发现的问题制定了整改措施，并按计划100%完成了整改。

10

深入推进岗位管理改革
助力高质量快速发展

昆仑能源有限公司

一、基本情况

昆仑能源有限公司（以下简称"昆仑能源"）是中国石油天然气股份有限公司控股的国际性能源公司，在中国香港联合交易所主板上市，为恒生中资企业指数成分股之一。作为国内规模最大的天然气终端利用企业，昆仑能源多次入选普氏能源全球能源企业 250 强排行榜，在《财富》杂志 2019 年中国 500 强排行榜中位居第 88 名，并在第七届、第八届中国证券"金紫荆"评选中分别荣膺"最具投资价值上市公司"奖和"最佳上市公司"奖。

昆仑能源主要业务包括：天然气终端零售、天然气管道、液化天然气（LNG）加工与储运、液化石油气（LPG）销售、海外油气勘探开发等业务，所属项目公司共有 600 余个，业务分布于中国 31 个省、自治区、直辖市。昆仑能源已投运 LNG 接收站 3 座、储备库 1 座，接收能力为 1 930 万吨/年；建成 LNG 工厂 21 座，产能达 410 万吨/年；拥有 LNG、CNG（压缩天然气）终端加注站 1 500 多座，燃气管网约 7 万千米，各类终端用户超过 1 100 万户，已成为国内销售规模最大的天然气终端利用企业和 LPG 销售企业之一。

二、主要做法

昆仑能源在推进市场化激励约束机制、市场化经营机制重点改革工作中，革故鼎新、守正立新，积极推进以岗位管理为核心的"三项制度"改革工作，在激活企业内生动力、增强企业竞争力、调动职工积极性方面做了一些积极探索，取得了显著成效。昆仑能源积极应对中国石油天然气集团公司天然气销售体制调整后的新形势、新任务和新挑战，以岗位管理改革为突破口，坚持市场化方向、契约化管理、效益导向，深入推进人事劳动分配制度改革，充分发挥岗位管理的优势和效能，做到了"划跑道、定目标、卡秒表、效益论英雄、贡献论奖惩"。相较于改革前传统的岗位等级管理模式，昆仑能源在市场化激励约束机制和市场化经营机制改革方面实现了突破。

一是因事设岗明岗责。昆仑能源坚持"因事设岗、以编定岗、一岗多责、精简高效"的原则，梳理公司机关岗位设置，取消内设科室，将360个编制梳理为262个岗位。相比以往，在岗位管理模式下，昆仑能源通过对业务流程进行全面梳理，对各岗位职责进行细化分解，使得各岗位的职责界面更加明确，管理责权更加具体化和定量化，各岗位的各项职责内容、工作标准、考核方式和要求更加清晰。

二是岗位评估定价值。昆仑能源建立了岗位评估系统模型，使用因素计点法工具，从2个类别的7个因素、15个维度对每个岗位进行科学量化评估，将机关262个岗位共分为6个类别、11个层级、24个薪金等级。相较于以往对于岗位的定性判断，此次改革实现了岗位价值分析定量化，通过岗位相对价值的离散情况进行分类，从以往相对粗放的集中统一管理转向精准细致的分类、分级管理。昆仑能源撤销了行政级别，打破了员工身份：岗位分类与行政级别脱钩，原有行政级别纳入档案管理，不再与待遇挂钩；各类员工不再区分合同化、市场化身份，统一薪酬待遇和晋升渠道。

三是业绩评价排优劣。在岗位绩效考核中，昆仑能源突出了强制分级和点面结合。通过强制分级体现绩效差别，昆仑能源将机关部门和员工年度绩效考核强制分布在 A、B、C、D 四个等级，绩效考核结果作为员工职业生涯发展和业绩奖金分配的重要依据。员工年度绩效考核连续为 A、B 级的可列为晋升对象；若为 D 级，则先降级再培训，直至劣汰出局或解除劳动关系。昆仑能源全面推行一人一表的考核管理手段，将部门绩效、工作任务书和考评相互结合，把绩效考核落在细致具体的部门绩效合同、岗位关键工作、重点工作和行为表现中，实现考核面和考核点的覆盖与结合。

四是岗位薪酬拉差距。员工的薪酬收入依据两个维度指标确定，实行岗位绩效工资制。第一个维度是岗位价值。薪酬水平体现岗位价值差异，采用岗位类别和岗位层级构建薪酬收入水平体系，以交叉点来确定人岗匹配后的员工薪酬水平，以岗付薪、岗变薪变，体现不同岗位价值和人员职业素养在薪酬分配中的差异。第二个维度是绩效考核。薪酬分配体现考核结果差异，绩效奖金全额与绩效考核强制分级结果挂钩，引入奖金包制度，部门奖金包依据部门领导考核结果确定，个人奖金依据个人考核结果和部门奖金包大小确定，实现部门绩效和个人绩效与薪酬硬兑现。昆仑能源实现了同一岗位层级人员收入从无差距到差距拉大到 10% 以上。

五是人岗匹配重公平。昆仑能源此次改革采取先对应套入再按能力素质聘任条件晋级聘任的办法，实现了新老制度的有序衔接和平稳过渡。同时，昆仑能源严格聘任标准和条件，对于达不到岗位任职资格要求或对应聘任后达不到相应岗位层级聘任条件的人员，予以降级聘任。聘任采取个人申请、组织审核、公开竞聘、考评打分、公示公开等方法，确保聘任审慎、稳妥、客观、公正。

六是通道晋升两突破。昆仑能源岗位管理改革打破了职数限制，明确了晋升条件，高级经理及以下员工，凡符合条件均可向高级别岗位晋升；将绩效考核结果作为岗位晋升的主要条件，设计了直升通道，允许优秀员工凭业绩跨岗位层级跳跃式发展；业绩优秀的员工，最快可以在7年内从助理主办晋升到高级经理。

三、改革成效

昆仑能源在建立与市场主体地位相适应的市场化激励约束机制、优化人力资源配置效率效果方面持续深化人事劳动分配制度改革，调动和激发各级领导班子和人才队伍的积极性、主动性、创造性，构建激励与约束相结合的体制机制。通过在两级机关推行以岗位管理为基础的"三项制度"改革、推进所属单位三级管理架构优化整合、积极探索用工方式转型等一系列改革举措，昆仑能源优化了员工队伍结构，降低了管理人员比重，合理控制了用工规模，控减了成本，提高了效益。在推进市场化激励约束机制、市场化经营机制2大改革重点工作中，昆仑能源强化了顶层设计，创新了管理机制，深化了管理融合，见到了实实在在的效果。在市场拓展业务量不断增长的情况下，昆仑能源各类用工由2017年的42 365人减少到2019年的38 280人；人均利润由2017年的23.81万元增加到2019年的35.09万元，增长47.3%；整体人事费用率由2017年的5.69%降低到2019年的5.18%，下降8.96%；人工成本占总成本的比重由2017年的6.3%降低到2019年的5.76%，下降8.57%；人工成本占营业收入的比重也在逐年下降。昆仑能源将在"双百行动"和"创建世界一流企业"改革中，落实上市公司经营主体地位，突出利润考核和效益导向，持续优化劳动生产率、投资回报率，实现改革效益和企业效益最大化。

11

以"联量计酬"为基础
构建"三位一体"的激励约束机制

中国石化润滑油有限公司

一、基本情况

中国石化润滑油有限公司是中国石油化工集团有限公司所属专业化公司，注册资本为33.74亿元，主要从事润滑油脂、精细化学品的生产销售、应用研究、技术开发与服务，是国内最大的润滑油脂公司。其所属"长城润滑油"品牌的知名度和品牌价值在国内居领先地位，市场占有率居国内首位。中国石化润滑油有限公司坚持60余年服务中国航天及国防事业，为行业发展做出了重要贡献。

近年来，中国石化润滑油有限公司坚持高端化发展，积极推进转型升级，成为中国高端制造业发展重要的支持者与参与者；紧跟国家"一带一路"的步伐，在新加坡建有独资生产工厂，具备海外供货服务能力；在60多个国家和地区持续深耕国际市场开发，为中资企业海外发展提供"润滑"保障。2019年，润滑油总经营量约256万吨，实现销售收入196亿元，高档润滑油脂销量、海外市场销量、经营效益均大幅增长。

与国际一流品牌相比，中国石化润滑油有限公司在市场化机制、科技创新能力、产业一体化优势等方面存在较大差距，同时还存在人均收入偏低、用工总量偏多、内生动力不足、运行效率不高等问题。因此，在入选"双百企业"后，中国石化润滑油有限公司首先抓住内部分配这个"突破口"，确立了"传递竞争压力、激发活力动力、适应行业竞争、持续打造一流"的改革目标，全面推进内部激励约束机制改革。

二、主要做法

中国石化润滑油有限公司秉承"不动存量就不是真改革"的理念，坚守"扩量增效"的经营方针，从深挖存量、用好增量两方面入手，确立了联量（工作量、效益量）计酬考核激励的改革思路，从"单位实体、领导干部、员工队伍"3个维度系统推进激励约束机制改革。

（一）改革工资总额决定与分配机制，全面实行联量联效计酬

中国石化润滑油有限公司按照"高成长、高激励，低成长、低激励"的原则，每年年初，根据直属单位存量工资水平、核心指标（产量、销量、利润）贡献率及成长预期、人均劳效水平等因素，事先核定各单位工资总额基数。目前，中国石化润滑油有限公司已制定了《工资总额管理办法（试行）》，鼓励直属单位在每年年初多争取指标增量、多拿工资总额预算。

中国石化润滑油有限公司改革直属单位工资总额分配模式，打破了之前综合各单位考核得分及分差情况进行薪酬分配的做法。中国石化润滑油有限公司将直属单位工资总额与核心经营指标完成情况直接挂钩，并事先明确增量增效薪酬奖励标准及相应的欠量欠效薪酬扣罚标准，实现了薪酬兑现可预期、能量化。在具体执行过程中，直属单位可根据自身经营情况自行测算每月考核薪酬收入。次年年初，中国石化润滑油有限公司按照事先约定的奖励及扣罚标准，结合核心指标综合完成情况对上年度工资总额进行最终清算，让直属单位体会到"奖的清楚、罚的明白"。

改革后,"工资总额是'奋斗'出来"的理念已深入人心,可增可减正成为常态。2018年,有3家直属单位工资总额出现同比下降,最多的下降了13.8%。2019年,绩效最优的单位在年度既定增长水平上,多挣回8%的工资总额;而绩效最差的单位未能实现年度既定增长水平,损失了5%的工资总额。

(二)构建中层领导人员薪酬与业绩联动机制,实施市场化、契约化管理

中国石化润滑油有限公司完善中层领导人员激励约束机制,修订了《中层领导人员绩效考核管理办法》,明确了经营业绩与领导人员薪酬的联动机制,做到"能增能减"。改革后,在每年年初签订的绩效考核责任书中,不仅明确了量效等核心指标目标、合规管理等约束性指标,而且明确了领导干部收入与单位经营业绩的挂钩关系,形成了经营目标与薪酬管理的"双契约"。例如,明确量效目标综合完成率在80%以下的,按全年基准薪酬的60%兑现;量效目标综合完成率在90%以下的,按基准薪酬的80%兑现;量效目标综合完成率为100%的,按基准薪酬兑现;量效目标综合完成率超过100%的,按超出比例量化薪酬激励比例,上不封顶。

2018年,绩效最优的中层干部,薪酬兑现较正常基准薪酬增长了61.4%,而绩效最差的中层干部,仅获得个人年度基准薪酬的60%,兑现的比例差为2.7∶1。目前,中国石化润滑油有限公司对于领导干部联量联效考核契约化的管理已形成了常态,实现了对中层领导人员、基层单位负责人的全覆盖。

(三)深化全员绩效考核,实现基层一线岗位"联量计酬"全覆盖

中国石化润滑油有限公司持续深化绩效考核的导向性,建立了员工收入与个人绩效紧密挂钩、"联量计酬"的机制:对于销售岗位,实行"最低工资+业绩提成"的考核分配模式;对于科研人员,实行"岗位薪酬+

课题薪酬+量效提成"的薪酬模式,关联市场转化情况,按新产品转化利润进行提成奖励;对于技术支持岗位,实行"销量考核+过程考核+重点项目"的模式,主要关注龙头客户销量完成率;对于生产操作岗位,大力推广计件工资制;对于有一定技术含量要求的岗位,实行"岗位工资+工作量计酬"模式。中国石化润滑油有限公司鼓励主动减员,一人多岗,多劳多得,上不封顶。

改革后,在同一单位,销售人员收入可相差数倍,主要取决于所负责客户销量、毛利润达成情况;生产人员全部按量取酬,兼职多岗、提高劳效或延长工作时长的个人,收入增长明显。随着"联量计酬"的推进,员工在生产经营淡旺季的收入正发生明显变化,与市场、企业经营的联动大为增强,"多劳多得、能增能减"已被基层员工广泛接受。

三、改革成效

中国石化润滑油有限公司通过"对症下药"实施改革,构建了覆盖"领导干部、单位实体、员工个人"的"三位一体"的激励约束机制。通过事先确定规则、明确标准、签订"契约",事中加强通报、加强帮扶、不遮不掩,事后严格执行、按"约"奖罚、不打折扣,有效激发了内部活力动力,将广大干部员工的责任心、精气神集聚到生产经营中心工作上,有效推动了企业发展,突出表现在以下 4 个方面。

一是实现了全员绩效"一中心、透明化"管理。中国石化润滑油有限公司结合经营需要,以"量效"为中心,构建了自领导干部、单位整体到员工个人的一体化考核激励体系,通过将不同主体的绩效与量效指标进行挂钩,并事先明确薪酬兑现与绩效结果的计算关系,提高了考核契约的公开性、透明化,自上而下统一推进"联量计酬",有效传递了生产经营压力,使内生活力动力得以充分激发,破解了考核难、兑现难的问题。

二是带动了减员优化,实现了人均劳效大幅提升。中国石化润滑油有限公司通过系统化的"联量计酬",解决了如何"做大蛋糕"和"分小蛋糕"的问题,即提高集体工作效率和发挥好个体工作效能,广大基层一线主动提出多干活、少用人,使一部分外包业务逐步地淡出,用工总量逐年减少。截至2020年6月底,中国石化润滑油有限公司全口径用工总量净优化1 812人,较改革前(2017年年末)减少了25%,提前半年完成改革优化目标;与此同时,企业人均劳效(人均润滑油脂销量)较2017年提高50%。

三是实现了"干多干少不一样、干好干坏不一样"。中国石化润滑油有限公司通过推进"联量计酬"、广泛签订《绩效责任书》、严格按契约兑现收入等措施,营造了"收入是干出来的""干多干少不一样""干好干坏不一样"的氛围。例如,2018年,二级单位人均薪酬增长率最高达15.8%,下降幅度最大为13.8%;领导干部收入最高增长61.4%,最差按基准值60%兑现;一线销售人员月收入高者则是较低收入者的数倍,员工收入差距随业绩正常拉大,实现了"能增能减"。

四是实现了市场拓展与经营效益"双提升"。改革实践证明,中国石化润滑油有限公司已顺利迈过了行业需求紧缩下行的拐点。与2017年相比,连续2年在国内、国际市场实现了业绩增长,其中,国内销量增长10%,国际销量增长49%;2019年,经营效益同比增长20%。2020年上半年,中国石化润滑油有限公司改革红利进一步释放,通过外部扩销拓市、内部精细管理,成功实现疫情防控与生产经营"双胜利",实现油脂销量同比增长3%、经营效益同比增长18%。

12

以契约化管理为突破口
推进机制改革走深走实

中石化石油机械股份有限公司

一、基本情况

中石化石油机械股份有限公司（以下简称"石化机械"）是中国石化集团公司控股的中国油气装备研发、制造与专业技术服务重点骨干企业，直属9家分子公司、下设40多个经营单位，产品涵盖石油工程、油气开发、油气集输3大领域，出口40多个国家和地区。

2015年整体上市以来，石化机械坚定"打造大国利器，支撑油气发展"初心使命，推进深化改革，先后完成"党建入章"、健全法人治理结构、优化产业结构、"瘦身健体"等重大改革调整工作。在持续深化改革、奋力竞进超越的攻坚时期，石化机械遭遇石油市场"寒冬"，公司及下属多个业务单元出现严重亏损，2017年面临"如果连续2年亏损将戴上'ST'帽子"的空前压力。

面对外部挑战，石化机械刀刃向内、深挖病灶，剖析经营活力不强、市场压力传递不到位等深层次矛盾，以契约化管理为突破口，迈开市场化经营机制改革步伐：2016年选择2家亏损最为严重的三级基层单位率先实施契约式经营；2017年出台《契约化管理实施办法》，做到有章可循，选取有代表性的业务单元,将契约式经营扩大到10家;2018年以国务院国资委"双百行动"为动力,提级扩面,奖契约式经营扩大到分(子)公司;2019年落实"13336"战略,打好深化改革攻坚战,契约化管理进一步深入。3年来,石化机械契约化管理从试点、铺开到深入实践,市场化经营机制改革一步步走深走实,形成了一套贴近市场、灵活高效、活力迸发的长效发展机制,为打造高质量可持续发展的世界一流油气装备企业奠定了基础。

二、主要做法

石化机械以契约化管理为纽带,以赋权配责为核心,以激活力、提效率、提升竞争力为目的,完善"四个机制",攻坚破解"能上不能下"、"能高不能低"、压力传递不足、自主经营活力不足等突出矛盾,构建高效的内部市场化经营机制,闯出改革新路,发挥机制力量。

(一)实施"竞争性选聘",突出契约化,着力完善市场化用人机制

石化机械淡化行政隶属关系,强化契约关系,搞活用人机制。一是落实"赛马"机制,实施契约化选聘。石化机械推行"公开选聘+竞争上岗"模式,契约式经营团队全部通过公开竞聘产生,应聘者不限身份级别和单位,选聘方案由上级单位制定,职工代表在评审组中占据一定的比例,全程参与监督,保证公开、公平、公正。二是取消行政级别,实施契约化管理。石化机械对竞聘产生的经营团队,双方签订具有法律效力的协议,以契约形式明确管理者身份和效力,取消行政级别,实行契约化管理。三是破除"能上不能下",实施契约化退出。石化机械对完成经营目标的团队优先续聘,未完成的按照协议直接解聘或退出到人力资源池,形成"上岗靠竞争、任职凭能力"的鲜明导向。累计有60多个团队先后参与石化机械二、三级单位竞聘,40多名不同级别员工进入契约式经营管理

层，2个团队的4名管理者因经营业绩不达标先后被解聘。

（二）实施"市场对标"，强化指标约束，着力构建市场倒逼经营机制

石化机械变革粗放管理模式，实施"市场对标"和"市场倒逼"，细化、实化责任标准，有效传递经营压力。一是对标市场水平开展倒逼。石化机械开展以"对标国际一流、对标公司最好成绩、对标自身最好水平"为内容的市场对标管理工作，依托大数据，全面梳理经营要素，比对赶超空间，建成以市场牵引为导向的经营指标评价体系。石化机械综合各种因素，以"能够实现、促进发展、具有市场竞争力"为原则，合理确定契约式经营单位年度和任期经营管理指标，逐层分解落实。二是对标契约指标开展倒逼。石化机械各经营团队确认指标、缴纳风险抵押金后，签订具有法律效力的协议，明确风险抵押金与指标执行的对应关系，有效传递市场压力。各单位变压力为动力，借力公司精益管理，主动推进"划小核算"，量化核算标准、强化信息支撑，分解指标全过程，将市场倒逼经营机制引入内部各流程、各岗位，先后完成142个业务班组"划小核算"和全部主导产品成本倒逼，形成"人人身上有指标、人人主动担责任"局面，实现不同产品毛利率提升2%~5%。石化机械第一批10家契约式经营单位期末整体收入、利润指标相对于期初分别提高2.2亿元、6 500万元，增幅分别为42%、60%，全面顺利完成任务。

（三）实施"放管服"改革，强化权责落实，着力构建自主经营机制

一是放开"天线"，加大授权，强化自主经营。石化机械着眼于最大限度地释放经营活力，加大赋权配责力度，分类制定授权清单，下放用人权、财权和物权，鼓励各单位在组织机构设置、人力资源调配、内部分配、费用报销审核及付款、定价、采购、项目等各方面高效决策，充分行权、自主经营，尤其是对具备较高行权能力的单位，做到"能授则授、能放尽放"。比如，其二级契约式经营单位四机赛瓦公司，除上级公司委派董事、监事进行治理型管控事项外，其他事项全部实行报备制，享有充分自主权，可以根据自身发展规划独立制订用人计划，在总量控制下面向市场招聘成熟型人才，面向社会实施灵活用工；可以在自身预算范围内实施独立的薪酬计划、激励政策等。机制一变天地宽，四机赛瓦公司各项指标在石化机械持续占据榜首，多项指标在国内同行业中跃居领跑地位，跻身国家单项制造冠军企业。二是设好"红线"，抓好管控，保障自主经营。针对契约式经营，石化机械专门出台了《财务管理办法》《党建考核办法》《半年度经营分析》《年度综合检查和审计》等一系列制度和规则，对契约式经营单位加强党的建设、维护员工权益、保持安全稳定、资产保值增值等进行规范，保证行权依法合规。

（四）实施"双目标"激励，突出业绩导向，着力完善长效激励机制

公司层面，石化机械关注持续发展，注重绩效联动，强化激励约束，进一步提升绩效在工资总额中的占比，同时增设契约化管理任期激励，将个人绩效、经营业绩和企业发展强联系，形成"年度＋任期"的"双目标"长效激励机制。在具体实施过程中，任期激励薪酬总额综合考虑3年任期内经营业绩增长、经营质量提升与同行业及市场对标因素，任期内每年留存应发薪酬总额的15%。3年任期届满，对完成目标且任期激励薪酬为正值的，兑现任期激励，返回留存薪酬；对任期激励薪酬为负值的，扣减留存薪酬；对出现重大问题的，追索已发放薪酬。契约式经营单位层面，石化机械各单位充分利用机制赋权，主动改革创新用人、激励机制，累计制定各类考核细则和激励措施30多项，以机制的力量有效拉开收入分配差距，激活了人力资源"活水"。2017—2019年，石化机械不同单位的人均绩效收入差异最高达到45.5%，经营者的激励绩效薪酬最高相差2倍，实现了工资总额"能高能低"，管理者薪酬"有增有减"，促进了业绩提升，形成了良好的激励约束效应。

三、改革成效

石化机械作为"双百企业",抢抓改革机遇,争当改革"尖兵",以契约化管理系统推进机制改革,促进点线突破、整体拉动、全盘激活,加快推进"三个决裂"进程,实现了思想观念、管理方式、经营机制和公司发展的新提升。

一是与陈旧观念决裂,在解放思想上实现新突破。在推进契约式经营过程中,石化机械广大干部参与改革,主动自我教育、自我提升,加深了对改革的理解和认识,转变了观念,提振了信心,坚定了决心,奠定了深化改革的思想基础,改变了"等靠要""大锅饭"的被动局面,形成了"发展不停步,改革不松劲"的良好共识,涌现出"重压面前不退缩"的江深团队、"矢志甩掉僵尸帽子"的承德团队、"着眼于经营转型"的热处理团队等一批敢担当、有作为的改革先锋,造就了一批"拓市场抢订单""找活干、要活干、抢活干"的生力军。

二是与粗放管理决裂,在精细变革上实现新提升。石化机械推进契约化管理,强化与市场的密切联系,倒逼企业加强管理,内部管理持续提升;ERP(企业资源计划系统)建设和MES(制造执行系统)建设顺利推进,信息化建设迈上新台阶;夯实"三基"工作,企业管理更加规范;导入精益管理,完善推进机制,生产现场5S、TPM(全员生产维修)、作业标准化、可视化全面落地,经营环节围绕价值创造,深化成本倒逼,研、产、销、供、运全面提质提速。石化机械3年累计完成改善提案122 494项、改善课题231项,每年人均改善达到7.57项,每年通过生产、设计、采购、物流等环节挖潜增效,直接降本增效超过1.35亿元,粗放式管理加速向精益经营转型。

三是与僵化机制决裂,在释放机制活力上呈现新局面。石化机械致力于增活力、提效率，公司层面敢于放权，经营团队敢于创新实践，各项机制全面发力，运营效率和质量显著提升；各级经营者创新内部机制，用活各项政策，累计制修订各项内部制度84项，通过大力显化富余人员、压缩机构设置、设立"人力资源池"、开展竞争上岗、实施"双合同"、推进灵活用工、实施差异化分配等改革实践，激活人力资源"活水"，大幅提高经营效率。2019年，在相比2016年年底用工总量净减1 509人、下降21.3%，产值增加35亿元、营业收入增加31亿元的情况下，石化机械全员劳动生产率增幅连续3年保持在15%以上，产品及时交货率持续提升。

四是经营水平持续向好，企业发展呈现新气象。石化机械发挥机制合力，全力提质增效、挖潜增效、发展增效，企业经营效益大幅提升并保持向好态势。2020年，石化机械对契约式经营单位进行任期全面审计，结果显示：2019年，10家契约式经营单位累计实现收入9.48亿元，比2016年增加5.06亿元，增幅达114%；3年任期年平均收入为7.59亿元，相比2016年的4.42亿元增加3.17亿元，增幅达71.6%，超过集团公司整体增幅水平。2019年，石化机械实现利润1.16亿元，相比2016年增加2亿元；3年任期年利润平均值为9 293万元，较2016年的亏损8 550万元增加约1.78亿元，利润增幅也超过集团公司整体水平，其中热处理厂收入增加9倍，"僵尸企业"承德江钻利润增加4 400万元。石化机械以契约式经营为突破口，持续推进经营机制市场化，形成了"鲶鱼效应"，促进了亏损单元扭亏解困，带动了其他经营单位加速成长，推动3家公司跻身国家单项制造冠军企业，激发45个业务单元和1家集团公司督导的"僵尸企业"迸发活力，实现了所属子企业全部盈利。2018年以来，石化机械连续2年市场新增订货金额突破64亿元大关，相比2016年增加1.3倍；人均营业收入增幅保持在15%以上，利润总额连续为正并保持增长，超额完成中国石化集团公司下达的奋斗目标。

13

大力推行职业经理人制度　增强增长内生动力

中石化易捷销售有限公司

一、基本情况

中石化易捷销售有限公司（以下简称"易捷公司"）是中国石化销售股份有限公司的全资子公司，主要从事非油品业务，包括便利店、汽服、广告、快餐、电商等业务的开发与经营。作为中国石化非油品业务服务品牌，易捷公司自2008年创建以来，依托既有的营销网络、客户资源、品牌价值和油非一体化等优势，非油品业务实现了从无到有、由小变大的快速发展。易捷公司坚持"资本＋品牌＋商品＋服务"的"四位一体"发展方式，现已凭借2.7万家便利店成为国内最大的连锁便利店品牌运营商，品牌价值达到161.33亿元，线上微信粉丝数突破1.2亿人。

2018年，易捷公司入选"双百企业"名单。作为中国石化集团公司旗下入选"双百企业"名单的3家单位之一，易捷公司紧紧围绕国企改革"双百行动""五突破、一加强"工作目标深入系统地推进改革，并率先在推行职业经理人制度上实现破局，取得了积极的成效。

二、主要做法

（一）打破"论资排辈"，开展市场化选聘

易捷公司制定了《职业经理人制度》和《市场化公开招聘工作方案》，

面向社会公开遴选公司经营班子成员,打破"论资排辈"的用人传统。

一是整建制发布招聘信息。易捷公司一次性拿出总裁、副总裁、财务总监等5个高管岗位面向社会进行公开选聘,通过中国石化官方微信公众号及社会主流招聘媒体发布招聘资讯11条、招聘广告15条;同时,与国内知名猎头公司展开合作,大力营造声势,着力吸引高端人才。选聘公告发布后,报名应聘总人数接近7 000人,其中系统外应聘人员比例达到92%。

二是统筹开展市场化选聘。易捷公司组建成立了招聘领导小组,统筹协调市场化选聘相关工作,并依托第三方招聘网站接收个人报名信息,最终通过资格审查、笔试及评委四轮面试等环节,选定5名经营班子成员。在易捷公司新一届经营班子中,总裁来自沃尔玛,运营副总裁来自7-Eleven,其他3人来自系统内。其中,4位为"70后",1位为"80后",从年龄结构到专业知识水平更趋合理,集体战斗力明显增强。

(二)打破"铁饭碗",推进契约化管理

易捷公司推进任期制契约化管理,通过"时间划限"向经营班子传导压力,打破了"铁饭碗摔不烂"的观念。

一是变身份管理为岗位管理。改革后,易捷公司取消了行政级别设置,以市场化为方向,分别按照管理、技术、业务条线对职位序列进行了优化设置,初步形成了以岗定责、以能定职、岗变职变的职级动态化机制。同时,来自系统内的3名班子成员全部签订了《转换身份协议》,转变为职业经理人,并将人事档案委托给第三方机构统一保管,实现了由身份管理向岗位管理的转变。

二是建立权责利相统一的契约化管理机制。易捷公司根据企业定位和中长期发展战略,对承担的工作职责及与上级公司的事权管理关系进行了进一步梳理优化,并在此基础上,明确了对经营班子的权责清单。同时,

董事会采用书面契约的形式，与经营班子成员签订了《聘任协议》《劳动合同》《保密协议》《薪酬保密协议》《廉洁承诺书》，约定了聘任岗位、聘任期限、职责权限、目标任务、薪酬待遇、监督约束及其他权责利等事项；通过充分授权为经营班子"赋能"，通过明确目标、压实责任、刚性考核，层层传导压力，引发"鲶鱼效应"，调动企业上下的积极性和主观能动性，进一步增强了企业的经营活力。

（三）打破"大锅饭"，实施市场化考核

易捷公司制定了市场化薪酬分配制度，建立了定量与定性相结合的多维考核指标评价体系，全面推进了薪酬激励与经营业绩挂钩，进一步加大了薪酬的激励作用，打破了吃"大锅饭平均分配"的观念。

一是薪酬对标市场。易捷公司选取行业内业态同质性较高的代表性企业作为样本开展薪酬对标分析，参照薪酬对标结果，与每位经营班子成员协商确定其年薪标准；按照基本薪酬、绩效薪酬和中长期激励相结合的方式设计薪酬制度，实现短期激励与长期激励相结合，服务公司长期发展战略。

二是加大浮动薪酬考核权重。易捷公司加大浮动薪酬考核力度，将绩效奖金兑现比例提高至75%，并依据月度、年度和聘期考核结果兑现绩效薪酬。其中，年度和聘期绩效薪酬考核权重达到60%，有效激发了经营班子成员干事创业的积极性，为企业快速发展增添了动力。

三是签订绩效目标责任书。易捷公司分别与5名经营班子成员签订了《年度绩效责任书》和《任期绩效责任书》，将其收入与公司经营业绩的关系以契约形式固化下来；明确完成目标任务的，按基准薪酬100%兑现；超目标任务完成的，按超额比例兑现薪酬激励，上不封顶；未完成目标任务的，依据考核结果扣减绩效薪酬，下不保底。

四是建立动态考核评价体系。易捷公司围绕共性及个性、经营与管理

等不同维度，结合企业发展战略、年度重点工作，按照"一岗一策"原则，制定了对 5 名经营班子成员的 KPI（关键绩效指标）考核评价指标，将年度工作任务以量化量表方式细化、分解到各月，并依据 KPI 绩效考核指标完成情况兑现绩效奖金。

三、改革成效

易捷公司通过大力推行职业经理人制度，释放了经营管理层的积极性，为推进高质量持续发展注入了新动能。

一是跑赢大市，经营指标快速企稳回升。在 2020 年第一季度进站整体客流明显减少的情况下，易捷公司进一步加大创新开拓力度，积极构建了线上下单门店自提、一键到车、一键到家等全渠道消费场景，推进线上线下融合发展；围绕客户需求，大力拓展服务业态，2020 年第一季度，易捷公司非油品经营跑赢大市。2020 年二季度，易捷公司非油品基础品类营业额达 120.5 亿元，同比增长 26%；利润为 14.2 亿元，同比增长 26%，经营指标快速企稳回升。

二是践行责任，充分体现央企担当。2020 年，疫情暴发给人们的生活与出行带来了挑战。为积极践行央企社会责任，易捷公司经营班子充分发挥专业化优势和能力，带领经营团队，全力保障民生刚需物资供应，在 220 个地市约 7 000 家便利店快速增加蔬菜生鲜销售业务，累计销售滞销农产品 2 100 余吨；创新"直播带货"营销模式，易捷公司总裁亲自上阵推广滞销农产品，助力湖北经济复苏，并在线下部分门店开设"助力湖北，爱心援购"产品展示专区。2020 年上半年，易捷公司累计销售湖北农产品价值 1.2 亿元，得到国家有关部委的肯定；同时，积极开展助农帮扶公益活动，累计帮扶商品滞销企业 76 家，通过精准施策，赢得了较好的社会反响。

三是提升价值,易捷品牌影响力不断增强。易捷公司围绕2020年春节节庆主题,积极开展"年货节",精心打造全国最大的线下购物节——"易享节";加快推进肯德基加盟门店开设;面向全国发布易捷汽车销售业务招商公告,大力推进整车销售业务;积极拓展易捷咖啡业务,布局多元化服务业态,易捷品牌影响力和知名度大幅提升。2020年,易捷品牌价值达到161.33亿元,同比增加46亿元,增长39.5%,位居中国零售业板块品牌榜首。

14

聚焦市场竞争能力　发挥改革示范作用

中海油安全技术服务有限公司

一、基本情况

近年来，中国海洋石油集团有限公司（以下简称"中国海油"）认真学习贯彻习近平新时代中国特色社会主义思想，积极落实党中央、国务院关于深化国有企业改革决策部署，按照"重点推进、以点带面、全面推广"的思路，更深层次、更广范围、更大力度地统筹谋划推进改革工作。

中海油安全技术服务有限公司（以下简称"安技服公司"）作为中国海油所属的一家专业技术服务子公司，主营安全健康咨询、安全健康工程和安全健康培训3大业务，是国内安全技术服务领域规模最大的国有企业之一。2018年，中国海油以安技服公司入选"双百企业"为契机，努力打造"改革先行区"，进而发挥示范带动作用，加快整体改革进程。

二、主要做法

（一）健全现代企业制度，推进管理体制转变

在2015年遭遇油气行业"寒冬"，加之体制机制制约，安技服公司市场竞争力不足，骨干人员流失严重，收入连续2年负增长。为激发企业内生活力、破解发展瓶颈，安技服公司系统谋划了混合所有制改革，引来、

用好资本市场这"一池活水",健全现代企业制度,推进企业经营机制转变,以更好地实现外向型发展。

一是强化顶层设计,制订"混改""三步走"实施计划,实现国有资本价值量级增长。安技服公司结合自身发展实际,在母公司中海油能源发展股份有限公司(以下简称"海油发展")的指导下,坚定"混改"信心,以成功上市为目标,统筹好"混改""质变"与"量变"的相互转换,制订了"三步走"的实施计划:第一步快速引入财务投资者,在保障国有资本保值增值的前提下,实现体制机制的"质变";第二步引入优质战略投资者,实现公司市值的倍级增长和产业的快速发展;第三步择机改制上市,实现公司市值的量级增长,为公司中长期发展奠定坚实的资源基础。

二是扎实推进落实,借助资本融合推进体制转变,优化公司治理体系。"混改"前,安技服公司首先开展了业务梳理和产业整合,突出主业、厘清资产。通过在上海联合产权交易所发布正式公告,安技服公司于2017年3月与深圳第一创业创新资本管理有限公司签署了增资协议,股权交易价格为8 560万元(10%的股权),顺利完成了首轮混合所有制改革,实现了国有资产的保值增值。随后,安技服公司依据现代企业管理制度体系,充分利用股权架构在公司治理中的顶层作用,严格依据《中华人民共和国企业国有资产法》和《中华人民共和国公司法》,健全以公司章程为核心的企业制度体系,完善"三会一层"治理结构,增补独立董事,充分发挥董事会在公司治理中的作用,提高了公司治理的专业性、科学性和时效性。

三是坚持党的领导,党建与改革发展深度融合,充分彰显党委促进企业健康、可持续发展的作用。安技服公司坚持党对国有企业领导的重大政治原则,将党建工作要求写入章程;明确党组织研究讨论是董事会、经理层决策重大问题的前置程序,在公司"三重一大"4 类 63 项事项中,在依法由股东大会或董事会决议之前,超过 90% 的事项须由党委会前置讨论和审议,落实了党组织在公司治理结构中的法定地位,充分发挥了公司党委"把方向、管大局、保落实"的领导作用;坚持和完善"双向进入、交叉任职"领导体制,2 名符合条件的党委成员通过法定程序进入董事会。

(二)完善自主决策机制,提升公司运营效率

管理体制转变后,安技服公司以市场为导向,深度了解和逐步适应市场化环境,以提升客户满意度为目标,谋求经营机制转换和提高运营效率。

一是突破行政管理层级,实现从中国海油总部到下级单位穿透式授权。混改前,安技服公司归海油发展下属的安全环保分公司管理,行政上为四级单位。混改后,海油发展率先将安全环保分公司整体经营管理权限及自身部分经营管理权限授予安技服公司。"双百行动"启动后,中国海油和海油发展再次给予安技服公司 47 项专项授权,其中集团定向核心授权 5 项。两阶段穿透式定向授予的改革权限,让处于第四层级的安技服公司拥有了二级单位的大部分经营管理权限,充分保障了董事会和经理层的决策权,大大缩短了经营决策流程,落地了权责对等的企业治理原则。

二是突出市场导向,做到有针对性的授权。两阶段所授权限均为安技服公司章程所约、经营发展实际所需之权。第一阶段授权主要包含行政、人力资源、财务、计划投资、市场经营等方面的基础管理权限,其管控风险重点在合规管理,关键在于企业基础管理能力。第二阶段授权主要包含人力、股权、财务及合同采办等方面的核心经营权限,其管控风险重点在合规决策、科学决策,关键在于全面提升企业治理能力和水平。

三是强化国资监管,健全用权制度体系,确保"接得住、用得好"。安技服公司以风险管理为导向,健全《股东会议事规则》等公司治理制

度，推进管理体系建设，通过《"三重一大"决策管理办法》明确了党委会、总经理办公会、董事会、股东大会对18类、66项"三重一大"事项的决策权限，使"三重一大"决策管理有据可循、有规可依。安技服公司实施弹性授权、动态监控，创新设计形成了"三管一放三监控"的管理模式：三管，即集团公司及海油发展管资本、管干部、管党建；一放，即放经营；三监控，即健全股东董事监控线、审计监控线、纪检监察监控线，实现了国有资本监管与现代企业治理模式的有效衔接。2018年以来，安技服公司先后接受巡视巡察3次，开展财务、股权等专项审计4次，进一步夯实了公司治理框架和治理能力。

（三）深化人力资源改革，激发企业内生活力

安技服公司作为一家技术密集型轻资产公司，人才是公司竞争力的根本所在。做好人力资源管理改革是释放人才活力、挖掘潜力的关键。拥有自主决策的安技服公司多措并举、以人为本，全力推进人力资源市场化改革。

一是人事制度改革突出"强激励、硬约束"。安技服公司开展了干部任期制和契约化管理，完善考核评价机制，强化考核结果应用，对2名考核为"基本称职"的干部进行了岗位调整，对2名考核为"不称职"的干部进行了免职或解约；围绕"选、管、考、酬、退"，探索职业经理人管理模式，短期、中期激励与年度、任期考核相结合，激励与约束并重，共选聘21名职业经理人，其中在市场化选聘公司管理层过程中，共有5名中高层干部自愿脱掉"马甲"，成为职业经理人。

二是用工制度改革强调"岗位制、竞聘制"。安技服公司开展了"去行政化"改革，实现岗位、职级和行政干部身份脱钩，对岗位实行选拔聘任；全面推行公开竞聘上岗，上至干部、下至员工，共700余人通过竞聘走上岗位，未竞聘上岗人员进入创业中心待岗，通过再培训、再上岗，实

现内部人员合理流动。

三是分配制度改革注重"差异化、可量化"。安技服公司实施了"归零赛马"机制，公开选聘"赛马"团队负责人，由其自主招募管理团队，实行3年任期考核，对超额完成指标的团队进行强激励（获得超额利润的10%~20%），第一年完成率低于75%或前2年综合完成率低于85%的团队负责人"下课"；开展"业绩对赌"，中心负责人拿出30%的绩效奖金进行对赌，与中心绩效直接挂钩，2019年参与对赌的人员最高拿到对赌金额2.9倍的收入，真正实现了多劳多得；开展国有科技型企业岗位分红和员工持股，2018年对关键岗位102人分配分红激励奖金270余万元，2019年完成涉及124名骨干员工、认购金额3 100多万元的员工持股工作，将个人收益与公司的价值增长相联系、与岗位业绩贡献相结合，打造风险共担、利益共享的"命运共同体"；进行薪酬体系改革，职位层级从九级压缩到六级，完善序列划分，增加科研技术序列和市场营销序列，缩短了人才成长通道，量化了考核体系，打破了"一张工资表"的"大锅饭"体制，充分激发了员工干事创业的活力。

三、改革成效

安技服公司作为中国海油的改革先行者，直面企业发展难题，千方百计、积极探索、刀刃向内，通过不断实践，解决了企业在用人、用权、用钱方面的体制机制障碍，实现了阶段性的改革目标，取得了显著效果，主要体现在以下两个方面。

一是安技服公司自主治理能力、市场适应能力获得极大提高，高质量发展趋势越发凸显，展现出了强劲的发展动力和潜力。第一，大幅提升了国有资产盈利能力。2019年，安技服公司实现营业收入10.25亿元，连续2年增幅超40%；实现利润总额1.05亿元，同比增长26%。第二，有效提高了国有经济市场竞争力。国内外市场收入从2017年的0.52亿元增加到2019年的1.33亿元，复合增长率达59.9%；全员劳动生产率从2017年的36.54万元/人增加到2019年的51.15万元/人，复合增长率达到18.3%。第三，切实放大了国有资本功能。安技服公司通过资本运作和股权多元化，引入外部资本近3亿元，3年时间公司市值从7.5亿元增加到13亿元，增幅高达73%，为快速布局国内外市场提供了资金保障。

二是安技服公司用足用活国企改革的相关政策，在中国海油党组和各级党委的领导和大力支持下，发挥先行优势，在依法合规、风险可控的前提下大胆突破，为推进中国海油改革探索出了一条成功之路，为后续改革提供了鲜活经验。第一，集团授权体制改革进一步推广。中国海油根据《改革国有资本授权经营体制方案》和《国务院国资委授权放权清单（2019年版）》，结合安技服公司授权管理经验，将主要的经营管理权限推广至第二批改革单位，以更大限度地激发下属企业主体活力。第二，以职业经理人制度为参照，进一步推动契约化、任期制改革方案落地。海油发展总结安技服公司"三项制度"改革经验，进一步推进"三项制度"改革行动，推广试点实施职业经理人机制及用工授权管理，并启动了上市公司股权激励方案实施工作。第三，改革示范带头效应突显。在安技服公司改革红利释放营造的良好改革氛围中，中国海油积极响应国企改革号召，践行央企使命，推荐2家单位入选"科改示范企业"，再次吹响了国企改革的冲锋号，努力为国有资本增值做出更大贡献。

15

以"三项制度"改革为突破点全面激发内生动力

中海油田服务股份有限公司

一、基本情况

中海油田服务股份有限公司(以下简称"中海油服")成立于2001年,是中国海洋石油集团有限公司旗下在香港、上海两地上市的国有控股公司,其旗下各专业单元自20世纪60年代开始就在我国近海开展勘探业务。经过40年的发展,中海油服已拥有世界先进的油田服务核心技术和强大的装备群,成为全球最具规模的综合型油田服务供应商之一。目前,中海油服作业区域以中国海域为中心,涵盖全球40多个国家和地区,承担了中国海上90%以上油气勘探开发工程技术作业任务。截至2020年3月底,中海油服共有25 201名员工,其中包括派遣及项目用工9 655人、外籍员工3 558人。

在"十二五"期间,中海油服着力扩大产业规模,作业和服务质量大幅提升,收入、利润复合增长率超过20%。至"十二五"末,中海油服已基本具备与世界一流服务公司竞争的能力。不过,长期规模化发展也带来了一系列问题,以往聚焦国内、投资拉动型的发展模式及总部集权式运营管控模式遇到挑战,尤其是在大步走向海外、面对国际一流同行的竞争时，管控效能成为硬伤。当石油行业进入"寒冬期"，中海油服党委更加坚定了调整战略的决心。

二、主要做法

中海油服以党委为坚强领导核心，成立由"一把手"挂帅的改革领导小组，以"三项制度"改革这块"硬骨头"为切入点，全面推进各项改革任务落地生根。

（一）推动组织机构改革，优化企业管控模式

为了优化公司组织机构、提升管理效率、匹配战略发展需要，中海油服首先要从总部部门入手，强化顶层设计，打破传统的直线职能管理模式，构建了"扁平化"的管理架构。

改革的"硬骨头"在人，在于突破传统的利益格局。为此，中海油服公司领导班子统一思想，破除本位主义，系统设计了优化方案。人力资源部作为改革执行者，刀刃向内，率先进行"自我革命"，发挥引领示范作用，推进人力资源转型改革，即总部人力资源职能关注战略和顶层设计，共享服务中心提供的标准化、专业化、集约化服务，事业部聚焦员工能力提升、人力资本投入和产出。

人力资源系统改革的成功不仅积累了部门改革经验，也坚定了各系统改革的信心。中海油服相继撤销了董秘办、法律事务部，裁撤了采办管理部，成立了采办共享中心，将财务部和计划资金部合并。这一系列改革让总部更加聚焦引领发展、促进发展、管控风险、保障发展。截至2020年4月，总部部门压缩36%，编制压减25%。

中海油服总部改革取得成效后，改革进一步向所属单位延伸。国内分公司进行"瘦身"，减少管理岗位200余个；海外机构进行"实体化"转型，将原有的33个海外机构整合为25个，压缩编制53%；事业部两级部门进行优化，平均压减幅度达 35%。

（二）推进队伍结构转变，打造高素质业务团队

中海油服自有员工机制僵化、成本高企，与市场化的行业波动匹配性较差。为了提升用工效率，实现员工"能进能出"，构建灵活高效的队伍结构，中海油服大力推进自有用工与市场化用工比例由 1∶3 向 3∶1 转变，推动市场化程度高的业务整体外包。

为引导各经营实体主动适应并支持用工制度改革，中海油服考核分配机制同步调整。为提高社会化用工的企业归属感，中海油服充分发挥基层党组织的战斗堡垒作用，打造公平、担当、进取的企业文化；建立职业晋升通道，首次向社会化用工人员发放拼搏激励奖金，并打通了社会化用工向自有员工转化的通道，以奖励业绩突出者。

中海油服着力打造国际化、年轻化的干部队伍，使其成为高质量发展的"火车头"；大力推行海外 3/6 年干部交流轮换制；干部选拔任用针对性设置刚性条件，如两级机关相关部门负责人须具备 3 年及以上海外工作经历、高级主管以上具有海外经历的比例逐步达到 50%～80%、新提任直管干部需 45 岁以下等。

为增强技术驱动力、吸引高端科研人才，中海油服启动了"2050 专项引才行动计划"，每年拿出 1 亿元作为专项基金，吸引行业顶尖科研人才汇聚。目前，中海油服已经完成招聘 162 名科研骨干，其中领军人才 3 人、核心人才 23 人。

（三）健全激励约束机制，全面深化分配机制改革

中海油服通过组织优化、人员结构调整夯实了战略发展基础。要进一步激发企业活力，将各级组织和全体员工聚焦到战略实践上，就需要在考核和激励上下功夫。

在公司党委的坚强领导下，中海油服坚决破除利益藩篱，从分配机制开刀，建立了以提高劳动生产率和人工成本投入产出率为导向的工资总额分配机制，即"基本薪酬（50%）+效能薪酬（30%）+绩效薪酬（20%）"的组合分配方式，既考虑了不同专业、不同行业运营的差异的公平性，又考虑到了经营效益和效率的激励性。以效能薪酬部分为例，最高奖金与最低奖金标准相差80%。

同时，中海油服大胆尝试企业管理层及核心骨干员工股权激励，聚焦国际化和技术发展骨干员工，选取120名骨干科研人才纳入正在实施的股权激励计划，将高端科研人才与公司发展绑定；突出差异化考核，精准激励高价值创造的群体，先后推出了技术产品产业化成果转化激励、市场开拓即时奖励等专项激励措施。以技术产品产业化成果转化激励奖为例，某科研团队通过兑现科研转化和市场销售目标，一次性给予带头人40多万元的奖励。

三、改革成效

中海油服党委提高政治站位，坚定大局意识，持续推进"双百行动"系列改革，盈利能力不断提升，核心竞争力持续增强，经营业绩连年改善。

一是管理效能大幅提升，经营业绩凸显。2019年，中海油服实现营业收入311.35亿元，同比增长41.9%；净利润为25.02亿元，同比增长3 434.2%，净利润在行业内位居世界第3位，成为全球唯一实现2年连续盈利的油服公司。中海油服各板块行业排名也取得了历史最好成绩：物探合同工作量在行业内排名全球第4位；钻井平台数量全球排名第2位；固井、船舶市场规模全球排名第3位；定向随钻、电缆测井市场规模全球排名第5位；钻完井液市场规模全球排名第7位。中海油服管控成效初显，"轻资产"模式推动投资效率进一步提升，2019年ROA（资产回报率）是2年前的3.5倍；用工结构由"十三五"初期的1:3优化到目前的1:1；全员劳动生产率由2017年的60万元/人提升至2019年的92万元/人，人工效率提升了56.06%。

二是技术保障能力及带动效应大幅提升。中海油服在多个领域突破国外技术壁垒，解决了诸多"卡脖子"问题，有力支撑了国内"增储上产"技术需求；创新技术孵化机制，首轮15个技术产品产业化激励基金项目已实现新增产值22.58亿元、价值创造4.68亿元；磁及电成像测井、D+W"贪吃蛇"等一大批具有自有知识产权的世界一流技术在国内各海域推广运用，不断降低桶油成本，刷新作业纪录，全力保障了国家"七年行动计划"。我国成为全球第二个同时拥有高端电缆测井、随钻测井、旋转导向钻井技术的国家，8项技术获得美国专利与商标局（USPTO）授权，高端技术产品销售给世界一流油服公司，展现了中国海上油气勘探开发生产技术的一流水平。中海油服技术板块产值贡献率从2015年的30%跃升至2019年的49%。

三是国际化运营能力不断提升。中海油服围绕"一带一路"匹配资源，提升海外运营能力，全力推进6大海外产值贡献区建设，进一步夯实了国际合作能源安全战略基础。中海油服海外本地化率提升20%，全球市场化弹性用工占比达52%。截至2019年年底，中海油服与"一带一路"沿线26个国家签署合同500余个；业务进入沙特等高端市场，与道达尔、马来西亚国家石油公司、泰国国家石油公司等国际油公司建立了合作关系；进一步打开了美洲船舶市场，"海洋石油614"使用率达90%，远超当地平均水平，并中标首个2年期项目。

四是获得资本市场广泛认可，品牌价值不断提升。近年来，资本市场对中海油服技术创新、品牌价值等高质量发展成果给予了高度肯定。2019年，中海油服获评中国上市公司竞争力公信力荣誉榜"最佳创新上市公司"；在"中国融资大奖"评选中，荣获"卓越科技创新企业大奖"；在中国财经峰会获评"2019年杰出品牌形象奖"。"海洋石油721""海洋石油751"等深水装备在西非等区域作业,7次获得中央电视台报道,树立了良好的央企社会形象。

16

完善业务布局　推进"三项制度"改革推动企业驶入发展"快车道"

国网电动汽车服务有限公司

一、基本情况

国网电动汽车服务有限公司（以下简称"国网电动汽车公司"）为新能源汽车相关科技服务类企业，成立于 2015 年 12 月，注册资本为 30 亿元，是国家电网有限公司统一承担充换电业务发展主体责任的专业化全资子公司，致力于承担国家电网有限公司充换电发展主体责任，服务新能源汽车产业发展和国家能源战略转型，主要核心资产为车联网平台，固定资产包括自建自营充电桩、经营性租赁用车等。国网电动汽车公司与 24 家省电力公司设立了合资公司，与社会资本共同投资设立了河北雄安联行网络科技股份有限公司（以下简称"联行科技"）等 7 家合资公司。

我国新能源汽车产业正处于从政策培育向快速成长的过渡期。国网电动汽车公司不断完善业务布局，逐步形成以车联网平台为核心，以充电出行、能源服务为方向，以属地电动汽车公司为支撑的体系架构。国网电动汽车公司通过混合所有制改革，引入产业链上下游投资者，集聚多方资源，有利于充分发挥车联网平台作用，抢抓行业机遇，落实发展战略，推动资源共享和模式创新，有效应对政策、市场和技术变化，构建开放、合作、共赢产业生态。

国网电动汽车公司持续推进"三项制度"改革，进一步推动完善法人治理体系，健全现代企业制度，进一步落实党委会、股东大会、董事会、监事会、经理层职权，建立以技术创新、模式创新为核心的市场导向机制，改革人才选聘、考核评价模式，推动构建科学、高效、灵活的市场化运营机制，有效应对新能源汽车产业市场竞争，从根本上激发企业活力。

二、主要做法

一是抢抓国企改革试点机会，推进"混改"工作。国网电动汽车公司是"双百行动"综合改革和第四批混合所有制改革试点企业，并已纳入国家电网有限公司十大"混改"举措，确立了以混合所有制改革为突破口、推动建立市场化机制的改革路径。国网电动汽车公司以做大平台为目标，聚焦战略协同与资源引进，围绕"混资本、转机制"，持续推进混合所有制改革。

二是加强与社会资本协同合作，完善业务布局。新能源汽车是战略性新兴产业，市场空间大、业务模式新，产业链及跨行业协同合作是其突出特点。国网电动汽车公司加强与以民营企业为主的社会资本合资合作，充分发挥混合所有制优势，广泛集聚产业资源，加快核心业务拓展。本部层面，与恒大集团合作，设立了国网恒大智慧能源公司，携手万科集团、碧桂园集团、融创集团等地产商，聚焦社区充电桩建设运营，计划服务全国5 468个社区，872万户、3 100万名业主；与招商局集团合作，设立了高速公路能源公司，开展服务区光储充电站建设运营等业务，打造绿色交通体系；与广汇集团合作，设立了国网广汇新能源汽车服务公司，计划在其840多个营业网点开展充电桩建设，助力全国最大的汽车经销商的转型；与什马集团合作，布局了电动两轮、三轮车及低速电动汽车充换电市场，助力交通绿色转型；与系统内外部研发企业合作，在苏州设立了技术创新中心，打造物联智能终端，促进能源与交通融合发展。属地公司层面，推动各省电动汽车公司与地市公交、出租、交投、城投等企业合作，集聚属地优势资源，助力公共交通低碳转型。目前，国网电动汽车公司已在青岛、日照、泰州、厦门、温州、张家口等多个地市落地合资公司。

三是以联行科技为重点，探索和推进现代企业治理制度。2018年年底，国网电动汽车公司与中国南方电网公司、特来电新能源股份有限公司、万帮星星充电科技有限公司等企业合资设立了联行科技，共同打造全国充电网络平台。国家电网有限公司党组对其寄予厚望，从战略全局出发，做出暂不并表的决定。自成立以来，联行科技快速完成队伍组建和产品上线，充分体现了市场化的优势，也为国网电动汽车公司探索和推进现代企业治理提供了范例。联行科技规范组建了"三会一层"治理结构，设立了董事会专门委员会，建立了一系列议事规则，明确了治理主体权责界面，在党组织"把方向、管大局、保落实"的前提下，在股东大会、董事会框架内商议决策重大事项，确保决策过程科学合理；建立了KPI（关键绩效指标）+OKR（目标与关键成果法）组合绩效管理模型，将员工收入与公司经营情况和组织绩效挂钩，对前5%的卓越人才进行奖励，对5%~10%的不合格人员进行淘汰，实现"能者上、平者让、庸者下、劣者汰"，保持正常新陈代谢，确保员工队伍活力。

四是创新管理模式，支撑平台业务落地。线下终端的建设运营及市场拓展对于车联网平台业务至关重要。为快速响应市场需求，国网电动汽车公司针对充电站建设、经营用车购置等市场化项目特点，研究提出了投资总额控制、项目实施备案的解决方案，对市场化业务实施差异化管控。改革实施后，充电站建设周期由原来的1年以上缩短为4~6个月，经营用车租赁期由原来的1年以上缩短为2~3个月，市场响应速度大幅提升。

五是深化人力资源改革,保障公司快速发展。国网电动汽车公司从业务实际出发,积极建立市场化用工机制,充分利用内外部市场,拓宽人才引进渠道,满足公司快速发展需要;淡化原有"行政级别",实行职务与职级分离,建立管理、技术、专业、高端4条职业发展通道,每个序列纵向分为14个职等,畅通了员工职业发展路径;在本部推行竞聘上岗,先后组织两批次竞聘,涉及职能部门负责人、业务部门总监和事业部总经理等岗位,共计63人次报名参与,初步实现了"能上能下";积极推进市场化选人用人,分批次开展35个岗位的社会招聘工作,多渠道引进首席投资官、首席营销官等高端人才,建立了人员正常流动与退出机制,初步实现了"能进能出"。

三、改革成效

一是市场份额持续扩大,经营业绩显著提升。国网电动汽车公司自成立以来,主要经营指标快速增长,对新能源汽车产业的服务保障能力不断增强。2016—2019年,国网电动汽车公司营业收入从3.54亿元增加到46.08亿元,利润总额从2 067万元增加到7 025万元;车联网平台接入充电桩数从10.7万台增加到41.6万台,平台年充电量从1.7亿千瓦时上升到9.5亿千瓦时。

二是坚持两个"一以贯之",加快深化改革,增强发展动能。国网电动汽车公司加快推进混合所有制改革,通过引资源、转机制、健体制,在更高层面、更大范围、更深程度加大与社会资本的合作,建立健全现代企业制度与市场化运营机制,激发创新活力,培育打造国际一流的科技创新领军企业。

三是服务国家新基建战略,加强投资引领,带动社会资本共建共营。国网电动汽车公司主动联合车企、地产商、物业等主体,合作推广居民区智能有序充电、共享充电等新模式,破解居民区充电难题;持续优化城市写字楼、商超等场所的停车场公共充电桩布局,主动满足各地公交、环卫、物流、矿运重卡等专用充电桩需求,大力推广合资、委托、加盟、联营等共建共营模式,带动提升了全社会充电桩运营效率与服务能力;开展县、乡充电桩建设,促进电动汽车下乡。2020年年初,国网电动汽车公司安排充电桩建设投资达27.05亿元,新增充电桩7.8万个,全面满足了500万辆新能源汽车的充电需求。

17

以生态共建打造央企发展互联网的一面旗帜

国网电商公司（国网金融科技集团）

一、基本情况

国网电商公司成立于 2016 年 1 月，是国家电网有限公司的全资子公司，注册资本为 10 亿元。2018 年 7 月，国家电网有限公司组建国网金融科技集团，注册资本为 10 亿元，国网电商公司与国网金融科技集团按照"两块牌子、一套人马"运作。成立 4 年多来，国网电商公司（国网金融科技集团）以打造"具有电网品格国际领先的能源数字化综合服务及平台运营商"为目标，聚焦服务电网主责主业，围绕制约公司核心竞争力提升的重点领域和关键环节，以模式创新服务集团提质增效，以生态共建带动内外融通发展，以体制机制改革激发创新活力，以旗帜领航永葆创业初心，走出了一条具有互联网特色、电网品格的国有企业改革发展之路，相继成为国企改革"双百行动"综合改革试点单位，国家电网有限公司创建世界一流示范企业典型引领单位、授权经营试点单位。2019 年，国网电商公司（国网金融科技集团）电商平台交易规模突破 9 500 亿元，营业收入为 174 亿元，净利润为 6 亿元，企业估值达 350 亿元，并于 2019 年 11 月成为上市公司远光软件控股股东，在央企电商、产业互联网等领域形成了广泛的行业影响力。

二、主要做法

（一）聚焦服务国家战略，优化国有资本产业布局

国网电商公司（国网金融科技集团）聚焦国家重大战略发展需要，主动作为、主动融入。

一是坚决助力打赢"蓝天保卫战"。国网电商公司（国网金融科技集团）建成了国网新能源云平台，实现了新能源规划、建设、消纳、交易、运维等全流程、全场景一站式服务，接入新能源电站157万座，装机容量达3.6亿千瓦。

二是全力支撑决战决胜脱贫攻坚。国网电商公司（国网金融科技集团）全面打造光伏扶贫、消费扶贫、央企扶贫3大品牌，建成了全国光伏扶贫信息监测中心2.0，实现扶贫电站全生命周期监测和收益在线精准分配；依托"慧农帮"消费扶贫平台累计销售农副产品价值超过1.1亿元，实现了扶贫产品品牌化和规模化运营；建成央企消费扶贫电商平台，有93家央企入驻开馆，惠及200余万户贫困户，通过"特色产品"带动"特色产业"发展。

三是主动对接、服务雄安新区建设。国网金融科技集团及其下属国网商用大数据公司、国网征信公司、国网商业保理公司相继在雄安新区落地运营，承建了河北金融服务平台，支撑了河北及雄安新区金融服务实体经济发展。

四是抢先布局能源数字新基建。国网电商公司（国网金融科技集团）组建了央企首家区块链科技公司，建成了能源行业首个司法级可信区块链公共服务平台；依托国网商城、电工装备工业云网等互联网基础设施，打造了"1+4+N"（1个平台、4个领域、N项应用）的能源工业互联网及5G技术应用体系。

五是深入践行普惠金融战略。国网电商公司（国网金融科技集团）建成了国内最具有影响力的线上产业链金融平台，打通了能源产业和金融资源之间的壁垒，推出了"电e贷"等纯信用、无抵押普惠金融产品，服务中小微企业近40万家；联合上海票据交易所推出"票付通"产品，建成了能源行业首个票据交易平台，引领了票据市场创新发展。

（二）聚焦建设自驱动团队，打造创新创业"命运共同体"

国网电商公司（国网金融科技集团）遵循数字经济运营特点，保持"敏感、敏锐、敏捷"，持续提升市场响应效能。

一是不断升级"放管服"改革。2017年，国网电商公司（国网金融科技集团）聚焦人资领域，厘清本部基层管理界面，持续加大基层人、财、物自主权，2020年已全面拓展至行政办公、物资采购、财务管控等10大领域。

二是构建人才共享模式。国网电商公司（国网金融科技集团）组建了人力资源共享服务中心，2020年疫情期间针对不同业务线人员需求矛盾，共享骨干员工60余人，组建柔性团队10余个，有效缓解了结构性缺员问题。

三是深化干部职业化管理。国网电商公司（国网金融科技集团）建立了职业经理人制度，培育各业务条线企业家，在本部试行"联席主任制"，在3个事业部推行"轮值负责人制"，在实践中培养干部、发现人才。

四是放大资源协同共享。国网电商公司（国网金融科技集团）构建了跨部门、跨事业群的重大创新业务协同机制，实现22个重点项目快速落地，推进与上市公司远光软件15项专业协同；联合系统内外科研产业单位成立了新能源云技术公司，发起能源互联网产业基金，推进了研产融优势资源高效协同发展。

（三）聚焦人才正向激励，激发担当作为的澎湃动能

国网电商公司（国网金融科技集团）推出"面向客户、对标市场"的激励约束机制，引导公司上下勇担当、善作为。

一是打造"Y"型职业发展通道。在行政管理通道之外，国网电商公司（国网金融科技集团）设立了包含4个职类、6个层级、19个薪级的职级晋升路径；试点骨干人才积分制，实现对员工的量化评价，并在此基础上探索建立了员工劳动用工转换通道。

二是实施互联网科技创新"揭榜制"。国网电商公司（国网金融科技集团）面向全社会公开征集"卡脖子"技术需求和待孵化项目，打开围墙、集聚内外部力量联合攻关，4个技术攻关项目已确定研发单位，3个成果转化项目确定孵化单位，预计每年新增产值2.6亿元。

三是构建"多维联动"业绩考核体系。国网电商公司（国网金融科技集团）逐步拉大了薪酬差距，下属单位负责人薪酬最大差距可达3倍，同岗级员工薪酬差距超过1.5倍；通过考核结果应用，解除4名中层干部、8名本部员工劳动合同，6名下属单位负责人被调岗、转岗，优化劝退357人。

（四）聚焦互联网特色文化，持续增厚改革攻坚氛围

国网电商公司（国网金融科技集团）坚持"利他"思维，营造心齐气顺、昂扬向上的文化氛围。

一是弘扬首季攻坚文化。国网电商公司（国网金融科技集团）聚焦全年重点任务，连续4年相继开展新春"三大战役""新征程·百日大会战"等行动，实现了工作起好步、开好局。

二是倾力打造"文化电商""幸福电商"。国网电商公司（国网金融科技集团）推进"创业者、执行者、领跑者、自信者、同心者"文化落地，加强员工诉求服务，成立了员工创新工作室，大力推动"微创新"，

增进职工获得感、归属感、幸福感。

三是推进"法治电商"建设。国网电商公司（国网金融科技集团）坚守安全、稳定、合规等底线，建成了大数据风控平台，实现了重大决策合法性审核全覆盖、全过程全业务风险防控，并常态开展人资、财务等专项审计，严防国有资产流失。

三、改革成效

一是经营业绩保持"连年翻番"强劲势头。成立4年多来，国网电子商务和金融科技业务从0到1、从小到大，业务形态快速蝶变，交易规模从成立当年的百亿元级跃升至近万亿元级，营业收入从不足10亿元增加至过百亿元，国有资产保值增值率达到17.5倍以上，连续2年在国家电网有限公司市场化单位年度业绩考核中位列第1名，以生动的实践、过硬的业绩诠释了"中央企业同样可以搞好互联网企业"。

二是支撑国家战略落地价值凸显。国网新能源云平台实现了国家电网有限公司经营区域内新能源服务全覆盖，带动上下游近10万家企业融通发展和约120万人就业。国网征信公司在国内首次推出电力征信服务，被中国人民银行推荐为征信机构典型示范，依托电力大数据打造的"国网智能图谱风控产品"入选中国人民银行"监管沙盒"，商业保理业务已纳入雄安新区金融业态整体规划。2020年疫情期间，国网电商公司（国网金融科技集团）依托国网线上产业链金融平台提供了600亿元线上低成本普惠金融服务融资额度，切实解决电网产业链上下游中小微企业融资难、融资贵问题。

三是服务电网数字化转型成效显著。国网电商公司（国网金融科技集团）建成了企业电费"超级网银"，提供"电费金融+应收账款保理融资+大数据征信"一揽子电力交费服务，累计线上电力交费超过8 000亿元。

国网商城成为国内最大的能源电商平台,实现电力物资采购零库存、零流通成本、零资金占用,累计交易规模近1.2万亿元。国网商旅首创"免垫款、免发票、免报销"公务出行新模式,刚性化规范差旅管理。国网电商公司(国网金融科技集团)建成了国网智慧税务平台,打通与国家税务总局底账库的直连通道,累计开具电子发票2.55亿张,大幅降低了运营成本。

四是硬核科技创新不断实现新突破。国网区块链科技公司成为首批通过国家网信办区块链信息服务备案的单位,参与制定了首个区块链国家标准,承建工业和信息化部工业互联网区块链平台,取得自主知识产权27项;建成国内领先的能源工业互联网平台,赋能电力装备制造转型升级;牵头网络空间安全、光伏智慧运维技术等多项国家重点研发专项;自主研发电力物联网标识管理平台,成功接入国家工业互联网标识解析二级节点,具备支持不少于1 000家企业的并发注册能力。

18

深化综合性改革　提升核心竞争力 开拓高质量发展良好局面

南瑞集团有限公司

一、基本情况

南瑞集团有限公司（以下简称"南瑞集团"）是国家电网有限公司直属产业单位，由1973年成立的水利电力部南京自动化研究所和1974年成立的武汉高压研究所发展而来，是我国首批科研院所成功转制的代表。历经几次重组整合，南瑞集团已发展成为我国技术水平最高、产业规模最大的电力系统自动化、超/特高压交直流输电、柔性交直流输电、水利水电自动化、轨道交通监控等领域的成套设备供应商和整体解决方案提供商。南瑞集团现有资产总额719亿元，员工1.5万余名，其中中国工程院院士2名，硕博士以上学历人才4 400余名。作为能源电力及工业控制领域的IT（信息技术）企业，南瑞集团连续八届进入中国软件业务收入前10名，连续十三届荣获"中国十大创新软件企业"，连续八届荣获"中国软件和信息服务业十大领军企业"，其旗下上市公司国电南瑞获评2019年"中国上市公司科技创新百强企业'领军者'"荣誉。

近年来，南瑞集团的科研实力、产业规模、经营水平等持续提升，但在体制机制、队伍建设、产业发展等方面还存在诸多问题，高质量发展受到一定的制约。2019年以来，南瑞集团以入选"双百企业"名单为契机，紧紧围绕"五突破、一加强"改革要求，谋求通过一系列举措，提升自身核心竞争力和发展活力，为进一步做强做优做大打牢基础。

二、主要做法

（一）以党的建设为引领，完善现代企业治理

一是坚持将党的领导融入公司治理。南瑞集团坚持两个"一以贯之"，推动所属各级企业"党建进章程"，完善以章程为核心的"三会一层"权责关系和制度体系，严格将党组织讨论研究作为董事会、经理层重大决策的前置程序，支持董事会、经理层依法履职。

二是逐级完善经营授权。南瑞集团入选国家电网有限公司经营授权试点单位，在投资管理、海外投资、机构编制、劳动用工、中长期激励、财务管控等方面取得了一定的经营授权；持续开展"放管服"，将内设机构调整、选人用人、科技项目管理等更多权限授予基层单位。

三是强化平台功能，提供价值服务。南瑞集团坚持打造精简高效的本部职能，聚焦营销、研发、生产、国际业务、实验验证、风险防控和重大项目管控，优化建设"六体系、一平台"，构建人资共享服务中心，实现价值整合和服务支撑。

（二）紧抓"三项制度"改革，完善市场化经营机制

一是深化市场化选人用人。南瑞集团对系统外充分竞争业务领域、新兴业务领域的3家试点单位领导班子成员实施任期制和契约化管理，根据经营规律约定任期为3年，签订岗位聘任协议和业绩考核责任书，明确岗位职责、权利义务、业绩目标、薪酬激励、退出规定和责任追究等相应条款。

二是完善市场化用工。南瑞集团完善以劳动合同为核心、岗位管理为

基础的用工机制，通过中介猎聘、内部荐才、联合培养、定制化培养等形式拓展引才渠道，提升引才质量；对绩差员工通过降待岗、职级下调等方式实现淘汰退出。

三是健全激励约束机制。南瑞集团实行工资预算和考核分配分类差异化管理，企业负责人薪酬与经营绩效紧密挂钩并刚性兑现；面向高端紧缺人才、优秀院校毕业生实行协议工资制；每年开展科技、市场、国际、工程、管理5大专项奖励，明确贡献导向、开展分类评定，确保了激励有效落地、兑现到人。

（三）引入优质战略投资者，推进高质量股权合作

一是充分吸收利用非国有资本。南瑞集团围绕技术、市场及产业链协同关键领域，通过广泛调研、调查搜寻和锁定优质标的，采取股权收购、合资新设企业等方式，积极引入非国有资本；优化上市公司募集资金投向，加强项目立项和执行管控，支撑新兴产业培育。

二是深化新兴业务"混"和"改"。与亿嘉和科技股份有限公司、天津三源电力集团有限公司合资组建了国网瑞嘉（天津）智能机器人有限公司，打造带电作业机器人研发及产业化平台，实行完全市场化的运营机制；与国网联研院组建半导体合资公司，并入选国务院国有企业改革领导小组办公室"科改示范行动"，通过"战略＋财务"管控、经理层任期制、工资总额单列等一揽子改革举措，进一步激发创新活力。

（四）实施首期限制性股票，实现核心员工长效激励

2019年，南瑞集团旗下国电南瑞成功实施上市公司首期限制性股票激励计划，通过激励对象自筹资金定向购买方式，向990名核心骨干授予股票3970万股。

一是严密论证，合理选择激励工具。南瑞集团充分学习先进企业改革经验，并借助优秀中介机构，对各类激励工具进行严密论证，最终决定通

过上市公司股权激励方式,将企业与核心骨干利益绑定。

二是明确标准,实现精准激励。南瑞集团将激励对象锁定为各级经营班子成员和研发、工程、营销等一线岗位核心员工,在各职级层面合理分布名额,防止"论资排辈",遴选条件为近3年考核结果均为良好及以上,确保真正将岗位价值高、业务能力强、资历条件硬、实绩贡献大的员工遴选出来。

三是严格考核,突出业绩导向。南瑞集团对标20家同业上市公司,选取净资产收益率、净利润复合增长率、行业75分位值等作为业绩考核指标,将个人获授条件与年度绩效考核挂钩,真正做到了正向激励、同向激励。

(五)处置低效资产和历史遗留问题,全面"瘦身健体"

一是加快处置低效、无效资产。南瑞集团从产业布局定位、人员安置、清产核资、审计监督等角度统筹谋划,"一企一策"制定处置方案,充分沟通并尊重利益相关方的核心诉求,创新性探索"通过引入社会资本,减资缩股退出控股股权"等路径,努力盘活资产价值;借助外部机构专业化支撑,开展审计评估、产权转让和职工安置工作,确保操作规范、透明。

二是积极稳妥地完成厂办大集体改革。南瑞集团对所属2家集体企业通盘考虑,明确处置顺序,按照"业务平稳过渡、人员队伍稳定、程序依法合规"的原则,严格倒排时间表,对各项业务逐一梳理并完成切换;加强沟通协商,妥善安置集体企业7名职工,无一例争议纠纷发生。

三、改革成效

一是核心竞争力不断增强。改革引领创新,南瑞集团2019年科技创新成果丰硕,研发世界首套电压等级最高、装机容量最大的特高压直流换流阀及控制保护系统，在国内率先实现自主可控、元器件国产率100%的10～500千伏全类型继电保护装置挂网运行，43项科技成果通过鉴定，其中32项达到国际领先水平；产业升级持续加速，集中资源开展电网领域IGBT（绝缘栅双极型晶体管）"卡脖子"技术攻关，带电作业机器人、海上风电、综合能源服务、智慧消防等新兴产业拓展取得良好成效。

二是经营业绩持续提升。南瑞集团通过打造专业化管理体系，推动资源集约和高效协同，营销服务一体化策略得到客户普遍认可，核心业务市场份额稳步增长，2019年营业收入同比增长8.5%，2020年上半年营业收入同比增长6.96%。资本市场对国电南瑞股权激励反应积极，其市值规模最高时突破1100亿元，创造了2015年以来的最佳业绩表现。

三是资产质量更加优良。"双百行动"实施以来，南瑞集团共精简低效、无效企业7家，低效资产处置步伐不断加快。2019年年末，南瑞集团资产总额较当年年初增加近40亿元，资产负债率不断下降；截至2020年6月底，南瑞集团共拥有21家混合所有制企业，累计引入28.2亿元非国有资本。通过股权合作，南瑞集团产业链布局更加完善，国有资本影响力得到有效放大。

四是人才活力有效释放。2019年，南瑞集团相关单位应届毕业生、成熟人才招录增幅分别达17%、40%以上，淘汰绩差人员140余人，由高端人才领军、结构合理的高水平人才队伍不断壮大，成为支撑其发展的坚强后盾。南瑞集团中长期激励措施充分凝聚员工干事创业热情，推动其达成了第一个解除限售期目标。

五是国企责任担当进一步彰显。南瑞集团以国家电网有限公司建设"具有中国特色国际领先的能源互联网企业"新战略目标为引领，始终为我国电网建设和安全稳定运行提供坚强的核心装备和技术服务支撑。近年来，南瑞集团圆满完成了"国庆70周年"、2018年中国国际进口博览会、

2019年世界军人运动会及"迎峰度夏"重大保电任务;积极践行"一带一路"倡议,服务"中泰铁路"等重点项目,注重履行海外社会责任,得到了当地各界的积极评价;助力决胜脱贫攻坚,在"三区两州"电网建设、"国网阳光扶贫"中承担了重要角色。2020年以来,在疫情防控和复工复产、支撑国网公司和地方政府防洪防汛等方面积极发挥了表率作用。

19

规范治理 搞活机制
老国企主动求变走市场化改革之路

广东电网能源发展有限公司

一、基本情况

广东电网能源发展有限公司（以下简称"能源发展公司"）是一家历史悠久、荣誉等身的老国企。随着市场形势的变化，加上企业自身的体制机制束缚，能源发展公司经营发展面临着严峻挑战。作为首批"双百企业"之一，能源发展公司抓住改革新机遇，以市场化改革为核心，在探索与实践中逐步形成了"思想解放—改革深化—高质量发展"的良性循环，为传统的送变电类企业市场化改革打开了新路，实现了治理结构更加完善、业务布局快速升级、业绩明显改善的良好成效。

能源发展公司成立于1958年，是中国南方电网公司下属三级公司、全国输变电行业龙头企业。成立60多年来，能源发展公司共建成输电线路约20万千米，变电站装机容量约19万兆伏安，获得4项"鲁班奖"、28项"国家优质工程奖"。随着电力工程建设领域市场竞争日趋激烈、经营成本不断上升，能源发展公司总体处于保本微利水平，经营出现困难，加之体制机制受限、内生动力不足、人才用工僵化，面临市场和自身的双重挑战。

自2018年开展"双百行动"以来,能源发展公司围绕"五突破、一加强",以"规范完善企业治理,搞活机制,推进市场化改革"为改革核心,重在让最先听到"炮声"的人做决策,加快经营机制转换,对传统行业国企市场化改革起到了示范效应。

二、主要做法

能源发展公司在上级公司支持下,加强改革宣传引导,上下形成改革共识,通过引入外部董事、落实董事会职权、推行职业经理人制度、完善市场化经营机制等重点举措推进改革,在健全法人治理结构、完善市场化经营机制两方面率先取得突破后,不断深化改革标的,推进股权多元化改革,引入外部积极股东,通过"引资"实现"引制"和"引智",加强和巩固了前期的改革成果。能源发展公司在实践与探索中持续推进思想解放,推动改革迈向纵深,为高质量发展源源不断注入新动力,为传统的送变电类企业市场化转型发展探明了改革新路径。

(一)抓住董事会建设"牛鼻子",使治理主体有效分离、各司其职,保障股东授放权能够"接得住、行得稳"

一是优化董事会结构,实现有序授放权。改革前,能源发展公司党委、董事会、经理层成员高度重叠;改革后,能源发展公司引入了外部董事,建立了外部董事占多数的董事会,合理选派党委成员,并落实董事会对经理层选聘的职权。治理主体有效分离,改变了过去数会合开的局面,有利于股东回归出资人角色。广东电网公司通过落实清单管理(约束清单和负面清单),加大对能源发展公司董事会的授放权,董事会逐步发挥面向市场的快速响应和决策作用。能源发展公司优化专职外部董事选拔,3位专职外部董事的专业背景更加多元互补,各项决策更具战略性和科学性。

二是理顺董事会与党委权责边界，实现有序决策。通过修订章程和议事规则，能源发展公司明确了党委和董事会对重大经营管理事项研究讨论的侧重点；梳理了党委"决策权、把关权和监督权"事项，党委对负责前置把关的重大事项，重点关注其政治和社会目标，而董事会负责事项决策，重点关注经济目标，有效提高了董事会决策效率，也加强了党的领导与法人治理的融合。

三是理顺董事会与经理层权责边界，实现自主经营。董事会选聘职业经理人，并向经理层下达生产经营和企业转型目标。董事会重点关注生产经营和企业转型的重大决策，经理层自主组织实施日常的生产经营，并落实企业各项转型任务。

四是建立"大监督"体系，强化监督功能。能源发展公司组建了监事会，完善了职工代表大会制度和党的监督机制。通过一年一度的监事检查、列席董事会听取重大事项决策等方式，确保监事会履行好对公司重大决策和关键环节，以及董事会、经理层履职情况的监督和评价。

五是加强配套服务支撑。能源发展公司设立了董事会办公室，支持董事会日常运作，并设立了提名、审计、薪酬与考核等专门的委员会，为董事会提供咨询意见与建议。在实施"双百行动"过程中，广东电网公司增设了专职董事办公室，为能源发展公司专职董事履职提供决策支撑服务，也为更大范围地复制、推广专职董事制度提供了支持。

（二）推行职业经理人制度，选聘工作环环相扣，确保选聘的职业经理人与企业转型发展需求高度匹配

一是选聘工作环环相扣，提升职业经理人团队的合力。2019年1月，新的公司党委、董事会、监事会首先到位，为推行职业经理人制度创造了条件。2019年2月，能源发展公司面向社会公开选聘总经理、副总经理、总会计师、总法律顾问等6名经营班子成员，由董事会选聘总经理，落实董事会选聘经理层的职权。2019年3月，能源发展公司完成总经理聘任，并由总经理参与，与董事会共同选聘副总经理，组建经营班子成员，以保证经营班子的团结与合力。能源发展公司试点推行事业部制，由经理层组织开展选聘 2 个事业部经理和副经理共 7 名二级职业经理人。

二是建章立制，实现职业经理人全生命周期闭环管理。能源发展公司将内部培养与外部引进相结合，面向社会公开选聘职业经理人，6 名职业经理人中有 3 名来自外部，他们经历丰富、专业能力强、积极投身市场改革；实行聘期制和契约化管理，每届聘期 3 年，按聘期签订岗位聘用协议，每年签订年度绩效目标责任书，实行试用期考核、年度考核和聘期考核；实施差异化薪酬，在薪酬结构上，引入聘期激励、实现中长期激励；在薪酬水平上，综合考虑企业功能定位、发展战略、所处行业、企业规模、任职岗位、业绩贡献等要素，与人才市场基本适应。

（三）加强同业对标，完善"岗位能上能下、员工能进能出、工资能多能少"的市场化经营机制，激发微观活力

一是实施更加灵活的用工管理。能源发展公司根据战略规划和业务布局调整，实施内设组织机构改革，优化岗位体系设置，通过内部人才市场开展岗位公开竞聘，高效配置人力资源；按照"效率决定用工、业绩决定用人"的原则，用工总量实行同业对标，按经营效益测算与核定，并实施"年度约束、3 年清算"周期制管控；用工计划单列和跨年度预核定，根据未来 2 年预计利润及营业收入情况核定测算用工计划，并提前预下达；逐步放开招聘权限，根据业务增长动态增配用工额度，自主开展校园招聘和高管类、专业类人才的社会招聘；健全人员流动和退出机制，人员岗位晋升和收入分配与其业绩表现、价值创造等情况紧密挂钩，通过市场化合同，对社招人员、职业经理人实行契约管理，对不通过岗位胜任能力评价者及试用期考核不称职的市场化人员解除劳动合同。

二是推行面向市场的薪酬管理。能源发展公司按照"效益决定工资"的原则，使工资总额与企业效益紧密挂钩。工资总额预算实行周期制，根据利润总额、行业标杆单位人工成本利润率、绩效考核结果等综合确定，周期内允许"以丰补歉"。内部分配赋予充分自主权，企业负责人薪酬按年薪方式进行管理，薪酬水平参考行业水平，按"业绩薪酬双对标"的原则确定；其他人员薪酬以业绩为导向、与市场竞争相适应，不同业绩允许分配差距在40%以上。

三、改革成效

（一）体制机制规范运作，为转型发展打下了良好的治理根基

能源发展公司的公司治理体系基本完善，基本形成了各司其职、各负其责、协调运转、有效制衡的法人治理结构；市场经营机制初步建立，基本实现了"岗位能上能下、员工能进能出、工资能多能少"；通过体制机制的优化，为后续业务层面改革举措的落地提供了组织与人员上的保障，为改革的深入推进打下良好的基础。

（二）业务布局快速升级，向综合型能源建设公司转型提速

能源发展公司积极承担电网服务业务，完成广东省内19个地区应急抢修站点布局，应急力量形成全省全覆盖，圆满完成"天鸽"等超强台风的灾后抢修复电工作，承担电网运行保障者职责；海外业务拓展实现"零突破"，先后承接菲律宾MVIP（多厂商集成协议）工程、中（国）老（挝）铁路供电工程等项目，实现"走出去"的目标，服务国家"一带一路"建设；出色完成±800千伏滇西北工程等一大批重点工程，施工产能和技术水平显著增强，总承包项目管理能力大幅度提升，加快向综合型能源建设公司转型。

（三）经营业绩显著提升，提升了员工获得感

"双百行动"改革成效最终体现在企业业绩增长上，助力企业摆脱了经营困局。2018年以来，能源发展公司连续2年实现营业收入、利润总额2位数增长的"双突破"，2019年实现营业收入39.8亿元、利润总额1.27

亿元。能源发展公司经营业绩的增长带动了工资总额大幅度提升，改革红利已逐渐变成职工的获得感，更加坚定了老国企团结一致、坚持改革的信心和决心。

20

坚持两个"一以贯之"
全力打造南网能源深改模式

南方电网综合能源股份有限公司

一、基本情况

南方电网综合能源股份有限公司（以下简称"能源股份公司"），是中国南方电网公司（以下简称"南方电网公司"）控股的二级企业。2018年、2019年，能源股份公司先后入选国企改革"双百企业"名单和国家第四批"混改"试点企业名单。近年来，能源股份公司在南方电网公司党组的领导下，以习近平新时代中国特色社会主义思想为指导，深入贯彻落实国有企业改革"1+N"系列文件，坚持两个"一以贯之"，以全面加强党的领导为核心，以混合所有制改革和"三项制度"改革为抓手，聚焦当前发展中面临的问题，持续深化市场化改革，有效推动"五突破、一加强"，取得了一批突破性成果，在完善中国特色现代企业制度方面走出了自己的路子，形成了"南网能源方案"。

能源股份公司由原南方电网综合能源有限公司股改而成，于2010年12月在广州挂牌成立，注册资本为3.5亿元，经过近年来的增资、"引战"，注册资本增至约30.3亿元。

能源股份公司主要从事市场化综合能源业务，属于南方电网公司商业一类（竞争类）企业。成立以来，能源股份公司投建了一大批在全国有影响力的大型绿色能源示范项目，形成了立足南方 5 省、遍及全国的市场格局，荣列"2017 年全国节能服务公司百强榜第 1 名"，被评为"'十二五'节能服务产业突出贡献企业"，是全国唯一一家获得 3 项 5A 评级（最高评级）的节能服务公司。

二、主要做法

（一）全面加强党的领导和党的建设

一是落实党组织在企业法人治理中的法定地位。在完成公司党建条款进章程的基础上，能源股份公司将建立党的组织、开展党的工作作为企业改革发展的必要前提，实现 48 家并表子公司党建条款进章程全覆盖。

二是完善基本管理制度，发挥党委领导作用。能源股份公司修订了公司"三重一大"决策实施细则、授权与审批权限管理办法、党委议事规则等制度，将党委讨论研究作为董事会、经理层决策重大问题的前置程序，明确党委在决策、执行、监督各环节的权责和工作方式，使党委发挥领导作用制度化、规范化、具体化。

三是推动党建工作在企业经营中常态化开展。能源股份公司印发了《党支部参与部门单位重要事项讨论工作指引》，建立了党支部参与本部门、单位重要事项研究讨论，各部门、单位经营班子负责人向所在支部报告重点工作进展、重要事项安排等情况的工作机制；实施了党建与经营业绩"双 A 制"考核，将考核结果与组织绩效、个人绩效、干部调整挂钩，进行末位约谈，使党建工作从"软指标"变成"硬约束"；制定了公司建立健全监督体系、提高监督能力的实施细则及监督清单，以及党支部纪检委员和特邀监督员管理办法，以党内监督为重点，构建"大监督"格局。

（二）以"混"促"改"，推动法人治理结构进一步完善

1. 以"四步走"策略优化股权结构

能源股份公司成立之初，8家股东均为国有企业，其中，南方电网公司及其下属5家省电网公司股权占比为76.5%。在该股权结构下，国有资本的放大功能有限且一股独大，不利于构建有效制衡的法人治理结构。能源股份公司通过"系统内股权划转、股东同比例增资、'引战'增资、整体上市"的"四步走"策略，在股权多元化与混合所有制改革方面取得了有效突破：2019年3月完成了系统内股权划转、股东同比例增资，2019年7月完成了"引战"增资，2019年9月完成了股份制改造；2020年3月完成了IPO（首次公开发行）申报，进入IPO审核阶段，2020年4月下旬收到了中国证监会书面反馈意见，2020年6月24日完成了中国证监会首轮反馈意见回复工作。

在"引战"方面，经公开挂牌，能源股份公司引入了绿色能源混改股权投资基金（广州）合伙企业（有限合伙）、广东省广业绿色基金管理有限公司2家国有管理基金，以及特变电工股份有限公司、广州智光电气股份有限公司2家民营上市公司作为战略投资人。通过"引战"，能源股份公司释放了34%的股权，引入了15.25亿元资金，在保持国有股东控股地位的同时，有效放大了国有资本功能。特别是引入的特变电工股份有限公司和广州智光电气股份有限公司，与能源股份公司具有产业协同效应，对推动能源产业价值链整合、增强公司发展"新动能"具有重要的意义。

2. 对照上市公司标准完善法人治理结构

2019年9月，能源股份公司召开了股份公司创立大会暨第一次股东大会、董事会、监事会，对照上市公司标准选举了新一届"董监高"（董事、监事、高级管理人员），设立了董事会战略与投资委员会等4个专门委员会，并建立了以公司章程为基础的法人治理制度体系。在董事会、监事会

的组建中，能源股份公司以股权结构为基础，在保持成员人数不变的基础上对结构进行优化：减少了控股股东4个董事席位和1个监事席位，增加了3个独立董事席位，向引入的2家新股东各释放了1个董事席位和1个监事席位，推动非公有资本股东积极参与公司治理，形成了定位清晰、权责对等、运转协调、制衡有效的法人治理结构。

（三）建"三能"机制，全面激发公司发展内生动力

1. 全面推行职业经理人制度，实现"能上能下"

能源股份公司坚持党管干部原则与董事会依法选择经营管理者、经营管理者依法行使用人权相结合，由点到面推广实施职业经理人制度。2016年，能源股份公司公开选聘总经理，成为南方电网公司首个在经理层推行职业经理人制度的二级单位。2018年，能源股份公司完成了经营班子副职岗位职业经理人的全国公开选聘和所属经营单位第三批职业经理人选聘工作，实现了本部和所属经营单位经营班子职业经理人制度全覆盖。2020年上半年，能源股份公司完成了第一批聘期届满职业经理人的考核及新一轮职业经理人的选聘工作。目前，能源股份公司共聘任各级职业经理人55名，其中公司经营班子成员5人，所属经营单位一~三级职业经理人50人。近3年，共有12名管理人员因竞聘失败、放弃竞聘、未完成考核指标而被免职、降级。

2. 破除身份壁垒，实现"能进能出"

能源股份公司大胆破除电网企业原有的身份和职级观念，将干部员工原有的行政职级保留在档案里，实行"依能上岗、按岗定薪、定期考核、动态调整"的岗位管理机制；同时，建立试用期、日常考核、年度考核、任期考核等多渠道评价机制，加强业绩考核过程管理和结果应用，对业绩考核不合格的员工及时予以降岗、调岗等处理。

3. 落实"三个机制"、强化"一个差异",实现"能多能少"

一是落实"三个机制"。工资总额备案机制:实行由公司董事会依法管控的工资总额预算3年周期备案制,工资总额与人工成本利润率、利润总额增长率、净资产收益率指标挂钩。人工成本管控机制:建立预算、绩效考核与薪酬分配一体化机制,明确各经营单位业务发展目标、财务预算与人工成本的量化关系。经营单位内部分配管理机制:将所属员工的绩效薪酬分配权全部授予职业经理人,并按季度开展过程监控及评估分析。通过以上3个机制,能源股份公司及其各经营单位的预算编制、绩效考核和薪酬分配实现了量化透明、有章可循、有据可依,从以往的靠"要工资"变成自己"挣工资",充分调动了各级经营班子的自主性与积极性。

二是合理拉开薪酬分配差距。能源股份公司优化了薪酬分配结构,构建了"基薪+业绩薪酬"的分配模式,加大业绩薪酬的激励约束强度,员工业绩薪酬占比最高达80%;建立了差异化的激励方式,各级职业经理人实行年薪制,职能部门人员实行岗位薪点制,业务人员实行"市场化协议工资+业绩提成分享"制;研究编制股权激励方案,积极探索建立中长期激励机制,形成了多层次、系统化的正向激励体系;突出考核量化和刚性,建立了价值导向、量化考核、刚性兑现的业绩评价考核机制,严格按考核业绩兑现薪酬。

三、改革成效

(一)市场化体制机制不断完善

能源股份公司建立了以公司章程为核心的企业制度体系,厘清了各治理主体的权责清单,"四会一层"运转更加顺畅;落实了董事会对经理层成员业绩考核和薪酬管理权、职工工资分配权、重大投资事项管理权等职权,建立了分层分类决策审批机制,动态更新权力清单和投资负面清单,企业经营决策更加精准、高效；健全了内部监督制度和内控机制，将法律、财务尽职调查作为重大经营事项的前置程序，做到了重大决策、合同规范、规章制度"三项"法律审核率为100%；充分发挥审计监督作用，持续完善公司风险信息库，充分发挥了审计对公司健康发展的"免疫"作用和"质量检验"作用。

（二）市场化理念深入人心

随着"三项制度"改革的持续深入，能源股份公司职业经理人制度实现全覆盖，并形成了长效机制；90%以上的员工来自市场化招聘，人员流动率保持在10%~15%；职业经理人年度绩效薪酬差距最大的超过3倍，"能上能下""能进能出""能多能少"形成常态，"不看身份、不看级别，只看岗位、只看贡献"的市场化理念深入人心，成功打造了一支实干拼搏、英勇善战的市场化人才队伍。

（三）经营效益和效率持续提升

2019年，能源股份公司完成收入15.08亿元，近3年复合增长率达26.9%；完成利润额3.23亿元，近3年复合增长率达54.8%；经济附加值为1.90亿元，近3年复合增长率达32.4%；超额完成南方电网公司下达的主要经营业绩考核指标，近3年净资产收益率平均达到10.8%，保持了较高的投资回报水平。2020年，能源股份公司顶住疫情影响和经济下行压力，统筹推进疫情防控和生产经营、改革发展工作。2020年上半年，能源股份公司主要经营指标持续增长，安全生产局势平稳，员工队伍保持和谐稳定，在疫情防控和经济社会发展中充分展示了担当作为。

（四）认真贯彻新发展理念，用实际行动为社会经济绿色发展贡献力量

截至2020年6月底，能源股份公司累计实施节能减排项目700多个，开展节能诊断7 000余户，建筑节能服务面积达520万平方米，托管项目电量达4.8亿千瓦时，推广LED灯具约300万盏，投资建设光伏项目装机

容量超过 1 吉瓦，实施了全球单个厂区最大的分布式光伏项目和广东省首个海上风电试点项目，累计为客户节约电量 76.14 亿千瓦时，相当于节约标准煤 245.9 万吨、减少二氧化碳排放量 699.87 万吨。

21

健全激励约束机制 激发科技创新活力 打造科研企业改革"样板"

南方电网科学研究院有限责任公司

一、基本情况

南方电网科学研究院有限公司（以下简称"科研院"）是南方电网公司控股子公司，属国有独资企业，注册资本为1亿元，股东构成为：南方电网公司（70%）、广东电网公司（10%）、广西电网公司（6%）、云南电网公司（6%）、贵州电网公司（6%）、海南电网公司（2%）。科研院的主要经营范围为：电网科学研究、技术开发、产品研发、设备制造与销售、技术转让、技术咨询、项目评审、电力工程调试、系统集成等业务，投资经营与电网核心技术、电网新技术相关的产业等。科研院先后被授予"国家火炬计划重点高新技术企业"、国家"海外高层次人才创新创业基地"、广东省"高新技术企业"、"广州市创新型企业"等称号。

2019年4月成为"双百企业"以来，科研院按照"五突破、一加强"的总体要求，大力推进全面改革，重点健全激励约束机制，依据《关于做好中央科技型企业股权和分红激励工作的通知》（国资发分配〔2016〕274号）有关规定实施岗位分红激励，为科技人员进一步参与科技成果转化激励分配提供政策红利，极大地激发了科技人员干事创业的活力动力。

二、主要做法

科研院实施岗位分红的主要做法可总结为"三个一":把握一个导向、建立一套体系、统一一个尺度。

(一)把握促进转化、提升效益的政策导向

科研院深入学习、研究各项政策,结合企业发展战略,在方案设计和激励实施中,牢牢把握聚焦科技成果转化这一中心,激励总额来源于科技成果转化收益,激励对象瞄准科技成果转化核心技术人员。科研院通过分配导向,引导部所、员工加大成果转化和产业化力度;坚持以提升经营效益为主要目标,以企业年度净利润增长率为首要激励条件,建立了"院-所-人"3层考核指标传递机制,经营效益不达标的部所及员工不得参与激励分配。

(二)建立上承战略、下能落地的实施体系

科研院承接发展战略和业务布局,重点围绕高科技咨询服务、产品产业化、检验检测3大科技成果转化新兴业务,建立一套完备的岗位分红激励体系,系统回答"激励总额从哪里来""激励条件是什么""激励谁""怎么分"等问题。

1. 以科技成果转化收益为基数计提激励总额

科研院结合业务实际,以净利润中由科技成果转化带来的收益作为激励总额的计提基数,并剔除公司直签合同等带来的收益;按不多于岗位分红激励项目收益30%的比例计提激励总额。具体激励总额根据以下条件由科研院党委研究确定:不高于当年净利润的15%,不超过当年净利润增加值的50%,不超过上一年工资总额的10%,以及当年预期激励水平等客观因素。其中,岗位分红激励项目主要是通过自主创新推动科技成果转化,并获得一定经济效益的项目,主要包括高科技咨询项目、产品产业化项目

和检验检测项目,不包括南方电网公司的科技专项、技术服务专项及公司系统内工程咨询项目。

2. 逐级设定激励条件,传递激励约束导向

在科研院层面,明确3类6个考核指标:财务类3个(净利润增长率、利润总额、营业收入)、科技创新类2个(新兴业务营业收入占比、科技项目及成果转化率)、管理类1个(劳动生产率)。在各直属机构层面,设定组织绩效考核、内部利润、新签合同额等约束条件。在激励对象层面,明确要坚持党的领导,遵纪守法,且年度考核在B级及以上。

3. 精准激励成果转化核心技术人员

科研院岗位分红激励面向参与分红项目的科研生产一线人员。由各直属机构选取在科技成果转化中做出突出贡献的核心技术人员作为激励对象,全院激励对象占全体员工比例不超过30%。院领导、副总师、职能管理岗位不参与激励分配。

4. 坚持贡献导向,进行二次差异化激励分配

科研院确定激励总额后,根据在科研院科技成果转化收益中的贡献分配至各直属机构,公式为:直属机构岗位分红额=科研院岗位分红激励总额×该直属机构岗位分红激励项目收益/全院岗位分红激励项目收益。

分配时,科研院充分考虑各直属机构业务差异性,对主要承担产品规模化生产和销售的直属机构,在核定其岗位分红激励项目收益时,按一定比例进行折算,以保持业务平衡、内部公平。

各直属机构按照立足科技成果转化、坚持实事求是、定性定量结合、公正公平公开的原则,充分结合自身实际、发挥自治作用,以科技成果转化相关业务及贡献为基础,自行制定测算方法,对岗位分红激励项目关键职务科技成果的主要完成人、重大开发项目的负责人、对主导产品或核心技术及工艺流程做出重大创新或改进的主要技术人员开展二次自主分配,坚持不吃"大锅饭",不按年龄、岗级等"论资排辈"。激励对象分红激励兑现额不得超过其年度薪酬总额(不含分红所得)的2/3。

（三）统一权责对等、公平公正的激励尺度

1. 适度放权、权责对等，充分调动基层积极性

科研院突出抓基层，适度下放权力，院党委管方向、管原则，给予各直属机构自主分配权，同时设定参与分红的激励条件；组织制定了"一所一策"自主分配规则，形成了"岗位分红积分制""定量指标+定性评价""项目分配制"等特色做法。

2. 坚持公平、公正、公开

科研院注重群众主观感受，院岗位分红激励方案经多层多轮征集采纳意见建议，并履行职工代表大会程序；各直属机构自主分配规则须经部所员工充分讨论、支委集体研究。科研院实行了公示制度，岗位分红激励项目清单、激励对象名单、岗位分红系数须进行公示，实现了政策公平、过程公正、结果公开。

三、改革成效

（一）激发活力动力，促进业务发展

2019年，科研院按计划兑现岗位分红激励，获得激励的核心技术人才占全院员工总数的26%，激励对象薪酬平均提高15%以上，分配单元内部激励额度倍差最低1.2倍、最高5.4倍，激励成效显著，真正体现了"干多干少不一样"。

岗位分红激励进一步激发了科研人员的创新活力和企业发展的内生动力。2019年，科研院实现总营业收入7.52亿元，同比增长12%，其中科技成果转化业务发展迅速，营业收入达2.46亿元，占比为32.7%。截至2020年6月底，新签合同额总计4.57亿元，同比增长21%，其中科技成

果转化业务新签合同额达 1.60 亿元。

（二）形成实践经验，促进全面改革

在岗位分红的实施过程中，科研院摸索和总结了一整套工作方法和操作经验。

一是科技型企业岗位分红激励试点操作经验。科研院构建了完整的岗位分红激励工作机制和体系，在激励方案设计、难点问题突破等方面提供先行先试经验；制定了具有操作性的《南网科研院岗位分红激励方案》，同时配套设计了《岗位分红项目认定方案（试行）》《岗位分红收益计算方案（试行）》及相关模板，形成了一整套可持续实施的岗位分红标准化文件体系。

二是分层授权工作机制。院党委管方向、管原则、定方案；各职能部门提政策、抓落实，其中科技生产部门负责项目认定，财务部门负责收益核算，人力资源部门负责指导分配；各直属机构是自主分配和项目实施的责任主体，负责制定自主分配规则，自主确定激励对象、评价贡献情况等。

三是推进党建生产融合。科研院坚持党的领导，党委层面严格执行"三重一大"决策制度，分红激励重大事项均经党委会议集体决策。在专业所支部层面，科研院发挥支委研究部门重大事项作用，自主分配规则须经所在党支部支委会研究通过；在实施过程中，科研院发挥党员比例高的优势，突出思想引领，统一认识，保障激励措施平稳落地。

四是坚持公示与保密、民主与纪律相结合。科研院在实行公示制度的同时，对分配结果、敏感数据等实行严格保密，并要求不得相互打听、攀比等。科研院在政策制定过程中充分发扬民主，听取意见反复修改，履行民主程序；政策确定后则刚性执行，不得变通，确需调整的，须严格重新履行审批程序。

22

推进治理体系和治理能力现代化
打造供电企业改革"样板"

深圳供电局有限公司

一、基本情况

深圳供电局成立于1979年，于2012年正式注册为深圳供电局有限公司（以下简称"深圳供电局"），成为南方电网公司直接管理的全资子公司。深圳供电局承担深圳市及深汕特别合作区供电任务，供电面积达2 465平方千米，供电客户为323万户。深圳电网是我国供电负荷密度最大、供电可靠性领先的特大型城市电网之一。2019年，深圳供电局最高负荷为1 910万千瓦，供电量达938亿千瓦时；客户年平均停电时间为0.54小时/户，全年实现营业收入总额588.74亿元、利润总额29.08亿元。深圳供电局供电可靠率连续9年进入全国前10名；供电服务连续9年位居深圳市40项政府公共服务满意度第1位；在国家营商环境评价中，"获得电力"指标排名全国第1位，在南方电网公司经营业绩和党建考核中获评"双A"。

深圳供电局立足改革开放前沿，大力推动国企改革深化落地，在输配电价改革、增量配电网混合所有制改革等方面走在全国前列。2018年，深圳供电局成为全国444家"双百企业"中唯一一家供电企业，围绕"五突破、一加强"及商业二类供电企业业务特点，制定了8个重点领域34项关键环节改革任务,以改革创新推动公司高质量发展,加快建设"具有全球竞争力的世界一流企业"。深圳供电局改革取得显著成效:创新能力和市场竞争力显著提升,"混改"成效迅速展现;下属企业机制更加顺畅;党建优势进一步增强。

二、主要做法

(一)探索推进股权多元化和混合所有制改革试点

(1)积极推进重要领域混合所有制改革试点。深圳供电局与相关合作方组建了深圳前海蛇口自贸区供电有限公司(以下简称"前海供电公司"),成为国家首批重要领域国有企业混合所有制改革试点单位和首批增量配电业务改革试点单位。一是探索多元化股权设计,任何一方股东不直接或间接持有公司50%以上的股权,任何单一股东不能形成对公司的实际控制权。二是完善"三会一层"治理机制,实现各治理主体各司其职、各负其责、协调运转、有效制衡。三是发挥党组织的政治核心作用,制定前海供电公司党委议事规则,有效发挥党组织在混合所有制企业法人治理结构中的法定作用。

(2)探索公司资本入股优质的非国有企业试点。深圳供电局围绕能源产业链,甄选发展潜力大、成长性强的非国有企业标的,联合南方电网数字电网研究院有限公司收购康拓普信息技术有限公司,并组建为深圳数字电网研究院有限公司,实现国有资本对优质非国有资本的股权融合、战略合作、资源整合,提升了国有资本的综合经营效益。

(二)健全公司本级及下属企业法人治理结构

(1)按照南方电网公司统一部署,深圳供电局建立了外部董事占多数的董事会,在南方电网管制业务单位中率先建立了完善的"三会一层"治理体系。深圳供电局编制了治理主体权责清单、授权清单,完善治理主体权责分配，基本建立了授权体系，实现由制度形式向制度功能转变。

（2）建立并逐步扩大外部董事队伍，强化外部董事管理。一是选拔公司优秀管理人才，建立并逐步扩大外部董事队伍；二是强化外部董事管理，制定《专职董事、监事管理办法》，进一步明确了对出资企业专职外部董事的管理要求。

（3）优化下属企业董事会组成结构。目前，深圳供电局已根据下属企业董事会组建情况，向5家企业派出8名外部董事，推动下属企业建立外部董事占多数的董事会，充分发挥外部董事的专业能力，增强了企业活力和市场竞争力。

（三）完善市场化经营机制

（1）打造公司内部人才市场，优化职工发展通道。一是探索市场化选人用人机制，打造公司内部人才市场。深圳供电局开展职能部门专责等骨干岗位内部公开竞聘27次，173人以市场化方式"成交"。二是开展业务领域全覆盖的管理专家、业务尖兵选聘，拓宽员工职业发展通道。2019年，深圳供电局选聘了19名管理专家和222名业务尖兵。

（2）持续深化劳动用工改革，实现人员"能上能下"。一是探索部分管理岗位试点实行任期管理，人员竞聘上岗，任期届满后"起立"，考核结果优秀的可晋升调配，不合格的退出并降岗安排；二是建立专家队伍强制末位淘汰机制，实行年度加任期考核，专家强制末位淘汰10%，业务尖兵强制末位淘汰20%。

（3）在下属新兴业务企业探索推行职业经理人制度。2019年，深圳供电局在其出资企业南方电网电动汽车服务有限公司开展总经理的职业经理人选聘工作，采用内部转聘渠道，通过签署聘用协议和绩效目标责任书，完成了市场化转换管理。

（四）健全激励约束机制

（1）构建差异化薪酬和激励体系，实现收入"能增能减"。一是优化工资总额分配方式，从定员增量、业绩增量、工作量贡献等6个模块核定单位工资总额。二是加大薪酬自主分配权限，将占工资总额50%的绩效工资全额下放至各基层单位自主分配。三是拉开分配差距，加大业绩考核与绩效工资的关联力度，同岗级员工全年工资收入最高与最低之间的差距不得低于20%。

（2）探索建立对标市场化的激励和考核制度，将员工个人收入、岗位晋升和业绩创造挂钩。在前海供电公司，差异化设计高级管理人员、职能线员工及业务线员工的薪酬激励机制，扩大经营业绩考核权重，试点"底薪+激励"和"岗位工资+绩效工资+激励"的薪酬模式，实现报酬与业绩挂钩。

（五）创新业务变革，推动公司高质量发展

（1）以客户为中心重构业务管理模式，为客户创造价值。深圳供电局建立了电网工程"集中规划、集中建设"模式，推动配网运维和服务作业模式、组织结构深度变革，客户诉求响应速度明显提升、办电时长显著降低；建立了32人高端客户经理团队，对深圳市重大项目、重点工程、重点企业用电提供全过程专人服务。

（2）以新技术应用为引领，提高全要素生产率。深圳供电局以人工智能等新技术与业务深度融合规划为统领，创新业务变革：大力推进变电站巡视、操作无人化，实现全球首例"电网实时控制+采集领域"5G技术试点应用；实体化运作"线上+线下"的"双创"基地，成立孵化器公司，打通了成果转化回馈通道；与华为公司联合打造了电力行业首个人工智能物联网架构。

（3）以资产管理体系建设为抓手，提升资产效益。深圳供电局深化实

施全生命周期成本招标，从源头做好成本管控；引入 RFID（射频识别）实物标签技术，实现资产全生命周期信息可追溯。

（六）全面加强党的领导和党的建设

深圳供电局谋划实施党建"深榕工程"，推动党建工作同生产经营、改革发展深度融合。一是建设好南方电网"四个自信"（深圳）宣传"阵地"；二是将党建工作总体要求纳入公司及下属公司章程，明确党委会作为企业重大决策前置程序，推动党委会、董事会"双向进入、交叉任职"；三是规范和完善公司本级、下属新兴业务企业及混合所有制企业党组织设置；四是探索试点派驻纪检机构改革，撤销下属单位纪委，成立派驻纪检组，破解"上级监督远、下级监督难、同级监督软"的难题；五是推动党建工作信息化、数据化，开发"智慧党建"和"智能廉情预警"系统，不断提升党建工作效能。

三、改革成效

（一）混合所有制改革成效显著

深圳供电局深化前海试点，推动前海供电公司形成了决策科学、管理规范、灵活高效的现代供电企业管理模式，经营效益稳中向好。2019 年，前海供电公司供电量达 12.72 亿千瓦时，同比增长 9.28%，增量配电网区域供电可靠性达 100%；完成存量电力资产的注入工作和招商供电公司的并购工作，实现经营规模的进一步扩大；综合能源业务实现突破，市场化售电业务交易稳步提升，形成临电共享、能源托管、工程运维、用能顾问等业态链；总结提炼出首批 6 项可复制、推广的"前海经验"，作为典型案例在相关混合所有制改革企业座谈会上交流。

（二）下属新兴业务企业体制机制更加完善

体制机制的完善促进企业经营效益逐步提升。以南方电网电动汽车服务有限公司为例，该公司积极响应国家关于大气污染防治、节能减排、加快发展新能源企业等部署要求，于 2019 年升级为南方电网网级专业公司；建立了外部董事占多数的董事会，推行了职业经理人制度，建立了与业绩挂钩的激励约束机制，着力构建充电服务生态圈，加快市场突破。2019 年，该公司实现营业收入 2 亿元，同比增长 67%；实现利润 3 049 万元，同比增长 31%。

（三）"三项制度"改革在"能下、能出、能减"方面取得实质性突破

在深圳供电局本级，2019 年，在 80 个专项岗位任期届满考核中，42 人考核不称职予以降级处理；在专家任期考核中，16 名届满专家中 6 人未能连任；同岗级普通员工年度薪酬最高与最低差距达 29.9%。在下属企业，前海供电公司员工社会招聘率达 96%，在 2018 年招聘的 12 人中，4 人因考核不合格被辞退。

（四）创新能力和市场竞争力显著提升

深圳市"获得电力"指标在国家营商环境评价中排名全国第 1 位；成为内地首家通过国际 ISO 55001 资产管理标准认证的电网企业；对 4 个创新团队进行了成果转化收益的回馈。

（五）党的领导和党的建设全面加强

深圳供电局扎实开展"不忘初心、牢记使命"主题教育，获得了广大客户和上级指导组的充分认可；率先将纪检监督工作与"大数据"相结合，依托自主开发智能廉情预警系统，精准查实问题 296 条，查实率达 70% 以上，有效促进了相关业务领域的规范化管理。

23

深化改革新作为　释放改革新红利

山东新能泰山发电股份有限公司

一、基本情况

山东新能泰山发电股份有限公司（以下简称"新能泰山公司"）是中国华能集团有限公司（以下简称"中国华能"）的三级上市企业，原主业为发电和煤炭产业，2016年以前多次面临"保壳"困境。2016年年初，华能能源交通产业控股有限公司（以下简称"华能能源交通公司"）成为新能泰山公司第一大股东，对新能泰山公司的发展定位和方向进行重新规划，并以能源等大宗商品智慧供应链运营、电线线缆业务、产业园开发运营为转型发展方向。新能泰山公司自2018年入选"双百企业"名单以来，聚焦"五突破、一加强"，明确改革目标，坚定改革信心，压实改革责任，落实改革举措，以改革引领企业产业结构优化调整，促进了企业扭亏为盈并实现持续创利。

二、主要做法

（一）完善法人治理结构，充分释放企业经营自主权

一是科学治理，完善法人治理结构。在中国华能的支持和指导下，新能泰山公司修订、编制了公司章程、"三会"议事规则、决策管理及授权

规则等128项制度；调整了战略与投资委员会、提名委员会、薪酬与考核委员会、审计委员会等董事会专业委员会的设置，落实了董事会重大决策、选人用人和薪酬分配等职权；由董事会聘任或解聘经理层人员，经理层负责企业生产经营，监事会负责监督检查生产经营情况，建立形成了"党委领导核心、董事会战略决策、监事会独立监督、经理层全权经营"的企业治理体系。

二是夯实基础，强化行权能力建设。新能泰山公司结合市场化改革需要，对现有制度体系进行更新迭代，并以公司章程为核心，建立完成了"三级、四类、十七科目"的市场化管理制度体系。由股东大会、董事会按照权限审议批准一级制度并作为总纲，统领该管理领域，明确总体性、原则性要求；由党委会、总办会按照权限并结合分工审议批准二级、三级制度（二级制度为对某类业务领域进行具体要求的规范性文件，三级制度为从属于二级制度并详细规定流程性、操作性制度安排的规范性文件），有效解决了以往制度体系框架层次不清晰、制度冲突、制度勾稽关系不明确、流程不合理等缺陷问题，为开展授权放权改革奠定了管理基础，进一步提升了企业市场化运营管理效率，确保被授予的权责能够"接得住、用得好、行得稳"。

三是充分放权，实行动态调整机制。2019年12月，中国华能已批准《新能泰山公司"双百行动"综合改革批复事项清单》，涉及项目投资开发、市场化经营机制、建立中长期激励机制、加强行权能力建设4个方面共计22项授权内容，支持新能泰山公司进一步厘清权责界面，在建立符合市场化企业改革经营发展需要的科学化、精准化、差异化管控模式方面取得了重要突破。

新能泰山公司严格按照授权放权清单深化改革成果，充分发挥独立董事专业知识突出的优势，牵头组织董事会各专业委员会对相关议案进行科学把关和专业指导，为董事会决策提供智力支持和专业保障。在此基础上，由董事会按照法定程序对重大事项进行决策，并由经理层根据董事会决议负责具体组织推进落实，国有资产出资人更加体现"管资本"的角色定位，企业市场化活力得到进一步释放并获得了机制保障。为促使授权放权改革成果落地落实，新能泰山公司根据市场化改革实际与经营管理的需要，对授权放权清单进行滚动更新，确保改革成果持续深化运用。

（二）健全市场化选人用人机制，激发企业经营活力

一是全面推行经理层成员任期制契约化管理。新能泰山公司明确约定经理层的任期、岗位职责、权利义务，明确任期目标任务签订聘用协议和目标责任书，并以此为依据，定期组织目标回顾和考核，实行考核结果与经理层工资报酬联动。其中，经理层年薪的70%部分与其年度绩效考核结果直接挂钩。新能泰山公司牢牢抓住经理层成员任期制契约化管理这个"牛鼻子"，进一步激发了经理层成员的积极性、主动性，市场化改革的牵引示范作用进一步显现，为企业经营发展和扭亏为盈注入了动力和活力。

二是推行人事制度改革，实现岗位"能上能下"。新能泰山公司全体中层干部实施"岗位聘任制"，将年度考核结果优劣与岗位调整、职级升降直接挂钩。其中，8名同志通过岗位竞聘方式被聘任为公司中层干部，4名同志在岗位竞聘后相较原有职级调整下降，人事制度改革措施得到落地落实。

三是推进用工制度改革，实现员工"能进能出"。新能泰山公司打破原有身份界限，变身份管理为岗位管理。新能泰山公司成立初期，从中国华能体系内公开招聘各级管理人员共计26名，按照市场化用工制度，全部履行聘任程序后重新签订劳动合同。此后，人员引进均以市场化方式面向社会公开招聘。目前，新能泰山公司全体59名员工（含6名经理层成员）中，除公司党委书记按规定未实行市场化管理外，其他人员均实行完全市

场化管理。

（三）完善市场化激励约束机制，激发员工干事创业热情

一是完善考核评价体系和激励约束机制。新能泰山公司建立了公司经理层、部门中层及一般员工3个层次的绩效考核管理体系，通过绩效指标的层层分解进行压力传导，实现绩效管理全覆盖。其中，公司经理层绩效与公司组织绩效挂钩，部门中层及一般员工与部门绩效考核挂钩，根据绩效成绩确定绩效等级，个人绩效薪酬兑现系数最高上浮10%，最低全部扣除。同时，新能泰山公司运用强制排序强化绩效差异，通过绩效工资分配与绩效等级之间的关联实现职工收入"能增能减"，达到褒奖先进的目的，激发人员进行价值创造。

二是积极探索工资总额预算备案制管理。在"三项制度"改革成果基础上，新能泰山公司按照"五定"设计思路，现已编制完成工资总额预算备案制管理总体方案及配套制度体系。新能泰山公司根据"四同"原则选择对标企业，并通过效益效能市场"双对标"方式确定工资总额预算基数，次年以上一年清算额作为预算基数；建立根据利润总额和净利润增减幅度进行工资效益联动，根据人均营业收入及人工成本利润率进行人工成本效率系数调控，根据上一年职工平均工资与全国城镇单位就业人员平均工资的高低关系进行工资水平系数调控的联动机制；明确特殊情况下的工资总额调整机制；最后确定出资人依法调控与工资自主分配相结合的分级管理体制，建立"效益升、薪酬升，效益降、薪酬降"的工资总额预算管理体系。

三、改革成效

一是改革蹄疾步稳，完成"双百行动"阶段性任务目标。截至目前，新能泰山公司8项改革重点任务已经完成5项，实现"时间过半、任务过半"的阶段性目标,并且在健全法人治理结构、充分授权放权、完善市场化选人用人和激励约束机制等方面取得了突破性进展。

二是释放市场化经营活力和改革红利,实现扭亏为盈与持续盈利。2018年,新能泰山公司成功实现营业收入26.02亿元;实现归属于上市公司股东的扣除非经常性损益的净利润达4.97亿元,同比增长438.13%,成功扭亏为盈并实现"ST摘帽"。2019年,新能泰山公司进一步释放市场化经营活力,实现营业收入35.8亿元,同比增长37.56%;实现归属于上市公司股东的扣除非经常性损益的净利润4.86亿元,企业转型进入高质量发展通道。

三是服务国家能源战略,实现内涵式高质量发展。通过"双百行动"综合改革的深入推进,新能泰山公司积极响应国家能源战略,以能源转型升级为主线,以科技创新为驱动,以能源供应链及金融服务为抓手,以存量土地盘活为基础,实现业务转型升级。新能泰山公司携手国际电工委员会(IEC)及全球能源领域的领先企业和组织,导入优质产业资源,打造国际能源先行区,促进能源科技突破,助力中国华能向能源上下游产业领域延伸,综合实现城市更新及内涵式、高质量发展。同时,新能泰山公司根据南京市沿江发展战略,结合当地政府提升滨江区域形象的有利政策,通过建设总部基地项目实现了存量资产盘活与产业结构的优化升级。其中,华能(南京)滨江物流产业园总部基地项目在2018—2019年贡献税费达17亿元。

24

以产业协同战略为引领　以股权多元化为突破

华电江苏能源有限公司

一、基本情况

华电江苏能源有限公司（以下简称"华电江苏"）是中国华电集团有限公司（以下简称"中国华电"）的直属单位。经过多年改革发展，华电江苏总资产达到354亿元，净资产为101亿元；管理装机容量达1 380.8万千瓦，其中燃煤发电机组装机容量为665.8万千瓦，燃气发电机组装机容量为646.5万千瓦，新能源发电机组装机容量为68.5万千瓦，装机容量在江苏省内占比为12%左右。华电江苏所属18家基层企业覆盖了江苏省10个地市，形成了"电热为主、产业协同、绿色高效、稳健和谐"的良好发展局面。2018年，华电江苏入选"双百企业"名单后，将引入战略投资者、实现股权多元化、推动产业协同发展作为改革的主要突破点。

近年来，随着供给侧结构性改革的不断深入，社会用电量增长减缓、利用小时下降、发电成本上升，电力企业进入从规模发展向高质量发展转型的关键期。2018年8月，华电江苏入选"双百企业"名单。在中国华电的指导和支持下，华电江苏迅速成立"双百行动"改革工作领导小组、工作小组两级组织机构，明确工作职责，开展方案设计和推进改革。2019年12月，华电江苏成功与中国石油天然气股份有限公司（以下简称"中国石油")完成增资扩股,引入权益资金12亿元。其中,中国华电持股比例为80%,中国石油持股比例为20%。

二、主要做法

中国华电指导华电江苏紧跟国家政策导向,经过不懈努力,实现了股权多元化的既定目标,取得了改革成效,形成了可复制、可推广的有效经验。

(一)以"三个更有利于"为考量,确定战略投资对象

华电江苏始终着力引入高匹配度、高认同感、高协同性的战略投资者。

一是更有利于提升企业规范治理能力和价值创造力。近年来,华电江苏深入贯彻中国华电"五三六战略",全面融入江苏省清洁低碳、安全高效的现代能源体系建设,聚焦主业,深度参与能源电力相关的新兴市场布局,不断向区域综合能源供应服务商转型升级。通过引入战略投资者,华电江苏进一步优化了股权结构,建立了有效制衡、决策高效的法人治理结构,促进了企业全面提质增效,实现高质量发展。

二是更有利于提升企业服务社会能力和核心竞争力。江苏省天然气消费量多年来居全国首位并稳步增长。华电江苏是江苏省内最大的天然气发电企业,占全省天然气发电总装机容量的40%,其燃气发电发挥着电网调峰和天然气管输调峰的"压舱石"作用。通过引入战略投资者,特别是引入具有战略协同和产业互补效应的企业,华电江苏可以稳定燃料供应、开拓市场增量,更好地巩固其在天然气发电行业的规模优势、结构优势和市场优势;通过优化供给结构和提高供给效率,在天然气产业深化供给侧结构性改革中发挥积极作用。

三是更有利于提升企业国有资本配置和运行效率。引入战略投资者,

增加了华电江苏的权益资本,放大了国有资本功能,有效改善了企业融资结构,降低了资产负债率,进一步释放了企业发展活力。

(二)以"三个更科学"为路径,开展引入"战投"操作

华电江苏引入战略投资者工作是以"三个更科学"为路径开展的。

一是加强研究,更科学地测算参股比例。在中国华电指导下,华电江苏依据国企改革"1+N"框架体系,深入开展政策研究。经过科学设计股权结构,华电江苏确定新增投资方持股比例不超过20%,募集资金金额按照以经备案的资产评估价值为基础和择优的原则确定。

二是严格程序,更科学地开展企业估值。华电江苏及时引入第三方评估公司,以2018年12月31日为资产评估基准日,开展了资产评估和专项审计工作。在符合国家政策的前提下,企业估值在保证信度的同时也保证了效度。

三是加强沟通,更科学地确定交易结构。华电江苏从2018年下半年开始与相关意向投资者开展沟通。2019年9月,经中国华电批准,华电江苏增资项目在北京产权交易所挂牌;2019年12月11日,中国石油正式摘牌;2019年12月27日,交易完成。华电江苏增资扩股项目共引入权益资金12亿元,市净率(P/B)达到1.52倍,市盈率(P/E)达到21.55倍,有效降低资产负债率3.4个百分点。

(三)以"三个更规范、高效"为目标,着手治理机制建设

华电江苏治理机制建设始终围绕有效制衡、高效决策的目标开展。

一是在股东大会表决权方面,经双方多轮谈判,对公司章程中经全体股东或全体董事一致同意的事项进行磋商优化,更规范、高效地实现了企业治理结构的制衡。

二是在董事会表决权方面,董事会将一定的职权经全体董事同意后授权给董事长,按照议事规则和程序进行决策,董事长定期向董事会报告行使授权结果；简化了决策程序，更规范、高效地实现了公司决策流程的运转。

三是在推荐董监高人员方面，华电江苏和中国石油从保证议事效率的角度出发，确定董事会由 5 名成员组成、监事会由 3 名成员组成。同时，经过协商，中国石油推荐 1 名副总经理人选，派出 2 名中层管理人员，参与到华电江苏日常经营管理中。按照现代企业体制机制建设的要求，华电江苏修订了公司章程、制定了"三重一大"决策事项清单，编制了股东大会、董事会、监事会和董事长办公会等议事规则，更规范、高效地实现了治理结构的有效制衡。

三、改革成效

在中国华电的推动下，华电江苏以"双百行动"改革为契机，成功引入战略投资者中国石油，坚决贯彻落实了国有企业两个"一以贯之"的改革要求，企业经营效益显著提升，市场化经营机制逐步建立，党的建设进一步加强，产业协同战略高速发展。

（一）企业经营效益显著提升

2019 年，华电江苏在顺利完成引战投任务的基础上，全力开展提质增效工作，积极争取市场开拓，企业经营效益显著提升。一是全年完成利润总额 7.8 亿元，同比增长 20.5%；实现净利润 7 亿元，同比增长 45.8%；实现资产负债率 72.47%，较 2019 年年初下降 6.1 个百分点；全员劳动生产率同比提升 24.5%。二是全年完成发电量 493.14 亿千瓦时、供热量 2 366.92 万吉焦；发电气耗完成 187.7 标方/兆瓦时，同比下降 2.5 标方/兆瓦时，各项生产技术指标均超额完成目标。

（二）市场化经营机制逐步建立

华电江苏按照"双百行动"改革部署，加快市场经营机制和激励约束机制建设。一是全力推进"一适应、两挂钩"的工资总额决定机制。华电江苏加大内部绩效考评力度，工资分配向经营业绩好、投入产出效率高的企业倾斜；同时强化经营目标与绩效薪酬的挂钩力度，拉大领导人员考核兑现差距。2019年，不同企业一把手薪酬差距超过60%，有效调动了人员积极性与创造力。二是按照"完善治理、强化激励、突出主业、提升效率"的要求，华电江苏深入开展内控体系建设，共新增制度60项，修订制度195项，废止制度41项，改革时间节点内所有制度修订工作均已落实。

（三）党的建设进一步加强

华电江苏高质量开展"不忘初心、牢记使命"主题教育，持续推动习近平总书记重要讲话精神落实落地。一是贯彻两个"一以贯之"和"四同步、四对接"的要求，华电江苏及所属企业100%完成了党建工作要求进入公司章程；二是对具备条件的14家所属企业进行领导人员体制改革，100%实现了"党政一肩挑"；三是修订完善了公司《党建工作考核评价办法》，将党建综合考核与企业绩效考核有机结合起来，100%实现了党建工作责任目标全过程考核；四是坚持党建工作服务生产经营不偏离，华电江苏大力开展党员"五亮"工程，推动党的建设与生产经营深度融合。

（四）产业协同战略高速发展

华电江苏全力做优天然气发电产业链，提升绿色发展含量。一是所属华瑞（江苏）燃机服务有限公司（以下简称"华瑞公司"）为中外合资企业，外方资本占49%。华瑞公司积极参与国内燃机修造业务，通过消化吸收和自主创新，有效打破了国外厂商的技术垄断。二是所属江苏华电华汇能源有限公司（以下简称"华汇公司"）非公资本占比为44%。华汇公司建设的启通天然气管线项目为中国华电首个长输天然气管道项目，被列入国家发展改革委天然气基础设施互联互通重点工程，目前已实现主管道全线贯通。三是华电江苏赣榆 LNG（液化天然气）接收站项目正在加快推进核准工作。华电江苏通过引入产业链、价值链的协同力量，放大了国有资本的带动力，实现了高质量发展，服务国家产业政策的能力持续增强。

25

深化市场化改革　推动高质量发展

华电重工股份有限公司

一、基本情况

华电重工股份有限公司（以下简称"华电重工"）是中国华电集团有限公司（以下简称"中国华电"）科工产业的重要组成部分，2014年12月在上海证券交易所上市。目前，华电重工主营业务为物料输送工程、热能工程、高端钢结构工程、海上风电工程和工业噪声治理工程的系统设计、核心装备研发制造及工程总承包（EPC），为用户提供工程系统整体解决方案。借"双百行动"综合改革"东风"，华电重工围绕"五突破、一加强"真改实革，公司法人治理结构日趋科学完善，市场化经营机制更加灵活高效，发展质量稳步提升。截至2019年年底，华电重工4大领域30项重点工作任务全部启动。其中，计划完成27项，实际完成27项，按时间节点任务完成率达100%；其他3项正在积极有序地推进，取得了阶段性成果。

二、主要做法

（一）放管结合，聚焦主业，健全上市公司法人治理结构

一是推行授权放权改革。中国华电及华电科工将企业中长期发展、经

理层管理、工资总额、资产处置、重大财务事项管理等8个方面的14个事项授权给华电重工。华电重工修订了公司章程等30项重要制度，制定了九大类16项授权事项清单，完善了行权体系建设，确保授权"接得住、用得好、行得稳"。

二是聚焦核心优势业务。华电重工聚焦海上风电工程核心优势业务，成立了广东分公司，2019年中标集团外海上风电项目合同额约37.5亿元；着力培育新能源、智能化装备等业务，成立了新产业研发和成果转化专门机构，申请专利51项，其中发明专利35项，PCT（专利合作条约）专利5项；增设国际业务部，首次打入非洲市场。2019年，华电重工国际业务新签合同额为11.14亿元，占其新签合同总额的10.95%；国际收入为10.75亿元，同比增长203.65%。

三是规范治理主体权责。华电重工贯彻两个"一以贯之"，按照国资、上市监管要求，修订了公司"三重一大"决策办法、党委会议事规则和总经理工作细则，明确了党委会、股东大会、董事会、监事会、总经理办公会的相应权责；重新梳理确定了"三重一大"事项决策权限清单48项。

（二）以"三项制度"改革为抓手，完善市场化经营机制

一是深化人事制度改革。华电重工修订了领导人员管理办法和绩效管理办法，规范和完善了干部管理；经理层拟全面推行任期制和契约化管理，探索现有经营管理者与职业经理人转换通道；10名中层干部退出干部序列，公开竞聘2名下属单位副总师，选拔任用5名"85后"中层干部。

二是健全市场用工机制。华电重工修订了用工管理办法，简化了审批流程，破除了员工身份限制，加大了市场化招聘力度。2019年，市场化招聘118人，引入行业专家、国际化人才、博士后等高端人才12人，对考核不称职的17人主动解除了劳动合同。

三是优化工资决定机制。华电重工修订了工资总额和员工工资管理办

法，建立了与利润总额、全员劳动生产率"两挂钩"的工资总额决定机制，增人不增资、减人不减资，从"管数"转为"管机制"，将员工工资中的绩效工资所占比重由约40%调至约60%，并根据绩效表现动态调整绩效工资。

（三）坚持价值思维，分类实施精准化的考核激励

一是针对市场营销人员。华电重工修订了考核激励管理办法，将销售奖励与销售利润、个人贡献度、回款额等直接关联，加大销售奖激励力度。2019年，华电重工新签合同额首次突破百亿元，创历史最好水平。

二是针对项目经理。华电重工实施评级管理，按评级结果调整岗位工资和分配项目；推行项目经营目标责任制，实施项目分红试点，超预算利润根据奖励系数（0.05~0.3）、考核评级分数（考核分数的百分比）和调整系数（0.5~1）核定计算后分红。

三是针对设计人员。华电重工实施技术工时制和设计优化管理，自"双百行动"改革以来，在仅增加工资总额383万元的情况下，节省设计费用约6 312万元，设计优化节约工程费用约4 713万元。

四是针对科研人员。华电重工实施科技分红，强化正向激励，激发了科研人员的创造性。2019年，华电重工共取得专利授权107项，其中发明专利17项；获行业类奖项4项，其中作为牵头单位完成的"海上超大直径单桩基础施工关键技术研究与应用"技术成果，首次荣获"中国电力科学技术进步一等奖"。

（四）发挥党建引领作用，促进企业改革发展

一是牢牢把握改革方向，破解改革发展难题。华电重工全面理解和落实两个"一以贯之"，推动党的全面领导和完善公司治理相统一；按照两级集团统一部署，推行"双向进入、交叉任职"的领导体制改革，实现公司治理与党组织政治核心作用有机结合；修订《党委议事规则》，严格落实重大问题决策前置程序，把党建工作要求写入公司章程，确保党委"把方向、管大局、保落实"的领导作用得到充分发挥。

二是完善党建考核体系，强化考核结果运用。华电重工统筹党建综合考核与公司绩效考核相结合，指导基层党组织更好开展工作，明确年度重点工作和难点问题责任部门，把考核结果与单位的评先评优和领导人员的绩效工资相关联，更好地发挥考核对党建工作的促进作用。

三是推进党建融入中心，实现治理有机统一。华电重工针对项目多、工地多、出差多的现状，采用党支部船上建、海外建、联合建等灵活方式，做到党建工作"四同步、四对接"；开展示范党支部创建活动，机关一支部打造了融入中心、创先争优的"融·创"文化体系，通过搭建支部文化墙、党员亮身份、服务亮承诺等活动，在争创"示范党支部"活动中起到引领和示范作用，充分发挥了党建的引领作用，使党建真正融入生产经营中心工作。

三、改革成效

（一）经营业绩逆势上扬

2019年，华电重工新签合同额为101.78亿元，其中集团外合同额为67.41亿元，均创历史新高；实现营业收入71.76亿元，同比增长22.97%；实现净利润0.84亿元，同比增长43.11%。

（二）市场化机制运转顺畅

华电重工通过深化劳动、人事、分配制度改革，分类精准实施强激励、硬约束，实现了干部"谁上谁下实绩说话"、员工"谁进谁出能力说话"、收入"谁增谁减效益说话"。

（三）国际业务有所突破

华电重工积极践行国家"一带一路"倡议和中国华电"走出去"的发

展战略,深耕国际、国内两个市场,努力开拓几内亚、印度尼西亚、孟加拉国等国际市场,2019年实现国际业务新签合同额和国际收入同比大幅增长,创历史新高。

(四)核心竞争力显著增强

华电重工紧盯"中国制造2025",充分发挥高端装备制造优势,研发并制造的具有完全自主知识产权的长距离管状带式输送机、长距离曲线带式输送机均达到世界先进水平,创造的直接经济价值约11.50亿元;研发的具有完全自主知识产权的空冷系统,2019年实现新签合同额1.58亿元;研发的海上风电超大直径单桩基础施工关键技术,大幅提升了我国海上风电项目施工技术水平,显著降低了建设成本,已成功应用于我国4大海域的10个海上风电项目。

26

以"混"促"改"
探索实践国企"混改"新途径

中国长江电力股份有限公司

一、基本情况

中国长江电力股份有限公司(以下简称"长江电力")是经国务院批准,由中国长江三峡集团有限公司(以下简称"中国三峡集团")作为主发起人设立的股份有限公司,主要从事水力发电业务,是国内最大的电力上市公司和全球最大的水电上市公司。截至 2020 年 6 月底,长江电力拥有水电装机 82 台,总装机容量为 4 549.5 万千瓦;总资产为 3 325.43 亿元,净资产为 1 435.85 亿元,资产负债率为 56.82%,市值超过 4 300 亿元。

作为"双百企业"之一,长江电力坚持以习近平新时代中国特色社会主义思想为指导,积极落实国家关于推进混合所有制改革的重大决策部署,在国家发展改革委、国务院国资委等有关部委的大力支持与指导下,在本层级改制上市的基础上,推动所属长电联合"混改"、上市,依托重庆"四网融合"开展混合所有制改革,并纳入国家第二批"混改"试点企业。2020 年年 4 月 15 日,三峡水利重大资产重组事项获中国证监会审核通过,重庆区域配售电业务实现整体上市,为进一步巩固和探索国有企业混合所有制改革和电力体制改革做出了有益探索和实践。

二、主要做法

按照中央关于"管住中间、放开两头"的电力体制改革精神,长江电力因地施策、因业施策、因企施策,积极参与重庆区域增量配售电业务改革试点工作,坚持"产权多元化与完善企业法人治理相结合、引资本与转机制相结合、市场运作与依法合规相结合"的总体原则,通过"三步走"稳妥地实施重庆区域配售电业务混合所有制改革。

(一)把握市场机遇,打造"混改"平台

通过"投资增量+并购存量"的发展模式,长江电力积极拓展重庆配售电业务,推动建立股权多元、主业突出的配售电业务"混改"平台。一是通过"投资增量",长江电力发起设立了全国增量配售电改革试点企业——长兴电力(长江电力持股36%,为单一最大股东),拓展重庆两江新区增量业务;通过"并购存量",长江电力投资收购了乌江实业、涪陵能源(控股聚龙电力)及三峡水利3家地方电网企业的部分股权,建立了与重庆区域4个地方电网的股权纽带关系。二是推动设立"混改"平台——长电联合,将产业协同、主业突出的聚龙电力、乌江电力、长兴电力等重庆地方电力企业的股东作为长电联合的战略投资者,以直接出资额10.26亿元撬动社会各类资本超过120亿元、净资产超过50亿元的配售电"混改"平台;对煤炭、铝加工、硅业、"三产多经"等非主业实施资产剥离,将配售电及综合能源业务作为未来主业发展方向,聚焦做强做优做大主业。

(二)转换经营机制,激发企业活力

长江电力积极探索法人治理规范化、激励约束市场化等改革措施,充分发挥中央企业的专业优势和资金优势、地方国企的资源优势、民营企业的市场化运营优势,实现各类资本取长补短、相互促进。

一是优治理。长电联合构建了由中央企业、地方国企及民营股东"三分天下"的多元股东结构,通过公司章程明确了股东大会、董事会、经理层的权责关系,所有股东制度不对接、管理不延伸,充分发挥董事会在的公司治理中的核心地位和重要作用,确保董事会依法行使重大决策、选人用人、薪酬分配等权利。同时,长电联合积极探索国家特殊管理股制度,中国三峡集团作为代表国家利益的特殊股东,可以对涉及党的方针政策、公众利益等少数特定事项具有"一票否决权"。

二是转机制。长电联合成立之初即建立了市场化的经营机制,推行实施了职业经理人制度,包括总经理在内的所有高管及员工均通过市场化公开选聘产生,企业本部超过 1/4 的高管和部门负责人来自央企,均与原单位解除了劳动合同,真正实现了员工身份转换。同时,长电联合明确了市场化选聘的职业经理人薪酬不受企业工资总额限制,不搞层层降薪,实行"固定工资 + 浮动工资"为主的薪酬制度,薪酬与公司效益挂钩,能升能降,薪酬水平与市场接轨,考核优、薪酬高,考核劣、薪酬低。建立市场化的运行体系,极大地调动了企业经营层的积极性,长电联合"混改"当年(2017 年)净利润同比增长 10%。

(三)推动整合上市,做强国有资本

通过三峡水利实施重庆配售电业务整体上市,长江电力完成了"四网融合",有效地放大了国有资本功能,提高了国有资本配置和运行效率。

一是积极向水利部、国务院国资委汇报,通过一系列举措促使长江电力成为三峡水利单一大股东,并明确了重庆配售电业务上市的方案和路径;与重庆市相关区政府及长电联合、长兴电力主要股东进行沟通,达成合作共识。二是超常规推进重庆配售电整体上市各项工作,历时 6 个月梳理整改上市待规范事项 94 项;加快推动国务院国资委预审核、评估备案、正式审批等审核程序,3 个月内完成所有国资审批程序;协调 25 家股东就

估值对价达成一致意见,按期签署交易相关协议和承诺文件,按期推出重组方案并报中国证监会审批。三是严格程序、规范操作,积极与监管机构沟通,解决整体上市政策障碍;及时启动重大资产重组反垄断审查工作,达成资产交割必要条件。

三、改革成效

混合所有制改革是深化国有企业改革的重要突破口。长江电力结合自身实际情况,大胆探索创新,规范务实操作,从战略投资者选择到法人治理结构设置,始终把企业长远发展、实施制度创新摆在最突出的位置,通过一系列制度创新,激发了企业内生动力和竞争力,放大了国有资本功能,实现了国有资产保值增值。

(一)创新"混改"途径方式,为顺利实施"混改"提供有益借鉴

长江电力结合重庆配售电业务实际情况和"混改"需要,创新采用"新设混合所有制平台"的方式实施"混改","混改"平台自设立之初就聚合了参与主体各自的优势;通过初始的制度设计,规避了原有行政化管控、散乱式管理和运营的弊端,创造出较高发展起点、高效市场化基因、规范管理的有利条件,有助于加快实现各种所有制资本取长补短、相互促进、共同发展,推进混合所有制改革迈出实质性步伐。

(二)优化制度设计,为"混改"企业管控进行有益探索

"混改"的关键在于通过"混改"为企业转"制",长电联合真正把董事会职权落到了实处,并逐步建立了市场化的经营管理制度,提高了运营管理及决策效率。长江电力作为股东,对三峡水利"放权"的同时,也做到了有所为、有所不为:通过制度安排明确了"管什么、放什么"的问题,重点关注抓好党建和安全生产的主体责任,而涉及企业经营管理的事项,主要交由长电联合相关治理主体决策。同时,通过设置国有股东"一

票否决权",长电联合在促进国有资本与非国有资本融合的同时,又把国有资本追求的公共性政策目标与非国有资本追求的盈利最大化的市场化目标相兼容。

(三)以"混改"促"电改",为地方经济发展注入强劲动力

实施"混改"后,长江电力改变了过去地方电网规模小、孤立分散、电力保障能力弱的"小、散、弱"局面,构建了一张有一定规模和市场竞争力的配售电网络,在提高供电安全可靠性和能源保障能力的基础上,实现了"降电价、降投资成本、降运维成本,服务提升"的"三降一升"电改目标,地方政府招商引资环境得到进一步优化,为重庆地方经济发展和现代库区建设注入了新动能,逐步形成了企业发展与三峡库区经济"互惠共赢、协调发展"的新格局。

27

以改革为动力 凭机制添活力
将职业经理人制度改革推向深入

三峡资本控股有限责任公司

一、基本情况

三峡资本控股有限责任公司（以下简称"三峡资本"）成立于2015年3月，是中国长江三峡集团有限公司（以下简称"中国三峡集团"）所属财务性投资、新业务培育和资本运作服务平台。2018年，三峡资本开展国企改革"双百行动"后，紧紧围绕"五突破、一加强"目标任务，按照"市场化选聘、契约化管理、差异化薪酬、市场化退出"的原则，在所属三峡融资租赁有限公司（以下简称"三峡租赁"）试点推行职业经理人制度，逐步建立健全了公司法人治理结构、市场化选人用人机制、市场化激励约束机制和权责明确的监督管控机制，形成了系统规范、科学有效的职业经理人制度体系，为中国三峡集团在子企业探索推行职业经理人制度奠定了基础，充分发挥了"双百企业"在国企改革中的示范突破带动作用。

二、主要做法

（一）科学化治理筑基，健全法人治理结构

三峡资本抓住公司治理这个"牛鼻子"，建立健全现代企业制度，为

推行职业经理人制度奠定了良好的制度前提和架构基础。一是厘清各治理主体权责边界，制定了《授权管理办法》，明确三峡租赁股东大会与董事会、经理层的权责界面，逐级进行充分、规范、有序的授权放权，使三峡租赁真正成为独立的市场主体，为职业经理人制度落地创造了良好的组织基础。二是充分做实董事会，有效发挥董事会的决策作用。三峡资本作为三峡租赁的股东，支持三峡租赁董事会落实对经理层成员选聘、业绩考核和薪酬分配、职工工资分配和业务决策等职权，建立市场化的决策机制。三是切实保障职业经理人的经营自主权。三峡租赁董事会授予职业经理人业务团队组建、职工工资分配和授权额度内业务决策等职权，有效发挥了经理层经营管理作用，激发了微观市场主体活力。

（二）契约化管理先行，建立市场化选人用人机制

三峡资本用好契约化管理这个"撒手锏"，在职业经理人入职前，使其充分了解三峡租赁的选人用人制度，并通过契约明确双方责任、权利和义务，严把选、用、退三道"关卡"，"能者上、庸者下、劣者汰"的选人用人理念深入全体员工之心。一是严把"进门关"。职业经理人实行市场化选聘，招聘进入公司后，在劳动合同中约定 6 个月的试用期，试用期满后进行考核，不满足工作要求的解除劳动合同。二是签好"责任状"。职业经理人实行聘任制管理，签订《劳动合同》《聘用合同》《年度绩效合约》《任期绩效合约》，明确职业经理人权责、聘任期限、业绩目标、退出条件和责任追究等内容，以此作为职业经理人去留的依据。三是疏通"出水口"。三峡租赁严格按绩效考核结果确定职业经理人去留，要求任期内（3 年）至少 1 年考核结果为 A（优秀），否则不再续聘；任期内考核为 D（不合格）或连续 2 年考核为 C（一般）则解聘。

（三）差异化薪酬落地，完善市场化激励约束机制

三峡资本紧握差异化薪酬这个"指挥棒"，充分发挥薪酬的正向激励

作用,同时处理好激励与约束的辩证关系,在有效防范风险的前提下,充分调动广大员工的积极性、主动性和创造性。一是实行精准化考核,为激励约束提供依据。三峡租赁建立了"内外对标、刚性兑现"的绩效考核体系。内部与岗位对标,严格按岗位层级确定年度利润考核指标,其中前台部门投资经理年度创利需达 1 500 万元,高级投资经理年度创利需达 2 500 万元;外部与市场对标,按照"看齐绩优,跑赢大盘"原则设置年度及任期绩效指标,净资产收益率、人均利润总额、人均资产余额等指标对标央企领先融资租赁公司同期水平,并且不得低于行业平均水平。同时,三峡租赁实施末位淘汰机制,根据公司绩效刚性确定员工绩效结果分布比例,明确在公司绩效为 B(良好)时,员工考核为 D(不合格)的人数不低于 5%。二是坚持差异化薪酬,以绩效为导向,以业绩评价结果为依据,建立与业绩强挂钩的差异化薪酬分配体系,让员工工资"该高的高起来,该低的低下去"。三峡租赁薪酬参照市场标准确定,并提高浮动薪酬占比,加大不同考核结果对应的绩效系数差距,放大绩效结果对薪酬的影响程度。2019 年,三峡租赁在公司绩效为 A(优秀)的情况下,2 名员工因未完成业绩目标而考核为 C(一般),扣减其 50% 的浮动薪酬。三是坚持约束与激励对等。三峡租赁实施"强激励、硬约束"的激励约束机制,通过设置"递延支付 + 风险抵押金"的约束机制,引导员工注重风险防控、关注长期绩效目标,防范业务风险。

(四)常态化监督保障,探索建立监督管控新模式

三峡资本正确处理好依法加强监督和增强企业活力的关系,探索建立市场化经营主体监督管控新模式。三峡资本以"放管结合、提高效率"为原则,通过全面坚持党的领导、加强党的建设和强化监督合力,在尊重和维护三峡租赁经营权的前提下,建立起兼顾防范业务风险和廉洁风险的监督管控体系,防止国有资产流失。一是创造性地发挥党组织的领导作用。

三峡资本党委在三峡租赁中长期业务规划、重要人事任免、任期及年度考核指标确定等重大事项中发挥"把方向、管大局、保落实"的作用，在三峡租赁职业经理人市场化选聘工作中发挥"管标准、管程序、管纪律、管考察"作用。2019年，三峡资本先后召开4次党委会研究三峡租赁职业经理人考察录用人选、任期及年度绩效指标等事宜。职业经理人到岗后，三峡资本党委书记和纪委书记对其进行任前谈话。二是加强审计、风控、纪检等专项监督的联动配合。由三峡资本审计、风控和纪检等部门形成合力，不定期对三峡租赁进行监督检查，防范业务风险和廉洁风险。三是加强财务监督。三峡资本对三峡租赁实施财务共享，三峡租赁会计核算工作由三峡资本财务部负责，实时对三峡租赁财务情况进行监督。

三、改革成效

通过试点建立职业经理人制度，三峡租赁有效激发了微观主体活力，公司干事创业、奋发有为的氛围基本形成，取得了积极成效。

（一）服务国家战略和集团主业能力进一步增强

三峡租赁深入贯彻落实中央经济工作会议精神，坚持金融服务实体经济，深化产融结合，聚焦中国三峡集团主业实业，发挥资本金融在推动中国三峡集团实现高质量发展中的专业化服务功能，积极服务中国三峡集团清洁能源和生态环保"两翼齐飞"战略。三峡租赁充分发挥租赁业务融资和节税作用，通过与银行合作"银赁通+保理"业务，获取基准下浮贷款利率，为中国三峡集团新能源项目提供融资服务并降低综合融资成本。截至2020年6月底，三峡租赁累计为中国三峡集团所属新能源公司推荐新能源并购项目32个，装机容量共计3 500兆瓦，并为已签订预收购合作协议的项目提供融资支持，投放资金30.36亿元。同时，三峡租赁为中国三峡集团10个新能源自营项目提供融资服务，累计提供资金48.06亿元，其中涉及通道服务项目7个，承诺金额172.82亿元。全部投放后，预计项目全生命周期内可较银行直接融资节约财务费用9.76亿元，有效助力中国三峡集团新能源业务发展。

（二）推动三峡租赁快速发展

依靠职业经理人制度的优势，三峡租赁业务规模和效益快速提升。2019年，三峡租赁在业务团队到位仅9个月的情况下，超额完成全年绩效任务，其中租赁投放规模为85亿元，达年度绩效目标的212.5%；实现利润总额1.8亿元，达年度绩效目标的120%。2020年，面对疫情的影响，三峡租赁上下齐心，战疫情、强投资、稳增长，在成立仅2年时间内，实现了资产规模突破100亿元。截至2020年6月底，三峡租赁投放规模净增加53.07亿元，完成年度目标值的86.59%；实现利润总额1.75亿元，完成年度目标值的62.5%，出色完成了"时间过半、任务过半"的目标。

（三）人才竞争力进一步增强

在体制机制的助力下，三峡租赁人才聚集效应初步显现，为中国三峡集团吸引、培养了一批具有市场竞争力的融资租赁人才队伍。截至2020年6月底，三峡租赁共有员工40人，其中硕士及以上学历员工占比为78%，均毕业于清华大学、北京大学、中国人民大学、南开大学、伦敦大学等国内外知名院校，部分人员曾就职于融资租赁、投资和新能源等领域领先的机构/单位，在行业内具有较强的影响力。

28

推动综合改革　破解发展困局

神华包神铁路集团有限责任公司

一、基本情况

神华包神铁路集团有限责任公司（以下简称"包神铁路集团"）成立于2013年6月，在原包神铁路公司、新准铁路公司、甘泉铁路公司基础上组建成立，是中国神华能源股份有限公司（以下简称"中国神华"）的全资子公司，主营业务范围为铁路货物运输及其延伸服务等，负责运营包神线、甘泉线、巴准线、塔韩线4条铁路。2019年11月，包神铁路集团与中国神华神朔铁路分公司（以下简称"神朔铁路分公司"）重组整合，现正线里程872千米，占国家能源集团已建和在建铁路总里程的40%，承担着国家能源集团煤炭核心区主要装车任务，是我国"西煤东运"第二大通道"包神—神朔—朔黄"铁路的集运枢纽。截至2019年年底，包神铁路集团资产总额为238.45亿元，净资产为121.99亿元，资产负债率为48.84%；神朔铁路分公司资产总额为157.48亿元，净资产为133.64亿元，资产负债率为15.14%；从业人员共计10 658人。

包神铁路集团组建初期，因所辖4条铁路建设于不同时期，设备设施标准相差较大，运营管理机制不尽灵活，存在着职能定位不清晰、市场意识不足、资源配置能力不强等问题，尤其是甘泉线、巴准线、塔韩线建成投运后，受所配套服务的资源项目开发滞后的影响，铁路运力利用率不高，局部闲置问题突出，运量远低于盈亏平衡点。截至 2017 年年底，包神铁路集团合并报表连续 3 年亏损，仅 2017 年亏损就达 3.77 亿元。其中，甘泉铁路公司自运营以来累计亏损 13 亿元，新准铁路公司累计亏损 10 亿元，两公司资产负债率均超过 70%。新准铁路公司被国务院国资委划定为"处僵治困"企业，经营管理形势十分严峻。2018 年，正值亟须通过深化改革、破解发展困局、奋力扭亏脱困的关键阶段，包神铁路集团入选国企改革"双百企业"名单，改革发展迎来了重大历史性机遇。

二、主要做法

包神铁路集团紧紧围绕"五突破、一加强"的改革目标，进一步研判和分析面临的形势、存在的困难，坚持问题导向，明确以"减亏、扭亏、脱困"为主线的综合改革思路和具体举措，全力推动措施落地。

（一）理顺内部体制机制，破除企业发展束缚

包神铁路集团自运营以来，由于装车任务重、投入大而运距短，投入与收益极不平衡，一定程度上制约了企业发展。面对经营成果与实际贡献长期倒挂的局面，包神铁路集团积极争取国家能源集团配套政策支持，按照市场经济规律，鼓励在运输市场化改革方面先试先行。2018 年，国家能源集团按照市场化原则，重新评估包神铁路集团在一体化产业链中的重要作用，调整与下游铁路公司的清算模式，建立与价值贡献相符的收入清算机制，最终形成包神铁路集团向下游铁路公司收取 2 元/吨装车服务费的方案并执行。仅此一项就使包神铁路集团 2018 年全年增收 2.8 亿元，解决了包神铁路集团一直想解决却未能解决的难题。

（二）深化"三项制度"改革，激发企业发展内生动力

包神铁路集团实行工资总额备案制，建立了与人均货运量、利润总额

挂钩的工资总额清算办法；改革内部薪酬分配模式，按照岗位对公司的影响程度、价值贡献程度、所需知识技能、工作量、安全责任等因素，重新对410个管理技术岗位和77个生产岗位（工种）进行岗位价值评估并重新优化，探索设置复合型岗位，调整薪酬分配制度；实行劳动用工总量备案制，通过自主定向招聘，畅通劳务工与合同工转换交流通道，共有116名劳务派遣员工转为合同制员工，有效激励了员工稳岗精业、多做贡献。

（三）推行市场化运营模式改革，提升企业市场竞争力

包神铁路集团发挥市场在运输资源配置中的决定性作用，积极转变观念，由"坐商"变"行商"，"走出去"主动拓展市场。一是开启"大物流"工作，充分利用铁路富余能力，大力拓展"非煤品"运输业务；落实国家"公转铁"政策，主动出击，创新开展煤炭运输代理业务，开辟运输新通道。2019年，此两项业务增量达249.5万吨，增收1.28亿元。二是建立量价互动、量价互保的灵活运价体系，根据运输市场变化，及时调整运输价格，增强企业市场竞争力。2019年，包神铁路集团实现地方煤互保增量185万吨、增收0.57亿元。三是加快推进管内专用线、散装站台环保改造和战略装车点建设，增强所辖铁路对煤炭运输市场的辐射能力，2018—2019年新增装车能力1 800万吨。四是打通蒙古国焦煤南下运输通道，使蒙煤全程经国家能源集团自有铁路运输，最大限度地提高企业边际效益。2019年，包神铁路集团完成12万吨、增收1 118万元。五是探索机车动力修制改革，变"委外修"为"属地修"，平均每台机车检修停时压缩47天，相当于每台机车增加货物周转量2 939.8万吨·千米，实现了降本增效。

（四）积极稳妥地推进资本结构优化和混合所有制改革，提升企业综合实力

包神铁路集团以防范化解债务风险为目标，多管齐下，探索创新融资

模式,着力破解资本困局。一是破解所属甘泉铁路公司因连年亏损而还本付息压力大、负债率高、新增外部融资困难的困局,积极推动增加资本金注入工作,实现向甘泉铁路公司注资 17 亿元,使其资产负债率由 87.2% 降至 61.2%,每年节约财务费用 1.6 亿元,有效缓解了经营压力,为释放改革红利争取了时间。二是采用融资租赁模式购置机车,做成国家能源集团铁路板块融资租赁采购机车第一单业务,共融资 4 012 万元,节约财务费用近 480 万元;与青海金控公司开展融资租赁业务购置机车,有望促成中国神华新的"金融援青"项目。三是按照"停存量、动增量"的"混改"思路,在新建东台铁路项目中积极与地方政府沟通,探索引入民营资本,三方组建混合所有制公司,合资合作建设运营东台铁路,提高国有资本配置和运行效率。

(五)推进法人治理结构建设,完善现代企业制度

包神铁路集团加强行权能力建设,积极争取国家能源集团授权,推动落实董事会职权;健全以公司章程为核心,党委会、董事会、经理层为决策主体,职代会为民主管理基本形式的"1+3+1"分层分级管理体系,形成权责明晰、协调统一的公司治理机制;在实现规章制度、经济合同、重要经营决策 100% 法律审核的基础上,进一步加大在人事管理、工程项目管理等方面向子公司授权的力度,给予子公司更多自主决策权,激发其市场竞争意识及市场开拓动力。

(六)全力解决历史遗留问题,实现企业"轻装上阵"

按照国务院国资委工作部署,包神铁路集团于 2018 年停办了幼儿园,完成 3 个职工家属区"三供一业"管理服务职能移交和资产划转工作,涉及居民 5 185 户,所涉及的人员、资产等均依法合规予以妥善安置;相关维修改造工程于 2020 年上半年全部完成。通过剥离非主业职能,包神铁路集团可集中精力做强做优主营业务。

（七）全面加强党的领导和党的建设，营造和谐稳定的企业氛围

包神铁路集团充分发挥党委"把方向、管大局、保落实"的作用，坚持把党委会研究讨论作为重大事项决策的前置程序；健全党建工作责任制，结合生产实际，构建符合铁路运输企业"点多线长"特点的基层党组织管理模式，增强基层党建工作活力，为改革工作保驾护航；持续加强党风廉政建设，在改革过程中，党员干部密切联系群众，树立良好的形象，融洽劳动关系，维护企业稳定，构建和谐企业。

（八）顺利推进重组整合，企业改革再出发

2019 年 11 月，包神铁路集团与神朔铁路分公司实施重组整合。包神铁路集团牢牢抓住改革机遇，优化生产力布局，调整资产资源配置和生产关系，按照"战略管控＋运营管理"的职能定位，大刀阔斧地推动机构整合，推行公司—子分公司—站区（车间、工队）三级"扁平化"管理，职能部门由 29 个压减至 14 个，直属机构由 21 个压减至 10 个；公司总部部门不设科室，总部人员由重组整合前的 345 人压减至 160 人，精简了机构、优化了职能、提高了效率，并以"管控、减负、提效、放权、服务"的改革路径破解了总部"机关化"倾向，实现了思想再解放、改革再发力、管理再创新、效能再提升。

三、改革成效

（一）转变经营管理理念，运输资源配置效率显著提高

包神铁路集团主动转变思想观念和发展理念，依托产业区位优势和管内丰富的煤炭资源，利用灵活的运价机制和高效的服务能力挖掘潜在客户，运量水平稳步提升。2018 年，包神铁路集团完成运量约 2.08 亿吨，首次突破 2 亿吨，较 2017 年增加 1 729 万吨；2019 年在整体煤炭市场低迷的情况下，包神铁路集团完成运量 19 829 万吨，较 2017 年增加 776 万吨。

（二）增收节支双向发力，企业发展能力进一步提升

包神铁路集团通过强化运输组织，拓展运输市场，逐步扩大运输收入规模；利用属地修等生产模式改革措施有效节支降耗，提升盈利能力，促进企业实现高质量发展。2018年，包神铁路集团在"双百行动"启动当年即实现扭亏为盈，整体实现利润2.8亿元，较2017年亏损3.7亿元增加6.5亿元；2019年，包神铁路集团效益稳步提升，实现利润3.2亿元，较2017年增加6.9亿元。包神铁路集团所属新准铁路公司自2018年扭亏为盈后，连续2年实现盈利，基本完成了国务院国资委"处僵治困"任务。

（三）体制机制优化完善，企业活力进一步增强

包神铁路集团通过体制机制、激励约束机制、劳动用工制度等方面的改革，进一步激发了基层企业和干部员工干事的创业热情。2018年，包神铁路集团全员劳动生产率为77.89万元/人，较2017年的58.7万元/人增长32.69%；2019年，包神铁路集团全员劳动生产率为80.89万元/人，较2017年增长37.8%；全员人均工资连续2年平均增幅达9.98%。

（四）抓细、抓实、抓出成效，老企业焕发新活力

"双百行动"改革是包神铁路集团成立以来涉及面最广、程度最深、力度最大、影响最为深远的综合改革。包神铁路集团高度重视改革工作，党委书记、董事长担任"双百行动"综合改革领导小组组长，成立了由分管领导挂帅的9个专项改革工作组，在领导小组、专项组、双百办3个层面做实、做细改革责任与决策议事机制；制定了详细的时间表和推进路线图，分类推进、分步实施，确保改革措施落实落地，开创了"安全平稳有序、运量再创新高、效益稳中向好、管理持续提升、改革跨越前行、职工精神面貌焕然一新"的良好局面。

29

全面实施综合改革
打造企业高质量转型发展的强大引擎

北京国电龙源环保工程有限公司

一、基本情况

北京国电龙源环保工程有限公司（以下简称"龙源环保"）是国家能源集团科技环保板块的骨干企业，也是国家高新技术企业。作为我国第一家电力环保企业，龙源环保始终跻身国家污染防治攻坚"主战场"，在环保技术咨询、工程建设与项目运营方面业绩突出，为国家生态文明建设做出了积极贡献。入选"双百企业"名单以来，龙源环保综合运用国企改革"政策包"和"工具箱"，全面实施综合改革，不断激发内生动力活力，推动企业高质量发展。2019年，龙源环保净资产收益率达14.85%，同比增长10.91%；新签合同额同比增长73%，发展质量与发展后劲均明显提升。

二、主要做法

（一）健全法人治理结构，"两会一层"高效运转

一是推动党的领导与公司治理有机融合。龙源环保公司党委和董事会各5人，除纪委书记与职工董事外，其余4名党委委员与董事会成员均"双向进入、交叉任职"，党委书记兼任董事长，不设外部董事。党委与董

事会人员重叠率达80%，确保党委的意见或决定在董事会得到充分贯彻。

二是承接上级单位向董事会全面系统授权。国家能源集团系统地、一次性向龙源环保董事会授予30项改革授权，将董事会对企业中长期发展决策权、经理层和重要岗位选聘权、经理层业绩考核和薪酬管理权、职工工资分配权、重大财务事项管理权等落实到位。龙源环保董事会可以自主决策额度不超过公司净资产额10%的单个项目的投资事项，支持企业有序布局，在市场上与其他性质的企业平等竞争。

三是"两会一层"高效协调运转。龙源环保修订了"三重一大"事项决策制度和"两会一层"议事规则，明确党组织研究讨论是董事会、经理层决策重大问题的前置程序；梳理了包含70余项决策事项的决策清单，研究、制定了管理授权手册，加大逐级授权力度，进一步厘清了各治理主体的权责边界。

（二）完善市场化经营机制，职业经理人队伍建设见成效

一是开展职业经理人选聘。2019年，龙源环保面向集团公司系统公开招聘职业经理人，有来自各单位近40名应聘者参加竞聘。经过资格审查、能力在线测评、竞聘演讲答辩、评审团合议等环节，龙源环保成功选聘了5名副总经理。其中，2名为本单位干部转换身份，2名为外单位竞聘上岗，1名为本单位中层竞聘上岗，充实了经理层队伍，为转型业务的开拓奠定了良好的基础。

二是推进职业经理人的任期制和契约化管理。职业经理人不再对应行政级别，而是实施任期制管理，签订3年任期合同，到期后聘用关系自然终止；签订任期与年度绩效合约，将利润增长等6个经营指标纳入硬考核范围；薪酬由基本年薪（40%）、绩效年薪（30%）、任期激励（30%）构成，与考核结果挂钩。任期激励暂不发放，采用任期激励系数"三年连乘"的方式，任期结束后兑现。

三是建立市场化用工制度和职级序列。根据国家能源集团授权,龙源环保人员管理单列。年度用工计划经集团审批后,龙源环保可自主决策和招聘包含应届毕业生在内的员工。员工按岗位接受绩效考核,对于无法胜任的,一律调整岗位。2019年,龙源环保员工公开招聘比例达93%以上,市场化引进25名人员,同比增长47%,建立起了以劳动合同管理为核心、以岗位管理为基础的市场化用工机制。龙源环保设立了管理序列(M1~M5)和专业序列(P0~P7),并建立了2个序列间的对应关系,畅通了序列间转换通道;拉长职等至20级,专业序列最高可享受副总经理级薪酬待遇,打开了职级晋升空间。目前,包括董事长在内的全部员工均已完成职级套改。

(三)健全激励约束机制,内生动力不断增强

一是建立适合企业特点的现代企业薪酬体系。龙源环保推动工资总额增长率与利润总额增长率、销售收入增长率、外单营收增长率、人均产值增长率等指标同向变动。2019年,龙源环保员工工资总额较2018年增长7%,"挣工资"理念逐步形成。2019年,龙源环保浮动薪酬占比超过50%,全员劳动生产率同比增长4.3%,人工成本利润率同比增长19%。

二是建立支撑企业战略的差异化考核体系。龙源环保实施部门绩效与个人绩效考核联动,推行绩效考评强制分布。2019年,龙源环保全员绩效考核覆盖率达100%;提升绩效薪酬比例,通过差异化薪酬设计,调动员工干事创业积极性。

三是建立风险共担、利益共享的中长期激励机制。在《国有科技型企业股权和分红激励暂行办法》(财资〔2016〕4号)框架下,龙源环保制定了《员工持股方案》,以增资扩股、股权出售形式对骨干员工实施股权激励;推动员工与公司共享收益、共担风险;探索开展投资项目核心团队跟投,建设以项目收益分红、创投为主的科技人员激励机制。

（四）加强党的建设，综合改革基础全面夯实

一是不断提高党的建设制度化、规范化、科学化水平。龙源环保优化党支部设置，强化支委配置，设立专门组织员，夯实党建基础工作；开展与系统内单位、航天科研院所的支部共建，优势互补、共创共赢。

二是以党建引领企业品牌建设和企业文化建设。龙源环保制定以党建品牌建设规划为纲，包含企业文化建设规划、"三基建设"总体方案、团青品牌建设规划和"环保有我"微行动方案的"1+4"党建工作规划，系统谋划党建工作，打造具有行业特征和高科技企业特性的党建品牌。

三是持续强化党的思想引领，让企业与员工共发展。龙源环保公司党委挂帅改革事项宣贯，分层分级组织各层级宣贯会议20余次，包括改革方案、市场化职级体系、薪酬机制、持股计划等专题，全面系统的加强干部员工对公司改革的认识和理解；定期开展"书记接待日"，倾听员工治企建议和诉求；坚持面向基层的微服务改进，打造有温度的企业。

三、改革成效

（一）经济效益显著提升，转型发展稳步推进

2019年，龙源环保积极应对传统脱硫脱硝业务持续萎缩的局面，着力降本增效，提升发展质量，全年利润总额同比增长87.5%，净资产收益率同比增长10.91%；市场开拓取得积极进展，全年新签合同额同比增长73%。龙源环保立足服务国家生态文明建设，围绕国家"无废城市"建设，以及长江大保护、粤港澳大湾区建设、京津冀协同发展等，大力开展固废协同处置、废水零排放改造、脱硝优化、催化剂全生命周期管理、VOCs（探发性有机物）治理等新兴业务布局；积极推动污染物第三方治理服务，与火电企业互补发展、实现共赢；全面梳理国家"总理基金项目"研究成果，受生态环境部大气环境司委托，积极开展后续问题研究，

承担国家固废重大专项课题研究，逐渐形成了以测试排查、课题研究及咨询服务带动EPC（工程总承包）的新商业模式，转型发展迈出坚定步伐。

（二）现代企业制度体系不断完善，公司治理效能显著提升

龙源环保法人治理结构进一步完善，各治理主体的决策边界逐步清晰，在加强党对企业领导的同时，强化了董事会的自主决策权，有效保障了经理层的经营自主权，初步形成权责对等、运转协调、有效制衡的决策执行监督机制。龙源环保狠抓制度建设，2019年以来，共计编制、修订各类制度、规范66项，健全了包含法人治理、生产经营、安全管理等十二大类的制度体系，为规范化行权、确保改革扎实顺利推进提供了坚实的制度基础。同时，龙源环保高层管理者与业务部门及员工的工作关系进一步"拧紧"，使公司全体干部员工凝心聚力，共同推进企业改革发展。

（三）"三项制度"改革推向深入，员工干事创业热情得到有效激发

龙源环保深化人才盘点，配以行之有效的职级体系设定，进一步打通职业上升通道，面向全体员工宣贯职级、薪酬、考核体系近10次，推进"三项制度"改革在公司落地生根。改革期间，龙源环保运用部门与员工双向选择机制、业务考核多维度评价机制等，重置了重点业务部门的人员结构；重新梳理了全体员工职级职等，以考核结论定岗；调整了薪酬结构，使浮动工资占比增加，劳动生产率持续提升。通过"三项制度"改革各项举措落地，龙源环保薪酬与绩效挂钩更加紧密，"能者上、庸者下"的理念深入人心，公司战略发展、转型升级、创新驱动等各方面不断推进，全体干部、员工思想上高度统一、行动上保持一致，极大地提升了决策效率和执行力。

30

以"混改"为契机 走生态协同发展之路

联通智网科技有限公司

一、基本情况

联通智网科技有限公司(以下简称"智网科技")成立于 2015 年 8 月,是中国联合网络通信集团有限公司(以下简称"中国联通")全面承接汽车信息化服务的专业化子公司,在全国前装市场所占份额超过 70%,逐步发展成为汽车信息化服务行业的标杆企业。目前,智网科技下属 1 家全资子公司、1 家控股子公司,在东北、华北、华中、华南、西南区域设有 5 家分公司,并与德国大陆集团、奇瑞集团分别成立了合资公司;现有员工 261 人,其中 62.8% 来自社会招聘,硕士及以上学历人员占比近 30%。

为不断适应汽车信息化迅速发展的形势和需要,把握电信运营商进入汽车信息化领域的重要机遇,智网科技积极践行"美好车生活的建设者"的初心使命,为行业提供以汽车联网和服务运营为核心的综合解决方案与产品,包括综合通信服务、平台服务、运营服务、呼叫中心、终端业务、高级管理服务平台(AMSP)服务、大数据服务等。智网科技迫切需要通过引入战略投资者、建立现代企业制度、完善市场化机制等改革举措,转变模式、汇聚人才、创新研发、迭代产品,更加专注于行业的跨界及核心能力建设,并在5G技术、AI(人工智能)、大数据等方向实施战略布局、打造行业生态,从而进一步提高市场化程度、行业融入度,扩大差异化竞争优势和影响力,为客户创造更大的价值。

二、主要做法

中国联通集团党组对智网科技的"混改"非常重视,在总结集团层面"混改"成功经验的基础上,积极推进下属子公司的"混改"。智网科技始终牢记"混改"不是为"混"而"混",而是要通过引入具有战略协同效应的投资者,聚合业务资源,搞活体制机制,完善公司治理,从而将自身打造成党的领导坚强有力、治理结构科学完善、经营机制灵活高效、创新能力和市场竞争力显著提升的国企改革尖兵。

(一)引入战略投资者,实现混合所有制改革新突破

作为"双百企业"之一,智网科技于2018年8月8日—12月25日在北京产权交易所挂牌公开招募投资者,引入一汽集团、东风汽车集团、广汽集团、思必驰等9家战略投资者,改革过程规范有序,严格按照相关流程进行,在防止国有资产流失的前提下实现了国有资产的放大与倍增。本次"混改"增资认购价格以经备案的资产评估报告确认结果为基础,并结合投资方报价等因素确定,每1元新增注册资本的认购价格为6.1118元,投资金额总额为46 936万元。增资完成后,智网科技注册资本由1.7亿元增加至约2.5亿元,其中,中国联通持股比例为68.88%,其他9家战略投资者持股比例共计31.12%。智网科技从国有独资公司转变为国有控股混合所有制企业。

(二)优化"三会一层"配置,实现法人治理结构新突破

在"混改"的基础上,智网科技完成了"三会一层"法人治理结构建设工作。一是董事会由5名董事组成,其中3名由中国联通委派,2名由

投资方委派（其中 1 名为民营企业委派）；董事会构成充分考虑各位董事工作经历与专长，确保董事会成员知识结构多样化，促进董事会集体决策科学性；同时，董事会组成按股比实现内部董事与外部董事有机结合、国有资本与非国有资本有机结合。二是监事会由 3 名监事组成，其中 2 名由中国联通委派，1 名由智网科技职工代表大会选举产生，监事会成员具有良好的任职条件，充分保障了监督职责的履行。三是公司经营管理层由集团公司提出总经理建议人选，由董事会进行聘任，公司副总经理采用市场选聘方式由总经理提名、董事会聘任；中层管理人员全部实现市场化选聘，经党组织履行干部管理流程后由总经理聘用。

（三）建立员工持股平台，实现员工长期激励约束机制新突破

为落实员工长期激励，智网科技专门设立了"引战"专项基金，并以此作为激励平台。员工可通过认购专项基金方式间接拥有公司股权。在首期员工长期激励筛选出的核心员工中，有 30 名出资设立了智网有限合伙企业，认购集团设立的"引战"专项基金规模为 3 500 万元，间接持有智网科技股权比例约为 2.65%，认购基金员工数占员工总数的 13%。

（四）优化完善管理体系，实现市场化机制新突破

智网科技通过实施管理创新推进市场化机制的落地。一是针对现有各级干部推行任期制和契约化管理，按照"市场化选聘、契约化管理、差异化薪酬、市场化退出"的原则建立职业经理人制度，在确定岗位责任的同时确定绩效承诺、"一岗双责"承诺，完成现有企业管理干部向职业经理人身份的转换，做到干部"能上能下"。2018 年，智网科技管理干部无不胜任退出的情况。改革后，2019 年，智网科技选拔任用 5 人，考核后不胜任退出 3 人。二是全面推行员工公开招聘，建立"劳动合同"与"岗位合同"相结合的市场化用工制度，按照研发、技术、产品、营销、运营、职能 6 类岗位序列设立员工岗位体系、晋升渠道与职业生涯发展计划，优化

用工结构，提高人员配置效率和效能，全面实现员工"能进能出"。智网科技2018年退出42人，2019年退出51人，2020年上半年退出16人，保持了一定的员工流动比率。三是优化公司薪酬分配制度，对标行业与市场，突出能力与贡献，按照"强激励、硬约束"的原则进行薪酬绩效体系变革。经营管理干部实行年薪制，捆绑业绩目标并进行动态管理；部门绩效考核按事业部制和项目制进行管理，通过矩阵模式实施业绩考核和薪酬分配，做到及时激励和有针对性激励；打破传统"论资排辈"定薪，推进按岗位价值、个人能力及贡献定薪、晋级，并向关键岗位、高技能人才倾斜。"混改"后，智网科技人均工资增长12%，排名前10位的员工平均薪酬约为85万元/年，排名后10位的员工平均薪酬约8万元/年。

（五）加强党建工作，统领公司改革发展

"混改"后，智网科技即着手进一步推进并加强党建统领工作。一是按"四同步、四对接"的原则，完善新形势下党组织工作，将党建写入公司章程，确保党的领导在"混改"中发挥"把方向、管大局、保落实"的重要作用；二是充分发挥党支部的战斗堡垒作用，针对职工思想波动，做好组织宣传，凝聚群众、服务群众；三是结合自身实际情况，坚定不移地沿着现代企业治理的方向前进，在兼顾权力制衡与效率提升的前提下，争取在落实两个"一以贯之"方面走出一条创新之路。

三、改革成效

（一）实现国有资产倍增，促进效应放大

以"混改"为契机，智网科技的估值由2015年成立时的1亿元提升至改革后的15亿元，不但实现了国有资产的保值增值，还体现出国有资本的放大效应，确保了创始股东的利益最大化。2019年，智网科技净资产增长145.1%，利润总额增长9.9%。

（二）推进战略合作，打造崭新生态

以"混改"为契机，智网科技引入具有战略协同效应、拥有业务资源或技术资源且有行业影响力的投资者。智网科技通过与前装市场/车厂类战略投资者的融合，快速提升了市场份额，把握竞争主导权；通过与工业互联/智能制造类"战投"的融合，抢占了工业互联的先机，快速布局与车联网相关的智能终端等领域，捕捉新的增长点；通过与产品技术及资源类战略投资者的融合，快速提升了产品及技术能力，更好地汇聚业内资源。目前，智网科技签署的战略合作协议共计6份，进一步放大了"混改"影响力和协同效应。改革后，智网科技收入结构得到改善，创新业务收入实现突破，其中大数据业务增长745%，车辆信息化业务增长316%。

（三）建立创新制度，凝聚互利共荣

以"混改"为契机，智网科技核心员工以间接持有专项基金份额的方式与公司、战略投资者风险共担、利益共享、捆绑发展。智网科技所处的是一个充分竞争的行业，企业之间的竞争已逐步演变为人才的竞争，因此核心团队的稳定、优秀人才的储备对公司至关重要。智网科技通过引入员工持股建立了员工与新老股东之间风险共担、利益共享的捆绑模式，为公司长期可持续发展奠定了人才基础。

（四）加强党建统领工作，优化治理结构

以"混改"为契机，智网科技全面加强党的领导和党的建设，以做实董事会为中心，以市场化运营为原则，建立优势互补、权责对等、协调运转、有效制衡的公司治理结构。"混改"后，智网科技董事会的构成得到明显优化（在"战投"中，领投方委派董事1人，民营资本委派董事1人），初步形成有效制衡的治理机制。智网科技管理层进一步市场化，除总经理人选由中国联通推荐、董事会聘任外，其他高级管理人员均由董事会聘任或解聘。智网科技明确权责边界、充分授权，确保了各治理主体各司其职。

31

聚焦"三项制度"改革 激发企业内生动力

咪咕文化科技有限公司

一、基本情况

咪咕文化科技有限公司(以下简称"咪咕公司")成立于2014年,是中国移动通信集团有限公司(以下简称"中国移动")的二级全资子公司,注册资本为70亿元,现有员工3 000余人。作为中国移动探索"互联网+数字化服务"转型的重要载体,咪咕公司自成立以来,深耕视频、音乐、阅读、游戏、动漫5大内容领域,收入规模翻番,用户规模增加4倍,客户净推荐值(NPS)大幅改善,已经成为目前国内拥有正版内容最全、最丰富的数字内容平台,以及央企中规模最大的互联网企业和文化类企业。咪咕公司以入选"双百企业"名单为契机,聚焦"三项制度"改革,积极推动全方位机制改革,逐步探索出了强"能力"、提"效力"、增"活力"、聚"合力"的经营管理新机制。

二、主要做法

(一)坚持干部"能上能下",抓住关键少数强"能力"

一是坚持党管干部、党管人才。咪咕公司将"一岗双责"、党建工作开展情况等纳入考察内容,修订了《咪咕公司高级管理人员管理办法》,

制定了《关于咪咕公司人力资源部门在管理人员考察中突出政治标准的实施细则》，加强政治素质考察，优化选拔程序和选拔方式，丰富考察维度和方式方法。

二是加快优秀"80后""85后"年轻干部管理梯队建设。咪咕公司在"高绩效、高潜力"的人才盘点工作基础上，融入年轻化导向，综合运用组织人才盘点、调研考察等方式；对纳入管理梯队的人员，开展"潜龙"、"扬帆"训练营等分层分级针对性培训，并结合多岗位交流、"TA（能力加速）计划"、"能力下沉专项交流"等工作，有针对性地选派年轻梯队人员到基层一线、重点项目进行实践锻炼。

三是强化绩效考核"硬约束"。咪咕公司发布了《咪咕公司高级管理人员综合考评管理办法》，明确考评结构包括组织绩效考核定量评价、管理人员个人绩效考核定性评价、党建工作考核、民主测评4部分，并将考评结果分为5个等级，作为绩效奖金兑现、职务任免、调配交流、培训培养等工作的重要依据。其中，高级管理人员年度综合考评等级为"待改进（D）"或连续2年为"基本称职（C）"的，提交公司党委审议，经综合研判确属不能胜任的，进行组织调整、降职或免职等处理。

（二）坚持薪酬"能高能低"，创新分配模式提"效力"

一是构建"单位人工成本效能"的总额核算思路。在集团公司指导下，咪咕公司进一步扩大了人工成本变动部分挂钩比例，70%的人工成本与各子公司年度收入、利润、用户数等经营业绩指标挂钩，明确各子公司每创造1元收入、利润，每促活、拉新、留存1个用户可兑现的人工成本额度，让各子公司更有奋斗目标与干事激情。同时，咪咕公司每季度根据预算目标和业绩完成情况动态兑现人工成本，确保薪酬资源与业绩完成实时保持同步。

二是构建多维度激励约束模式。咪咕公司对战略型、创新型、成长型团队选用 OKR（目标与关键成果法）考评与业绩目标责任书相结合的约束激励模式。例如，咪咕公司对品牌权益团队、用户运营团队等主要采取 OKR 考核，明确业绩目标及达成路径，同时签署业绩目标责任书，约定超额激励机制；对咪咕中信、原创音乐、咪咕善跑等初期培育型团队则采取签订业绩目标责任书的方式，围绕收入、利润、用户等可持续模式发展目标，设定业绩目标匹配超额奖励机制。咪咕公司通过划小经营充分授权，赋予一线主管业务发展决策权、资源调配使用权、人员考核评价权，打造权责利对等的激励约束机制，同时对于参与业绩对赌的销售人员实行销售业绩提成，上不封顶。

（三）坚持员工"能进能出"，优化人员结构增"活力"

一是加速引进、组建、培养完全面向互联网的市场化经营团队和专业人才。咪咕公司与从互联网、高科技等公司引入的专业人才按年签订业绩目标责任书，充分发挥关键领域专业人才优势，推进企业向高质量发展方向转变。

二是按年度开展人员晋升和保级降级工作。咪咕公司的晋升工作向承接战略重点项目取得突出贡献、关键人才梯队人员倾斜，为人才提供更多、更快速的职业发展机会；对于上一年度绩效待改进的员工均需参加年度保级降级，若保级失败将调整其岗级待遇；强化劳动合同契约管理，对于 3 个月持续不开单的销售人员进行转岗或淘汰，加大劳动合同期满考核终止和违纪解除力度，实现员工"能进能出"。

（四）坚持层级"能增能减"，打造扁平化组织聚"合力"

一是优化总部机构设置。咪咕公司结合战略布局和自身发展情况进行总部部门优化调整。咪咕公司总部部门设置 3 人事业群，每个事业群下根据业务需要灵活设置若干具体的业务单元。除党建、纪检、人力、内审等职能部门设置外，咪咕公司根据业务发展形势，对阶段重点业务部门进行机构新增、合并与调整。

二是加速内容领域前沿技术布局。咪咕公司紧扣中国移动战略布局，积极落实"5G+"计划，加速内容领域前沿技术布局，成立了数字创意技术研发中心，探索5G等前沿技术演进变革，加速AI及超高清视频技术研发能力培育及应用落地。

三是分类深化子公司机构调整。咪咕公司落实"内容聚合者和生产者"的定位，指导各子公司按照"简机构、重内容、优流程、调人员"的原则进行组织机构的调整，精简传统职能，强化内容生产部门、版权部门、运营部门等的设置，突出"重点产品事业部制"，实现了产品的端到端闭环。

三、改革成效

一是进一步从制度层面明确了可衡量、可比较、可操作的"能上能下"标准，有效推动了职业经理人改革。2019年至2020年上半年，咪咕公司已累计对1名子公司副总经理、18名总监级管理人员进行调整，免除其管理人员身份，调整为各自领域内的专业人员，亮明了"红线"、悬起了"戒尺"，加强了管理人员队伍建设。截至2020年6月30日，咪咕公司结合空缺岗位和梯队人选情况，综合运用内部推选、竞聘上岗等方式选拔提任高级管理人员1名，形成了108名高级管理人员梯队（"80后"占72.2%）、215名中层管理人员梯队（"85后""90后"共占58.6%）的年轻化管理队伍。

二是进一步强化了"业绩升、薪酬升，业绩降、薪酬降"的管理导向，有效激发了组织和员工活力。截至2020年，咪咕公司内部对品牌权益团队、用户运营团队、内容原创中心、行业DICT（数据处理技术、信息技术与通信技术的深度融合）等12个业务团队均采用OKR考核方式，约

200 余人签订了《业绩目标责任书》。通过强业绩导向的绩效考核模式,实现了同岗级最好绩效与最差绩效年终奖差距高达 6 倍的结果。

三是进一步拓宽人才引入渠道,有效增强了面向高质量发展的人才储备。截至目前,咪咕公司累计引入总编、内容运营、制片人、技术专家、行业 DICT 等关键领域专家共 22 名,全部采用市场化薪酬分配模式。2019 年,咪咕公司组织晋升和保级降级答辩 1 200 多人,最终 321 人晋升,67 人降级。2020 年,咪咕公司总体员工流动率达到 11.4%(其中半数为公司主动淘汰),远高于传统运营商的离职率水平,实现了人员的有效流动,逐步向市场化水平靠近。

四是进一步优化组织结构,有效巩固了内外协同合力。咪咕公司特别设立了数字创意研发中心、VR(虚拟现实技术)项目团队、视频彩铃协同团队、行业 DICT 团队、品牌权益团队等多个业务团队,有效打破了僵化的组织结构与形态,通过快速组建、抽选"精兵强将"形成在某一领域内的攻坚克难的"特战旅""合成营"等"作战"团体,显著提升了公司面向产品、用户的快速响应能力。

五是进一步释放改革成效,有效提升了整体经营绩效。2020 年 6 月,咪咕公司核心客户端用户平均月活跃规模达到 3.4 亿户,同比增长 62%;加大创新业务拓展,创新业务收入占比从 2015 年的 5% 提升至 2020 年 6 月的 30%;实现 50 个全球首次"5G+真 4K"直播,其中"新中国成立 70 周年阅兵式"直播累计吸引 12.65 亿人次观看,创造了 70 小时超长直播网络安全和系统稳定的新纪录,有力支撑了中央广播电视总台"世界一流、历史最好"的现象级融媒体传播;2020 年,积极开展抗击疫情宣传工作,开展"双神山"(火神山、雷神山)医院建设、"全国大学生同上一堂疫情防控思政大课"直播;通过与 CBA(中国篮球职业联赛)、冰雪赛事签约,与国家博物馆合作,以及重测珠穆朗玛峰直播传播弘扬正能量。

32

向改革要动力　为发展添活力

中国移动通信集团终端有限公司

一、基本情况

中国移动通信集团终端有限公司（以下简称"终端公司"）作为中国移动布局终端领域的专业单元，围绕"五突破、一加强"的目标任务，立足企业转型发展需要，加强党的领导，坚持问题导向、目标导向和结果导向，积极稳妥地推进各项改革工作、锻造核心能力。2019年，受终端整体市场规模持续下滑、5G需求还未充分释放等因素影响，终端公司面临非常严峻的经营压力。面对不利局面，终端公司向改革要动力，紧紧抓住"完善市场化经营机制"这个"牛鼻子"，持续推进"三项制度"改革，将资源向公司核心人才倾斜，充分发挥改革的牵引作用，为中国移动创世界一流"力量大厦"总体战略部署提供了有力支撑。

二、主要做法

（一）规范选人用人管理，推进人员"能上能下"

一是规范选人用人程序，完善人员管理体系。终端公司坚持党管干部原则，充分发挥党组织在选人用人工作中的领导和把关作用；持续加强选人用人制度建设，规范选人用人程序和方式，采取内部推选、外部交流、竞聘上岗、公开招聘等方式选任干部；通过加强经理人员试用期考核、完善经理人员退出机制等方式，推进经理人员"能上能下"，重点解决经理人员"能下"的问题。2017年至今，终端公司共有4人退出二级经理队伍，23人退出三级经理队伍，其中1人由三级经理正职降职为三级经理副职，9人由三级经理降职为员工。

二是优化职位管理体系，完善员工发展通道。终端公司优化员工职位调整规则，结合分公司业绩和规模，差异化确定调级比例和破格晋升名额；细化地市总监与省本部人员交流规则，促进人员跨岗位流动；组织开展员工年度职等职级调整工作，2019年，共170名员工职等调升，501名员工职级调升，32人职等职级调降，切实体现了"能升能降"，有效激发了员工的积极性。

（二）加强劳动用工契约化管理，实现员工"能进能出"

一是结合公司业务性质划分岗位类别，推进灵活用工模式。终端公司所处行业毛利率低、行业格局变化快、人员规模与业务规模关联度高。基于这些特点，终端公司实行了核心岗位和项目性岗位相结合的用工模式。核心岗位承载公司运营关键能力，队伍精简，注重用工连续性；项目性岗位主要承担成熟业务条线的执行和支撑服务，队伍规模与业务量紧密相关，注重用工的低成本、灵活性，占公司用工总量的60%以上。终端公司还建立了常态化、精细化的用工分析和定期通报机制，强化了人力资源配置内部对标。

二是创新人才引进举措，提升人才引进效率。终端公司制定了校园招聘"黄金8周计划"，建立了"4+5+4"招聘流程模型（线上宣传4周，线下宣传5周，面试4周，8周完成校园招聘主体流程，形成录用结果）；优化人才引进方向，围绕集团重点领域及公司战略方向，大力引进5G、智能硬件、零售等领域人才，助力公司业务转型发展。2019年，全公司招聘214人，其中通过校园招聘引进68人、社会招聘引进146人。

三是以市场为导向,加强业绩考核和用工规划,实现员工"能进能出"。终端公司针对技术研发人员,通过市场化谈薪引入,加强个人试用期和日常绩效考核应用,推行绩效强制分布,基本合格和不合格等级不低于15%,实行末位淘汰;针对市场类人员,根据业务拓展需要,分条线灵活调整用工规模。

(三)坚持以业绩、贡献、效益为导向的薪酬分配机制,实现薪酬"能高能低"

一是坚持考核牵引。终端公司开展所属单位领导班子、领导人员综合考评,要求既报经济账又报党建账,全面、科学、客观地评价所属单位的领导班子、领导人员;本着牵引战略转型,向承担硬指标的部门倾斜的原则,持续优化总公司部门绩效考核方案,打造以效益价值为导向、考核重点突出、部门间协同的考核体系,促进形成发展合力;探索开展分公司业务条线拉通评估工作,将考核延伸至分公司内部,深入到业务实现的过程之中,逐步搭建了结果考核与过程考核互为补充、相互促进的考核体系。

二是推进差异化分配。终端公司坚持薪酬存量与组织业绩强挂钩,加大挂钩力度。挂钩比例由50%提高至70%,充分调动各单位活力;坚持薪酬增量与组织的贡献、人效、能力等相关联,薪酬资源向对贡献大、人效高、能力强的组织倾斜。同时,终端公司优化总部机关单位薪酬分配制度,加大薪酬与考核挂钩力度。2019年,分公司组织业绩最大分差达77.4分,薪酬分配差距水平较2018年提高27.8%;经理人员年度薪酬差距最大达1.79倍,薪酬分配差距水平较2018年提高9.8%;总部机关员工全年薪酬浮动在-16.6%~16.4%区间。

三是探索市场化激励机制。终端公司建立了多元化的专项奖励机制,涵盖市场销售、研发技术、综合职能等多条线。市场销售条线主要包括"开门红"、全网通产品获取、"先行者一号"等重点销售活动奖励;研发技术条线主要包括在岗技术革新、核心能力内化、IT能力创新、终端工匠等技术奖励；综合职能条线主要包括评优评先、减员增效等奖励。终端公司通过设置多元化的专项奖励，激发了各业务条线人员干事创业活力，提升了公司人效。2019年，终端公司专项奖励额度约占其成本总量的3%，2020年这一比例提升至5%。

三、改革成效

一是实现人员精简，推进整体经营提质增效。面对市场环境的持续下行，终端公司通过一系列市场化经营专项活动，在用工数量上做减法，在经营质量上做加法。截至2019年年底，终端公司核心岗位用工数量仅为集团公司规定上限数的67%，项目性岗位用工数量较2018年减少15%，整体用工人数较2018年年底降低10%，但人员价值创造能力持续提升，人均销售额较2018年提升3%。

二是员工活力得到激发，重点工作不断突破。终端公司通过市场化经营体制的不断完善，关键资源进一步聚焦于公司重点业务方向。智能硬件方面，终端公司积极推出首款自主品牌5G CPE（客户终端设备）产品，打造行业标杆，荣获"中国移动科技进步与业务服务创新一等奖"；零售方面，终端公司积极配合集团公司推进"顺差让利"活动，打造"买手机、到移动、更优惠"的口碑，构建了新型终端销售体系，活动累计覆盖厅店6 243家，超额完成目标任务。

三是企业发展合力不断加强，推动5G终端产业快速成熟。面对5G发展的关键窗口期，终端公司依托在终端产业的影响力，发布《5G商用终端产品白皮书》，研究多模多频、NSA/SA（非独立组网/独立组网）兼容、低成本普及型等终端技术方案，成立了"中国移动5G终端先行者联盟"，推动5G终端产业进一步成熟。截至2020年6月，终端公司入网5G终端115款，有效保障了5G终端的丰富度，推动了5G产业发展。

33

以市场化改革为抓手
以健全激励约束机制为动力

长春一汽富维汽车零部件股份有限公司

一、基本情况

长春一汽富维汽车零部件股份有限公司（以下简称"富维公司"）成立于1993年6月，是一家以汽车零部件为主营业务的股份制上市公司。富维公司下辖9家全资企业、5家控股企业、10家参股企业和参股金融机构，现有员工总数近1.8万人；核心业务包括内饰、外饰、智能视觉、轻量化、后市场5大业务板块，具备与整车厂同步开发的系统供货能力，是一汽红旗、一汽解放、一汽轿车、一汽-大众、一汽丰田等整车企业的核心供应商，也是宝马、沃尔沃、济南重汽等多家知名整车企业的重要合作伙伴。

二、主要做法

作为"双百行动"改革企业，富维公司深刻领会国企改革"1＋N"政策，在实践中大胆探索，着力解决痛点问题，提升运营效率，加快发展。富维公司围绕"五突破、一加强"，通过建立灵活高效的体制机制面对充分竞争的零部件市场，有效提升创新能力和市场竞争能力；通过调整董事会结构，进一步完善公司治理结构；通过混合所有制改革，引入各类战略投资者,实现股权多元化;通过整合科技创新资源,突破产业链前瞻技术与共性技术瓶颈,促进产业化落地。

(一)统一思想,达成共识,坚定市场化的改革方向

富维公司为有效推进"双百行动"改革,2019年年初召开了改革动员大会,提出全体员工要从思想上转变,关键是领导者思想转变。经理人员要以与董事会签订的3年指标合同为主线,树立"经营意识、市场意识、投资意识、担当意识"。2019年1月29日,富维公司各分子公司与经营管理层签订了3年绩效合同;2019年3月27日,富维经管会与董事会签订了3年绩效合同,董事会向经营管理人员颁发了任期聘书;2019年3月29日,富维公司公布《第一期股票期权激励计划实施考核管理办法》,将核心团队与公司发展紧密绑定。

(二)优化公司治理结构,保证科学决策有效实施

富维公司完善了管理机制,新建流程27个,更新流程52个;明确了公司管控界面,对分子公司进行分层授权,全面提升企业的运行效率;推行契约化管理,建立了核心管理层任期制,签订3年绩效合同,使权责利更加统一;实施了工效挂钩的薪酬绩效制度,设定以股权激励为主的长期激励措施,同时在超额利润、开拓优质市场、品质提升、效率提升方面制定了专项奖励,激发了企业内生动力,让价值创造者获得了更多回报。

(三)深化经理层成员任期制和契约化管理

富维公司新制定的《富维高级管理人员薪酬绩效制度》打破了原有的国有企业行政管理序列,取消了一汽集团原处级领导及高级经理助理等行政级别,建立了以岗位价值评估为基础、以绩效结果为导向的薪酬分配体系。针对高级管理人员岗位,富维公司结合管理幅度、组织规模、职责情况等因素进行岗位价值评估,体现了岗位差异性,打破了原有岗位"大锅饭"式的设置模式,并根据人员绩效情况进行薪酬入档,以达成薪酬内部

公平性。同时，富维公司对标市场薪酬水平建立薪酬基本架构，使薪酬水平具有外部市场竞争力，通过提升浮动工资比例设置（薪酬固浮比设定为3∶7），将浮动薪酬与绩效及核心KPI（关键绩效指标）紧密挂钩，月度考核和年度考核相结合，薪酬根据绩效结果"能升能降"，实现了薪酬分配差异化。

富维公司制定了新的高级管理人员薪酬制度，在董事会审批后于2019年4月实施，并召开了"高级管理人员薪酬绩效改革宣讲会"，让每位高级管理人员了解薪酬绩效规则，催化经理人员向职业经理人转化的意识，增强压力传导，提升经理人员工作的积极性。2019年4月8日，富维公司正式实施《高级管理人员薪酬绩效管理制度》。实施当月，就有3名经理人员月度奖金为零，增强了经理人员的危机感，"要想提升收入，必须干好事业"的理念深入人心。通过绩效考核及对公司贡献的评估（利润贡献、开发市场、效率提升、质量保证），富维公司传递了"以绩效为导向，绩效好、贡献大，收入就高"的分配理念。

（四）推动建立差异化的薪酬分配模式

在富维公司下属分子公司中，有6家建立了以绩效结果为导向的薪酬分配体制，实行中层管理人员薪酬绩效，提升浮动工资比例，与企业经营业绩挂钩；有4家企业实施了工厂工资总额承包制，将工资总额与产量、成本等因素挂钩，在降低加班、提升效率上取得成效。同时，富维公司在各分子公司中积极探索多种分配方式，如项目奖金制、销售承包、维修承包，以及核心人员中长期激励政策，打造"共创、共担、共享"的事业共同体。

（五）加强高质量党建，保障高质量发展

富维公司完成了党建进章程工作，明确了党委在公司治理结构中的法定地位，严格落实了党组织研究讨论是重大决策的前置程序，党委成员与管理人员"双向进入、交叉任职";坚持党建与改革同谋划,按照"四同步、四对接"的要求,把党建考核同经营业绩考核衔接起来,使党建工作由"软指标"变为了"硬要求"。

三、改革成效

2019年,在汽车行业"新四化"趋势和汽车零部件行业竞争加剧的环境下,富维公司克服重重经营困难,借助"双百改革"的"东风",夯实企业管理,实现了销售收入178亿元、利润总额7.5亿元,分别同比增长30%、10%,圆满完成了董事会业绩指标。相关改革任务正逐步推行并取得了一定的成效。

(一)整合科技创新资源,突破产业链前瞻技术与共性技术瓶颈

亚东资本自2018年成为富维公司战略投资者以来,通过吉林省国有资本平台,助推一汽零部件企业打造"千亿计划"。2018年12月,亚东资本、富维公司等共同出资成立了吉林省新慧汽车零部件科技有限公司,旨在整合优势资源,联合建立科技创新中心,有效整合科技创新资源,突破产业链前瞻技术与共性技术瓶颈,快速有效实现产业化落地。

(二)健全了法人治理结构

2019年12月,亚东资本通过二级市场购入富维公司股票,成为富维公司实际控制人,进一步推动了企业的市场化运作、资本化运营。2018年9月25日,结合公司改革,富维公司第九届五次董事会批准修订了公司章程、股东大会议事规则、董事会议事规则,新设立了董事会下提名委员会,修订了董事会下的战略委员会、薪酬委员会、审计委员会、提名委员会议事规则,以及监事会议事规则。亚东资本方的代表担任战略和薪酬委员会成员,多次参与委员相关议题的评审和董事会决策。通过管控模式改善,富维公司极大地提升了日常经营决策效率,如优化了投资项目决策审

批流程，审批时间大为缩短。

（三）建立工资总额管理机制，健全与公司经济效益挂钩的工资决定及增长制度

富维公司新的工资总额管理机制建立以董事会为决策主体、以各分子公司为实施主体的工资总额承包制模式，并在 2019 年 4 月由董事会进行了批准决议。制度的完善对富维公司核心管理人员和技术人员起到了有效的激励作用。

（四）利用上市公司平台，实施核心人员中长期激励措施

富维公司在 2019 年 3 月的董事会及 2019 年 4 月的股东代表大会上先后通过了《富维公司股权激励方案》。此方案的激励对象包括公司核心骨干人员共计 161 人。富维公司股权激励方案的实施实现了中长期激励机制方面的零突破，在实现公司股权多样化、建立企业中长期激励约束机制、完成员工身份转变等方面具有重要作用。股权激励的实施，一方面通过明确的业绩考核可以合理向市场传导业绩预期；另一方面，管理层和核心骨干员工持股可以向市场传递信心，进一步完善富维公司的激励机制，增强公司凝聚力，形成风险共担、利益共享的机制，打造"利益共同体"。

34

全面深化综合改革
激发内生动力和发展活力

一重集团大连工程技术公司

一、基本情况

一重集团大连工程技术有限公司（以下称"大连工程技术公司"）是国家高新技术企业，作为中国第一重型机械股份公司（以下简称"中国一重"）的全资子公司，承担着中国一重大型冶金成套、石化容器、锻压、矿山、核电、环保等领域的产品设计和新产品研发职能，在技术上填补了国家重型装备史上的300余项空白，开发研制新产品240余项，荣获国家级奖项31项、省部级奖项70项。大连工程技术公司现有职工555人，其中享受国务院津贴的专家9人，省市级优秀专家、领军人才及享受特殊津贴的专家14人，教授级高级工程师22名，高级工程师298名；资产总额为20.9亿元。经过多年技术积累及不断进步，大连工程技术公司取得了多项技术成果，获得省部级以上科技奖励80余项；目前拥有受知识产权保护的实用新型专利139项、发明专利100项、软件著作权17项，共计256项。

2016年以来，大连工程技术公司坚持党建引领，走在国企改革的前进道路上，特别是成为国企改革"双百行动"试点单位后，坚决贯彻习近平总书记在视察中国一重时提出的"七个勉励"要求,紧紧围绕"五突破、一加强",全面落实国有企业改革"1+N"政策要求,在转变体制机制、提升创新能力等方面下功夫、做文章,各项工作取得了长足进步。大连工程技术公司由2016年的亏损转变为2019年实现营业收入10.4亿元、利润总额7 558万元,迈向高质量发展之路。

二、主要做法

(一)推行市场化用人机制,实现干部"能上能下"

一是建立完善市场化选聘机制,引导干部"能上能下"。大连工程技术公司优化整合了部门机构和职数编制,干部全体起立、公开竞聘;全面推行了"二加五加二"市场化选聘机制,即由2名内部评委、5名专业机构评委组成素质能力测试评审组,通过公司党委全过程领导、派驻纪检组全过程监督的"双保险",搭建起了公平、竞争、择优的选人用人平台;"下"来的干部全部重新回归技术、扎根项目,有效解决了以往"技术优而转管理"造成的科技人才资源浪费问题。

二是建立后备人才管理机制,搭建晋升平台。大连工程技术公司深入落实"继任者计划"人才工程,为优秀青年的成长成才压担子、搭台阶,先后选派26名优秀骨干脱岗深造,全面提升了素质能力。通过市场化选聘,目前已有10名"80后"优秀青年走上部门领导岗位,15名"80后"青年担任了部门助理职务。

三是建立契约化管理机制,突出业绩导向。大连工程技术公司与所属部门负责人签订了《经营业绩责任书》,完不成任务目标70%的人员,自动解聘下岗且只领取基本生活费。通过将领导干部的职级、薪酬与工作业绩挂钩,大连工程技术公司实现了将"组织的任务指标"转化为"个人的奋斗目标"。

（二）重构差异化的薪酬体系，实现收入"能增能减"

一是重新设计岗位薪酬激励体系。大连工程技术公司建立了"基本薪酬+岗位履职薪酬+绩效薪酬"的薪酬分配模式，强化岗位履职功能，突出业绩考核实效，实现了员工薪酬与岗位贡献、业绩指标刚性挂钩的机制突破。

二是坚持"业绩导向、按劳分配"。大连工程技术公司充分运用岗位履职考核结果和业绩指标完成情况，实现员工收入增减与各项指标切实挂钩，员工的收入与企业发展成果共享，近年来人均收入增长率达到7%；技术人员年人均绩效薪酬靠前的20%是靠后的20%的4倍，既将压力层层传递到基层，又切实提高了员工创造价值的积极性。

三是合理建立与市场相适应的业绩指标体系。根据不同专业市场环境的差异，大连工程技术公司建立了人均薪酬增减率与指标完成率曲线图，引入了市场景气预测调节系数，对业绩指标的分解、设定进行优化调整，完善了人均薪酬增减率与指标完成率挂钩比率，使薪酬分配更加合理。

四是积极探索中长期激励措施。为提高员工创新创业积极性、主动性，大连工程技术公司实施了项目承包分红机制，根据签订项目合同的毛利率，对参与项目的技术人员进行计提奖励，并对取得市场突破的科技研发项目实行一次性奖励和3年项目分红。为加速推动科研成果产业化和科技成果转化，有效调动技术和管理人员的积极性和创造性，大连工程技术公司已制定了项目收益分红激励方案，进一步完善激励举措，营造"愿创新、敢创新、共创新"的氛围。

（三）夯实效能化组织保障，畅通职工晋升通道

一是整合资源，重新构建公司组织机构。大连工程技术公司结合资源进行业务、技术和人员的再整合、再匹配，按照"利润中心"和"成本中心"的管理体系，形成了下设6个职能部门、3家设计研究院、3家模拟法人公司、2个中心、2家独立法人子公司的整体架构。

二是畅通营销、技术、管理、党务4类人才通道。本着"合适的人才放在合适的岗位"的原则,大连工程技术公司重新构建了岗位序列。其中,技术岗位增设技术总监职位,目前聘任7名各专业技术领军人才专门负责各专业的技术进步和技术提升工作,2名技术带头人分别被评聘为集团公司"大国英才"和首席技术专家。

三是组建符合公司高质量发展的人才队伍。大连工程技术公司以发展为导向,全面落实了"两个合同",以劳动合同解决身份问题,以岗位合同解决能力和业绩问题;进行全员竞聘上岗,大力推行"干好干满八小时"制度,通过对不符合岗位需求的员工采取转岗培训再上岗,以及内部退养等多渠道分流安置措施,其中9人经过转岗培训再上岗,解除劳动合同17人,安置18人。

四是建立多渠道能力培育机制。大连工程技术公司通过人才引进与内部培养相结合的方式,着力培育项目管理团队、产业孵化团队;引进专业项目管理人才2人,打造了工程项目管理团队;建立8个创新工作室,培育产业孵化能力,其中已实现热连轧弯窜辊技术产业化,在新签13个自主设计制造项目中予以工程化应用,打破了国外对相关技术的垄断。

三、改革成效

大连工程技术公司严格按照国务院国资委对国企改革"双百行动"的总体部署和要求,深入推进综合性改革,在加强党的领导和党的建设、完善市场化经营机制、健全激励约束机制、能力提升建设等领域的改革举措取得了重要突破,推动服务国家战略需求、履行社会责任的能力不断加强,技术创新能力不断提升。

一是服务国家战略需求、履行社会责任的能力不断加强。大连工程技术公司着力研发国家急需产品并积极参与国家重点工程,在关乎国家安全和国民经济命脉的第四代核电技术 CFR600 示范快堆项目中，承担了堆本体核心设备及 3 个关键设备的研发设计工作，攻克了高温强震耦合工况下钠冷反应堆安全停堆等全部技术难关，已推动项目已进入制造阶段；研发设计的特种异型铝型材精整生产线，成功打破了专项船用特种铝型材完全依赖进口的历史；关注核电站运行设备的国产化工作，成功改造了进口核固废超压线；自主研发的核电站中低放废液絮凝吸附配方和系统、二回路蒸发器排污水电除盐技术通过了中国核能行业协会的评审，并且中标了徐大堡核电站项目。目前，大连工程技术公司承担着 2 项国家重大专项、2 项"卡脖子"关键技术、2 项央企关键核心技术，坚定不移地瞄准世界装备制造科技发展最前沿，坚决扛起做强做优做大国家装备制造业的历史重任。

二是技术创新能力不断提升。根据国家高质量发展的需要，大连工程技术公司在冶金、锻压等高端装备领域持续发力，研发掌握了高端热轧装备中"热轧新型弯辊及横移技术"等"卡脖子"核心关键技术，研发设计了世界最宽幅 2 550 毫米不锈钢热连轧生产线、国内首台 2 500 吨多工位自动化冲压生产线等一系列代表当今世界最高技术水平的高端装备，目前正在研发带钢短流程无头轧制工艺及装备设计技术等 13 项代表国内外前沿技术的科研项目。近年来，大连工程技术公司取得了诸多具有影响力的科研成果，其中冷轧硅钢边降和同板差控制技术及工程应用、高温石化装备的强度设计关键技术及应用均获"中国机械工业科学技术二等奖"；获得授权的发明专利 16 项、实用新型专利 27 项、软件著作权 10 项，已受理专利 36 项。

大连工程技术公司将继续深入实施"双百行动"改革举措，以《国企改革三年行动方案（2020—2022 年）》为指引，牢记"中国制造业的第一重地"的使命担当，坚持创新驱动发展战略，通过不断深化综合改革成效，真正做到向解放思想要红利、用思想解放增活力，扎实推进我国高端装备技术赶超国际先进水平。

35

扎实推进海外党建　着力保障国际化经营

中工国际工程股份有限公司

一、基本情况

中工国际工程股份有限公司（以下简称"中工国际"）是中国机械工业集团有限公司的控股子公司。2001年5月22日，中工国际正式挂牌成立。2006年6月19日，中工国际在深圳证券交易所成功上市。作为践行国家"走出去"战略和"一带一路"倡议的先行者，经过19年的发展，中工国际已成为科工贸一体化、投建营全价值链发展的新型国际化工程服务企业。公司在海外设计及承建的项目涵盖工业、农业、水务、电力及交通工程等多领域，为促进所在国社会经济发展、提高人民生活质量、增进相互友谊、实现合作共赢贡献自己的力量。

2018年8月，中工国际被纳入国企改革"双百企业"名单。中工国际积极贯彻落实党中央、国务院国企改革精神，以增强国有经济活力、放大国有资本功能、实现国有资产保值增值为目的，以提高经济效益和创新商业模式为导向，以"五突破、一加强"为主要目标，按照国机集团具体部署，制定了"双百行动"综合改革方案，开展了一系列工作。其中，在加强党建方面，中工国际党委在国机集团党委的领导下，立足新时代党的建设总要求，在全国国有企业党的建设工作会议精神的指引下，结合企业海外经营实际，积极探索海外党建工作新模式，取得了一定的成效。

二、主要做法

中工国际党委下设基层党委 2 个、党工委 1 个、党总支 1 个、党支部 81 个，其中海外党组织 14 个。在空间跨度大、时间差距大、人员流动大等客观条件的制约下，中工国际努力做到既把握好基本原则，又因地制宜地创新学习教育方式，同时做好党员管理与服务工作，形成了扎实灵活推进海外党建工作的一些做法。

（一）基本原则不动摇

面对复杂的国际经营环境及激烈的全球化竞争，必须要旗帜鲜明强化党的领导和党的建设。中工国际党委将海外党建工作作为公司党建工作的重要组成部分，严格落实海外党组织的政治建设、思想建设、组织建设、制度建设。

在政治建设方面，中工国际坚持海外党建标准不降低、党组织作用不弱化的原则，公司党委安排专职党务人员担任海外党建指导员，及时将党建工作的最新要求和工作安排传达至海外机构；严格落实海外党组织"三会一课"、主题党日、组织生活会、民主评议党员等组织生活，确保党组织在海外机构发挥"把方向、管大局、保落实"的作用。

在思想建设方面，中工国际海外党组织坚持以习近平新时代中国特色社会主义思想为指导，持续强化爱国主义教育，强化形势任务、法律法规、外事纪律和安全教育，结合工作实际，定期开展专题学习和集中研讨；学习内容与国内党组织保持高度一致，学习方式因地制宜、适度创新，切实增强广大党员对党建形势的把握，使上级党委工作及学习要求在海外得到落实。

在组织建设方面，中工国际坚持海外机构设在哪里，海外项目定在哪里,党的组织就建到哪里,组织活动就开展到哪里;抓好业务骨干,特别是青年业务骨干这一关键群体;坚持从骨干中发展党员,从党员中培养骨干;克服海外机构党员分散、项目党员人数少的问题,通过"组织共建"的形式与项目合作单位党员联合开展党课学习和主题党日活动,共同提高思想政治觉悟和理论知识水平,进一步加强沟通交流与合作协作。

在制度建设方面,中工国际以制度建设推进基层党组织工作标准化,公司党委积极探索海外党建工作的标准化规范化建设,全面推行国机集团相关党建工作指导手册,推进了海外基层党组织党建工作的标准化、规范化、科学化。

(二)创新模式有亮点

中工国际海外党建工作在实现"规定动作不走样"的同时,创新实践了"自选动作有特色",做到了"三个结合"。

一是与业务工作深度结合。中工国际坚持"以党建促发展"的理念,促进海外项目攻坚克难高效推进。国机集团驻白俄罗斯党工委第一党支部成立了"青年突击队",高质量完成了中白工业园基础设施建设及多家入园企业厂房建设等项目任务,为"丝路明珠"增添了夺目的光彩;厄瓜多尔党支部结合工作任务提出了"三个百分百"的高目标、高标准,党员干部勇挑重任,圆满完成了"援厄瓜多尔乔内医院建设项目"奠基仪式重大政治任务;斯里兰卡党支部以实际行动解决了所承建延河农业灌溉项目大坝下游搬迁移民子女上学问题,积极传递了"丝路精神"。

二是与当地资源充分结合。中工国际充分结合所在国国别文化、历史资源开展党建活动。国机集团驻白俄罗斯党工委组织党员参观二战博物馆、社会民主工党一大会址,开展了"看苏共、读历史"等系列主题党日活动;拉丁美洲事业部所属党组织联合开展了"走进拉丁美洲30年"系列主题党日活动,邀请资深员工分享拉丁美洲地区市场开拓经验,通过回顾公司在拉丁美洲开垦耕耘30年的奋斗历史，激发了广大员工甘于奉献、开拓进取的工作斗志。

三是与履行社会责任紧密结合。中工国际海外党组织在执行工程项目的同时，将发挥党员先锋模范作用与担当央企社会责任相结合：在厄瓜多尔，积极组织参与震后救援；在白俄罗斯，为遭遇暴雨灾害的社区民众捐物捐款；在尼加拉瓜和斯里兰卡，为当地修缮医院、铺路架桥、送水修井。通过形式多样的海外社会责任活动，中工国际与当地社区居民建立了和谐友好的关系，赢得了良好的社会效益和企业声誉。

（三）人文关怀显真情

中工国际海外党员常年远离祖国和亲人，部分国别（地区）市场还存在自然环境差、生活条件差、安全环境差等问题，因此承受着巨大的身心压力。在对他们进行政治上"严管教育"的同时，更要在精神上予以"关怀关爱"。

一是提供完善的安全保障。中工国际的海外党建工作尤其关注安全教育，在确保日常的工程安全和职工生命财产安全的同时，加强安全培训，做好应急演练，不断提高风险防控意识和突发事件应变处理能力。

二是输送"精神食粮"。近年来，中工国际党委为具备条件的海外党组织配备党建创新案例、"四史"相关学习读物、中国外交与国际关系等相关书籍及工作学习记录本，并把《党员应知应会》知识以电子文档的方式发给海外党员；同时鼓励海外机构以设立阅览室、文体活动区、建立文化墙等方式，打造宣传及文化"阵地"，帮助广大党员在工作之余积极学习、陶冶情操，争做优秀党员和业务先锋。

三是传递组织温暖。中工国际党委主要领导定期深入海外一线，在调研海外业务开展情况的同时，通过讲党课、座谈会、个别访谈等方式及时传授党建思想理论，增进对一线员工所思所想的了解，并积极解决调研及座谈中发现的共性问题。中工国际海外党组织负责人与党员群众广泛谈心谈话，了解思想动态，促进组织团结；定期举行丰富多彩的企业文化活动，多措并举打造"家文化"、传递"家温暖"，为稳定队伍、凝聚人心发挥了重要作用。

三、改革成效

中工国际海外党建工作的积极探索让海外党员和员工更加深切地感受到了组织的引领指导与关怀关爱。中工国际海外党组织及党建机制的进一步完善，让公司海外业务的工作成效更加显著。

在国机集团的领导下，中工国际作为具体实施单位，全力以赴做好中白工业园投资、建设、招商及运营等工作。历经10余年的深耕细作，中白工业园区从描绘在纸上的"蓝图"变成了延展的大道，从虚拟的沙盘变成拔地而起的建筑，园区开发建设取得了积极的成效，得到了中国和白俄罗斯两国领导人的充分肯定。5年来，在中白双方的不懈努力下，中白工业园正从建设期迈向高质量发展期。截至2020年6月底，入园企业总数达62家，协议投资总额近12亿美元，其中28家企业已动工建设，16家企业已投产运营。

中工国际斯里兰卡党支部在实际工作中不断探索，积极发挥战斗堡垒作用。斯里兰卡党支部坚信"危难当中彰显丹棱精神，危情时刻体现党员本色，团结坚守更见国机之魂"，克服重重困难，深入市场开发，在斯里兰卡累计签约金额超过10亿美元。中工国际斯里兰卡党支部在确保斯里兰卡延河农业灌溉项目顺利执行的同时，积极履行社会责任，为项目附近的学校捐赠教学物资，为医院加固修缮，为受自然灾害影响的斯里兰卡人民组织捐款，帮助当地百姓铺路架桥，旱季为当地百姓送水修井，让当地社区和居民深切感受到了中国企业的真情实意，共同成就了中斯不朽的友谊之花。

　　共建"一带一路",开创美好未来。中工国际党委将带领广大党员以不变的初心,汇聚成"一带一路"建设取之不竭的动力源泉,在严格遵守海外党建工作"五不公开"的基础上,持续提升海外党建水平,切实发挥党支部的战斗堡垒作用和党员的先锋模范作用,为海外业务发展提供坚强的政治保证;积极探索海外党建的新方法,全力完成国机集团党委各项工作任务,为践行国家"一带一路"倡议贡献更大的力量。

36

持续深化"三项制度" 改革整装进发

东方锅炉股份有限公司

一、基本情况

东方电气集团东方锅炉股份有限公司(以下简称"东方锅炉")是中国东方电气集团有限公司下属核心企业,是中国一流的火力发电设备、核电站设备、环保设备、电站辅机、化工容器、煤气化等设备的设计供货商和服务提供商。东方锅炉始建于1966年,经过50余年的发展,已形成了以四川省自贡市为注册地,辐射四川成都、德阳、浙江嘉兴、河南焦作,多产业、多地域分布的格局。作为国家高新技术企业,东方锅炉10余项技术获国家级科技进步奖(其中5项获一等奖),160项成果获省部级及行业科技进步奖,取得651项有效专利。截至2019年年底,东方锅炉资产总额为207.97亿元,净资产为66.6亿元,2019年实现营业收入80.11亿元,全员劳动生产率达48.71万元/人。

受宏观经济形势影响及快速发展中不断积累的新问题困扰,东方锅炉面临严峻的外部竞争环境和转型升级的迫切压力,亟须通过新一轮改革打破制约企业发展的沉疴顽疾,创新体制机制,全面激发活力。

在成为"双百行动"综合改革试点企业后,东方锅炉统一认识、解放思想,确立了"以'三项制度'改革为抓手,用3年时间打好深化改革重点领域'攻坚战',完成产业结构转型升级,构建起完善、高效、有序的现代企业制度,实现高质量发展"的改革目标。

二、主要做法

在公司党委的统一领导下,东方锅炉成立了"双百行动"改革领导小组,抓好改革顶层设计;进一步夯实了改革的群众基础,广泛动员员工,在全公司范围开展了"双百行动"改革建议征集和"我为改革献计策"专题活动;紧密围绕"五突破、一加强",按照问题导向,以解决历史遗留问题为着力点,助力企业生产运营"轻装前行";以"三项制度"改革为抓手,不断完善市场化经营机制,力促企业转型升级"整装进发"。

(一)以"壳企业"处置为主线,全面推进解决历史遗留问题,助力企业"轻装前行"

东方锅炉早在1999年就走上了"减员增效、下岗分流,主辅分离、辅业改制"的艰苦卓绝的改革之路,并实现了持续10余年的快速发展。在今天新一轮的深化改革大潮中,东方锅炉在辅业成功改制的基础上,按照国务院国资委对"僵尸"特困企业治理的总体部署,通过对原企业股份制改造后承接相关社会职能的特困企业——东方锅炉厂开展清算关闭工作,借力"双百行动"政策,全面、深入地推进和实现了历史遗留问题的突破。

一是全面完成"三供一业"分离移交。2016年7月16日,东方锅炉与自贡市燃气公司签署了《东方锅炉厂"三供一业"职工家属区供气分离移交框架协议》,"三供一业"分离移交工作全面启动。在后续近2年的时间里,东方锅炉先后与地方政府签订相关协议11份。2018年1月1日,东方锅炉"三供一业"分离移交各项工作全面完成。

二是全面完成东方锅炉厂清算注销。东方锅炉厂是东方锅炉股份有限公司的发起设立单位。2016年,东方锅炉厂被确定为特困企业。随即,东方锅炉成立专项处置领导小组和工作组,牵头推进所涉及资产、人员、债权的清理、处置,依法合规完成了清算注销的所有事项,并于2018年12月29日顺利完成注销登记。

三是持续解决周转房处置和退休人员移交社会化管理等历史遗留问题。东方锅炉厂清算注销后,东方锅炉加速推进解决379套周转房处置和退休人员移交社会化管理等历史遗留问题。在政府相关配套文件尚未出台的情况下,东方锅炉主动争取试点,积极与政府相关部门对接。经过不懈努力,东方锅炉于2019年11月与自贡市自流井区政府签署了资产、管理等相关移交协议,实现了退休人员社会化管理。东方锅炉也成为自贡市首家签订退休人员管理移交协议的企业。

(二)深化"三项制度"改革,创新市场化经营、用工和分配机制,力促企业转型升级

一是全面签订"两个合同",实施"全体起立、竞聘坐下"。东方锅炉在全体中层领导人员中推进劳动合同和岗位合同"两个合同"双约束管理,建立了以3年为一任期的任期制管理模式,明确岗位合同解除的"3+11"项条件。2020年6月,东方锅炉开展了自企业成立以来干部调整力度最大的一次改革,实施了"全体起立、竞聘坐下",变"要我干"为"我要干"。通过民意测评、面试考核及近3年年度综合考核结果等因素综合评判确定上岗人员,最终竞聘上岗85人、退出19人。同时,东方锅炉健全了领导人员退出机制,畅通考核退出、到龄退出、问责退出等通道,做实了"能上能下"。2019年以来,东方锅炉中层领导人员考核退出3人、降职1人,到龄和问责退出15人。东方锅炉同步在全体员工中推进并实现"两个合同"全覆盖,明确岗位任职条件,不符合条件的人员采用转岗、待岗培训、重新竞聘、解除或终止用工合同等方式,做实了"能进能出"。

二是多渠道开展中层领导人员选拔任用。东方锅炉加大优秀年轻中层领导人员选配力度，在2019年新提拔、重用、晋升及市场化选聘的30人中，"80后"有25人，占比为83.3%；拓宽选人用人渠道，修订《中层领导人员选拔任用管理办法》《中层领导岗位职务序列管理办法》等制度，2019年以来先后组织开展了所属子企业东方凯特瑞总经理和法律事务部部门副职的社会化招聘，以及营销、项目、技术中心、氢能事业部等12个部门14个中层助理岗位的内部公开竞聘（竞聘比例最高的岗位达23∶1），充分激发出干部队伍活力，目前正在开展新一轮6个中层领导岗位公开竞聘工作；在子公司东方凯特瑞和东锅城发实施经理层任期制和契约化管理，建立健全以"两书一法"（即聘用合同书、任期经营目标责任书、任期薪酬管理及考核办法）为核心的契约化管控体系，实现了经营业绩与任期、薪酬的挂钩落地。

三是多领域推进重点项目"摘标制""赛马制"。东方锅炉创新市场开拓机制，在电站服务事业部实施片区经理"摘标制"，将电站服务全国市场区域划分为5个标的，以团队的方式"摘标"并进行授牌签约；加速解决项目管理流程冗长、效率不高等难点、痛点问题，在项目部和环保新能源工程公司同步推进项目经理"赛马制"，将项目交货期、成本控制、产品质量、货款回收、现场安全等作为项目执行结果考评和激励指标；激发科研人员活力，在科研领域扩展推进课题"摘标制"，制定了《东方锅炉科研课题摘标管理办法》，明确了"摘标"课题的产生范围、竞标要求、"摘标"程序、成果应用与激励、退出等规定，第一批课题已经顺利完成"摘标"。

四是系统改革岗位、人才和薪酬体系。在岗位组织方面，东方锅炉全面评估、重新搭建了"三类岗位、五个梯度"的岗位结构和价值体系，岗位数量从95个精简为59个；在人才结构方面，东方锅炉全面动态开展新一轮"定编定员",形成了从三级主管到高级经理的五层"人才金字塔";在薪酬体系方面,东方锅炉明确"向价值创造和个人贡献付薪"的理念,开展市场化对标,构建起"营销和经营、业务、管理、生产"4个差异化的薪酬分配模块。自2020年1月起,东方锅炉"金字塔"上端的经理层级及以上人员薪酬水平较2019年同期整体增长超过20%,打破了"大锅饭"的分配方式,实现了收入"能增能减"。

五是持续推进中长期激励工作。东方锅炉参与了东方电气股份有限公司限制性股票激励计划,共计135名核心骨干人员获得限制性股票。目前,东方锅炉正在本级和下属控股子公司推进超额利润分享等中长期激励工作。

三、改革成效

一是实现企业发展"轻装上阵"。通过有效开展东方锅炉厂清算注销、"三供一业"分离移交、周转房等低效、无效资产妥善处置和退休人员社会化移交等一系列历史遗留问题处理工作,东方锅炉得以进一步精干主业,将优势资源集中配置到生产经营各环节,实现了"轻装上阵",稳步迈入高质量发展通道。

二是实现机制优化激活力。通过实施一系列选人用人改革举措,东方锅炉充分激发了中层领导人员和子公司经营层干事创业的动力,健全了以业绩衡量中层领导人员价值的评价体系,畅通了退出机制,凸显出"干与不干、干多干少、干好干坏"3个"不一样"。通过系统实施岗位价值评估和薪酬套岗定级,以及"摘标赛马"等配套措施,东方锅炉进一步完善了市场化用工分配机制,初步实现了"三成效",即强化目标导向有成效、突出正向激励有成效、多渠道建设员工职业发展通道有成效。

三是实现结构调整促转型。东方锅炉火电主业持续做优做精,环保、电站服务等新产业订单占比逐步增长。2019年,东方锅炉火电主业实现营业收入54.6亿元,环保、电站服务等新产业实现营业收入25.5亿元(占比达31.8%,较2018年同期增长17.4%)。2020年,东方锅炉上下一心,全力克服疫情影响,生产经营再创佳绩,2020年上半年实现营业收入43.6亿元、利润总额2.1亿元,分别完成全年目标的51.3%、70.3%;完成中标合同额70.9亿元、生效合同额63亿元,分别完成全年目标的67.5%、60%。

37

以改革创新集聚持续发展动力推动实现跨越式发展

成都积微物联集团股份有限公司

一、基本情况

成都积微物联集团股份有限公司（以下简称"积微物联"）成立于2013年7月，是鞍钢集团有限公司下属二级企业攀钢投资打造的大宗商品全产业链综合服务平台和高科技新兴企业。积微物联以平台经济、数字经济和共享经济为核心构建商业模式，以"达海"和"积微"双平台、双品牌为载体，以极致的OMO（行业平台型商业模式）聚合产业链各环节，以技术驱动构建形成独具特色的产业互联网平台和大宗物资产业链集成服务生态圈，为用户提供钢铁、钒钛、化工等大宗商品的智能仓储、高端加工、智慧物流、在线交易、供应链金融、平台技术输出等一站式服务和整体解决方案。2020年1—6月，积微物联实现营业收入76.31亿元、利润4 517万元。

成立以来，积微物联着力以"互联网+"改造传统产业，以市场化原则积极拓展业务，实现了快速发展。但按照现代物联行业高度市场化运行特点，对照成为"国内现代物联行业领军企业"的发展目标，积微物联持续发展动力不足，主要表现在股权结构单一、市场化经营机制有待完善、核心人才短缺、供应链上下游战略布局有待优化等方面。

积微物联聚焦持续发展动力不足问题,以"双百行动"为契机,通过推进实施混合所有制改革、开展落实董事会职权试点、健全完善强有力的激励约束机制等改革举措,构建起了符合现代物联企业发展规律和行业特点的新体制新机制,集聚创新发展持久动力,打造国内领先的线上线下一体化大宗商品全产业链综合服务平台,推动实现跨越式发展。

二、主要做法

(一)完善法人治理结构,落实董事会职权

积微物联从规范董事会建设入手,推动董事会职权的落实。

一是建立外部董事占多数的董事会结构制度安排,在 7 名董事会成员中,6 人为外部董事,充分发挥了外部董事"决策上的专家、沟通上的桥梁、经营上的老师"的功能作用。

二是完善公司章程、董事会议事规则等相关制度,清晰各治理主体权责界面及决策程序,严格按照公司章程和董事会议事规则行使职权,切实发挥了公司章程的"公司宪法"作用和董事会治理中枢作用。

三是按照"自主经营、自我发展"的原则,在中长期发展规划、投资经营、经理层选聘、业绩考核及薪酬分配、工资总额审批管理、劳动用工、机构设置等方面,加大对积微物联董事会的授权力度,进一步落实法人职权。

(二)完善市场化经营机制,激发活力动力

积微物联牢牢抓住"三项制度"改革这个"牛鼻子",按照"市场化选聘、契约化管理、差异化薪酬、市场化退出"的原则,建立实施了市场化的激励约束机制,充分激活"人"这一生产力最活跃的要素,全面激发了内生活力和动力。

一是推进市场化选聘。积微物联打破传统的国企用工机制，根据物流行业和电商技术的运行规律，建立了市场化的选聘人才机制。2018年，积微物联通过公开竞聘方式，市场化选聘电商公司总经理、战略总监、技术总监等核心岗位人员15人。2019年，积微物联市场化引进中高端人才4人。

二是实行轮值CEO（首席执行官）制度。2019年以来，积微物联经营班子成员以半年为周期轮流担任公司CEO，负责公司日常运营管理，激发了管理层的活力，增强了工作责任心，全面提升了经营班子全局思考意识、整体组织能力、综合管理能力。

三是实施契约化管理。积微物联以"分级授权、有效评估"为原则，实行项目经理制和业务总监负责制，每年年初与总监和子公司负责人签订经营目标责任书，员工与上级签订年度绩效责任书，实行契约化管理，年初定指标、年终考核并严格兑现。

四是实施差异化薪酬。积微物联推进了薪酬制度改革，建立了宽带薪酬体系，针对不同类别人员实施不同的薪酬政策，一切用业绩说话。经营层严格按契约化经营指标兑现，对市场化引进的物流、软件技术等高端人才实施市场化协议薪酬，现场作业人员实行计件工资，营销人员按销售量提成，充分体现了岗位价值和贡献。

五是强制末位淘汰。积微物联建立了管理人员"升平降淘"管理制度，严格评价考核管理，实行"271"管理，后10%的人员强制末位淘汰。2019年，在业务规模和利润增长前提下，积微物联员工人数减少30人。2019年，积微物联共调整31名中层干部，其中提拔6人、降级3人，实现了管理人员"能上能下"、员工"能进能出"。

六是探索建立职业经理人制度。积微物联初步建立了职业经理人计划方案，对职业经理人的薪酬体系、考核机制、监管约束机制、责任追究等方面做出了详细规定，明确了现有经理层与职业经理人的身份转换路径，为下一步全面开展职业经理人选聘工作奠定了基础。

（三）推进混合所有制改革，加快产业布局发展

积微物联按照"完善治理、强化激励、突出主业、提高效率"的国企改革总要求，以混合所有制改革为抓手，加快产业布局发展。

一是引入优质资源，新设混合所有制公司。积微物联自觉融入"中国制造2025"行动，用创新驱动发展，与北京工业大数据创新中心、清华四川能源互联网研究院共同设立了四川昆仑智汇数据科技有限公司，将KMX系列产品引进西南地区，推进能源、钢铁、机械制造等领域的大数据应用研究，建立了省级工业大数据创新中心，放大了国有资本功能。

二是推进积微物联公司层面"混改"。积微物联坚持把"战略协同、优势互补"作为选择战略投资者的核心原则，从完善产业布局、创新商业模式、拓宽市场渠道、提升核心技术能力等方面综合考虑，先后与物流、钢铁、互联网、金融等领域的21家意向投资者进行多轮协商谈判，选择最适合的战略投资者，积极推进积微物联公司层面"混改"工作。

（四）全面加强党的领导和党的建设

积微物联坚持两个"一以贯之"，把加强党的建设与改革工作同步谋划，发挥党组织的"把方向、管大局、保落实"作用。

一是以政治建设为统领，摆正"位子"，主动扛起责任担当。积微物联在推进实施混合所有制改革、完善市场化经营机制等工作中，教育、引导党员干部加强党性锻炼，树牢"四个意识"、坚定"四个自信"、做到"两个维护"，确保改革方向正确。

二是以"党管干部""党管人才"为着力点，激发"活力"，打造强有力的干部人才队伍。积微物联坚持把政治标准放在首位，按照好干部标准和国有企业领导人员"20字"要求，在推进经营层任期制和契约化管

理、开展市场化选聘等工作中,强化党组织"管原则、管标准、管程序、管纪律"作用发挥,真正使想干事的人有机会、能干事的人有平台、干成事的人有地位。

三是以提升组织覆盖力为引领,打牢"底子",推动基层组织建设全面升级。按照支部标准化、规范化建设要求,积微物联采取"一支部一清单"的方式,通过严格执行"三会一课"、组织生活会、谈心谈话、民主评议党员等制度,全面推进了党支部标准化建设晋位升级。

三、改革成效

(一)经营指标呈指数级增长

2019年,积微物联实现营业收入158.46亿元,较成立之初增加约176倍,净利润增加约97倍,经营业绩呈指数级增长。其中,外部业务收入增长率达到87%,第三方社会平台地位初步确立。积微物联总资产从0.25亿元增加到27.44亿元,增加约109倍;2019年净资产收益率为27.71%,较成立之初增加约28倍,使国有资产实现了保值增值。

(二)业务能力得到迅速提升

积微物联采取自建运营、合作运营、代运营等多种经营方式,加速推进"达海模式"在西南地区的复制推广和对外扩张。2019年,达海物流园实现仓储吞吐量1 611.6万吨,增加约12倍,加工量增加约7倍;无车承运人平台实现运量2 330万吨,增加约252倍;建立了稳定的循环物资线下供应基地服务用户,积微循环平台交易额达15.1亿元,增加约11倍;供应链业务收入为129.6亿元,增加约10倍。

积微物联坚持智能化运营和数字化创新,研发并搭建了基于微服务的积微架构中台,以产业互联网为目标,开展业务中台、数据中台建设。2019年,总客户数量为86 664家,平台实现总成交额(GMV)1 043亿元、交易量 8 356 万吨。

（三）行业影响力不断扩大

积微物联得到了国家有关部门和行业的高度认可，先后获得商务部首批线上线下数字融合发展数字商务企业、国家发展改革委共享经济典型平台、工业和信息化部制造业与互联网融合发展试点示范项目、工业和信息化部新型信息消费示范项目、工业和信息化部制造业"双创"平台试点示范项目、工业和信息化部服务型制造示范平台、工业和信息化部大数据产业发展试点示范项目、交通运输部首批无车承运试点企业、2019 年软件和信息技术服务综合竞争力百强企业、中国产业互联网百强企业、中国 B2B 百强企业、中国 B2B 独角兽企业等超百项荣誉。

38

多点突破　功勋企业焕发活力

西南铝业（集团）有限责任公司

一、基本情况

西南铝业（集团）有限责任公司（以下简称"西南铝"）是国家为生产航空航天、国防军工所需大规格、新品种、高质量铝合金材料而建设的大型"三线"军工配套企业。多年来，西南铝不断突破关键技术、打破国外垄断，成功研发了"长征"系列火箭、"神舟"系列飞船、"嫦娥"系列卫星、军民用飞机、舰船等关键配套材料，多次获得国家突出贡献奖；在国内率先开发出以易拉罐用铝板材、地铁车辆用铝型材、航空用预拉伸板、印刷用铝版基等为代表的大量高品质新型铝合金材料；成为国家航空航天国防军工材料研发保障、高精尖铝材研发生产和出口的核心基地。然而，作为老"三线"国有企业，西南铝历史包袱沉重、思想观念落后、体制机制僵化、经营管理粗放等问题突出，成为制约其高质量发展的巨大障碍。

自入选"双百企业"名单以来，西南铝坚持"问题导向、补齐短板、创新机制、综合施策"的原则，全面深化改革，实现了优化股权结构、剥离企业办社会职能、完善市场化经营机制、健全激励机制、加强党的建设等多项突破，为企业再造竞争优势、实现跨越发展奠定了坚实的基础。

二、主要做法

（一）优化股权结构，助力中铝高端制造

西南铝是"债转股"企业，实际控制人与大股东不一致，长期以来，重大决策难以协调。为此，实际控制人中铝集团斥资13亿元，通过"减资回购+同步增资"的方式实施优化调整，为打造中铝高端制造公司铺平了道路。一是达成共识。与资产管理公司就股权处置方案进行深入沟通、协商，达成股权退出协议。二是减资回购。以现金方式回购大股东及其他小股东持有的全部股权，使西南铝成为中铝集团全资子公司。三是同步增资。中铝集团对西南铝增资，确保企业财务资产和正常生产经营不受影响。四是引入"战投"。以西南铝推进"双百行动"、打造中国"航材重镇"为契机，中铝集团与重庆市政府加强战略合作，共同出资建设具有全球竞争力的中铝高端制造公司，注册资本为150亿元，两者股权比例分别为65%和35%，中国铝业集团有限公司（以下简称"中铝集团"）将以西南铝为核心的铝加工资产注入该公司。2019年10月19日，新公司挂牌成立，标志着集研发、应用、制造和营销为一体的铝基新材料高端制造产业平台正式起航。

（二）剥离企业办社会职能，聚焦主业，"轻装上阵"

一是强力推进"三供一业"移交。西南铝重点针对"农转非"人员长期低价使用生活用能（水、电、天然气价格分别仅为0.18元/吨、0.21元/度、0.19元/立方米）、普遍不接受生活用能市场化改革的主要矛盾，采取有力措施强力推进：争取地方政府支持——成立联合工作组，保障了"三供一业"改造施工顺利实施；建立包保责任制——政策宣讲和矛盾化解入户，做通每一位"农转非"人员思想工作；实行一次性补贴——尊重历史、照顾困难群体，精准施策，制定适度合理的生活用能市场化改革补贴

方案，有效化解了 2 500 多名"农转非"人员的抵触情绪，完成全部 1.1 万户用户和管理职能移交工作。企业每年减少支出 1 400 多万元，彻底解决了沉积几十年的"农转非"遗留问题。

二是医院改制强强联合，实现专业化发展。西南铝以"建立一个好的机制、提升职工医院医疗服务水平"为目标，选择有较强资金实力和丰富医疗资源的国药医疗作为合作伙伴，实施医院改制重组，为职工医院引入了资金、资源，激活了体制机制。职工医院硬件设施逐步改善，医疗服务水平不断提升，在顺利通过"二甲"复审基础上，进一步明确了打造"三甲"医院的发展目标。在医院改制基础上，西南铝同步改革补充医疗保险制度，遏制过度医疗，由"大水漫灌"改为"精准帮扶"，在大幅提高大病、特病补充医保报销额度的同时，每年节约补充医保费用约 1 000 万元。

三是幼教移交专业机构，财政投入助推发展。西南铝采取幼教业务、资产、人员整体移交地方国有专业教育机构的模式，保障了幼教人员国有企业员工身份不变，消除了幼教人员的后顾之忧，确保了幼教职能的顺利移交。移交地方后，幼儿园获得财政投入 200 多万元，对基础设施进行了改造，面貌焕然一新。同时，教职工队伍稳定，教学质量进一步提升。

（三）分类施策，完善市场化经营机制

一是在子公司大胆探索职业经理人制度。西南铝在试点子公司以破除干部身份禁锢、薪酬与市场接轨、拉大同级收入差距为突破口，打造"五位一体"的激励机制，将党建、经营业绩、员工利益、安全、环保 5 个方面的关键指标与职业经理人任期目标挂钩，在 2018 年亏损 363 万元的基础上，明确了之后 3 年打造千万元级利润中心目标并写入任期合同，全面激活发展动力和活力。

二是在民品事业部实施经理层任期制和契约化管理。西南铝实行总经理选聘制度，对生产经营全面授权，明确了 3 年减亏 1 亿元、实现扭亏为

盈的目标；经理层其他成员与总经理签订聘用合同，确定年度和任期目标、薪酬激励标准、解聘指标，构建了"强激励、硬约束"的管理机制。

三是在非法人生产单位推行目标责任考核与任期制。西南铝从干部任用、授权放权、激励机制、指标设定4个主要维度构建目标责任考核与任期制管理体系，明晰责、权、利，固化考核目标，确保激励约束动真碰硬，打通干部"能上能下"通道。

（四）构建"二三三"激励体系，健全激励约束机制

一是做实"两个合同"，即做实劳动合同和绩效合同。西南铝以劳动合同定岗，以绩效合同定薪，建立全员绩效考核体系，做实个体评价。

二是坚持"三个倾斜"，即薪酬分配向技术人才、技能人员、营销人员倾斜。西南铝对技术人才实施与科技创新项目奖励挂钩的差异化薪酬，成果奖励同比提高14%，调动科技人员积极性；对技能人员实施"以能力、岗位、绩效定薪"的差异化薪酬，一线同岗位员工收入差距提高到15%，充分体现"干多干少有区别、干好干坏不一样"；对营销人员实施"佣金制"，薪酬标准为普通员工的2.5倍，充分发挥营销龙头作用。

三是畅通"三支通道"，即管理、技术、技能通道。西南铝构建了横向交流与纵向晋升畅通的员工职业生涯通道体系，形成了以人为本、人尽其才的良好局面。

（五）党建与业务工作深度融合，全面加强党的领导和党的建设

西南铝科学总结、提炼出了"1234N"党建工作体系：把握1条主线，即党建与业务工作深度融合，以高质量党建引领高质量发展；确立2个目标，即2021年争创央企先进基层党组织、2025年争创全国先进基层党组织；构建3个平台，即构建党建责任体系、党建考核评价体系、党建信息化体系；强化4项职能，即方向引领、动力支持、氛围营造、稳定保障；打造N个品牌，即"学习型党组织"建设，"活力党支部"建设，党建结对共建活动,"三支队伍、四条通道"建设,"全员创优、党员争先"活动。西南铝充分发挥党委在企业改革、发展、转型过程中"把方向、管大局、保落实"的作用;以学习型党组织建设引领学习型企业建设,构建公司两级党委责任体系,开展标准化党支部建设和活力党支部创建,优化直属党组织和基层党支部"双百分"考核,健全创先争优长效机制,把深入推进党员"双提升"活动、开展"全员创优、党员争先"与员工绩效考核有机融合;全覆盖开展"党组织带党员创效、党员带群众创新"活动,激发广大党员群众干事创业、创先争优的热情,在破解生产经营难题、完成急难险重任务、落实改革发展目标中做表率、当先锋,把党的政治优势转化为推动企业做强做优做大的竞争优势,进一步推动了企业改革发展,连续3年在中铝集团党建"双百分"考核中名列前茅。西南铝党建与业务工作深度融合的经验、做法得到上级组织的充分肯定。2020年1月15日,中央电视台《焦点访谈》栏目对此进行了专题报道。

三、改革成效

一是逐步消除了制约企业高质量发展的体制机制障碍,企业内生动力和活力不断增强,运营效率和质量有效提升,改革红利不断释放。西南铝利润总额持续增长,2019年同比增长110%,2020年上半年同比增长150%。

二是创新能力持续增强,军工保障更加有力。2019年,西南铝获得省部级科学技术进步奖10项,获得专利授权72项,主导或参与发布国家标准6项,成功开发新产品15项;军品产量同比增长15%,实现了国家所需关键铝材品种全覆盖、供给全保障;荣获"国家探月工程嫦娥四号任务突出贡献单位""中航工业银牌供应商""中国兵器工业集团优秀供应商"称号。

三是通过转机建制,实现机构精简、人员精干,干部年龄结构优化,思想观念发生巨大转变。2018年年初至2020年7月25日,西南铝二级机构由42个减为26个,减幅为38%;中层管理人员由106人减为82人,减幅为23%;"60后""70后""80后"干部比例分别由59%、35%、7%优化为39%、45%、16%。干部员工的精神状态、作风行为得到较大提升,干事创业的氛围更加浓厚。

四是剥离国有企业办社会职能,历史遗留问题逐步解决,大大减轻了负担。西南铝每年减少相关费用支出约4 000万元,为聚焦主业、加快发展创造了有利条件。

五是通过开展"一提二创三帮四贺五问六访七谈"的"润心工程",西南铝提高了中夜班津贴和班组长津贴,增加了传统节日实物福利,收入实现"三连增",增幅达30%,员工幸福感、获得感、安全感持续提升。

39

激发企业活力　实现逆势提升

宁波中远海运物流有限公司

一、基本情况

宁波中远海运物流有限公司（以下简称"宁波中远海运物流"）隶属于中国远洋海运集团有限公司（以下简称"中远海运集团"），主要经营港口物流、进出口全程供应链、冷链物流等业务。宁波中远海运物流致力于成为聚焦浙江省及周边地区并覆盖全国的领先现代化全供应链综合物流解决方案提供商。以"双百行动"为契机，宁波中远海运物流深入推进混合所有制改革、核心骨干员工持股及"三项制度"改革，市场微观主体活力得到有效激发，内生发展动能进一步释放。

2020年4月，宁波中远海运物流完成"混改"工作，成为国有企业控股、民营企业和员工持股相结合的混合所有制企业。2020年上半年，宁波中远海运物流克服疫情对物流行业的冲击和影响，经营利润同比逆势上升15.8%，抗压能力及市场竞争能力明显增强，"双百行动"改革已初见成效。今后，宁波中远海运物流将加快推进战略及业务发展目标的有效落地，不断延伸业务价值链，实现品牌价值、股东回报的稳健增长。

二、主要做法

（一）开展混合所有制改革，企业管控机制取得新突破

一是完善现代企业制度，明确权责关系。"混改"后，宁波中远海运物流持有70%的股权，战略投资者和员工持股平台各持有15%的股权。宁波中远海运物流与战略投资者进行充分沟通，按照《公司法》和公司章程的规定，明确了股东大会、董事会、监事会、党委会和经理层的职责和权限，建立了"四会一层"的现代法人治理体系，为实现"真混真改"和市场化运营奠定了制度基础。

二是优化组织运营架构，提升运营效率。在新的法人治理体系下，宁波中远海运物流推进组织架构调整，成立了单证数据共享中心、营运中心、财商共享中心、综合事务中心4大共享中心。通过共享中心的协同共享机制，宁波中远海运物流为各业务单元赋能，提供从战略制定、资源配置到业务、管理和后勤保障的集约化一站式服务，"长板效应"得到有效发挥。宁波中远海运物流实现管控模式从"金字塔式"向"矩阵式"的扁平化、集约化方向转变，避免了各下属法人公司重复设立管理机构，节约了人员投入，提升了效率，降低了成本。

三是明确授权清单，保障经理层经营自主权。中远海运集团根据"双百行动"政策精神，直接对宁波中远海运物流下达了授权清单，在人事管理、投融资、资产处置等方面给予了该公司更大的权限。宁波中远海运物流总经理充分行使对公司副总经理的提名权和否决权，组建了"混改"后的公司经营管理班子，企业凝聚力和行动力显著提升。

（二）实施核心骨干员工持股，企业与职工利益紧密捆绑

一是核心骨干员工持股，树立正确的价值导向。按照与战略投资者同股同价同权的原则，宁波中远海运物流员工持股平台持有公司15%的股

份，其中预留5%用于人才引进、岗位晋升、绩优奖励等股份授予。宁波中远海运物流首期10%的股份由160名经营管理人员和核心骨干员工持有，占公司总人数的20%左右，不搞人人持股，避免了走新形势下"大锅饭"的老套路；将持股条件与员工对企业的贡献挂钩，进一步营造了拼搏向上、乐于奉献的企业氛围。

二是坚持岗变股变，建立股份动态调整机制。宁波中远海运物流职工职务晋升增加持股份额，职务降低相应减少持股份额，对于引进的急需的紧缺人才则给予相应的持股资格。通过动态调整员工所持股份，宁波中远海运物流避免了"躺在股份上睡大觉"情况的发生，进一步激发了持股职工的工作积极性。

三是强化利益绑定，同舟共济理念深入人心。通过员工利益与企业利益紧密绑定，宁波中远海运物流员工积极维护企业利益、主动严控经营成本的意识明显增强。2020年上半年，宁波中远海运物流营业总成本同比下降5%。

（三）深化"三项制度"改革，企业内生动力快速迸发

一是推进职业经理人体系建设。宁波中远海运物流建立了分级管理、覆盖广泛的职业经理人体系。职业经理人除包含领导班子外，范围还扩大至各所属公司总经理助理以上人员（不含党务干部）和大项目负责人，并可根据实际继续扩大到所属公司业务部门中层以上人员。宁波中远海运物流对所有职业经理人均按照"市场化选聘、契约化管理、差异化薪酬、制度化退出"的原则予以管理，对业绩不达标的职业经理人将按照合同约定予以退股、退职、退企。

二是建立清晰的岗位职责体系。宁波中远海运物流按照"横向到边、纵向到底"的原则，对职业经理人、一般员工均设置了明确的工作目标和任务，形成了一级考核一级、层层压实责任的良好局面。同时，宁波中远

海运物流建立了标准化的岗位数据库,公司及所属单位统一岗位名称、统一岗位要求、统一岗位薪酬,有利于职工在公司内部的有序流动。

三是合理设置市场化的薪酬体系。宁波中远海运物流将总体薪酬对标市场水平的50分位,努力达到60分位。同时,宁波中远海运物流建立了董事会特别奖励、超额利润提成、新项目利润提成等激励措施,将个人薪酬与个人贡献、个人绩效紧密挂钩,打破了副职按正职一定比例定薪的惯例,充分体现了"多劳多得、少劳少得、不劳不得"的分配原则。

四是严格核定岗位编制。本项工作与优化公司组织架构同步推进。宁波中远海运物流充分听取各方股东意见,从提升决策运营效率出发,将公司领导班子由10人压减到7人,实现了干部"能上能下";职工总人数减少33人(约占总人数的4%),冗员等历史问题得到有效解决,企业发展新旧动能转换顺利。

三、改革成效

(一)经营管理方式完成了向"效益、效率、效能"的彻底转变,同时带来工作作风的深刻转变

改革后,宁波中远海运物流以效益和综合发展成果来衡量各项工作绩效及检验党建和管理工作成效,人人都在紧盯"效益、效率、效能",使形式主义和官僚主义作风得到比较彻底的解决,从而促成了各级经营管理人员工作作风的深刻转变,形成了良性运转的可喜局面:工作作风务实高效,组织机构精干高效,生产经营集约高效。

(二)改革彻底破除了旧的观念和狭隘的格局,干部职工的观念有了根本性的转变,员工队伍的精神面貌焕然一新

随着新体制的形成和市场化机制的有效建立和运行,宁波中远海运物流干部职工在观念上实现了重大突破,注意力不再聚焦"行政级别",而

是越来越聚焦于"价值（贡献）"：员工能给客户创造什么价值，管理人员能给客户和员工带来什么价值，全员能给企业带来什么价值。这也从一个独特的视角验证了员工管理由过去的"身份管理"向"岗位管理"转变所产生的综合效应。与此同时，宁波中远海运物流内部晋升制度和薪酬激励制度彻底破除了"论资排辈"的现象，而是以目标为导向，以能力、素质、绩效为依据，由过去的"印象考核"向"数字考核"转变，真正实现了"能者上、平者让、庸者下"的竞争格局。在党的坚强有力领导和法人治理结构健全完善下的各级经营管理人员和广大员工，牢固树立"以客户为中心"的理念，更加聚精会神地抓经营、抓管理、促效益、促发展，大力弘扬"以奋斗者为本"的文化，形成了良好的改革发展新局面。

（三）改革开创了一种新局面，有效激发了全员干事创业的内生动力和企业转型发展的生机活力，公司的向心力、凝聚力和战斗力有了根本性的提升

改革后，宁波中远海运物流公司治理更加规范有效，营造了良好的人文环境；党政纪工团齐抓共管，齐心协力抓生产经营、强化党建、优化管理，形成了强劲的工作合力。宁波中远海运物流发展成为广大员工的价值所在、心之所系，员工把个人的利益和企业的发展紧密挂钩，与企业建立了"命运共同体""利益共同体"，真正形成了风险共担、利益共享的机制；各层级员工自觉学习，不断提升素质能力，自觉改革创新，围绕"客户价值最大化、企业价值最优化"的目标，全力以赴，积极为企业改革和发展贡献自己的力量。

40

做好有企业家精神的"当家人"

东方航空物流股份有限公司

一、基本情况

东方航空物流股份有限公司(以下简称"东航物流")是中国东方航空集团有限公司(以下简称"东航集团")所属三级子公司,是国家首批、民航业首家混合所有制改革试点企业,也是国企改革"双百企业"之一。2017年以来,东航物流紧紧抓住入选重要领域混合所有制改革试点单位和国企改革"双百企业"名单的契机,在"引资本"的同时加快"转机制",走出了一条国有相对控股混合所有制企业的改革创新之路。

东航物流下设2家合资子公司、3家全资实体子公司,现有在册员工6700多人,拥有125万平方米的国内枢纽机场货站、9架全货机、700余架客机腹仓资源,是国内领先的综合性航空物流企业,也是世界上唯一一家既被航空公司拥有(实际控制人为东航集团),又拥有航空公司(中货航)的物流公司。2019年,东航物流实现营业收入112.73亿元、利润总额10.53亿元;截至2019年年底,总资产为64.02亿元,净资产为34.73亿元;2016—2019年,营业收入年均复合增长率为24.53%,利润总额年均复合增长率为22.92%,资产负债率由2016年的85.88%下降至2019年的45.75%。

二、主要做法

（一）"三步走"推进"混改"，拓宽发展空间

一是股权转让。东航集团从拓宽东航物流"混改"后资本运作空间的角度出发，专门成立了产业投资公司——东航产投，以非公开协议转让方式受让东航股份持有的东航物流100%的股权，实现从上市公司的剥离。

二是增资扩股。东航物流从企业美誉度、公司治理与价值观一致性、业务战略协同3个维度明确了战略投资者的选择标准，通过产权交易所成功引入社会资本投资方并同步实施核心员工持股。"混改"后，东航物流股权结构调整为：东航集团控股45%、联想控股25%、普洛斯控股10%、德邦快递控股5%、绿地金控控股5%、核心员工持股10%。

三是改制上市。"混改"后，东航物流加速推进上市进程，已于2019年6月完成上市申报，预计将于2020年在上海证券交易所上市。

（二）核心员工与企业深度捆绑，成为"当家人"

一是管理层刚性捆绑。东航物流按照战略投资者的要求，针对管理层确定了"刚性"持股标准，由管理层自愿通过房屋抵押、连带责任担保等方式"倾囊入股"，实现"全心当家"。

二是定价公允透明。东航物流坚持同股同价的原则，核心员工通过产权交易所以增资入股的方式实现持股，投前估值较净资产评估值溢价27.4%，实际入股价格较净资产评估值溢价58.3%。

三是持股规范有序。东航物流在员工持股方案中制定了详细的股权分配、流转和退出条款，2017年年底完成157名核心员工持股工作，并预留了部分股权用于公司未来人才引进及晋升。

(三)优化治理结构,实现有效制衡

一是建设规范董事会。"混改"后,东航物流董事会由9人组成,其中东航集团占5席,联想控股占2席,普洛斯占1席,核心员工持股平台占1席。根据上市公司治理要求,东航物流进一步建立了独立董事制度,东航集团让渡1个董事席位,新的董事会由12人组成,其中独立董事4名。

二是充分发挥非国有股东作用。在股东大会层面,东航集团作为第一大股东对于企业重大事项决策拥有"一票否决权",同时也保留了股权比例共计1/3以上的非国有股东的否决权。在董事会层面,东航集团在多数事项上拥有控制权,但对于投资人最为关注的管理层人员选聘、员工持股计划的重大变化、关联交易、对外借款和重大投资项目等事项,东航集团拥有主要建议权,董事比例共计1/3的非国有股东拥有否决权,实现了有效制衡。

三是合理授权放权。在重大合同管理方面,东航物流董事会决策范围内不再履行东航集团复审流程。在对外投资管理方面,根据主业和年度预算两项标准,年度预算内的投资项目直接按照相关章程中的决策流程进行投资项目决策;年度预算外的对外投资项目根据主业与非主业进行区分,主业相关投资仅履行向东航集团报备程序。

(四)深化"三项制度"改革,激发活力动力

一是健全市场化激励机制,实现收入"能增能减"。东航物流通过市场化对标,不断优化薪酬结构,进一步构建了"一人一薪、易岗易薪"的市场化薪酬体系,强化绩效考核与薪酬分配联动,拉开了部门之间、员工之间的浮动薪酬差距,2018年营销岗位业绩最优者的浮动薪酬是最差者的3倍;在人工成本总额范围内,给予业务单位薪酬分配自主权,在部分岗位试行"上不封顶、下不保底"的浮动薪酬考核机制。

二是构建多通道职业发展体系,实现管理人员"能上能下"。东航物流构建了管理类、专业类、营销类、操作类 4 大岗位类别,在非管理类岗位建立"初级、中级、高级、资深、专家"职衔体系,形成了员工多通道职业发展路径;优化管理人员选聘权限,在党管干部原则下,引入"上级提名、隔级决策"机制,倡导"一级对一级负责"和"管事与管人相结合",增强人岗匹配度;推行"契约化"管理,通过签订岗位聘用协议明确权责,通过签订绩效合约明确任务目标,根据"契约"完成情况决定管理人员是"上"还是"下"。自"混改"以来,东航物流共有 9 名中层管理人员因业绩与能力考评不合格而被调岗或免职,同时按照规定退出核心员工持股计划。

三是建立市场化的劳动用工制度,实现员工"能进能出"。东航物流全体员工(包括经理层)与公司签订了完全市场化的劳动合同和岗位聘用协议,明确约定工作职责和绩效要求,彻底告别传统的"东航身份",同时 687 名不愿转换身份的员工得到合理安置;强化了业务单位经营主导权,推行"增人不增薪、减人不减薪",提升业务单位盘活人力资源存量的内生动力;构建了内部人才市场,打破了"行政调配"模式,通过合同契约实现员工"进出"。自"混改"以来,东航物流通过业绩考核排名、劳动合同期满考核等方式,对能力不匹配、业绩不佳的人员进行清退,离职人员 2017 年占比为 5%,2018 年占比为 7%。

三、改革成效

东航物流以深化混合所有制改革为突破口,在"引资本"的同时加快"转机制",尤其是近 2 年加大力度深化"三项制度"改革,不仅放大了国有资本的带动力和影响力,有效带动了 22.55 亿元的非国有资本投入,而且提升了企业经营发展效益与质量,收入、利润逐年大幅增长,资产负债率明显优于世界一流航空物流企业75%的平均水平，同时也促进了商业模式创新和货运资源整合，带动了航空物流产业转型发展。

在履行社会责任和服务国家战略方面，东航物流积极承担了加勒比海救灾物资承运、老挝溃坝灾区紧急支援任务等多项国家重大专项任务，展现了东航物流履行社会责任、高效执行灾害救援的企业形象，实现了经济效益、社会效益与安全效益的有机统一。在2020年疫情应对中，东航物流充分利用"混改"后主业运营效率和一站式物流解决方案服务能力上的提升为国家疫情防控物资运输保障提供了强有力的支持。截至2020年5月5日，东航物流陆续组织航空物流运力，运用现有全货机运力和"客改货"运力相结合的方式，与超过15个国家（地区）开展防疫物资的跨境运输，共运输防疫物资累计达到9 280吨，约占中国抗疫防疫物资航空运输量的1/3。东航物流各地货站开通绿色通道，快速装卸、分解、分拨防疫物资共计25 945吨。同时，东航物流联合国家联防联控协调中心专门制定了《防疫物资进口运输保障方案》，对于国家联防联控协调中心下发的重要防疫物资运输任务，减免全部的航空运输费用。在全力保障中国对外供应链顺畅方面，东航物流推动客货联动、空地联运等创新方式，加强运力投放，依托"混改"后客机腹舱运力资源的专业化运营体系，快速适应市场需求变化，实现运力保障。

41

多措并举　强化激励
加快建设科技创新型精细化工企业

中化国际（控股）股份有限公司

一、基本情况

中化国际（控股）股份有限公司（以下简称"中化国际"）成立于1998年，是中国中化集团有限公司的控股上市公司，主营业务涵盖化工新材料及中间体、农用化学品、聚合物添加剂等多个领域，已成为一家以精细化工为主业的大型国际化经营公司，客户遍及全球100多个国家和地区。中化国际以"双百行动"为契机，紧密围绕"五突破、一加强"的改革目标，将改革与战略转型、创新发展、管理重点工作紧密结合，着力健全激励约束机制，逐步形成了涵盖"现金＋股权""短期＋中长期""从孵化到产业化全周期"的多维度激励体系，全面转型为由科技驱动的创新型精细化工公司。2019年，中化国际实现归属于上市公司股东的扣除非经常性损益的净利润3.25亿元，相比2018年增长365%，业绩大幅提升。

二、主要做法

（一）对核心骨干员工实施中长期激励，强化个人与公司利益的绑定机制

一是面向公司高管和关键岗位员工实施股票增持计划。为有效引导高

管和核心关键岗位员工更加关注公司的经营业绩及市值表现，中化国际实施了股票增持计划。2018年，共72人自愿通过二级市场集中竞价方式增持中化国际342万股股票，其中高管人均增持14.18万股，人均增持金额达100万元。

二是面向核心骨干员工实施限制性股票激励计划。2019年，中化国际首次推出了限制性股票激励计划，激励对象包括8名高管、249名关键岗位及其他核心骨干员工，约占公司总人数的1%；共授予5 324万股限制性股票，约占公司总股本的2%，并选取净资产现金回报率（EOE）、利润总额增长率、经济附加值（EVA）作为业绩考核指标。

三是面向关键岗位员工实施超额利润分享奖励。当达到高预算、高收益和高质量的门槛条件并实现超额业绩目标后，中化国际按照"公司拿大头、团队拿小头"的总体原则，提取超额利润的5%～15%对关键岗位员工进行奖励。2017—2018年，中化国际共核定127人次获授3 897万元超额利润奖金，按照规则递延支付。

（二）区别不同类型的科研创新项目，实施相应的激励措施，促进项目攻关和成果转化

一是建立科技创新全过程奖励机制。中化国际建立了贯穿创意筛选、立项、小试、中试、工程化、产业化全过程的科技创新奖励机制，做出创新贡献的员工可以在不同阶段获得不同额度的奖励。通过小试、中试闸门的项目，项目团队可获得最高50万元奖励；成功实施产业化的项目，完成人员可连续5年获得产业化成果的收益分成。2017—2019年，中化国际共核定包含闸门激励、专利创新、成果转化、科技服务、资源获取等在内的科技奖励共计2 925万元，有效提升了科技工作人员的科研热情。

二是针对"三类"创新项目实施风险抵押金。中化国际鼓励对投资大、挑战性高、存在一定风险的项目科研人员通过奖金递延或现金出资等

形式缴纳风险抵押金；当项目失败时，以风险抵押金为限承担风险；当项目成功时，可获得最高不超过风险抵押金 3 倍的奖励，激励项目团队全力攻克难关。通过实施风险抵押金机制，中化国际芳纶中试项目团队克服困难，成功达到预期目标，为 5 000 吨芳纶中试项目实施工艺优化、市场对接等奠定了坚实的基础。

三是针对高技术壁垒的技术创新项目实施技术入股。中化国际打破传统技术买断和授权的合作思路，吸引外部团队以技术入股参与项目，既减少了初期资本支出，又促进了技术团队与项目目标长期统一。目前，中化国际已通过技术入股形式引入多项国内外先进技术，包括专利 14 项、专有技术 46 项，快速切入膜材料、高性能芳纶纤维、锂电池正极材料等市场，为未来发展提供了新的业绩增长点。

四是面向国有科技型企业实施项目分红和岗位分红。中化国际组织中化农药化工研发有限公司的 9625、9080（均为农药化合物的编号）等项目申报项目分红，江苏扬农化工集团有限公司申报岗位分红，激励金额共计 2 862 万元，在科技项目形成收益的 3～5 年内，项目团队可以每年获得约定比例的项目净收益。

（三）设立创新基金和孵化平台，充分调动员工创新创业热情

一是设立创新激励基金。2018—2020 年，中化国际安排 2 亿元工资总额用于奖励科技创新、商业模式创新、产品及组合创新、成果产业化等项目，牵引创新目标达成。2018 年，中化国际已兑现 10 个科技创新和成果产业化项目，奖金共计 1 792 万元；2019 年，中化国际已核定 11 个科技创新和成果产业化项目，奖金共计 1 664 万元，有力地激发了项目团队攻坚克难的决心和动力。

二是设置新业务孵化与培育平台。中化国际搭建了创新工坊和瞻元股权投资基金，在新材料、新能源、生物产业等战略领域，推动从"创意"

到"初步商业化"阶段的项目孵化,鼓励内部技术人员持股,调动了员工创业活力。中化国际新材料涂层等项目已成功进入"孵化器"。

三、改革成效

自"双百行动"开展以来,通过各项激励机制的实施,中化国际的创新动能持续增强,取得了一系列卓有成效的改革成果。2018年8月—2020年6月,中化国际累计科技投入16.2亿元;申请发明专利185项,已获得授权48项;实现新产品销售收入74.2亿元,占同期收入的6.48%。中化国际的过氧化氢法环氧氯丙烷、芳纶、锂电池正极材料等一系列重点技术攻关项目取得重大突破,"取代芳胺系列产品绿色催化合成关键技术与工业应用"等诸多科技成果荣获国家和行业重要奖项;新型杀螨剂9625,历经自主研发到产业生产直至成功上市,产品销售实现爆发式增长,取得了显著的经济效益,成为国内杀螨剂第一品牌;2,5-二氯苯胺项目当年建设、当年投产、当年达效,通过了江苏省化工行业协会科技成果鉴定。

42

坚定推进股权多元化和体制机制改革 提升竞争力和创新动力

中化能源股份有限公司

一、基本情况

中化能源股份有限公司（以下简称"中化能源"）是中国中化集团有限公司（以下简称"中化集团"）能源业务的主要经营载体，涵盖中化集团主要能源业务及资产，于2018年6月重组并完成了股份制改造。中化能源依托60余年从事石油业务积累的基础，形成了以炼化和石化一体化业务为支点、汇聚多项协同业务的产业格局，主要运营石油贸易、石油炼化、仓储物流、石化销售和能源科技5大业务，是一家创新成长的石油石化产业运营商及综合服务商，致力成为"中国能源行业变革的引领者"。中化能源以"双百行动"为契机，认真贯彻党中央、国务院关于深化国有企业改革的决策部署，秉承中化集团"科学至上、知行合一"的价值理念，积极推进混合所有制改革，以"引战"作为核心抓手，通过实现股权多元化，在法人治理建设、制度体系优化、市场化经营等方面探索推进体制机制改革，充分激发企业活力，提高了国有资本配置和运行效率，提升了企业竞争力和创新能力。

二、主要做法

（一）坚定"引战"举措，实现股权多元化

2019年，面对外部宏观经济环境复杂多变、行业竞争加剧及周期波动的大背景，中化能源攻坚克难，坚定启动引入战略投资者工作，制定了"转让股权+增资扩股"的交易方案，通过广泛接触投资者、充分沟通运作，历时半年之久，最终于2019年10月14日在北京产权交易所正式挂牌，引起市场热烈反响，获得投资机构的普遍认可。2019年12月9日，中化能源完成挂牌交易，引入农银金融资产投资有限公司、工银金融资产投资有限公司、北京诚通工银股权投资基金（有限合伙）、青岛中鑫鼎晖股权投资合伙企业（有限合伙）、中信证券投资有限公司等投资者，共募集资金115.55亿元。中化集团的股权占比由100%下降为80%，成为2019年"双百企业"中"引战"募资额最大的项目。

（二）健全法人治理结构，完善现代企业制度

一是健全法人治理结构和运行机制。在"引战"工作中，中化能源遵循资本市场的监管要求，设立了股东大会、董事会和监事会，重点加强董事会建设，董事会共设11人，包括中化集团方董事6人、战略投资者董事2人、外部独立董事3人；进一步规范了股东大会、董事会、经理层和党委会的权责关系，完善了4大类、42项"三重一大"决策事项，规范了132项管理权限，科学合理地界定了各类高层决策会议的权责边界，严格履行公司党委对于"三重一大"决策事项的前置审议程序，充分发挥了党的领导核心作用，同时落实和维护了董事会依法行使职权，保障经理层的经营自主权。2020年年初，中化能源制定了"三会一层"的议事规则，明确了重大事项决策程序和运行机制，发布了职权清单，形成了定位清晰、权责对等、运转协调、制衡有效的治理机制。

二是优化内部管理体系。中化能源按照与先进炼化一体化企业相匹配、与市场经济相适应的要求，总结自身长期以来的管理经验，引入流程管理理念，按照"管理制度化、制度流程化、流程信息化"的思路开展"流程再造"，逐步建立和完善了业务—职责—制度—流程—权限"五位一体"的制度体系；构建了以业务为源头的制度架构，全面梳理110项业务，形成132项管理制度，有效解决了"做什么、谁来做、能否做、怎么做"的问题。中化能源通过完善公司管理制度，确保重大决策在公司各个层面的有效执行，实现权力制衡，将"权力关进制度的笼子里"。

（三）探索市场化经营机制，激发员工活力动力

一是建立一体化职级与薪酬体系。为有效解决当前的人力资源管理痛点，中化能源组建联合工作小组，在深入分析自身管理实践与现存问题的基础上，对标研究优秀企业，经反复研讨修订，最终形成了《中化能源一体化职级与薪酬体系方案》并发布实施。该方案明确建立了中化能源"管理、专业、技能"3大序列员工的职级划分及职级对应关系，建立了专业技术序列与技能操作序列员工的职业发展路径，并配套搭建形成与岗位体系相适应的一体化薪酬体系，明确了中化能源各单位、岗位的薪级、薪档的对应和运行规则，大幅度提高了管理的标准化程度，也为员工真正实现多通道职业发展奠定了坚实基础。

二是探索中长期激励机制。以逐步走向资本市场为背景，中化能源于2020年年初启动了中长期激励体系建设工作。目前，中化能源已完成中长期激励体系框架设计方案，下一步将加快探索步伐，力争推动中长期激励体系早日落地。

三是推进干部任期制管理。为促进干部科学化、制度化流动，中化能源按照《"双百企业"推进经理层成员任期制和契约化管理操作指引》的要求，研究形成了干部任期管理工作方案。该方案明确了任职年限、导入

方式、目标管理、考核评价及结果应用等管理原则，优化和完善干部竞争性选拔及退出机制，引导干部"做好未来的事"。中化能源将任期制与其他配套机制有机结合、整体运筹、同步推进，重点突破经理人考核评价的瓶颈环节，形成科学的任期综合考核办法，并与任期内组织绩效刚性挂钩，引导干部着眼整体、谋划长远；明确考核结果在薪酬激励及岗位任用两方面的刚性应用规则，促进"能上能下"落到实处。

三、改革成效

中化能源实施"双百行动"以来，取得了一定的改革成效。

一是通过"引战"实现股权多元化，有效降低了整体资产负债水平，扩大了权益资金融资规模，进一步提升了自身的市场竞争力及创新动力，为后续发展注入了新的动能。二是通过完善现代企业制度，进一步规范了公司运营，推进了公司内部经营机制转换，公司治理结构更加市场化，经营机制更加高效灵活，为公司高质量发展提供了重要保障。三是通过一体化职级与薪酬体系的建立，有效攻克了员工发展路径不清的瓶颈顽疾，实现从"管理晋升导向"为主的一元化人才发展模式向"职业发展导向"为主的多元化人才发展模式转变，让大家各得其所、各尽其能、各展其才。随着一体化体系的深入运行，中化能源还将逐渐深化由"公司发钱"转变为"员工挣钱"的薪酬理念，提升薪酬体系的牵引性，形成与实业化转型目标相匹配的薪酬激励机制与文化。下一步，中化能源将继续推进体制机制改革，不断激发内在活力，取得实质性改革成效，持续打造"双百企业"的示范带动效应。

43

攻坚克难求突破　改革创新见实效

中钨高新材料股份有限公司

一、基本情况

中钨高新材料股份有限公司（以下简称"中钨高新"）是在深圳证券交易所上市的专业从事硬质合金及工具制造的高新技术企业，旗下拥有国家"一五"重点工程、被誉为"中国硬质合金工业摇篮"的株硬公司及多家制造业单项冠军示范企业。2016年8月，中国五矿集团有限公司（以下简称"中国五矿"）重组中钨高新，将其作为钨产业资产整合、管控平台，将全部钨矿山、冶炼企业托管给中钨高新，使中钨高新成为集钨矿山、冶炼、硬质合金及工具为一体的全球最大的钨资源开发商和钨制品生产商。

中钨高新以国企改革"双百行动"为契机，全面落实国企改革"1+N"政策体系及"双百行动"各项工作要求，加快建立现代企业制度，大力提升科技创新能力，逐步成为党的领导坚强有力、治理结构科学完善、体制机制灵活高效、创新能力显著提升的钨产业集团，形成了"中钨方案"，跑出了"中钨速度"，充分发挥了"双百企业"的引领示范带动作用。

二、主要做法

中钨高新党委深刻认识到入选"双百企业"名单的重大意义，紧紧围绕"五突破、一加强"工作要求，因企施策制定综合改革方案，以敢闯敢试、敢为人先的精神，聚焦重点、难点问题，集中力量打"攻坚战"，扎扎实实把综合改革抓出了成效。

（一）健全法人治理结构，提升管理运行效率

一是配齐建全董事会。在上级股东支持下，中钨高新对董事会结构进行优化调整，实现了执行董事2名、集团派驻专职董事2名、独立董事3名的人员构成，强化董事会内部制衡约束机制，持续落实和维护好董事会的各项职权，使董事会真正发挥了应有的作用。

二是推进公司治理制度化。中钨高新进一步明确了股东大会、党委会、董事会、总经理办公会各治理主体的权限和职责，在股东、董事会、经理层等多个维度形成了有效制衡的法人治理结构；结合中国五矿给予的差异化授权，实现"决策清单化"，明确了"三重一大"事项64项，本部决策事项及流程控制在180项以内；对下属企业层层松绑，将核心管控事项压缩至150项以内，并简化、优化了管理流程。

（二）完善市场化经营机制，激发员工干事创业动力

一是全面推行经理层成员契约化管理。中钨高新一方面实行了经营契约化，夯实年度考核和任期考核，突出分类考核与对标管理，重点体现行业竞争力水平，考核结果由年度预算指标加竞争力指数评价确定；另一方面，建立和完善了投资契约化机制，投资项目核心团队依据投资可研报告签署责任状，按照自主及自愿原则缴纳一定的投资绩效金，以方案确定的关键指标集为标准综合评价、兑现奖惩。

二是建立健全职业经理人制度。中钨高新针对旗下深圳市金洲精工科技股份有限公司（以下简称"金洲公司"）市场化程度高、产品更新迭代快、行业竞争激烈的特点，积极尝试"激励有效、约束严格、责权明晰、奖惩分明"的职业经理人管理试点工作。金洲公司董事会与总经理签订了

《任期业绩考核任务书》，对任期各年度的效益运营指标、成长类指标、专项重点工作、约束类指标、任期特别奖励项目等设置具体的目标值，对各个指标的考核标准进行了规定。中钨高新严格执行任期目标考核，按业绩考核兑现薪酬，建立市场化的退出机制，明晰职业经理人的权责利，彻底激发了公司经营管理者的创造智慧和奋斗精神。

三是积极推进事业部管理模式。中钨高新在所属硬质合金企业稳步推进直接面向市场、面对用户，直接对盈利负责的产品事业部管理模式，实行扁平化管理，将职能部室的一些职能下放至事业部，并明确了责任边界。为充分体现事业部作为利润中心的作用，中钨高新同步调整了绩效考核体系，子公司和事业部以主营业务收入、效益、成本、产销量等作为主要考核指标；生产辅助单位以可控费用、产销量、公司绩效系数等作为主要考核指标；机关部室以重点工作为主要考核点。通过这些措施的实施，中钨高新产品事业部成为促进客户营销拓展和业务持续发展的"催化剂"，以及"利润创造中心"。

四是改革薪酬分配制度，实现差异化。中钨高新建立了管理人员与一线员工分离的"隔板机制"，实现基层员工收入随效率、效益的提升稳步提高；严格按业绩兑现企业领导薪酬，实现横向有差距、纵向能增减。

五是大力推动用人机制变革。中钨高新采取各种措施，大力精简机构和人员，制定出台《干部管理若干规定》，打开关键岗位人员"下"的退出通道，促进了干部合理流动，有效地健全了"能上能下"的干部管理机制。同时，中钨高新通过对标先进企业，进行内部岗位优化、组织变革，促进人岗契合，有效激发了员工队伍的活力，提升了劳动效率。

（三）努力解决历史包袱，全力推进"瘦身健体"

中钨高新认真贯彻党中央、国务院决策部署，落实国务院国资委工作要求，以"伤其十指不如断其一指"的精神，大力优化业务结构、压缩管理层级、减少法人数量、处置"僵尸"特困企业、解决历史遗留问题，促进企业"轻装上阵"、提质增效。中钨高新"处僵治困"成效显著，公司大的"出血点"大幅度减少；"两压一减"工作取得显著成效，提前超额完成了任务目标。

（四）坚持党建引领，实现筑根铸魂

中钨高新党委以习近平新时代中国特色社会主义思想为指导，认真贯彻落实党的十九大，党的十九届二中、三中、四中全会精神和全国国有企业党的建设工作会议精神，坚持"突出党建引领、促进生产经营、助推改革发展"这一核心要求，在全面提升党建工作质量上勇探索、谋实招，实现了企业党的建设与改革发展工作"双轮驱动"。

中钨高新及直管企业建立完善了"双向进入、交叉任职"的领导体制，成员企业全面落实了党建工作进章程；将"党组织研究讨论是董事会、经理层决策重大问题的前置程序"的要求固化和规范，确保了党委的领导作用得以充分发挥。中钨高新受托管理的瑶岗仙矿业公司几年前因安全事故全面停产，企业陷入了极大的困境。在中钨高新党委的支持下，瑶岗仙矿业公司新组建的党委班子以党建工作为引领，把党的建设与企业生产经营紧密结合起来，充分激发了广大职工爱企热情和创业激情。

三、改革成效

一是经营业绩稳步提升。2019年，钨行业业绩整体下滑明显，钨精矿价格跌幅超过20%。在此背景下，中钨高新管理口径企业实现逆势增长，2019年营业收入达101亿元、利润总额达5.2亿元，这2项指标近3年复合增长率分别为3%和20%，使中钨高新继续保持了国内钨行业龙头企业地位。2020年上半年，全球钨市场环境进一步恶化。在此环境下，中钨高新再次跑赢了大势，2020年1—6月累计实现营业收入约47亿元、利

润总额约 1.6 亿元，同比基本持平；硬质合金销量超 5 000 吨，同比逆势增长。

二是市场化机制成效显著。职业经理人制度试点的实施，激发了金洲公司经营管理者的创造智慧和奋斗精神。金洲公司近 3 年营业收入和净利润复合增长率分别为 5% 和 13%，稳居 PCB（印制电路板）微钻行业市场占有率世界第 1 位。2020 年上半年，金洲公司抓紧市场机遇，借助 5G 新基建和医疗设备需求大增之势，实现微钻产销量新高，微钻累计实现销量超 2.5 亿支，同比增长 22%；营业收入突破 5 亿元，同比增长 20%；利润总额超 1 亿元，同比增长 54%，创历史同期最好水平。事业部制度的实施，扭转了株硬公司连续 10 年亏损的局面。薪酬分配差异化水平不断提高，成员企业内部、事业部间员工平均工资差距达到 30%~40%，事业部负责人年收入最大差距达到 30% 以上。减员增效成绩显著，中钨高新近 4 年来共精简从业人员 6 000 余人，其中直管企业领导班子成员和中层干部共精简了 110 余人，20 余名直管企业领导人员退出领导岗位，二级机构精简了 30%，直管企业职工人工成本利润率从 –20% 提高到了 20%，劳动生产率提高了 55%。

三是稳步实现提质增效。中钨高新连续 3 年圆满完成专项改革工作，"处僵治困"企业全部达到基本标准，破产类企业全部获得法院破产受理，改造提升类企业大幅扭亏为盈，恢复了造血功能；17 项"三供一业"分离移交工作全面完成，投资预算较框架协议中规定的金额节约 3.5 亿元；管理层级压缩至 3 级，法人层级压缩至 4 级，56 家法人企业压减至 16 家，累计完成人员安置近 1 500 人，每年节省费用逾 2 000 万元。

四是党建引领，开创生产经营新局面。通过党的建设与企业生产经营紧密结合，中钨高新所属企业瑶岗仙矿业公司涅槃蝶变，扭转了近 5 年连续亏损的局面。2019 年，瑶岗仙矿业公司实现营业收入 3.7 亿元，近3年复合增长率达143%；实现利润总额502万元，比2017年增盈减亏1.1亿元，走上了良性发展轨道。2020年上半年，瑶岗仙矿业公司自我加压，科学紧密地落实排产计划，实现钨精矿产量突破3 000吨，同比提升88%。

44

立体推进　持续创新　转型再升级

中建一局集团第二建筑有限公司

一、基本情况

中建一局集团第二建筑有限公司（以下简称"中建一局二公司"）成立于1953年，隶属中国建筑集团有限公司（以下简称"中建集团"），为中国建筑一局（集团）有限公司（以下简称"中建一局"）的全资子公司。中建一局二公司作为中建一局核心子企业、转型升级重点子企业，拥有建筑工程施工总承包特级、市政公用工程施工总承包一级、机电工程施工总承包一级、钢结构工程专业承包一级等多项资质，具备建筑行业（建筑工程、人防工程）设计甲级证书。中建一局二公司在南京、南昌、深圳、成都等城市设立了多个分公司，经营范围覆盖华北、华东、华南、华中、西南等战略区域。近年来，中建一局二公司先后承建了北京协和医院门急诊楼及手术科室楼、中国卫星通信大厦、中国少年儿童科技培训基地、北京城市副中心委办局办公楼、银川阅海湖隧道管廊、四川泸州云龙机场、深圳国际会展中心等多个品牌工程。

2018年，中建一局二公司入选国企改革"双百企业"名单，成为中建集团旗下入选"双百企业"的2家单位之一。中建一局二公司聚焦"五突破、一加强"，立足转型升级发展需求，不断提升创新能力和市场竞争能力，在稳妥推进股权多元化和混合所有制改革、完善市场化经营机制、健全激励约束机制等方面取得了阶段性成果。2019年，中建一局二公司合同额为322.52亿元，营业收入为131.73亿元，并荣获"中国建筑蓝海奖（基础设施类）"。截至2020年6月底，中建一局二公司实现合同额175.17亿元、营业收入50.18亿元。中建一局二公司的竞争力、创新力、控制力、影响力、抗风险能力不断增强，改革红利持续释放。

二、主要做法

（一）推动股权多元化改革，提升企业核心竞争力

一是立足"强主业"。近年来，中建一局二公司根据发展需求实施转型升级，形成了房建+基础设施"双轮驱动"发展，辅以投融资业务、海外业务的新格局。基于国家发展改革委鼓励对优质企业开展市场化债转股、增强优质企业资本实力、降低债务风险、提高抗冲击能力等国家政策的支持，以及中建一局二公司在发展中存在历史资本积累较少、企业市场竞争力优势不足的短板，中建一局正在推进以"市场化债转股"方式引入国有资本战略投资者，实现主体企业的股权多元化改革，达到提升资金优势、改善公司财务结构、优化公司治理、实现国有资产保值增值、提高企业市场竞争力的目的。

二是立足"促转型"。中建一局二公司积极探索同民营企业以资本为纽带开展产业链上下游的合作，以开拓新兴产业、优化产业结构，推进企业转型升级。

（二）实施组织管控模式改革，激发企业经营活力

伴随着企业规模的快速增长、经营区域的不断扩大，中建一局二公司现行组织模式与其战略发展目标适应性不足的问题逐渐显露。中建一局二公司以完善市场化经营机制为切入点，实施了组织架构体系改革，重点转

变对分公司（含事业部）的管理方式，按照权责体系的分级授权规定，促使分公司成为自主经营、自负盈亏、自担风险、自我约束、自我发展的独立核算经营主体；出台了《分公司成熟度评价标准和组织核心权责表》，规范分公司分级授权管理；从经营规模、经营质量、管控体系等维度对分公司发展成熟度进行评价，按照起步期、成长期、成熟期分别授予管理范围逐级扩大的财务资金、人事管理、生产经营等权限，并匹配其相应的薪酬待遇，进一步激发了分公司的经营活力。

截至2019年年底，中建一局二公司先后完成对江西、广东、江苏、四川的4家分公司和机电工程、基础设施2个事业部的分级授权管理。6家单位合同额达到187.7亿元，市场竞争活力明显提升。

（三）深化"三项制度"改革，激发企业改革内生动力

一是干部"能上能下"。中建一局二公司打破了干部"终身制"，不断完善选人用人工作机制，推行"竞聘选拔、末位淘汰"机制，坚持"在品德好的人才中选拔业绩突出的、在业绩优的人才中选拔有潜力的"，全方位、全过程、多渠道考察干部，形成标准明确、程序规范、结果公平的工作规则，逐步实现了"能者上、平者让、庸者下"，在内部营造了良好的市场化氛围。目前，中建一局二公司管理序列员工已全部实行竞聘上岗，在D级领导人员中，"80后"人员占比为45.3%，本科以上学历人员占比为82.4%；在项目经理序列中，"80后"人员占比为49%，本科以上学历人员占比为79.6%；及时调整不能胜任、不称职的领导人员、项目总监20余人。

二是员工"能进能出"。中建一局二公司通过内外部多种招聘渠道"筑巢引凤"，近3年在基础设施、海外、投融资等板块共计引进或转型人才378人。同时，中建一局二公司采取"走出去"与"请进来"相结合的方式探索校企合作，将人力资源的触角"前伸"，在近3年的校园招聘中，

985/211院校毕业生占比均在70%以上，连续6年在中建一局子企业中青年人才流失率最低。与此同时，中建一局二公司加速冗员清理，近3年减少不在岗位员工123人，盘活了人力资源，减负超千万元。

三是薪酬"能增能减"。中建一局二公司建立了"人力资源投入-产出"评价机制，优化了薪酬固浮比设计，实现了强绩效的薪酬管理，在合理使用工资总额的前提下，形成了差异化的激励机制，以业绩、能力为导向，完善了绩效考核体系。2019年，570人因考核结果为A上调工资，90人因考核结果不合格下调工资、调整岗位或协商解除劳动合同，从而让有差距的员工有奔头、让有能力的员工跑得更快。

（四）强化党建与生产经营融合，筑牢国有企业"根"和"魂"

中建一局二公司深入贯彻中建一局"大党建格局"，坚持党在企业发展中的政治核心和领导核心作用，将全面加强党的领导和党的建设作为"双百行动"的"牛鼻子"，对照两个"一以贯之"的要求，对党建制度体系进行再优化，修订了《党委会议事规则》《董事会议事规则》《"三重一大"实施细则》等制度，严格执行"党组织研究讨论是董事会、经理层决策重大问题的前置程序"这一规定，充分发挥了国有企业党委的领导作用，确保了党的领导和公司治理的有机统一。中建一局二公司对党建工作体系进行了再强化，从机制融合、知识融合、工作融合、考核融合4个方面深入挖掘党建工作与生产经营的融合点，通过签订《党建工作责任书》《党群目标责任书》《纪检委员履职责任书》《"一岗双责"责任书》，实现党建工作责任分类考核、层层压实、全面覆盖，推进全体党员将党的建设和企业发展的责任都扛起来，提升了党建工作价值。

三、改革成效

中建一局二公司通过持续的探索和实践，特别是国企改革"双百行动"的有益推进,对企业发展的促进作用日益凸显。

一是党的领导得到全面加强。中建一局二公司深入学习贯彻党的十八大、党的十九大、全国国有企业党的建设工作会议和上级单位党建工作会议精神,"四个意识"进一步增强,"四个自信"更加坚定,在思想上、政治上、行动上同以习近平同志为核心的党中央保持高度一致;明确将党建工作写进公司章程,从源头上破解了党的领导和党的建设弱化、淡化、虚化、边缘化问题;公司决策体系更加健全,有效落实了党组织决策前置要求,将加强党的领导和完善公司治理实现了有机统一。2019 年,中建一局二公司召开第 18 次党委会,研究审议了相关制度 10 项,人事调整 261 人次,机构设置调整 68 项,提交董事的议题 12 项,其他重大事项 8 项。

二是企业综合实力与日俱增。中建一局二公司发展速度和贡献能力连续 3 年稳居中建一局子企业前列,并成为连续 2 年突破子企业发展线的核心子企业。与 2017 年相比,2019 年,中建一局二公司合同额增加 1.32 倍,营业收入增加 1.54 倍,利润总额增加 1.55 倍,经营质量稳步提升。

三是公司战略转型升级初见成效。在保持房建业务适度经营规模的同时,中建一局二公司集中资源强力拓展基础设施业务,积极向市政道路、公路、轨道交通、综合管廊等建设领域迈进;积极探索设计施工一体化和投融资业务,不断拓展新业务模式,加强融投资带动总承包、融投资建造业务的发展,逐步成为公司新的利润增长点。

45

深化"三项制度"改革
激发公益类企业高质量发展的内生动力和活力

中国储备棉管理有限公司

一、基本情况

中国储备棉管理有限公司(以下简称"中储棉公司")成立于2003年3月,2016年11月经国务院批准并入中国储备粮管理集团有限公司(以下简称"中储粮集团公司"),成为中储粮集团公司所属的专业化子公司。中储棉公司具体负责国家储备棉的经营管理,执行国家棉花政策和宏观调控任务,在维护国内棉农利益、保障市场供应、稳定棉花市场等方面肩负重要职责。中储棉公司作为公益类国有企业,以及在中储粮系统内体量相对较大、业务独立性较强、专业化程度较高的子公司,如何具体而富有成效地深化改革,进一步激发企业内生动力和活力,进而增强储备管理运营效能、更好地服务国家战略,成为其近年来面临的重大课题。

2018年以来,中储棉公司以国企改革"双百行动"为契机,在集团公司的有力指导和支持下,围绕"五突破、一加强"目标积极推进综合改革,以完善公司法人治理结构和深化"三项制度"改革为重点,着力破除公司治理效能不高、机构职能交叉、人员流动不畅、分配平均主义等体制机制障碍,为夯实"两个确保"(确保储备棉数量真实、质量良好,确保国家急需时调得动、用得上）基础、推进企业高质量发展奠定了更加坚实的基础。

二、主要做法

（一）以完善公司法人治理结构为支撑，深入推进公益类企业现代企业制度建设

按照"在健全法人治理结构方面率先突破"等要求，中储棉公司结合自身实际，经过反复研究，制定实施了《中储棉公司完善法人治理结构方案》。

一是坚持两个"一以贯之"方针。中储棉公司把坚持党对企业的领导和完善公司治理进行有机统一，落实党委在法人治理结构中的法定地位，正确把握党委发挥领导作用、董事会作为公司决策机构、经理层作为执行机构、监事会作为监督机构的关系。

二是把推进规范的董事会建设作为重中之重。中储粮集团公司经研究决定，中储棉公司董事会由7人组成，其中集团公司选派的外部董事4人，中储棉公司董事长、总经理实行分设并均为内部执行董事，职工董事1人。同时，中储粮集团公司对中储棉公司董事会给予必要的授权放权，落实董事会对企业中长期发展的决策权、经理层成员选聘权、经理层成员业绩考核和薪酬分配权、职工工资分配权等权利。2019年8月，中储粮集团公司在研究对中储棉公司指导支持事项的基础上，进一步研究和落实了对中储棉公司新的授权放权清单。

三是优化"三重一大"决策机制。中储棉公司参照集团公司"三重一大"决策机制要求，结合完善法人治理结构的需要，进一步完善了公司党委前置研究事项范围，优化了各治理主体权责清单和工作程序，促进了协调运转。

四是提高监督效能。中储棉公司设立了监事会,并科学设置了监事会结构:监事会主席1人,由集团公司委派;监事会成员4人,其中2人为专职人员、2人为职工监事。同时,中储棉公司健全了以职工代表大会为基本形式的企业民主管理制度,充分发挥了纪检监察、巡视、常规检查与审计的监督作用,强化了监督合力和监督实效。

(二)以优化人力资源配置为抓手,精简机构、压减用工

中储棉公司党委成立了深化"三项制度"改革领导小组,党委书记、董事长为组长,统一领导"三项制度"改革工作。中储棉公司坚持稳妥有序,对直属企业统筹兼顾、分类考虑;坚持先行先试,2019年选取了3家直属企业作为深化"三项制度"改革试点单位,并在梳理总结试点情况的基础上,2020年在全系统全面推行了改革。

一是规范人力资源管理体系。从公司承担的职能任务和业务发展需求出发,中储棉公司明确了直属企业各内设机构编制、职责、中层干部配备,建立了多层次、多领域、复合型企业人员队伍结构;坚持以劳动合同为依据对员工进行契约式管理,实行员工五级职级和薪酬管理,规范编制岗位说明书,并配套完善招聘、培训、考核标准等规章制度,建立了以岗位为基础的人力资源管理体系。

二是精简内设机构和干部职数。中储棉公司结合仓储类企业以储备棉保管为核心,以商品棉监管、代储为辅的业务类型,将直属企业原有"四科一室"(安全科、业务科、财务科、设备科、办公室)5个内设机构精简为3个,并重新明确了直属企业负责人职数,统一规定了中层干部职数。通过改革,中储棉公司20家仓储企业科级干部编制由244人压缩为160人,压缩率达34.43%,中层干部数量压缩了近1/3。

三是压减用工规模。通过采取"一岗多能"、增强员工工作饱和度等方式,在保证安全、保持员工队伍稳定的基础上,中储棉公司将安全科与

业务科、设备科合并，从原 3 个科室 40 人左右压缩至 30 人。同时，中储棉公司坚持多劳多得的原则，根据直属企业仓容量、监管量、开拓经营量等任务需求，适当调增部分编制。中储棉公司 20 家仓储类直属企业原编制为 1 076 人，改革后，可压缩编制至 830 人，整体压缩编制 246 人，压缩率为 22.86%。

（三）以完善激励约束机制为关键，积极推进"三能"机制建设

一是推进任期制契约化管理。按照企业领导人员分类、分层管理制度的思路，中储棉公司认真研究经理层成员的任期制、契约化管理方案，加快建立对企业经营管理者的"任职期、契约化"和"强激励、硬约束"管理模式。根据企业实际，中储棉公司在下属单位华远盈盛公司积极探索开展职业经理人制度试点；同时，对各直属企业中层干部也全面实行任期制管理，在年度考核的基础上增加了任期考核。

二是探索建立直属企业市场化选人用人机制。中储棉公司以公平、公正、公开为原则，对超职数和超编的直属企业开展员工重新选聘工作，对于未能竞聘上岗的原中层干部，按一般员工进行管理；配套建立了员工退出机制，通过自然退休、内部人力资源市场流动、分流到劳务公司或相关方、辞职或辞退、协商解除劳动合同、内退或病退 6 种方式合法合规开展员工的退出工作。同时，为降低改革阻力，中储棉公司鼓励直属企业通过内部人力资源市场流动的方式开展员工退出工作。

三是建立健全市场化绩效考核机制。中储棉公司推进了薪酬分配制度改革，在各直属企业建立起以岗位职责为基础、以工作绩效为核心、以定量考核为依据的全员绩效考核制度，严格落实考核结果与绩效兑现挂钩，并将考核结果作为员工调岗、晋级、培训，科级及以上干部调整、选聘等事项的主要依据。

四是积极推行宽带薪酬分配体系。中储棉公司制定了《中储棉公司直属企业薪酬体系改革方案》，将薪酬分为基本工资、履职工资、绩效奖金3个单元，按照职级设置薪级，薪级内设薪档，做到岗变薪变、级调薪调，通过增加绩效奖金的调节力度拉大薪级的"带宽"。

三、改革成效

目前，中储棉公司法人治理结构正在不断完善，治理能力进一步提升，"三项制度"改革工作有序展开。从已完成"三项制度"改革试点的直属企业情况看，初步达到了改革预期目的，队伍积极性得到了有效调动，企业人工成本进一步降低，改革提质增效作用显现，保障储备棉安全和服务国家宏观调控的能力得到了进一步增强。

（一）公司治理效能进一步提升

中储粮公司完善法人治理结构的改革体现了"四个有机结合"，即：坚持党的领导与完善公司法人治理结构的有机结合，现代公司治理一般原则与公益类企业特点的有机结合，政策性业务与企业化市场化管理的有机结合，集团管控与发挥专业化子公司运作优势的有机结合。通过改革，中储棉公司形成了各司其职、各负其责、协调运转、有效制衡的公益类企业法人治理结构，促进了企业治理体系的完善和治理能力的提升。同时，改革也为中储粮系统其他专业化子公司完善法人治理提供了可复制、可推广的模式。

（二）企业发展内生动力进一步激发

通过推行"三项制度"改革，中储棉公司优化了"三定方案"，精简了内设机构。根据劳动强度统筹专兼职用工，使中储棉公司各直属企业进一步"轻装上阵"，将组织力量凝聚到核心业务中，解决了岗位工作量不均、工作内容单一的问题，保证了内设机构职责更加清晰、岗位设置更加合理、人岗匹配更加优化。同时，中储棉公司通过选人用人、考核分配等机制改革，激发了员工通过个人努力实现晋级晋档的积极性，基本实现了"干部能上能下、薪酬能增能减"，队伍积极性和能动性明显提升，企业内生动力和活力持续增强。

（三）服务棉花宏观调控的能力进一步增强

2019年12月—2020年6月，中储棉公司同时面临疫情防控、新疆棉入储、进口棉入储3大攻坚战任务。得益于改革的推动，中储棉公司广大干部员工奋勇争先、积极进取，在疫情防控实现零感染、零疑似的基础上，及时全面复工复产达产，使新疆棉和进口棉入储实现零差错、零事故，高效落实了国家棉花宏观调控任务，有效保障了国内棉花市场的稳定。

46

以"混改"为发展赋能
打通新兴产业转型之路

中国国投高新产业投资有限公司

一、基本情况

中国国投高新产业投资有限公司(以下简称"国投高新")作为国家开发投资集团有限公司(以下简称"国投")控股的前瞻性战略性新兴产业投资平台,以服务国家战略、布局新兴产业为己任,开展控股直投业务和股权基金业务。国投高新控股直投业务聚焦智能制造、新材料、医药医疗及生命科学等领域,旗下拥有3家A股上市公司和1家非上市公司,资产总额为217亿元;股权基金业务作为国投的专业化管理平台,旗下4家基金管理公司主动管理基金规模近1 400亿元,主要投向高端装备、新能源、新材料、工业机器人、医药医疗、信息技术等战略性新兴产业。

自2018年被确定为"双百企业"以来,国投高新深刻认识到"双百行动"的重大意义,将综合改革作为践行习近平新时代中国特色社会主义思想的重要举措,以及落实国投党组决策部署和推动高质量发展的关键一环。国投高新围绕"打造国投前瞻性战略性新兴产业投资平台"的目标,积极深化改革,推行股权多元化,完善现代企业制度,建立市场化的激励机制,提升运行效率,激发内生动力和员工活力,有效提升了服务国家战略的能力。

二、主要做法

（一）汇聚多元资本，共谋高质量发展

一是开展股权多元化改革。国投高新将股权多元化作为推进综合改革的"牛鼻子"。2017年年底，国投高新成立了股权多元化工作小组，扎实有序地推进相关工作。历经近2年的不懈努力，2019年11月，国投高新顺利在北京产权交易所完成交易，成功引入4家战略投资者，募集资金54.67亿元。国投高新由国有独资企业转变为股权多元化的国投控股子公司，在推进综合改革进程中具有里程碑意义。

二是推行混合所有制模式。国投高新秉持"与民营经济相互融合，与合作伙伴共同发展"的经营理念，积极发展混合所有制经济，放大国有资本功能；所控股的企业和基金管理公司都采取"国民共进"的混合所有制模式，在投资企业中保持第一大股东的地位。

（二）坚持市场化机制，激发企业发展活力

一是统筹推进市场化机制建设。国投高新围绕加快控股项目开发，设立2个侧重不同专业方向的投资团队，通过竞争上岗方式聘任团队负责人，优先满足团队人员调配，在人员优化组合和考核分配等方面给予团队负责人充分授权，将年度考核指标与团队负责人任免挂钩。在此基础上，国投高新重新调整职能部门和投资团队的职责范围，优化存量参股项目分类管理，加大退出力度，优化资源配置，保障资源向控股业务集中。

国投高新稳步推进深化"三项制度"改革，从2018年开始，通过完善岗位聘任、绩效考核及劳动合同等内部制度，明确了人员进出、职位升降标准及条件，在"干部能下""员工能出""劳动合同续聘"等方面均有较大突破。股权多元化改革后，国投高新重点推行了职业经理人制度改

革,坚持市场化来、市场化去,明确了选聘机制及中长期激励约束方式,积极推进相关工作,预计 2020 年下半年完成改革任务。

二是创新混合所有制企业管理模式。国投高新遵循"管资本"理念,遵照《公司法》和公司章程,针对所属国有相对控股的混合所有制企业,探索构建了有别于国有独资企业及国有控股企业的管理方式,既不缺位也不越位,打破了传统管理的"惯性"。2018 年,国投高新通过要约收购成为上市公司神州高铁的控股股东,将一家民营性质的轨道交通运维领域的领先企业变为国有相对控股的混合所有制企业。收购完成后,国投高新本着"增资、增信、升能、升级"的原则,通过法人治理结构、审计监督等方式,按照出资比例和企业章程对神州高铁履行出资人职责,支持但不干预企业正常经营,维护企业独立的市场主体地位,保证企业健康有序发展,形成了央企投资平台与民营龙头企业间互利共赢、协同互补的融合关系,提升了企业服务国家战略的整体能力。

三是市场化运营国家级产业引导基金。国投高新股权基金业务以运作国家级基金为主要特色,目前共管理国家级政府引导基金 8 支、类基金 1 支,管理的基金规模达 1 224 亿元,占国投高新基金管理总规模的 88%。国投高新坚持市场化管理方向,在 4 家基金管理公司中持股比例均为 40%,充分体现了有效制衡的管理理念。基金管理公司高管由董事会任免,实施职业经理人制度,畅通了原国企员工职业经理人身份的转换通道;国投高新通过股东大会、董事会履行股东监管职责,基金管理公司管理层负责日常经营决策,基金投委会全权负责投资决策,确保了投资决策过程的独立性和专业性。

(三)完善激励约束机制,充分调动员工的积极性

在控股企业层面,国投高新充分利用上市公司股权激励相关政策,2019 年在神州高铁实施了股票期权激励计划,在亚普股份实施了限制性股

票激励计划，促进企业高管、核心骨干与企业形成共同成长的"利益共同体"；通过优化控股企业工资总额管理机制，引入了"业绩工资双对标"，以市场化手段确定了工资总额基准。

在基金管理公司层面，国投高新以混合所有制股权结构为依托，授权董事会决策重大收入分配事项，建立了高度市场化的激励约束机制，并实施了员工持股、基金跟投、超额收益分享计划等措施；将人工成本总额与管理费收入挂钩，对内部收入分配事项给予充分授权。

三、改革成效

（一）服务国家战略的能力明显提升

国投高新发挥市场化、专业化优势，助力国家战略性新兴产业发展。截至 2019 年年底，在国投高新直接、间接参与投资的科创类企业中，36 家企业已向上海证券交易所提交了科创板上市申请并获受理，占全部受理企业数的 18%；19 家企业已在科创板上市交易，占上市 70 家企业的 27%；9 家企业已在上海、深圳其他板块和香港 IPO（首次公开发行）上市。国投高新旗下基金服务于制造强国、创新驱动、科教兴国、京津冀协同发展、军民融合发展，以及"大众创业、万众创新"等国家战略和行动纲领，挖掘战略性新兴产业领域中拥有核心竞争力和创新能力的优势企业，促进关键核心技术突破、引导重大科技成果转化，彰显了国有资本投资公司在国民经济发展、国有经济布局结构调整中"灵活双手"的独特作用。

（二）改革试点作用有效发挥

国投高新定位于国投创新发展的探路者、转型升级的助推器、质量效益的"增长极"，在"一企一策"授权、股权多元化、混合所有制企业管理、中长期激励约束机制方面取得突破，积极推动校企资产处置等专项工作，扎扎实实抓落实，攻坚克难见实效，初步总结形成一套可推广的改革经验，发挥了"双百企业"改革尖兵的示范带动作用。

（三）企业经营业绩持续增长

围绕在战略性新兴产业形成较强影响力和控制力的目标，国投高新的投资引领和导向作用日益显现。2019年，国投高新被中国投资协会股权和创业投资专业委员会评为"中国年度创投机构"，成为市场上最具影响力的投资机构之一。开展"双百企业"综合改革以来，国投高新经营业绩保持快速增长，资产总额从2018年年初的259亿元增加至2019年年底的303亿元，增幅达17%；2年累计向国投贡献利润41亿元，成为国投第三大利润来源。

（四）业务转型取得突破

国投高新通过不断优化业务布局，资产结构由原来以参股项目为主、无突出主业向新兴产业控股业务转型。国投高新通过推动控股企业亚普股份成功上市、要约收购神州高铁、控股收购波林新材料公司，打造了一批行业龙头企业和精品项目。截至2019年年底，国投高新投向战略性新兴产业项目的资产总额占公司总资产的比重由2018年年初的41%提升到70%以上，利润总额占比由2018年年初的17.4%提升到59.7%，资产结构和盈利能力得到优化提升。

（五）股权基金业务成效显著

国投高新秉持"市场化、专业化、差异化、精细化"的原则，通过增强基金募投力度，引导社会资本助力国家核心技术攻关，主动管理基金规模由2018年年初的1 004亿元快速增加至2019年年底的1 395亿元；通过加强规范管理，科学完善风险控制、信息公开、基金估值、考核评价等机制，助力基金业务持续快速健康发展。

47

率先"混改"
带动治理体制及激励约束机制变革

招商路凯国际控股有限公司

一、基本情况

招商路凯国际控股有限公司(以下简称"招商路凯")是全球领先的专业托盘共用租赁商之一,其前身路凯公司于1942年在澳大利亚成立,2010年被招商局集团全资收购后更名为"招商路凯"。招商路凯全球总部设于中国香港,服务覆盖澳大利亚、新西兰及东南亚等国家和地区。招商路凯业务覆盖国内外市场,以托盘等租赁设备为主要资产,所有营运设施均采取租赁方式。入选"双百企业"名单后,招商路凯重点围绕混合所有制改革、公司治理体制及激励约束机制制定改革方案,积极推进各项改革工作。

二、主要做法

(一)率先完成混合所有制改革

招商路凯自2016年起着手探讨引入外部投资者、推进"混改"的相关事宜,以加快公司制度创新和经营机制转换,增强公司生机和活力。2018年8月,借助"双百行动"改革契机,招商路凯"混改"工作正式启动。在推进"混改"过程中,招商路凯克服重重困难、攻克诸多难题:首先是时间紧张,从项目启动到完成股权交割,只有短短半年时间;其次是缺乏项目经验,遇到许多全新的课题和任务;最后是对手方是两支成熟的基金,具有丰富的交易经验,需要在规定时间内完成与两支基金所有商业条款和法律条款谈判,为外部审批争取宝贵时间。

招商路凯充分协调内外部资源,积极推进尽职调查、管理层访谈及申报等一系列工作,并顺利完成了各项任务。2018年10月25日,外运股份成功引入中信资本、方源资本2大投资者,三方正式签署股权合作协议并对外公告。2018年12月20日,在取得澳大利亚外商投资审批机构的批准后,招商路凯股权交割仪式在中国香港顺利举行,标志着招商路凯"混改"正式完成。"混改"后,外运股份持有招商路凯45%的股份,保持单一大股东地位;中信资本持有33%的股份;方源资本持有22%的股份。招商路凯从国有全资企业转变为国有参股企业,外运股份继续委派董事长及董事。混合所有制改革使招商路凯股权结构更加多元化和市场化,也更具活力和动力,为进一步完善董事会决策机制提供了根本保障。

(二)健全法人治理机构,建立董事会管理体制

针对招商路凯多国家和地区经营、管理团队以外籍人员为主的特点,三方股东协商一致,力求通过合理配置股东与管理主体的权利和义务,形成权责对等、运转协调和有效制衡的决策执行监督机制,以更有效地推动招商路凯的经营发展。

一是重新组建董事会,制定新的公司章程。"混改"后,招商路凯立即按照新的股权结构组建了新一届董事会,董事会由7名成员组成,采取各股东按股比分别委派董事并给予相应授权的模式。股东协议对股东大会、董事会及经理层的权利和义务,以及董事会运行机制进行了清晰约定,公司章程也据此完成了相应的修订。

二是完善董事会议事机制，提高决策效率。2019年1月17日，招商路凯新一届董事会召开第一次会议，同意在董事会下继续保留薪酬委员会、审计委员会及执行委员会等机构，在相关专业化层面协助董事会管理公司运作，并通过书面决议重新任命了薪酬委员会及审计委员会成员。2020年4月，为满足公司战略发展需要、提高重大投资决策效率与质量，招商路凯董事会决定设立战略与并购委员会，负责对公司长期发展战略和重大投资决策进行审议。董事会及其下设各专业委员会的召集和召开完全遵循现代企业管理制度程序化、规范化要求，进一步提高了招商路凯的决策效率。

（三）逐步完善公司激励约束机制

招商路凯所处的设备循环共用行业属于市场激烈竞争的领域。一直以来，人才是招商路凯重要的无形资产，也是核心竞争力之一。"混改"完成后，根据公司国际化业务和关键人才的特性，招商路凯进一步完善了薪酬及福利体系，力争建立与劳动力市场相适应的激励约束机制与绩效考核体系，保障公司持续健康稳定发展。

一是进一步完善市场化薪酬及考核机制。以往与外部专业机构市场对标的结果显示，招商路凯的整体薪酬水平处于市场中等水平，但管理人员工资相对偏低，且在薪酬福利体系设计上因受制于国有企业的相关要求而相对单一。"混改"完成后，招商路凯立即启动了新一轮薪酬对标，聘请光辉国际（Korn Kerry）根据市场现状重新评估公司薪酬水平，并针对固定薪酬与浮动薪酬比例、考核指标设计及福利政策等进行评价与建议，以增强对优秀人员的吸引力和团队凝聚力。同时，薪酬细化了工作台账，有序推进了包括职级设定、工资增长机制、绩效考核方式等在内的激励约束机制健全工作。

二是积极推动中长期股权激励计划。对于招商路凯这种业务分布全球、管理层背景各异的多元化企业，以股权激励形成管理团队与公司利益之间的"强捆绑"，是提升企业凝聚力的有效方式之一。基于稳定管理团队、保障公司效益的考虑，在2018年"混改"前，招商局集团已在招商路凯推行了管理人员长期激励机制。但受限于体制约束，该激励以奖金方式实现，未涉及股权。为了进一步强化管理团队与公司之间的利益捆绑，招商路凯股东及董事会一方面同意继续实行原有的奖金长期激励计划，至2020年年底结束；另一方面开始积极推动长期股权激励计划，待现有奖金激励计划结束后，于2021年开始实施。

三、改革成效

（一）法人治理架构进一步完善，企业活力进一步激发

"混改"工作的顺利完成标志着招商路凯"双百行动"取得了实质性突破，实现了股权多元化，为后续一系列的改革从根本上提供了强有力的体制保障。2019年，招商路凯新一届董事会共召开4次现场会议，并通过若干书面决议对公司经营状况予以指导，同时就相关重大事项进行了审议与决策。董事会下设的各个专业委员会也按照各自职责分工召开会议并审议决策有关事项。新的法人治理架构按章程行权、依规则运行，定位清晰、权责对等，重大事项都有了明晰的决策层级与程序，不再延续传统审批流程，大大提高了决策效率。对于招商路凯外籍管理层而言，现行的法人治理架构也更易理解与遵循，透明、高效的决策机制进一步激发了其对于推进新计划、改革新模式的动力，极大地激发了企业活力。

（二）企业发展战略逐步明晰，经营业绩稳步提升

"混改"后，股东及董事会均对招商路凯中长期发展战略予以极大关注，多次就公司业务模式、IT规划、竞争策略、区域扩张等多个层面与管理层进行探讨。2019年11月，招商路凯管理层在第四次董事会会议中就

发展战略进行了初步汇报,基本明确了以"木托盘循环共用"为核心,继续深挖托盘业务潜力,并积极开拓新产品领域的发展思路。目前,招商路凯正在进一步完善发展战略,并优化调整新一轮"5年发展规划"。2020年发展战略与并购委员会的成立,进一步体现了招商路凯董事会对于公司发展战略的关注与支持。战略规划的逐步明晰也保障了公司业绩的稳步上升。截至2019年年底,招商路凯资产总额为66亿元。2019年,招商路凯实现营业收入16.4亿元,同比增长8.7%;实现利润总额4亿元,同比增长10%,经营效益保持良好增长态势。

(三)企业绩效管理持续优化,员工凝聚力得到增强

针对处于激烈竞争性环境中的市场化企业特性,招商路凯持续优化企业绩效管理。这一方面有利于吸引更多的优秀人才;另一方面也增强了员工对于企业发展的信心,提高了个人发展前景的预期。而"混改"后招商路凯长期激励机制的持续推行与优化计划,也给了管理团队极大的鼓励与信心,进一步加强了对公司的使命感与责任感。特别是在2020年疫情期间,作为保障民生与医疗物资高效周转的重要载具服务企业,招商路凯保持积极"作战"状态,各营运网点坚持作业,保证了快消品和医疗用品供应链的畅通运行,免费为疫情防控物资提供了托盘带板支持服务。招商路凯各地区团队在抗疫物资的筹备和支援层面互帮互助、力出一孔,公司的凝聚力及员工的使命感得到了充分的展现。

48

以重组为契机 以改革为抓手
推动转型升级

中国旅游集团旅行服务有限公司

一、基本情况

中国旅游集团旅行服务有限公司（以下简称"中旅旅行"）是中国旅游集团有限公司的全资子公司，由中国旅行社总社有限公司（以下简称"中旅总社"）、中国国际旅行社总社有限公司（以下简称"国旅总社"）、香港中国旅行社有限公司（以下简称"香港中旅"）等集团内旅行服务业务于2018年重组形成。中旅旅行集出境游、入境游、定制游、会奖业务、签证及证件业务、商旅业务等为一体，国内分支机构近3 000家、海外分支机构近60家，业务范围覆盖28个国家和地区，年服务游客超过3 000万人次，是我国具有较大规模实力和品牌影响力的旅行服务企业。2018年以来，中旅旅行大力推进重组整合和深化改革，着力解决"整而不合"、产权与管理权不匹配、总部核心运营能力不强、体制机制不活等长期制约企业发展的重点问题，持续提升产品研发和资源掌控能力，完善现代企业制度和公司治理结构，紧抓战略机遇，加快转型升级，努力成为"以产品和服务为核心竞争力、世界一流的全球化旅游综合服务运营商"。

二、主要做法

（一）坚定不移地理顺产权关系，夯实"混改"产权基础

由于历史原因，中旅旅行所管理企业的产权关系复杂，管理权和产权不一致的情况较为普遍，不仅权责不匹配影响企业发展动力，而且产权不清晰也制约引入"战投"、实施"混改"，必须加快理顺关系。

一是下大力气实施股权和资产重组。集团公司将中旅总社从香港中旅旗下誉满公司买回，作为旅行服务事业群的总部公司，并更名为"中旅旅行"，由外商投资企业变为内资企业；国旅总社从 A 股上市公司"中国国旅"卖出，并无偿划转注入中旅旅行，成为其子公司；香港中旅及相关公司从香港上市公司"香港中旅"剥离，成为中旅旅行子公司；制定中旅旅行所属境内 17 家企业的产权理顺方案，并稳步推进实施。

二是清理处置低效、无效资产。通过全面摸底和排查，中旅旅行制定了详细的清理处置方案和计划，将清理关闭企业 52 家、股权转让企业 15 家。截至 2020 年 6 月底，中旅旅行已累计清理关闭企业 23 家、税务注销企业 1 家、制定股权转让方案企业 5 家。在产权关系基本理顺、"混改"产权基础基本夯实的情况下，中旅旅行积极稳妥地推进"混改"工作，成立了"混改"领导小组及工作小组，编制了"混改"工作方案，在北京产权交易所对新会展公司进行"混改"推介，并聘请专业咨询公司协助拟"混改"企业进行"混改"方案设计，相关工作正在加快推进。

（二）着力打造运营管控型总部，完善法人治理结构

中旅旅行紧抓重组的有利时机，努力打造具有强业务能力的运营管控型总部。

一是重构总部组织架构。中旅旅行紧扣发展战略，将原中旅总社和国旅总社总部共 34 个部门全部打散，重新组建总部部门。原两总社的 21 个

职能部门压缩为 9 个，13 个业务部门扩充为 15 个产品部和 1 个营销事业部。在重构过程中，职能部门注重精简高效，业务部门突出强化产品研发、集中采购等核心能力，业务团队通过市场化选聘或内部竞争性选拔方式产生，实现了优中选优。

二是完善法人治理体系。中旅旅行以规范董事会建设为重点，制定/修订了《董事会工作规则》《董事会专门委员会工作规则》《总经理工作规则》《党委工作规则》《"三重一大"决策制度实施办法》，对党委会、董事会和经理层等治理主体的权责定位和运作规则进行了明确和规范；持续推进现代企业制度建设，搭建了涵盖公司治理、战略管理、财务管理、各业务操作流程、审计、纪检监察、党建等 201 项制度的制度体系；强化对所属企业的管控，设置 8 名专职董事，专项担任所属企业董事长（执行董事），落实股东权利，贯彻总部管控要求和战略部署。

（三）以提升产品研发和资源掌控能力为核心，推动业务转型升级

中旅旅行围绕核心业务强化资源掌控和产品研发，加快推动转型升级。

一是聚焦重点，调整业务结构。中旅旅行围绕"旅游综合服务运营商"的定位，把旅行社、会展、商旅航服、签证作为 4 大核心业务，把定制旅游、红色旅游、研学旅游等作为培育型业务，形成了"4+X"的新业务布局。

二是推动转变，管控"两头在外"的业务模式。中旅旅行一方面依托产品总部及专业公司，从满足散客及机构客户旅行、差旅、会奖等需求出发，推进核心资源集中采购及产品统一研发，引导业务由流量变为流向，由点变为线，加快提升自有产品比例，实现规模效益；另一方面通过整合同业销售、门市、电商平台、呼叫中心等渠道资源，强化标准化服务和流程，构建线上线下一体化的渠道体系，增强自身行前、行中、行后全触点服务客户和渠道管控的能力。

三是加快信息化，为业务赋能。在确定信息化发展框架及思路的基础上，中旅旅行实施了一批信息化建设项目。例如，优化业务系统，出境游、入境游等业务实现了业财一体化；实施了国旅在线、星旅网和芒果网"三网合一"，打造了全新的"我和旅行"网；升级会展业务系统、商旅航服业务系统；推进电子业务合同应用等。

（四）持续完善市场化经营机制和激励约束机制

按照"市场化选聘、契约化管理、差异化薪酬、市场化退出"的原则，中旅旅行全面推动任期制和契约化管理，探索推进职业经理人制度。一是在集团公司统一部署下，中旅旅行经营班子全部实施任期制和契约化管理，签署年度和任期业绩合同，实行年度薪酬与任期激励相结合的薪酬体系。二是逐步落实中旅旅行董事会职权，集团公司授权其董事会制定总部薪酬方案、分配经营班子副职绩效薪酬、制定三级及以下公司的现金型中长期激励计划。三是探索推进职业经理人制度。中旅旅行制定并实施了《职业经理人机制管理办法》，在总部部门及专业公司组建过程中积极引入或内部转化职业经理人。截至 2020 年 6 月底，中旅旅行已选聘 9 名职业经理人。

（五）全面加强党的建设，促进企业高质量发展

中旅旅行在改革重组过程中全面夯实党建工作基础，落实"四同步""四对接"。一是推进党建工作规范化、制度化。中旅旅行制定/修订了党委会议事规则、"三重一大"决策制度实施办法等制度，对党委议事决策范围、决策形式、程序及规则、执行监督、责任追究等方面做出了具体规定。二是推动党建工作总体要求进章程，明确党组织法定地位，全面完成系统内全资和控股企业党建工作要求进章程工作。三是严格执行党委会前置程序要求，凡涉及"三重一大"决策事项必先通过党委会审议，并建立党委会决议跟踪机制，定期就决议执行情况进行追踪，确保决策部署有效

落地。四是推进系统管理为主、属地管理为辅的党建管理模式。2019年，国旅总社所属京外企业党组织全部调整为由公司党委系统管理，实现全系统所属全资控股企业党组织管理的全覆盖。

三、改革成效

中旅旅行坚持把重组整合和"双百行动"综合改革同谋划、同落实，取得了一定的成效。

（一）经营业绩得到改善，转型升级初见成效

2019年，中旅旅行实现营业收入196亿元，遏制住了近年来持续下滑的趋势；实现利润总额2.01亿元，同口径同比增加1.34亿元；3大旅游业务自有产品不断丰富，毛利率增长0.81个百分点；商旅业务建立了统一的服务标准和流程；会奖业务拓展了大兴国际机场嘉宾业务，承接中国同白俄罗斯的文旅交流活动，填补了白俄罗斯会奖行业的空白；在"一带一路"沿线4个国家新开业7家签证中心；设计红色旅游主题产品线路20余条，累计服务游客超过8万人次。

（二）法人治理结构基本完善，市场化经营机制建设取得积极进

在法人治理方面，中旅旅行相关制度已经全部出台，各治理主体权责定位和运作规则已经明确，同时配齐配强了领导班子，引入了2名同业外部董事。在经营机制方面，总部经营班子已全部实施任期制和契约化管理；事业群职业经理人制度正在推进，已从外部引进8位职业经理人、内部转化1位职业经理人。另外，在总部部门组建中，中旅总社、国旅总社干部员工全部"起立"，采取竞聘上岗、外部招聘、组织配置等方式优中选优，实施了市场化的用工制度。

（三）党的领导得到加强，党建工作迈出新步伐

中旅旅行党的相关制度得到健全，保障了党组织在改革重组中发挥

"把方向、管大局、保落实"作用；完善了所属企业党组织接受公司系统管理和地方党委属地管理"双重领导"的管理体制和机制，加大对所属企业开展党建工作的指导力度，进一步提升了所属企业党建工作的系统化和规范化水平；党员干部队伍建设的加强和主题教育的开展进一步提高了党员干部的政治站位，增强了深化改革的决心和勇气；党委督促检查机制的完善和分类指导，有力地推进了基层党建工作，为下一步纵向深化改革重组奠定了基础。

49

共担风险　共享收益
跟投机制为创新创业提供有效保障

新时代健康产业（集团）有限公司

一、基本情况

新时代健康产业（集团）有限公司（以下简称"健康产业公司"）是中国节能环保集团有限公司（以下简称"中国节能"）所属企业，主业为健康产品。健康产业公司牢牢把握"双百行动"综合改革契机和"五突破、一加强"的总体要求，积极探索实施跟投机制，开创性地调动骨干员工参与投资新零售项目，激发各方活力；实现连续10余年的快速增长，成立以来累计实现营业收入561亿元、净利润92亿元。

二、主要做法

（一）统筹改革举措，做好顶层设计

健康产业公司明确统筹推进经营与体制机制层面改革的基本思路，积极推动业务转型升级，以改革机制为保障，切实发挥改革的乘数效应。在业务层面，健康产业公司抢抓互联网发展机遇，积极拓展新零售领域，针对伴随互联网成长起来的新生代消费群体的消费习惯和消费方式，选择社交电商模式布局新业务；通过打造荐康客电商平台聚焦健康和美丽领域的

高品质产品,为用户提供轻松创业、便捷经营的服务支持,打造以健康与美丽为核心竞争力、以健康解决方案为特色的社交新零售健康平台。同时,针对自身进入新业务领域的实际情况,为了更好地控制投资风险、提高项目投资成功率,健康产业公司以跟投和"混改"为抓手,在华尚健康公司引入骨干员工跟投和行业社会资本投资,创新体制机制,成为真正的市场主体,建立起了员工中长期激励约束机制,为打造高水平的社交电商平台提供了机制保障和持续动力。

(二)发挥跟投效应,激发创业动力

经中国节能批准,新时代集团于2019年5月出台了相关创新创业跟投管理办法,支持鼓励各级企业在新设项目、并购重组中实施跟投机制,充分发挥国有资本的引领作用和放大效应,以共担投资风险、共享经营收益为原则,激发企业经营活力,将企业"蛋糕"不断做大,实现企业得发展、员工得实惠、国有资产保值增值的多赢局面。健康产业公司、员工持股平台和行业社会资本共同投资发起的混合所有制公司——华尚健康(北京)科技股份有限公司(以下简称"华尚健康公司")于2019年12月12日注册成立。在华尚健康公司的创办中,健康产业公司投资8 000万元,公司经营管理骨干员工通过持股平台投资6 000万元,行业社会资本投资6 000万元,形成了风险共担、利益共享的体制机制。同时,通过董事会席位设计、一致行动人等科学合理的机制实现国有股份拥有绝对控制权。健康产业公司设计了配套的员工跟投管理、调整、退出、考核、分配等机制,有效激发了各方的积极性和创造性,推动了项目做强做大;以荐康客电商平台项目的流量效应反哺企业原有经营体系,形成了线上线下融合的新零售业态。

(三)健全治理结构,配套改革举措

华尚健康公司成立伊始,即建立了现代企业制度和完善的法人治理结构,明晰了党组织、股东大会、董事会、监事会、经理层的权限。董事会由健康产业公司代表、员工持股平台代表、行业社会资本代表共同构成,其中健康产业公司6人,员工持股平台2人,行业社会资本3人。目前,健康产业公司正在积极推进授权经营体系和监督体系的建设。在授权经营方面,健康产业公司根据新零售业态的需要,已经梳理出6个方面147项授权建议,主要涉及经营发展、财务管理、人事薪酬等方面,将在条件具备时由董事会向经理层授权。健康产业公司还将建立职业经理人制度,目前已经开展契约制、任期制管理,建立绩效考核与经营业绩挂钩等机制体系。通过建立改革配套机制,健康产业公司将充分发挥项目经营团队的作用,适应瞬息万变的市场变化,提升公司治理能力和市场竞争力。

(四)加强党的领导,夯实党建基础

新时代集团党委按照"五突破、一加强"的改革要求,在推进健康产业公司社交电商平台跟投过程中,坚持和强化党的领导,坚持两个"一以贯之",牢牢把握企业改革的正确方向,将党对企业改革发展的领导落到实处。华尚健康公司自创办起即设立了党组织,完善了党的组织和工作机构,全面夯实了党建工作基础:在公司章程中明确了党组织的法律地位;坚持党组织研究讨论是董事会、经理层决策重大问题的前置程序,在日常经营管理,尤其是重大经营管理事项中体现党的意志;明确纪检委员列席董事会,经理层成员落实党组织和经营班子成员适度交叉任职,保证党组织工作机构健全、党务工作者队伍稳定、党组织和党员作用得到有效发挥,实现了党的建设和企业改革发展深度融合。坚持和强化党的领导,为华尚健康公司的创办、员工跟投和经营工作提供了坚强的政治保障、思想保障和组织保障。

三、改革成效

华尚健康公司自创办以来,会员数量增长迅速,零售总额快速提升,短短 6 个月内就已经突破 3 亿元,企业经营取得了明显成效,跟投机制发挥了积极作用。

(一)华尚健康公司为稳定疫情期间大健康存量业务做出了积极贡献

华尚健康公司于 2019 年 12 月 12 日正式成立,2019 年 12 月底开始产品预售。根据国家疫情防控的要求,2020 年第一季度,健康产业公司大健康存量业务线下所有业务活动均全部暂停,企业经营形势严峻。华尚健康公司通过启动预售方式并配合原有存量业务开展线上推广活动,稳定了企业经营基本盘。疫情期间,行业社会资本出资者和经营管理骨干员工均表现出与华尚健康公司风雨同舟、共渡难关的工作状态,以及通过改革创新谋求新发展的强烈意愿。华尚健康公司存量业务迅速搭建了线上推广平台,让市场经销商居家开展销售推广活动,为稳定存量业务做出了积极贡献。同时,荐康客电商平台专门为消费者上架了消毒片、酒精湿巾两款消毒杀菌类产品,并维持了合理的价格,最大限度地服务民生、保障民生,履行了社会责任。

(二)华尚健康公司跟投为新时代集团深化改革积累了宝贵的经验

华尚健康公司引入行业社会资本入资,建立了员工跟投流转和退出机制,将各方利益与公司利益捆绑。改革中,华尚健康公司统筹谋划各个方面、各个层次、各个要素,注重推动各类配套改革措施的建立,形成了新业务与老业务相互促进、良性互动、协同配合,为新时代集团继续深化改革提供了实践支撑。

新时代集团根据中国节能提出的华尚健康公司要遵循专业化、市场化的经营原则,要求该公司构建现代法人治理结构,提升治理能力和水平。

华尚健康公司科学搭建了国有资本、员工跟投与行业社会资本 3 类股东架构，设定了 4∶3∶3 的股权结构，为非公资本发挥积极作用奠定了基础；以划分党组织、董事会、经理层 3 个治理主体权责关系为突破口，构建了多元治理主体之间的分层、分级授权及监督机制，现代国有企业决策授权体系基本搭建完成。华尚健康公司董事会聚焦核心业务和重大事项，积极探索控股股东对公司董事会的授权经营事项，并向经理层做二次授权，提升了企业的经营自主程度。华尚健康公司探索建立了符合自身实际与行业特点的职业经理人制度，着力引进电商运营类专业人才，创新激励约束机制，在提升国有控股混合所有制企业经理层经营管理质量和效率方面，正在开展积极探索与有益尝试。

50

多维并举 深化改革促发展

中特物流有限公司

一、基本情况

中特物流有限公司（以下简称"中特物流"）是中国诚通控股集团有限公司（以下简称"中国诚通"）所出资企业港中旅华贸国际物流股份有限公司（以下简称"华贸物流"）的全资子公司，为央企集团控股三级企业。中特物流成立于2005年7月，注册资本为1.45亿元，是一家大型综合性物流企业。中特物流主要业务包括国内工程物流、国际工程物流、国内大宗化工能源物流、放射性危险品运输及仓储企业站建设运营5大板块。经过10余年的跨越式发展，中特物流在国内电力工程物流领域取得了一定的成绩，在业内赢得了良好的声誉。

二、主要做法

中特物流成立了以总经理担任组长的"双百行动"综合改革领导小组，推进改革各项工作。在领导小组带领下，中特物流各部门各司其职，根据自身实际情况制定了"3+1"工作方案："3"，即完善法人治理结构、强化市场化经营机制、加强激励约束机制；"1"，即全面加强党的领导和党的建设。中特物流通过抓推进、抓落实、抓督导、抓考核，促进公司发展。

（一）完善法人治理结构

中特物流充分落实董事会对企业中长期发展的决策权、经理层成员选聘权、经理层成员业绩考核和薪酬分配权等职权；加强董事会内部制衡约束，依法规范董事会决策程序和董事长履职行为，落实董事对董事会决议承担的法定责任；依法修订公司章程，健全以公司章程为核心的企业制度体系和内部控制体系，充分发挥公司章程在公司治理中的基础作用，形成权责对等、运转协调、有效制衡的法人治理机制，进一步提升了公司运行效率。

（二）强化市场化经营机制

中特物流根据具体情况，在人力资源市场化管理和科技研发市场化管理两方面进行积极尝试和突破。

一是人力资源市场化管理。中特物流扩大了经理层市场化选聘职业经理人的比例，畅通了现有经营管理者与职业经理人的转换通道，稳妥地推进制度建设。在选聘过程中，中特物流充分应用专业化评价工具和评价方法，对职业经理人资质及职业素养、职业能力和职业知识与技能等方面进行全方位评价，提高评价考核的科学化、适用化水平，提升了公司整体管理水平。在人员管理过程中，除了进行市场化选聘，中特物流还同步实行了考核退出制度，真正建立了"能上能下"的用人机制，促使员工在合适的岗位发挥能力价值。

二是科技研发市场化管理。中特物流坚持以市场为导向，持续在科技创新上加大研发投入。通过技术研发，其单车最大运输能力已提升至2 000吨以上，能够胜任以特高压输电项目为主的国家级工程运输业务，为助力加快新型基础设施建设"保驾护航"。

（三）加强激励约束机制

2019年，中特物流通过与上级公司华贸物流协同联动的方式，在华贸物流框架下对公司管理层及骨干员工进行中长期股权激励。中特物流始终坚持建立以利润共享机制为核心的多维度绩效考核及分配机制；同时注重通过法律监管机制、内部控制、市场及声誉机制等对员工的行为进行有效约束。经过多年的努力实践，中特物流优秀核心管理团队和骨干员工保持稳定，工作积极性和公司凝聚力进一步加强，实现了公司利益、社会利益、员工利益协同最大化的多赢局面。

（四）全面加强党的领导和党的建设

一是强化基层党组织建设。为进一步加快基层党组织建设、壮大人才队伍，2018年9月，中特物流党支部升格为党总支，下设4个党支部，在党总支的组织下，于2019年4月成立了中特物流团支部，进一步强化了党组织的政治核心作用。

二是将党建融入经营发展。中特物流党总支委成员分别担任公司重要职务，有效促进了党总支委的领导核心作用与公司治理机制的有机融合；通过科学制定《中特物流"三重一大"决策事项清单》，召开6次党总支委员会，研究讨论涉及决策事项清单的董事会、经理层决策等重大问题。

三是积极开展主题党日活动，增强凝聚力。中特物流党总支认真落实"三会一课"制度，贯彻执行上级党委工作要求，通过组织学习文件精神、支部书记带头讲党课、线上线下宣传报道、支部中心组专题讨论、参观"警示教育活动基地"有感征文、"学雷锋"捐书助学等活动，把学习好、宣传好、贯彻好党的文件精神作为首要政治任务，提高思想认识，强化行动自觉，坚决把党的精神宣贯到位。中特物流党总支还积极组织职工参加政治学习，加强职业道德培养，尤其是青年职工爱岗敬业的精神；运用先进典型影响和带动群众，结合年度"先进党支部""先进班组""优秀党员""优秀共青团员""先进个人"等创优评先活动，在平凡的岗位上发现楷模，营造"学有榜样、赶有目标、争当先进、赶超先进"的积极氛围。

三、改革成效

在"3+1"工作方案的指引下,中特物流各项工作稳步推进,实现了健康发展。2019年,中特物流实现利润总额1.15亿元、净利润0.99亿元。

(一)法人治理机制更加健全

在华贸物流指导下,中特物流董事会结构更加优化。董事会由股东方华贸物流派驻董事及中特物流经理层两方组成,董事会真正成为中特物流的决策机构,依照法定程序和公司章程授权决定公司重大事项,行使重大决策、职能分工、经理层薪酬分配等权利,董事会的独立性和权威性得到了增强。中特物流经理层负责实施董事会决策,做好公司日常经营管理。目前,中特物流已构建了完整的党委会、董事会、监事会和经理层,形成了各司其职、各负其责、协调运转、有效制衡的国有企业法人治理结构。

(二)市场化经营机制更加规范

中特物流制定了市场化经营方案,与各层级经营管理人员共签署17份任期经营目标责任书,覆盖各级管理部门,并结合专业差异分别出台了各子公司经营绩效考核方案。通过绩效考核反馈结果,中特物流对1名考核结果未达标的中层管理者进行了降职、降薪处理,实现了"能上能下"的管理机制。

(三)中长期激励机制更加完善

中特物流协同华贸物流总部完成了股权激励计划,并顺利推行了中长期激励机制。2019年,中特物流与26位经理层及核心骨干员工签订了股票期权激励计划协议书,对平均净资产收益率、净利润及净利润复合增长率、经济附加值(EVA)指标达成目标进行了明确说明。这一方面提升了核心员工的工作积极性；另一方面，逐步完善了股权多元化改革，绑定了核心员工和企业的共同利益，强化了核心人员的激励和约束。

（四）经营管理水平不断提升

得益于改革政策的实践效应，中特物流经营管理水平不断提升，专业化运作能力和市场竞争力进一步加强。中特物流圆满完成了三峡、荆门、复龙、普洱、渝鄂、藏中、昌吉等地国家特高压电网建设重点工程上千台大型变压器的运输任务；完成了30余个装机容量为300兆瓦、600兆瓦、1000兆瓦机组工程的火电厂设备催交、运输、仓储、安装服务、资料移交等第三方物流管理工作；先后组织50余次放射性物品及沥青等石化危险品的运输；承担了10余个电厂铁路专用线的运营管理；利用项目建设契机，研制了特种运输装备，与国内车辆制造厂共同研制铁路特种车辆20辆，公路桥式车、凹底车30套，获得各类工机具实用新型技术专利17项。

中特物流将以习近平新时代中国特色社会主义思想为指导，全面加强党的领导，聚焦"五突破、一加强"的目标任务，持续深入推进综合改革，为实现高质量发展努力奋斗。

51

改革创新 以新担当、新作为引领高质量发展

中国煤矿机械装备有限责任公司

一、基本情况

中国煤矿机械装备有限责任公司（以下简称"中煤装备公司"）是中国中煤能源集团有限公司（以下简称"中煤集团"）所属中国中煤能源股份有限公司的全资子公司。中煤装备公司是一家面向国内外煤矿企业，专业从事煤矿工程机械装备"研制、供给、维修、租赁、服务"五位一体的行业先进企业，在国内率先形成了以采煤机、刮板运输机、掘进机和液压支架为代表的"三机一架"成套研制能力，成功实现了千万吨煤炭生产工作面成套装备国产化，收购了世界品牌英国帕森斯矿用链条公司，可为市场提供20余个技术品种、82项技术系列、1300多种规格产品，产品远销美国、英国、俄罗斯、澳大利亚、印度、越南、土耳其等几十个国家和地区。截至2020年6月底，中煤装备公司实现营业收入45.64亿元，同比增长10.86%；实现利润总额2.12亿元，同比增长60.19%。

二、主要做法

（一）积极推进股权多元化和混合所有制改革

一是支持国家"央地重组"倡导，发挥优势，通过股权结构重组，实

现对均股企业的管控。中煤装备公司积极与辽宁能源产业控股集团围绕做强做优矿用电机产品展开合作，与辽宁电机集团以股权结构调整的重组方式，积极推进对抚顺电机公司的控股，做强做大装备公司电机产品。其他均股企业股权重组工作正在积极推进。中煤装备公司着力深化技术创新，激发企业高质量发展动力，以中煤装备研究院为依托，立足转型升级，重点以煤泥智能浮选技术、智能选矸技术及水处理技术为平台，探索"混合所有制＋员工持股"模式，力争做强做大智能化洁净煤技术、选矸技术及水处理技术工艺和装备产业，使其成为公司装备制造服务业的重要支撑。

二是积极统筹内外部创新资源，建设产学研用一体化的协调创新机制，形成产学研用相融合的技术创新实体。中煤装备公司与教育部科技发展中心签订战略合作协议，积极引进高等院校科技创新专家、团队，充分利用公司科技创新平台，建立联合培育、共享收益的技术引进和孵化机制，有力推动高新技术产业化和科技成果转化应用。

三是为加快"双百行动"综合改革实施进度，中煤装备公司积极与国改双百发展基金管理有限公司、国新央企运营投资基金、北京产权交易所和上海联合产权交易所签订战略合作协议，发挥各方各自优势，实现资源互补，共同推进装备公司重组、股权交易、改革与创新，实现互惠合作、共赢发展。

（二）建立健全公司法人治理结构和授权体系

一是中煤装备公司在国企改革经验的基础上，按照集团公司的授权管控架构，建立健全了法人治理结构，全面提升了企业行权能力、运行效率和市场化、现代化经营水平，形成了定位清晰、各司其职、权责对等、高效运转、有效制衡的治理体系。

二是成立了外部董事占多数的董事会，实现了党委书记、董事长"一肩挑",将党的领导和公司治理有机融合,增强董事会的独立性和权威性,董事成员业务专长和经验多元化。中煤装备公司结合自身公司治理体系优化契机,明确所属企业配套改革要求,优化所属企业法人治理结构。

三是按照"一企一策、分类授权"的原则,重塑组织架构,明晰权责关系。中煤装备公司综合评估所属企业业务市场竞争能力、业务灵活性及自身管理能力,对不同企业授予不同的权力并分类下放相关权限,制定了《装备公司法人治理结构及授权体系优化方案》《中煤装备公司"三会一层"权责指引》,完善了各项管理制度,进一步优化了公司与所属企业的权责界面,确保了"授得出、接得住、用得好"。

(三)完善市场化经营机制取得阶段性成果和经验

中煤装备公司全面推行经理层成员任期制和契约化管理,按照"市场化选聘、契约化管理、差异化薪酬、市场化退出"的原则,建立完善了《装备公司所属企业市场化选聘经理层人员管理办法》,在所属各企业全面推行市场化选聘,并探索职业经理人制度;真正打开经理层人员"上下"通道和"进出"通道,真正树立了干事创业的导向,营造了干事创业的气氛,促使经理层人员积极作为、勇于担当。

(四)在建立和完善激励约束机制方面进行深入实践

中煤装备公司建立了市场化薪酬分配机制,实现了收入"能增能减",制定了更加灵活、高效的工资总额周期制管理模式,建立了符合"一适应、两挂钩"的工资总额决定机制,强化了工资总额与企业效益、效率的"双效"挂钩,提高了人员投入产出效用,原则上执行核定基数、挂钩增减、以丰补歉;建立了基于岗位价值、业绩贡献的差异化薪酬激励体系,打破了"该高的不高、该低的不低、收入拉不开差距"的不合理现象,形成了"不看身份、不看级别、只看岗位、只看贡献"的市场化收入分配机制。

（五）解决历史遗留问题工作全面推进

中煤装备公司秉持"越早解决成本越小，越晚解决工作越被动、成本越高"的改革理念，充分利用中央财政和集团公司各项政策支持，全力推进解决"三供一业"分离移交、企业办医疗、企业办教育、大集体企业、离退休管理等多方面的历史遗留问题。目前，各项工作基本完成，实现了"瘦身健体、提质增效"的改革目标，进一步增强了企业的市场竞争力。

三、改革成效

（一）成功推行经理层人员任期制和契约化管理

中煤装备公司所属北煤机公司完成了经理层人员市场化选聘，并探索职业经理人制度试点，推进薪酬体系改革：通过市场化选聘经理层人员7人，签订了《职业经理人劳动合同书》《职业经理人岗位聘用合同》《职业经理人任期经营业绩责任书（2019—2021年）》《职业经理人承诺书》，承诺当终止聘任关系时，不要求恢复原有身份，彻底打破了经理层人员的国有身份。在薪酬体系改革方面，中煤装备公司严格考核、严格兑现，确定了薪酬包，分配时拉开差距，最高薪酬和最低薪酬的差距不得小于20%，并对绩效收入增加部分在核定工资总额基础上单独核增；所属6家企业的16名经理层人员实现了市场化选聘和契约化管理；积极建立了岗位分红激励、项目跟投、项目总包利润分成、技术营销等岗位特殊激励等多种方式，激发了各微观主体干事创业、创新、创效的热情。

通过市场化选聘、职业经理人制度试点和各项激励机制，中煤装备公司进一步提升了运营管控能力和管理效率，2019年主要经营指标再创历史新高。2020年第一季度，面对错综复杂的国内外宏观经济环境和疫情等多重挑战，中煤装备公司整体业绩继续保持稳健发展的势头，主要经营指标稳中向好，特别是北煤机公司的各项经营指标都创历史新高，企业干事创业的活力显著提升。2019年，北煤机公司工业总产值、营业收入、利润、劳动生产率同比分别增长了22.6%、17.7%、260%、36.8%；2020年上半年，北煤机公司主要经营指标逆势增长，实现"双过半"，产值同比增长16.43%，产量同比增长27.97%，营业收入同比增长13.08%，利润总额同比增长31.85%。

（二）全面实施市场化选人用人机制

中煤装备公司已完成总部员工全员竞聘上岗、"三定方案"制定、职业发展通道及退出机制建立等工作，建立形成了分级、分类的员工"竞聘制、岗薪制、任期制"及"能上能下、能进能出、能高能低"的科学用人机制，市场化机制与经营管理水平得到了进一步提升，激发了员工的积极性、主动性和创造性。中煤装备公司所属张煤机公司中层干部实现内部竞聘上岗，实现了中层干部从"要我干"到"我要干""抢着干"的转变，通过内部竞聘上岗引入竞争机制，营造了公正、公平、公开的氛围，把想干事、能干事、干成事的员工推上重要岗位，增强了公司中层干部队伍的活力。通过竞聘上岗，张煤机公司共有17名中层干部退出领导岗位，中层领导干部年龄结构由竞聘前的平均50岁降低到45岁；新提拔"80后"中层领导干部14人，其中"85后"中层领导干部6人，实现了"使用一个人，激励一群人，培养一批人"的效果。

（三）执行工资总额周期制管理

按照中煤集团批准的工资总额周期制管理方案，中煤装备公司建立了较完善的工资市场化对标体系及工资决定和正常增长机制，严格与人均工效、人均创利、人事费率等指标挂钩，工资总额的增长幅度低于利润总额的增长幅度，人均工资的增长幅度低于人均工效的增长幅度，工资总额的增加额不超过利润总额增加额的40%，进一步激发了干部员工干事创业的激情，提高了企业创效能力。

（四）解决历史遗留问题基本完成

中煤装备公司主动担当，积极推动解决历史遗留问题。"三供一业"分离移交工作已全面完成，其中中煤装备公司承担改造费用约 6 000 万元；大集体改革方案已按照国务院国资委和集团公司要求完成了改革任务，节约改革成本 4 819 万元，为降低改革成本、推动改善企业经营管理动力做出了贡献；2 家职工医院采取注销和整体出让的方式完成了剥离工作，其中北煤机医院改革已经完成，并完成注销工作；北煤机邦本物业幼儿园移交给北京市房山区教委，且房山区教委已出具接收同意函。通过改革，中煤装备公司得以"轻装上阵"，为实现跨越式发展奠定了坚实的基础。

52

坚持创新驱动深化改革　助力企业高质量发展

中煤科工集团西安研究院有限公司

一、基本情况

中煤科工集团西安研究院有限公司（以下简称"西安研究院"）成立于 1956 年，系中国煤炭科工集团有限公司管理的全资二级子企业，是我国专业从事煤炭地质与勘探、煤矿安全高效绿色开采地质保障技术研发，在装备与工程领域具有突出综合优势的国家重点高新技术企业。60 多年来，西安研究院始终以引领煤炭科技进步、支撑煤炭安全高效开发为使命，以解决煤炭地质勘探及煤矿安全领域的重大疑难科技问题为主攻方向，在煤炭资源综合勘探、煤层气资源勘探开发、矿山水文地质与水害防治、钻探装备研制、地球物理勘探和绿色矿山生态环境工程建设等领域，研发了一批具有行业领先水平和自主知识产权的地质保障技术和装备，为我国煤炭工业健康发展做出了卓越的贡献。

二、主要做法

（一）坚持科技创新驱动，着力提升企业核心竞争力

西安研究院始终把科技创新作为企业发展的首要驱动要素，激发创新"第一动力"，引领煤炭地质保障领域技术进步，推动产业实现高质量

发展。

一是注重创新研发投入，关键核心技术实现重点突破。西安研究院加大科技研发投入力度，尤其是对具有先导性、前瞻性重点领域"卡脖子"关键技术进行了攻关。"双百行动"开展以来，西安研究院科技研发累计投入3.94亿元，其中2019年科技研发投入占其营业收入的比重达10.53%；在煤矿安全技术与装备及绿色能源开发利用技术等领域取得了多项重大突破，解决了众多行业技术难题，先后获得省部级技术奖39项。

二是创新科技产业模式，科技成果转化带动产业实现高质量发展。西安研究院构建了以煤田地质、水文地质、物探、钻探4大专业为基础的"研发中心+业务所"科技产业模式，加快科技研发成果转化速度，实现技术与产业的协同发展。2020年上半年，西安研究院实现科技创新收入2.11亿元，占其营业收入的21.36%，较2019年同期增长33.27%。

三是产业发展融入国家战略，公益属性与技术创新实现有机融合。西安研究院搭建了生态环境修复与治理产业平台，创新采用"技术研究+资本投入"运作方式，在山东省济宁市任城区开展了采煤沉陷区综合治理标准示范工程，构建了地下与地上一体治理、同步推进的新模式，打造了"政府主导、企业主体、市场运作、社会参与"的采煤沉陷区综合治理"任城模式"，以实际行动践行了"绿水青山就是金山银山"的科学发展理念。

（二）规范治理体系建设，着力提升企业管控效率

随着改革开放和科研体制改革的推进，西安研究院经历了由科研事业单位到全民所有制企业，再到公司制企业的多轮次经营体制转变，由粗放型管理模式逐步过渡到规范化的现代企业管理模式。

一是坚持把党的领导融入治理体系。西安研究院坚决落实将党组织研究讨论作为决策重大事项的前置程序，保障了党组织发挥"把方向、管大

局、保落实"的作用；党委书记、董事长实现"一肩挑"，实施交叉任职，党委委员多数进入公司经营管理层，落实了党建工作进章程的工作要求，推动实现加强党的领导与完善公司治理的有机融合。

二是推进治理体系规范、高效运行。西安研究院构建了外部董事占董事会半数以上的规范董事会结构，有效保证了董事会独立于管理层进行战略决策和价值判断工作机制的实现；建立了董事会决议跟踪落实及后评估制度，通过采取定期和专项跟踪问效机制及追责机制，做到决策事项落实反馈率达100%；实行经理层定期向董事会报告制度，确保董事会决议落实到位，通过聘任、考核和奖惩等方式对经理层形成了有效的激励约束机制。

三是探索推行经理层人员市场化选聘。在坚持党管干部的原则下，西安研究院实行内部培养和外部引进相结合的方式，先后对总经理及2个副总经理岗位实施了经理层市场化公开选聘工作，其中从企业外部选聘了1名经理人。通过实行任期制管理及构建与业绩贡献相匹配的结构化薪酬体系，西安研究院推动形成了市场化选拔、考核、激励、约束经理层成员的竞争机制，提高了经营管理水平和质量。

（三）深化"三项制度"改革，着力激发企业内生活力

西安研究院以"双百行动"为契机，对现有人力资源管理体系进行了系统性改革，重点推进选人用人和考核分配机制变革。

一是改革干部选聘任用模式。西安研究院引入竞争模式，将公开选聘推广至中层干部。2019年，西安研究院对60个中层管理岗位实施了公开竞聘，新进入中层岗位17人，占比为28%；对16名干部进行了岗位调整或退出，干部调整退出率达到27%。

二是改革岗位分级认定模式。西安研究院组织开展全员岗位"三定"工作，设立了技术、管理、营销、技师4个人才岗位认定序列，修订了97

个管理岗位说明书,进一步明确了岗位职责及资格认定要求;推进实施了岗位分红激励,进一步激发了员工干事创效活力。

三是改革绩效考核分配模式。西安研究院建立了以岗位浮动工资为主的综合工资分配机制,将年度考核转变为季度与年度考核相结合的综合绩效考核模式,不再以一次考核定一年,进一步完善了绩效考核体系。其中,季度考核权重占40%,作为下一季度绩效工资调整的依据;年终考核权重占60%,作为部门奖金总额分配的依据,年终考核不再对季度考核分配结果进行补差。

三、改革成效

西安研究院坚持科学研究与科技产业并重,通过加大科技创新投入、深化体制机制变革,核心竞争力和管控效率持续提升,综合改革成效显著。

一是发展质量实现显著提升。通过技术创新与管理变革,西安研究院经营质量实现了持续快速提高。尤其是2020年以来,西安研究院统筹推进疫情防控和企业经营发展工作,全力克服疫情带来的不利影响,稳步推进改革创新,经济运行企稳向好,实现了疫情防控与改革发展"双胜利"。截至2020年6月底,西安研究院实现营业收入9.88亿元,同比增长11.25%;实现利润总额8.87亿元,同比增长6.07%;全员劳动生产率为21.91万元/人,同比增长5.18%,创效能力持续提升。

二是发展活力得到充分激活。通过改革干部选聘模式,西安研究院改变了选人用人方式,建立了中层干部公开竞聘机制,以"笔试+面试"的科学竞聘模式形成了"能者上、平者让、庸者下"的用人导向,真正实现了干部"能上能下";通过改革分配模式,彻底打破了"平均主义"的分配机制,中层干部最高收入与最低收入之比达到3.5倍,员工最高收入与最低收入之比达到 9 倍，研发人员平均收入与其他人员平均收入之比达到 1.22 倍，实现了收入"能升能降"，激发了核心骨干人才的干事热情。

三是创新成果实现重大突破。通过加大科技投入、聚力科技攻关，西安研究院在煤炭地质保障技术与装备领域取得了丰硕的科技成果。其中，自主研发的 ZDY15000LD 型井下坑道定向钻机，2019 年在神东保德矿创造了 3 353 米的沿煤层超长贯通定向钻孔世界纪录；自主设计施工的 DZ01 井是我国中深层地热能单井换热式开采第一井，并创造了我国中深层地热能单井同心管式换热开采的最大井深，突破了地热能绿色开发利用的技术瓶颈；提出的利用"阻水帷幕"实现烧变岩水害区"保水采煤"绿色开采新思路，突破了以往采用"留设安全煤柱"只管安全、不顾资源的传统做法；首创的"双位双向孔序优选引流注浆"帷幕技术，在陕北张家峁煤矿成功实施了我国第一例烧变岩帷幕注浆截流除险工程；研发出了我国首套具有完全自主知识产权的反射槽波超前探测技术及装备，实现了真正意义上的煤矿井下工作面"超前"探测，达到了国际领先水平，为我国煤矿安全绿色高效开采提供了技术保障。

53

引"战投" 转机制
探索科研院所创新转型发展

中钢集团马鞍山矿山研究总院股份有限公司

一、基本情况

中钢集团马鞍山矿山研究总院股份有限公司(以下简称"中钢马矿总院")成立于1963年,是原国家冶金工业部直属重点科研院所。1996年,中钢马矿总院被列为首批17所国家级重点试点改革科研院所。1999年,中钢马矿总院成为首批242所转制科研院所之一,转制为科技型企业,进入中国中钢集团有限公司(以下简称"中钢集团")。中钢马矿总院拥有1个国家重点实验室、4个国家级工程中心,是"冶金矿产资源高效开发利用产业技术创新战略联盟"理事长单位,是从事矿产资源、安全环保及智能信息相关技术咨询、研发、设计、工程总承包和新材料生产销售的大型综合性机构,是国家创新型试点企业和国家"火炬计划"重点高新技术企业。

二、主要做法

(一)加快推进混合所有制改革,激发企业的内在活力

2018年,中钢马矿总院通过增资扩股形式引进了2家不同所有制的战

略投资者。2019年6月，中钢马矿总院完成了第一批员工股权激励工作，入股员工137人共计缴款3 661万元。通过引入不同所有制的战略投资者，以及实施员工股权激励，中钢马矿总院初步实现了股权多元化，建立了"国有控股、多人股东"的公司治理体系，放大了国有资本功能；持股的骨干员工与企业建立了"命运共同体"，员工关心企业、推动企业发展的责任心得到有力增强。2019年8月，中钢马矿总院成立了首届董事会、监事会，并推选和聘任了新一届党委班子和经营班子成员，构建了符合现代企业制度要求的法人治理结构，其中外部董事占多数。2019年12月，中钢马矿总院完成了股份改制工作，从此迈入了新的发展阶段，改革发展的内生动力得到了进一步强化。

（二）强化顶层设计，优化组织，建立快速响应的市场机制

一是完善市场营销机制。中钢马矿总院设立了市场开发部，牵头组建公司领导、职能部门和经营单元三级市场开发体系，主动对接"美好安徽"建设战略和马鞍山市"生态福地、智造名城"战略，发挥新材料、绿色矿山、安全环保、智能信息业务优势。2018—2019年，中钢马矿总院签订马鞍山属地合同额超过4亿元。

二是聚焦主责主业。通过不断整合组织、优化专业结构，中钢马矿总院将业务有交叉的原理化所与原安环所合并成立了安全与环境工程技术总公司；将采矿所民爆器材室划转至爆破公司，成立了爆破与器材研究所；将原有的选矿所自动化室和采矿所自动化室合并组建了智能与信息研究所。通过整合发展，2019年，中钢马矿总院初步形成了先进粉体材料研发制备和生产销售、安全环保和智能信息、绿色矿山、爆破工程、岩土市政工程5大主营业务。2020年4月，中钢马矿总院成立以公司分管领导为负责人的新材料事业部、矿业事业部、安全环保信息事业部、岩土市政事业部，进一步聚焦优势人才和专业，启动实施事业部运行和考核机制，以扁平化的管理建立快速响应的市场机制，强化了业务协同经营作用。

（三）用活授权，推进产业，培育企业多元化业务

中钢马矿总院充分运用中钢集团授予其董事会的"中长期发展决策权"等6项"双百授权"，在新项目投资方面，通过成立项目公司的形式，积极与马鞍山市地方政府合作开展"丁山矿区生态修复""Ⅱ类固废填埋场"等项目，快速、高效地开展业务。在激励机制方面，中钢马矿总院以检验检测业务为依托，开展项目分红试点，2019年全年新签合同额、营业收入、利润均创历史新高；在国内率先实现国产化的国家战略材料空心玻璃微珠产业取得长足发展，2019年全年销售额同比增长50%以上，生产成本下降14%，盈利能力持续向好；重点打造的爆破工程业务深耕马钢集团矿业市场，并与包钢集团巴润矿业续签多项爆破工程合同；打造的安全应急产业取得实质性进展，目前已形成受限空间智能探测器、隐患排查治理系统等4个优势方向，2019年营业收入增长45%；自主开发了胶凝剂材料并成功实现产业化，2019年实现营业收入超千万元，新签合同额近2 000万元；正在加快推进国家重点支持发展的节能低碳新材料碳气凝胶产业化项目，预计2020年年底在国内率先实现产业化。

（四）前瞻研究鼓励创新，打造企业核心优势技术

科技型企业最核心的优势是技术。为进一步提升公司科研实力，中钢马矿总院于2019年精选组建了中国非煤矿山科技信息服务平台技术、基于物联网的智慧矿山远程专家决策系统构建、球形加重新材料3个创新团队，并给予860万元资金支持，全力打造核心关键技术。此外，为切实发挥行业技术"国家队"作用，中钢马矿总院积极谋划国家"十四五"技术创新方向，凝练出生态脆弱地区绿色矿山建设关键技术、长江经济带矿山固废综合处置利用与污染防控技术集成、高深高压油气井用球形超细加重材料的研发及产业化、典型低品位萤石矿绿色加工冶金和建材辅料关键技术及

装备等7项前沿研究课题。为鼓励公司员工持续创新,中钢马矿总院制定、出台了公司新的技术创新管理办法,对2019年参与并较好地完成21项纵向课题申报、11项获奖成果、1项行业标准、7项论文和专著的相关人员给予近50万元专项奖励。

此外,针对地理位置不占优、引进人才难度大等客观现实难题,在集团的支持下,中钢马矿总院在南京成功设立了中钢集团南京华忻科技有限公司。南京华忻科技有限公司将以引进高层次人才为核心,聚焦创新团队建设,开展新专业培育、新技术开发、新材料研发,助力中钢马矿总院改革创新、转型发展。

三、改革成效

通过持续深入推进改革,中钢马矿总院在科技创新、主业经营、转型发展、人才培养及党的建设等方面取得了突破性成果,开启了高质量发展的新征程。

一是科技创新实现重大突破。2019年,院士申报工作取得巨大成功,王运敏教授成功当选中国工程院院士,实现了中钢集团和马鞍山市院士"零的突破",有力地促进了中钢马矿总院行业技术引领作用的发挥。2018—2019年,中钢马矿总院共获得国家科技进步奖1项、省部级奖8项;获得国家专利授权84项,其中授权发明专利52项。

二是经营规模和效益实现新突破。2019年,中钢马矿总院累计实现营业收入5亿元,同比增长48.4%;实现利润总额5 427万元,同比增长62.7%;累计新签合同额为6.99亿元,同比增长36.7%。2020年上半年,中钢马矿总院积极克服疫情影响,努力推进主业经营,营业收入同比增长48.69%,利润同比增长89%,累计新签合同额同比增长48.2%。

三是转型发展实现新突破。2020年上半年,中钢马矿总院微珠新材料产业营业收入同比增长52%,利润均同比增长60%;爆破工程产业营业收入同比增长87%,利润同比增长110%;安全应急产业营业收入及利润均同比增长35%以上;碳气凝胶新材料即将实现产业化。中钢马矿总院成功设立了南京子公司,进入实体跨区域发展时代。

四是人才队伍建设实现新突破。中钢马矿总院2人分别获批"安徽省战略性新兴产业技术领军人才"和"安徽省第五批'特支'计划创新人才";2人获批省市学术技术带头人;引进"双一流"高校毕业生15人,创新人才队伍得到有力提升,为下一步加快发展奠定基础。

五是党建工作得到进一步加强。中钢马矿总院以深入开展"不忘初心、牢记使命"主题教育,以及配合国务院国资委党委巡视集团各项工作为契机,坚持问题导向,通过专题学习研讨、深入调查研究、问题检视剖析和推进整改落实,有效发挥了党委"把方向、管大局、保落实"的作用,促进了党建与改革经营的有机融合,党建工作得到进一步加强。

54

坚持市场化导向、多元化激励激发企业活力

北京钢研高纳科技股份有限公司

一、基本情况

北京钢研高纳科技股份有限公司(以下简称"钢研高纳")是我国航空发动机、燃气轮机重点关键材料的重要供应商。近年来,随着我国高端制造业的迅速发展,高温合金市场容量显著扩大,迎来了前所未有的发展机遇,也迎来了前所未有的激烈竞争局面。钢研高纳牢牢抓住"双百行动"综合改革契机,围绕"五突破、一加强"的目标任务,全面调研分析内外形势,明确战略定位,细化实施计划,强力推进各项改革措施落地见效。经过公司全体人员的努力,钢研高纳改革成效初显,公司党建工作不断加强,法人治理结构不断完善,市场化经营机制持续深化,多元化激励约束机制逐步建立,业绩大幅增长,创造了历史新高。

钢研高纳是中国钢研科技集团有限公司控股的上市公司,主要从事高温合金、高均质超纯净合金和轻质合金材料及制品的研发、生产和销售,为中关村科技园区高新技术企业和我国首批创业版上市公司。钢研高纳以"成为世界一流的高端装备制造业所需金属新材料与制品供应商"为愿景,是我国航空发动机、燃气轮机重点关键材料的重要供应商。

二、主要做法

(一)持续推进股权多元化和混合所有制改革,激活员工内生动力

在本部公司层面,钢研高纳通过实施股权激励计划激励骨干员工,通过资本运作快速拓展市场领域。2019年,钢研高纳实施了限制性股权激励计划,激励对象覆盖广,激励力度大,约束时间长,业绩考核强,有效地凝聚了骨干员工力量,激发了团结奋进的斗志。

2018年10月,钢研高纳通过发行股份、购买资产,收购了民营企业青岛新力通公司65%的股权,其余35%的股权由员工持有。通过1年国营企业与民营企业的协同融合发展,2019年,青岛新力通公司销售收入同比增长39.9%,净利润同比增长54%,超额完成了并购业绩承诺。钢研高纳实现了业务领域从军品到民品的快速拓展,为民品化、国际化发挥了重要的推动作用。

在子公司层面,钢研高纳不断完善员工持股运行模式和员工持股的激励约束机制。钢研高纳子公司从成立之初即开展了员工持股计划。其中,钢研德凯公司成立5年来,收入、利润平均年复合增速分别达31%和74%。持股计划放大了团队的核心竞争力,团队成员平均年龄不足35岁,充满奋斗热情,成为钢研高纳发展不可或缺的内在动力。

为进一步用活员工持股机制,2019年,钢研高纳筹备成立了子公司员工持股平台,通过合伙人章程设立激励和约束挂钩的进入和退出机制,既有利于激励骨干,又能保证股权结构稳定,实现了经营过程中的高效决策;对持股平台运行过程进行控制,对员工退出机制进行探索,进而形成员工持股改革的闭环,是改革的重点。

(二)健全法人治理结构,坚持两个"一以贯之"

作为上市公司,钢研高纳不断完善现代企业制度,健全公司法人治理

结构，全面提升公司治理水平。钢研高纳建立了规范的公司治理结构，董事会由9名董事组成，其中独立董事3名，依法行使决策权；监事会由3名控股股东监事和2名职工监事组成，依法履行监事会职责。根据上市公司相关规范及指引，钢研高纳规范了董事、监事和高级管理人员的行为及选聘任免，履行公平信息披露义务，积极承担社会责任，采取有效措施保护投资者的合法权益。

按照两个"一以贯之"的要求，钢研高纳根据"充分发挥党委领导作用、董事会的决策作用、监事会的监督作用、经理层的经营管理作用"的原则，制定了《贯彻落实"三重一大"决策制度实施办法》《决策事项清单》，厘清了各决策主体的权责边界，进一步规范了决策程序，明确了董事会、经理层决策重大事项的党委会前置具体程序，做到了各治理主体各司其职、各负其责、无缝衔接、协调运转。

（三）加快完善市场化导向经营机制，全面增强企业活力

1. 建立高级管理人员的市场化选聘、契约化管理机制

一是高级管理人员实行市场选聘和任期制，实现市场选聘高级管理人员2名，试用期1年，每届经理班子聘任期限不超过3年。二是引入契约化管理理念和手段。钢研高纳与高级管理人员签订了《岗位聘任协议》《绩效目标责任书》，明确了岗位责任、绩效责任、考核激励等各项权利义务。高级管理人员薪酬激励与绩效考核紧密挂钩，考核遵循效益优先、注重质量和量化考核为主的原则，侧重绩效目标和管理任务完成情况。

2. 建立以岗职位价值管理为基础的市场化用工体系

钢研高纳依据公司发展战略，优化组织结构，构建了管理、技术、管理支持、技能4个岗位序列、7个岗位职级，打通员工职业生涯通道；在多维岗位价值分析评价基础上，建立了包含固定工资、绩效工资和市场化激励的薪酬体系；为市场化人才配置构建科学合理的岗职位体系和薪酬

体系。

3. 建立以全面公开招聘为核心的市场化选聘机制

钢研高纳制定了市场化的人才引进管理办法，规范了市场化人才招聘程序，加大了市场化人才引进力度，确保了用工的公开、公平、公正和竞争择优。公司总部职能管理部门员工全员实行市场化方式竞聘上岗，新员工除应届毕业生外，绝大部分实行市场化选聘。在新选拔干部中，2018年市场化选聘占比达31%，2019年市场化选聘占比达69%，有力地推进了干部年轻化和专业化管理团队打造。

4. 畅通退出机制，建立市场化人才流动机制

钢研高纳真正实现了"能上能下、能进能出、能升能降"。"三项制度"改革是深化干部人事制度改革的攻坚难题，钢研高纳坚持解放思想、大胆探索，通过全员考核、有效流动、竞争择优、合理退出等方式，形成了"能者上、平者让、庸者下"的市场化用人导向与机制。

（四）建立多元化的激励体系，打造拼搏奋进的价值理念

一是实施限制性股票激励计划，构建激励与约束并重的中长期激励机制。钢研高纳本次股权激励对象包括管理、技术及项目骨干，人数达公司职工总数的13.61%。激励计划突出成长性，制定了按增量贡献分配、按考核结果解锁的激励政策，有力地支持了公司中长期发展战略，使员工与公司长期成长紧密联系在一起，共同为公司价值持续增长协力并进。

二是完善考核体系，加强针对性，向贡献者倾斜，向奋斗者倾斜。钢研高纳分别建立了针对业务部门、研发部门和职能部门的考核机制，加强针对性，调动积极性。业务部门为"经营业绩+科技创新+综合管理"，研发部门为"基本薪酬+项目研发计提+成果转让计提"，职能部门为"职责履行+重点任务"。部门考核设目标绩效和卓越绩效，并设超额特别奖金，向奋斗者倾斜，为贡献者喝彩，建立拼搏奋进的职业化价值理念。

三是加强科研人员奖励，完善科技创新体系。钢研高纳出台了《钢研高纳自立研发项目暂行管理办法》《钢研高纳促进科技成果转化奖励实施办法》，建立了科技创新管理体系和基本管理制度，从公司层面上统筹重大科研项目的投入机制、管控标准和奖励机制。

（五）坚持党的全面领导，强化党的领导核心作用

一是全面落实国务院国资委党建重点任务要求。钢研高纳完成了全级次公司章程修改，明确了党组织在各级公司治理中的法定地位；落实党委书记和董事长"一肩挑"制度；坚持党委会研究讨论作为董事会、经理班子决策重大事项的前置程序，凡涉及干部任免事项均由党委会研究决定；在公司战略规划、重大事项和各项改革措施的决策和推进过程中，党委充分发挥了"把方向、管大局、保落实"的作用。

二是坚持党的建设全覆盖，国有资本投到哪里，党的建设就强化到哪里。新晋并购进入钢研高纳的青岛新力通公司将党支部实行公司与属地双重管理。钢研高纳党委书记第一时间与属地党委交流协同，帮助青岛新力通公司迅速进入党建工作新模式。青岛新力通公司将党员教育管理、组织生活、宣传平台、党务工作队伍建设等工作纳入钢研高纳党建工作体系，在钢研高纳党委的指导和支持下有序开展工作，支部建设和文化融合得到了发展。

三、改革成效

在"双百行动"的引导下，钢研高纳坚持市场化导向、多元化激励，通过实施一系列改革措施，经营业绩取得大幅提高。钢研高纳在2018年业绩显著提升的基础上，2019年业绩再创新高，实现销售收入14.9亿元、净利润1.8亿元，分别同比增长61%、45%，同时运营质量得到大幅改善。在并购企业青岛新力通公司方面，钢研高纳全面完成了并购业绩承诺

工作，实现净利润及现金流双双过亿元。经过改革，钢研高纳面貌焕然一新，企业活力显著提升，市场拓展成效显著，产业规模逐步扩大，为其进入快速发展通道打下了良好的基础。

"双百行动"正推动钢研高纳发生根本转变。钢研高纳改革信心进一步增强，市场竞争力进一步提升，呈现出全新的发展局面。钢研高纳将继续深入贯彻"双百行动"的决策部署，进一步激发企业活力，扎实推进高质量发展，将公司打造成党的领导坚强有力、治理结构科学完善、经营机制高效灵活、创新能力持续加强的改革"排头兵"。

55

调整布局结构　创新体制机制
系统推进改革和转型升级

中国化学工程重型机械化有限公司

一、基本情况

中国化学工程重型机械化有限公司（以下简称"重机公司"）是中国化学工程集团有限公司的全资子公司，前身系燃料化学工业部第十三石油化工建设公司进口设备验收组，组建于1974年；主营业务为基础设施建设（市政、公路、房建）、岩土工程、吊装工程、环保工程、大件运输、机电安装，其中高能级强夯具备2.5万千牛米施工能力；业务遍布全国各地，海外市场辐射印度尼西亚、尼泊尔、斯里兰卡、孟加拉国、安哥拉等国家。截至2019年年底，重机公司拥有员工438人，各类专业技术人员183人，其中国家一级注册建造师27人，高级技术人员70人；现有总资产8.71亿元，拥有1 000吨级大型起重机、2 500吨级强夯机等业内领先设备200余台，总功率达1.1万千瓦。

二、主要做法

（一）坚持党的领导，加强党的建设，充分发挥党组织的政治核心作用

重机公司全面贯彻落实党中央要求，把"坚持党的领导、加强党的建

设"作为推动企业改革发展的深厚动力和根本保证。重机公司修订了公司章程,明晰并固化了党组织和法人治理结构各主体决策事项、权责边界;完善了"双向进入、交叉任职"的领导体制,选派党性强、懂经营、善管理的党组织领导班子成员通过法定程序进入经营决策层;规范和健全了党组织参与企业"三重一大"事项的决策机制,明确了党委研究讨论是公司决策重大问题的前置程序,把党委领导融入企业重大决策部署的全过程,确保党委"把方向、管大局、保落实"的领导作用有效发挥,引领企业行稳致远。

(二)发挥战略引领作用,创新发展思路,推动主营业务转型升级

面对基建行业激烈的市场竞争,重机公司围绕国家政策导向,按照集团公司"三年五年规划、十年三十年愿景目标"中长期发展战略指引,制定了"一台一柱、培育两翼、双轮驱动"的发展战略,进一步明确了发展方向。一是以"混改"公司为发展平台,重点发展合资公司公路施工业务,把基础建设工程施工发展作为公司支柱产业;二是深化改革,优化资源配置,整合内部资源,形成"拳头"效应,做强做优岩土和吊装传统业务板块;三是积极培育环保、基建和海外业务,打造新的利润增长点。通过不断优化经营布局,重机公司促进了转型升级,风险防控能力显著增强,组织结构进一步优化,工程项目精细化管理得到全面推广,企业经济状况明显改善。

(三)大力推进混合所有制改革,拓宽业务范围,促进战略落地

重机公司积极响应国企改革"双百行动"的号召,认真落实《中共中央 国务院关于深化国有企业改革的指导意见》,按照集团公司工作部署和安排,与民营企业加强合作,全力推进混合所有制改革工作。

2019年4月,重机公司与黑龙江省长力建设有限公司达成"混改"共识。重机公司紧跟集团公司思路,前期可行性研究、方案制定、法律尽职

调查、财务审计、资产评估等各项工作环环相扣、全力推进。2019年8月11日,新设专业公司中化学路桥建设有限公司正式挂牌,取得了公路工程施工总承包一级资质、公路路面专业承包一级资质、公路路基专业承包一级资质,拓宽了市场准入范围。

集团公司对"混改"公司提出了"叫得响、作示范、可推广"9个字总要求。"混改"公司股权结构为:重机公司控股51%,民营企业参股34%,员工跟投15%。国有企业派出董事长和财务总监,民营企业经营管理者任总经理,骨干员工跟投,实现了风险共担、利益共享,通过资本纽带建立起了"生命共同体""利益共同体",通过建立有效制衡的公司治理结构,形成了推动企业发展的合力。重机公司"央企品牌实力+民营机制"成效显现,实现了"当年'混改'落地、当年项目落地(新签合同额10.4亿元)、当年形成营业收入(3 440万元)"的既定目标。

(四)完善市场化经营机制,健全激励约束机制,激发干部队伍活力

重机公司对标市场,完善市场化经营机制,完成了定编、定岗、定员"三定"工作。重机公司建立了以合同管理为核心、以岗位管理为基础的市场化选人用人机制,严格按照"市场化选聘、契约化管理、差异化薪酬、市场化退出"的要求,制定出台了《董事会对经营层授权管理实施细则》《职业经理人管理办法》《经理层考核激励实施细则》等管理办法、细则,严格规范职业经理人"管理权限和职责分工、职数和任期、选任条件、选聘方式和程序、管理方式、考核评价、薪酬与激励及退出"等各个环节的工作,充分发挥职业经理人在企业运营中的主导作用。

2019年,重机公司共面向行业、社会组织4次公开招聘,在严格履行选聘程序的基础上,"英雄不问出处",拓宽人才选聘渠道,汇聚八方人才,市场化选聘各类经营、管理和专业技术人员102人,调整中层以上干部35人次,使一批年富力强、德才兼备、群众认可的管理人才走上管理

岗位，打造了一支引领重机公司发展的干部队伍。重机公司员工通过市场化选聘进入"混改"企业的，所有人员签订全新的劳动合同，跳出体制、淡化职级，从思想意识上打破"铁饭碗"，树立新观念。重机公司推行差异化薪酬制度，坚决打破"大锅饭"，不看资历，只看能力和指标完成情况，对全体员工进行试用期考核和任期考核，凡不合格者一律辞退，共有5名员工因工作能力不足被解聘，真正实现了人员"能进能出"。

为充分调动经理层工作积极性和主动性，重机公司进一步建立完善了经营业绩考核办法，公司经理层全员签订了《聘任合同书》《任期经营业绩责任书》《年度经营业绩责任书》，明确了岗位职责、权利义务、考核指标、薪酬待遇、奖惩规定及责任追究等事项，做到岗岗有目标、人人有指标，并严格落实兑现，构建"能者上、优者奖、庸者下、劣者汰"的优胜劣汰机制，激发了干部员工干事创业的积极性和主动性，为实现经营目标打下坚实的基础。

三、改革成效

（一）业务转型升级初显成效

通过一系列改革，重机公司转型升级进程加快，市场经营开发实现新突破，一些具有代表性的工程项目成功落地。通州广渠路东延道路工程项目标志着重机公司进入北京基建市场；天津相关污染土壤淋洗项目，使重机公司在培育环保业务板块有了实质性突破；四川乐凯新材电子材料研发及产业基地项目，是重机公司以自有资质获得的大基建项目；国际工程公司成立半年内即中标海外阿提哈德铁路工程项目，成功迈入国际市场，具有重要意义；陕煤榆林项目6个标段强夯是重机公司历史上单体最大的强夯项目。

(二)项目管理全面加强

重机公司贯彻"质量第一、效益优先"的理念,加强后台管控,深入贯彻精细化管理,管理水平得到全面提升;切实推行项目部、分公司绩效考核,上岗靠竞争、收入比贡献,做到"业绩上、薪酬上,业绩下、薪酬下",充分发挥考核工作的激励导向作用,促进了降本增效。2019年,陕煤榆林强夯项目利用短短45天时间调集130多台设备,完成强夯施工317万平方米,产值达8 000多万元,确保了项目质量和安全,受到业主"敢打硬仗、善打硬仗"的高度评价;公司项目创造了单月完成产值2.7亿元的历史新高;安庆项目部实施精细化管理,全面贯彻"19化"和"19集中",多次在业主评比中荣获第1名。

(三)经营效益稳步提升

重机公司全面深化改革工作收获丰硕成果,2019年完成新签合同额35.5亿元,同比增长655.32%;实现营业收入超过5.64亿元,同比增长25.4%;实现净利润2 262.76万元,同比增长146.77%;资产总额超过8.71亿元,同比增长39.49%;净资产约1.2亿元,同比增长20%;全员劳动生产率为33.7万元/人,同比增长11.74%;人工成本利润率为40.27%,同比增长27.68%;在岗员工年平均薪酬同比增长超过60%,薪酬最高者比最低者高1.34倍。各项经济指标持续向好,呈现良好的发展势头。2020年上半年,重机公司努力克服疫情影响,新签合同额达27.24亿元,同比增长229.68%,创历史新高。

回顾过去,重机公司坚持通过不断深化改革来解决发展中的问题,一路攻坚克难,一路开拓创新,取得了一定的成绩,积累了一定的经验。展望未来,重机公司将认真贯彻党中央、国务院决策部署,坚持以新发展理念为指导,抢抓历史机遇,担当改革先锋,走好发展新路,不忘初心、砥砺奋进,在做强做优做大的道路上迈出更加坚实的步伐。

56

深化混合所有制改革　提升企业发展质量

中国盐业股份有限公司

一、基本情况

中国盐业股份有限公司（以下简称"中盐股份"）是中国盐业集团有限公司（以下简称"中盐集团"）的控股子公司。中盐集团以中盐股份为平台实施的混合所有制改革，是基于核心主业盐业务的"混改"，是在盐业体制改革这一时代背景下做出的现实选择。2019 年，中盐集团实现营业收入 261.65 亿元，同比增长 12.49%；实现利润总额 12.38 亿元，同比增长 14.44%。通过"混改"，中盐集团将中盐股份打造成了专注于盐业务的专业化公司，整合了集团盐资源开发、产品研发、工程设计、生产销售，形成了盐的完整产业链，目标是建设"具有国际竞争力的国家盐业公司"。

二、主要做法

（一）坚持突出主业，打造盐业"混改"平台

一是专业化整合，高效完成资产重组。中盐集团以中盐股份为平台，围绕核心主业实施"混改"。中盐集团按照集团化管理、专业化运营的方式，对食盐批发业务进行整合，完善中盐股份盐产业链，打造专业化的国家盐业公司；划出中盐股份化工资产和其他非盐业务，以上市公司中盐内

蒙古化工股份有限公司为平台进行资产重组，打造优秀的化工企业。

二是探索性创新，解决历史遗留问题。传统食盐专营企业主体多、分布散、资产复杂的问题由来已久，中盐股份在资产重组和"引战"过程中，坚持"一企一策""一资产一策"，因地制宜规范解决涉及的土地、房产、矿权等历史遗留问题，确保国有资产不流失。2018年以来，中盐股份以无偿划转、协议转让、退还政府等不同方式累计处理土地、房产等相关疑难问题200余项，涉及划拨地31宗、地上房产93处、土地面积112.13万平方米。在用好用足政策基础上，中盐股份创新矿权处置方式，将评估标的由"已经有偿处置的资源储量"调整为"保有资源储量"，实现了国有资产保值增值。

（二）积极引入"战投"，推动盐行业联合重组

一是精心筛选，引入3类"战投"。中盐股份按照"价值观契合、战略有协同、实力有保障"的标准，筛选并引入3类投资者：第一类是广东盐业、重庆化医、广西盐业等盐行业企业，有利于形成行业联合和业务互补；第二类是广东温氏集团、陕西石羊集团等跨行业企业，有利于商业模式相互借鉴，实现渠道资源共享；第三类是国新央企运营投资基金、建信信托、兴业银行等战略性财务投资者，有利于完善公司治理，支撑财务资源和战略发展。通过采用场内交易、市场定价的市场化方式，最终共有13家战略投资者完成投资决策进场摘牌，总投资额约30.61亿元，持股比例共约31.57%。

二是联合重组，推动行业整合。在"混改"的同时，中盐集团及中盐股份与广东、广西、重庆、江西、浙江、安徽、天津、山西等多地盐业公司开展合作洽谈，对部分地方的盐业公司实施了并购重组。例如，通过增资控股重庆市盐业（集团）有限公司并改组为中盐西南公司，打开了西南地区市场大门；与内蒙古自治区盐业公司、内蒙古额吉淖尔制盐有限公

司、内蒙古聚祥投资有限公司、内蒙古戎盐企业管理中心签订了内蒙古额吉淖尔制盐有限公司增资协议，实现了央地联合助力盐企"混改"。中盐股份推动"混改"和"盐改"相融合，加快行业重组和结构调整，集聚了各类资本优势，优化了行业发展生态，促进了行业产品创新、市场创新和产业价值链延伸，持续提升了行业影响力，食盐市场占有率由2018年的28.2%提高至31.8%。

三是主动宣传，讲好"中盐故事"。在近年来行业整体经营态势不好的背景下，中盐股份在实施"混改"过程中，为增强战略投资者的信心，反复打磨商业计划书，通过财务顾问、交易所等多种渠道广泛宣传和推介项目，加大高层互访力度，会见各类投资者近80家，安排路演活动近60场，开展投资者尽职调查和实地调研10余次，充分挖掘了自身的投资亮点和巨大的潜在商业价值。

（三）注重以"混"促"改"，提升"混改"质量和效果

一是健全法人治理结构。"混改"后，中盐股份董事会设11个席位，其中中盐集团提名4个，"混改"引入的战略投资者提名3个，同时设4个外部董事席位（上市后为独立董事席位），董事长、党委书记由一人担任。中盐股份明确和规范了股东大会对董事会的授权放权事项，以及中盐集团对提名的董事、监事的授权事项，在保障中盐集团控股以更好贯彻落实国家盐业公司经营战略的同时，使非国有资本能够通过董事会积极发挥股东作用；中盐股份董事会对企业中长期发展权、投融资决策权、经理层业绩考核和薪酬分配权、职工工资分配权等权利得到了有效落实。

二是加快完善市场化经营机制。中盐股份积极探索推行职业经理人制度，通过市场化机制选聘1名副总经理和1名总会计师；强化薪酬业绩联动机制，拉开企业内部收入分配差距，2019年所属企业负责人平均基薪和绩效薪酬比例为3:7，管理层薪酬最高者是最低者的3.5倍；以科技成果

转化收益为标的,在所属子企业中盐工程技术研究院有限公司对重要技术人员和经营管理人员实施项目分红激励,项目收益分红最高者是最低者的16倍,极大地调动了科技人员科研创新的积极性和主动性。

三、改革成效

一是提高了经济效益,提升了发展质量。近年来,中盐股份基本经受住了"盐改"的考验,经营效益止跌回稳回升。2019年,在行业整体情况仍然下滑的形势下,中盐股份经济效益保持了总体稳定:实现营业收入61.97亿元,同比增长16.82%;实现利润总额5.86亿元、净利润4.42亿元。目前,中盐股份已启动发行上市前期准备工作,并着手推动组织体制变革和商业模式创新设计等相关工作。中盐股份按照产销一体化的方向整合内部研发、生产、销售资源,统筹管理盐业务的批发渠道和零售资源,巩固市场地位并不断拓展份额,已完成京津冀、西南等地区的业务整合,区域产销一体化格局初步形成。同时,中盐股份积极实施"三品"战略,推进产品结构调整,加大新盐品开发,提升产品层次,培育企业发展新动能。

二是健全体制机制,激发企业活力。中盐股份制定、完善了《中盐股份本部薪酬管理办法》《中盐股份本部职务职级管理办法》《中盐股份本部绩效考核实施方案》,将业绩考核与激励约束紧密衔接,保证了考核评价的合理性与有效性、薪酬分配的科学性与公平性。根据中盐集团的相关部署和要求,中盐股份所属企业相继制定了《"三项制度"改革实施方案》,按照阶段性目标任务清单、路线图、时间表,结合企业发展实际,扎实推进企业深化"三项制度"改革工作;通过完善管理人员职级体系、健全绩效考核评价体系、增强市场化选人用人力度等措施,实现"管理人员能上能下、员工能进能出、收入能增能减"。中盐股份对所属企业承担重大专项任务、重大科技创新项目等特殊事项，加大薪酬激励力度，切实调动和激发了员工的工作积极性、主动性和创造性。

三是勇担社会责任，彰显国企风范。立足于"创新行业价值、服务民本民生、体现国家意志"3大主体功能，中盐股份切实承担普及碘盐供应、保障边远贫困地区食盐供应和社会特殊时期的应急供应等社会责任。中盐股份坚持以"中盐"品牌为核心，以安全、健康、可靠、优质的产品为载体，把"吃好盐、选中盐"落实到企业的全流程管理之中，全面保障食盐供应安全。中盐股份积极参与"健康中国"行动，从国家和人民的利益出发，代表全国盐行业向社会发出"合理控盐、维护健康"的郑重倡议，在全国范围内开展"减盐行动"。在盐业体制改革逐步深化的进程中，中盐股份主动担当、积极作为，扛起时代担当，践行央企责任，努力建设世界一流的国家盐业公司，引领盐行业高质量发展。

57

全方面深化"混改" 推动实现高质量发展

北新集团建材股份有限公司

一、基本情况

北新集团建材股份有限公司(以下简称"北新建材")是世界500强中央企业中国建材集团有限公司(以下简称"中国建材集团")旗下A股上市公司。北新建材于1994年入选"全国100家现代企业制度试点单位";1997年在深圳证券交易所上市;2004年以来聚焦主业,稳步推进石膏板产能布局;2006年,石膏板业务规模达到4亿平方米,稳居中国第1位;2009年,石膏板业务规模达到7.2亿平方米,位居亚洲第1位;2012年,石膏板业务规模达到16.5亿平方米,跃居世界第1位。目前,北新建材已发展成为全球最大的石膏板产业集团(石膏板业务规模达27.52亿平方米)、中国最大的绿色建筑新材料集团。

二、主要做法

(一)实施混合所有制改革,推进股权结构多元化

作为中国建材集团旗下的老牌A股上市公司,北新建材一直注重通过混合所有制改革实现资本优化重组和产业整合,做强做优做大固有资本。2016年,北新建材通过发行股份购买控股子公司泰山石膏有限公司35%的

少数股权,原少数股东泰安市国泰民安投资集团有限公司、35 名自然人及泰安市和达投资中心等 10 家有限合伙企业成为上市公司股东。此次重组促进了北新建材股权结构的多元化:截至 2020 年 6 月 30 日,央企 H 股上市公司中国建材股份有限公司持股 37.83%,地方国资公司持股 7.38%,经营管理骨干持股 5.09%。通过混合所有制改革,北新建材激发了内生活力,提升了决策效率、整体管理效率和资源配置效率,提高了市场占有率及核心竞争力,为未来进一步全面深化改革和可持续发展奠定了坚实的基础。

2018 年,北新建材继续推进混合所有制改革,设立了合资公司梦牌新材料有限公司,其中北新建材持股 70%,民营企业山东万佳建材有限公司(以下简称"山东万佳")持股 30%;通过合资公司,联合重组国内产能第二大石膏板产业集团山东万佳下属 3 家石膏板企业。此次联合重组完成后,山东万佳管理团队加入合资公司,为合资公司输送了优秀人才,激发了企业活力,提升了公司竞争力;山东万佳将下属石膏板企业拥有的 1.9 亿平方米产能的石膏板生产线通过重组并入合资公司,进一步扩大了合资公司石膏板产能,巩固了合资公司在石膏板行业的领先地位。此次混合所有制改革使得合资公司兼具了国企的实力和民营企业的活力。

2019 年,北新建材继续推进混合所有制改革,联合重组防水行业 3 家区域龙头企业,顺利"进军"防水行业。2019 年 8 月,北新建材联合重组区域龙头企业四川蜀羊防水材料有限公司(以下简称"蜀羊防水"),正式"进军"防水业务;2019 年 10 月,北新建材联合重组区域防水龙头企业禹王防水建材集团有限公司(以下简称"禹王防水")等 8 家公司及河南金拇指防水科技股份有限公司(以下简称"金拇指防水")。联合重组后,北新建材持股 70%,蜀羊防水、禹王防水和金拇指防水各自创始人分别持有联合重组后各防水企业 30% 的股权。北新建材迅速形成了覆盖全国的十大防水材料产业基地布局，成为中国防水行业领军企业之一。通过此次混合所有制改革，北新建材顺利"进军"防水行业，引入多位优秀的民营企业家，培育了新的业绩增长点，为企业发展注入了新活力，进一步提高了企业竞争力。

（二）优化组织机构和流程，深化选人用人制度市场化改革

北新建材按照适应市场化竞争的需要进行组织机构和选人用人机制改革。通过整合职能分工、合并横向线条，北新建材将本部职能部门由原先的25个整合重组为13个，实现50人小总部；以区域公司作为利润中心，构建"小总部、大业务"，打破部门边界，压减机构、优化流程，全面推行"一人多岗、一岗多能"，近几年同口径精减人员30%以上。在用人制度改革方面，北新建材推行职业经理人制度，全面启动市场化选人用人机制改革，实施"全体起立、全员竞聘"机制，而且不设年龄、资历、学历、职级的门槛，既防止已经在位的干部混日子，也防止能干的人才被埋没。北新建材在改革中坚持和加强党的领导，党委书记担任竞聘委员会主席，党群工作部和纪检监察部全程参与和监督。2019年，北新建材启动部门正职以下岗位竞聘工作，拟2020年开始部门正职竞聘，并拟向上级申请班子成员也纳入"全体起立、全员竞聘"体系。通过竞聘，北新建材充分激发调动了广大干部的能动性与积极性，努力实现了"能者上、平者让、庸者下"。截至2020年6月底，北新建材在管理类、营销类、生产类、职能类等94个岗位陆续推行了岗位竞聘，包括区域公司总经理/副总经理、分子公司总经理/副总经理、海外项目项目经理/项目副经理、石膏板厂厂长/副厂长等重量级岗位，共有343人参与岗位竞聘，促进了人才的合理配置。

（三）进一步加强党的领导和党的建设

在推动各项改革工作中，北新建材始终坚持把进一步加强党的领导和

完善公司治理相结合,将党建工作融入公司治理各环节。在公司章程中增加了"党的建设"章节,明确了党组织在公司法人治理结构中的地位;坚持和完善"双向进入、交叉任职"的领导体制,建立健全党委依照规定讨论决定企业重大事项的程序和机制,把党委会研究讨论作为董事会、经理层决策重大问题的前置程序,有效发挥党委"把方向、管大局、保落实"的领导作用。北新建材设立了一层楼的党建中心,其"党建书屋"启动仪式于2018年12月举行,成为中国建材集团第一家"党建书屋"。北新建材党建品牌"红色标杆计划"成为集团十大党建品牌之一。

三、改革成效

北新建材坚持以改革促发展,通过改革创新引领企业初步实现高质量发展,在制造行业赢得了国内50%以上的市场份额。2004年以来,北新建材实现年均净利润复合增长率30.6%(2004—2019年为扣除非经常性损益后的净利润,且2019年净利润扣除了年底并表的防水业务相关净利润)。2019年,北新建材总资产增至215亿元;实现石膏板销量19.66亿平方米,同比增长5.2%;实现营业收入133亿元,同比增长6%;实现扣除非经常性损益后的归属于母公司净利润23.8亿元。2019年,北新建材市值从232亿元增至430亿元,增幅达85%;截至2020年7月20日,北新建材市值增至554亿元,与2019年年初相比增长139%。

北新建材3次荣获全球石膏工业年度公司奖(全球唯一),并获得全球石膏工业突出贡献奖、中国工业企业质量标杆、国家级企业管理现代化创新成果一等奖、中国最具成长性上市公司、中国最佳股东回报上市公司、中国证券金紫荆奖"最具品牌价值上市公司"等荣誉,被清华大学经济管理学院作为第一个"文字+视频"中英文企业案例在全球发布。2016年,经国务院批准,北新建材荣获中国工业领域最高奖项——中国工业大奖。2019年，北新建材荣获主体信用评级最高AAA信用等级等荣誉，被全球权威评级机构穆迪授予A3评级，成为全球同行业最高评级；荣获中国质量管理领域的最高奖——全国质量奖，成为中国建筑材料领域唯一集齐工业和质量领域最高奖的企业。

尽管北新建材近年来的改革发展取得了一定的成绩，但与党的十九大提出的"培育具有全球竞争力的世界一流企业"的要求相比，仍有较大差距。北新建材将以国企改革"双百行动"为契机，在前期积累的混合所有制改革和职业经理人制度实践经验基础上，力争将自身打造成世界级工业标杆企业。

58

深化改革创新 激发院所活力
全力建设创新型现代企业

中材高新材料股份有限公司

一、基本情况

中材高新材料股份有限公司（以下简称"中材高新"）由山东工业陶瓷研究设计院（以下简称"工陶院"）和中材人工晶体研究院（以下简称"晶体院"）2家国家级转制院所重组而成，是国家创新型企业、国家技术创新示范企业。中材高新先后荣获了国家科技进步一等奖2项、二等奖6项，国防科技进步奖9项，杜邦科技创新奖2项；研发的数十种新材料广泛应用于航空航天、电力、新能源、节能环保、信息等领域，为"载人航天""嫦娥"等国家重大工程及高性能武器装备提供了关键配套材料，为我国先进陶瓷和人工晶体行业的技术进步做出了突出贡献。

二、主要做法

（一）坚持问题导向，找准改革重点难点

中材高新学习贯彻习近平总书记关于国有企业改革发展的重要论述，组织认真学习"1+N"政策体系、"十项改革试点成果"、《国企改革"双百行动"工作方案》；积极宣贯中国建材集团战略目标、核心价值观、员

工行为准则、管理思路、经营措施等；开展思想解放大讨论 10 余次，梳理问题 300 余项，找出了企业发展的短板和弱项，明晰了改革的方向和路径；广大干部职工积极投身改革，解放思想、转变观念，进一步增强了市场竞争意识、股东意识、法人治理意识，带动了企业文化的重塑，营造了良好的内部改革氛围。

（二）坚持市场导向，加快经营机制改革

中材高新全面推行经理层任期制和契约化，制定并实施了"一方案、两合同、两办法"，即《任期制和契约化实施方案》《岗位聘任合同》《年度经营业绩合同》《绩效考核办法》《薪酬管理办法》。中材高新对产业、院所、工程企业实施 KPI（关键绩效指标）分类考核，对 29 名经理层实行"一人一表"考核，将考核结果与薪酬增减、岗位上下挂钩，所属企业高管年薪差距近 1 倍；根据经营业绩考核情况，对经理层薪酬执行升降，初步营造了"不看身份、不看级别，只看岗位、只看贡献"的良好氛围。

（三）坚持业绩导向，健全激励约束机制

一是持续深化员工持股试点工作，取得一定的成效。截至目前，中材高新所属中材电瓷共有 90 名骨干员工持股，资金总额为 2 248.7 万元，持股比例为 6.23%。中材电瓷深入开展"三定"（定岗、定编、定员）工作，制定关键岗位战略责任体系，明确 KPI 考核指标，实现岗位动态调整，职务"能升能降"；坚持以岗定股、动态调整，落实一轮股权动态调整，真正实现岗变股变，2019 年完成 8 人退股和减少股份，15 人新入股和增加股份。通过骨干员工持股，中材电瓷进一步增强了员工的责任感、积极性，企业经营效益大幅提升。2019 年，与骨干员工持股前比较，中材电瓷资产负债率降低 7 个百分点，净资产收益率增加 5 个百分点，营业收入增长 40%，净利润增长 168%。

二是积极推进科技型企业股权激励。氮化物陶瓷材料是国家重点支持

的新材料产业，多种产品应用到我国关键"卡脖子"装备。作为重点培育产业，中材高新依据"双百行动"改革精神创新激励机制，激发团队创新活力，对重要管理岗位和关键技术岗位的骨干员工制定股权出售方案，将有限合伙企业作为持股平台，股权激励比例将近30%。股权激励政策坚持依法合规、以岗定股、动态调整、设定上限、自愿认缴、风险共担、利益共享，以及有利于企业重大经营决策和创新发展的原则。

（四）坚持战略导向，提高科技创新有效性

一是牢记国家责任，服务国家战略需求。针对国家重点武器型号发展需求，中材高新开展了高超声速武器用热防护材料、透波材料、红外晶体等方面的研究、开发工作，不断抢占科技制高点，为我国高性能武器装备解决"卡脖子"材料问题发挥了更大的作用。

二是激发院所活力，创新发展模式。中材高新积极推进科技成果转化，打造创新创业共同体，工陶院、晶体院与地方政府、国有投资公司及其他社会资本合作合资，分别在山东济南、内蒙古鄂尔多斯、江西萍乡等地建设创新基地设施，打造创新创业共同体，取得了较好的效果；积极探索产、学、研、融、政"五位一体"的合作模式，未来新的创业公司将建立研发骨干入股、社会资本投入为主、研究院参股不控股、研发人员可以在院所和创业公司之间自由转换身份等新机制。

三是加强绩效考核，改革创新奖励机制。为提升创新效益，中材高新制定了对技术研发团队的系列奖励制度，探索推进实施院所等实际发生的研发支出可按照一定的比例（0~75%）计入当年项目承担单位利润总额进行考核；对新产品开发形成的新增净收益，每年可按不同比例（10%~20%）用作奖励，最多可连续提取5年；对技术成果转化形成的净收益，提取50%用作奖励等，充分调动了科技人员的积极性，提升了创新有效性。

（五）全面加强党的领导和党的建设

一是加强党的领导与公司治理相融合。中材高新进一步明确了各级党组织在决策、执行、监督各环节的工作细则，进一步厘清了党委会前置研究决定及讨论事项和总裁办公会、董事会决策事项；制/修订并实施了《党委议事规则》等44项党建工作制度。

二是落实党建工作责任制。中材高新从目标、任务、检查、考核4个维度，完善了"一个坚持工作目标、一项任务清单、三检查、三考核"为核心的"1133"四位一体的常态化党建工作体系。

三是充分发挥好党的工作对生产经营工作的促进作用。中材高新发挥好党员的先锋模范作用，组织开展了岗位创星等主题实践活动，共评选出29个岗位明星和集体，实现了党建工作与生产经营的深度融合。

四是管党治党在"严细实"上下功夫。中材高新以党的政治建设为首位，以促进企业改革发展为中心，紧紧围绕扎紧制度"篱笆"，将日常监督做实做细，建立了"九大工作机制"，形成了把党的政治建设摆在首位，以促进企业改革发展为中心，以"九大工作机制"为载体的"119"纪检监察工作体系，有效促进了纪检"三转"工作的深入开展，营造了风清气正、积极向上的工作氛围。

三、改革成效

一是通过一系列体制机制改革，整体经营效益明显提升。2018年，中材高新利润同比翻番，归属母公司股东的净利润同比增长50%；2019年，中材高新利润同比增长36%，归属母公司股东的净利润同比增长63%。实施"双百行动"综合改革以来，中材高新运营平稳向好，发展质量和持续发展能力进一步提升。

二是市场化经营机制更加灵活。中材高新初步建立起了经理层契约化管理，健全了绩效考核体系，逐步推进了"全覆盖、一人一表、薪酬差异化"的考核机制，从而实现了"能上能下、能增能减、能进能出"。

三是激励约束机制更加完善。中材高新逐步建立了薪酬绩效等短期激励和员工持股等中长期激励相匹配的激励约束机制，真正实现了骨干员工与企业风险共担、利益共享。

四是所属院所活力持续激发，科技创新有效性不断提升。中材高新坚持科技创新驱动发展战略，按照做有效科研的要求，加强顶层设计和布局，积极探索科技创新模式和实现路径，加强技术资本化，初步建立起"两院"、产业、科技成果孵化、技术服务多层次的创新体系，在国家先进陶瓷和人工晶体新材料领域的技术优势进一步提升。2019年，中材高新承担各类科技项目75项，新申请专利75项，新立项标准15项，获得科技奖7项；所属工陶院、晶体院利润分别同比大幅提升105%、225%。

下一步，中材高新将以习近平新时代中国特色社会主义思想为指导，坚决贯彻党中央、国务院决策部署，落实国务院国资委工作要求，坚持和加强党的领导，继续深化改革、锐意创新，不断激发院所内生活力动力，努力建成解决国家"卡脖子"材料本领高强、有效创新成果丰硕、经济效益优秀、行业作用突出、员工收入稳定增长、市场化经营机制灵活高效的创新型现代企业，为中国建材集团建成"具有全球竞争能力的世界一流综合性建材和新材料产业投资集团"做出新的更大贡献。

59

以深化改革为动力 激发企业经营活力

中智人力资源管理咨询有限公司

一、基本情况

中智人力资源管理咨询有限公司（以下简称"中智咨询"）是中国国际技术智力合作集团有限公司所属二级子企业，成立于 2003 年。中智咨询是国内领先的人力资源综合解决方案供应商，一直致力于推动企业战略思维和管理能力的变革和提升。经过十多年持续发展和不断变革，中智咨询的业务已深入人力资源管理咨询各主要领域，以上海、北京、广州、深圳、武汉、成都等多个主要城市为中心，建立了覆盖华东、华中、华南、华北、西南 5 大区域，300 多个城市的全国性人力资源管理咨询服务网络体系。作为唯一一家具有中央企业背景的专业咨询公司，中智咨询在服务对象上具有一定的独特性，具备定位明确、专业积累沉淀丰富的优势。

二、主要做法

（一）优化法人治理结构，规范"三重一大"决策程序，完善公司治理

一是完善领导班子人员配置，"三会一层"规范运作。中智咨询新任纪委书记到岗履职，扎实推进全面从严治党，强化党内监督。中智咨询新增 2 名外部董事，占比达到 50%，解决了公司领导班子成员调任、离职造

成的董事会成员配置不齐、无法按规范实现有效运行的问题。

二是出台"三重一大"相关制度,明晰"三会"管理权责。中智咨询出台了《"三重一大"决策制度实施办法(试行)》《"三重一大"决策事项清单》,规范了党委会、董事会、总办会在重大事项、重要人事任免、重大项目安排、大额资金运作等方面的议事方式和决策程序,提高了"三会"工作效率和工作水平,促进了"三会"决策合法化、制度化和科学化。

(二)优化市场化机制,激发干部员工活力

一是优化市场化机制,激发干部员工活力。一方面,中智咨询员工的市场化招聘、合同制管理制度相对完善,员工契约化管理机制在实际运行中得以进一步规范;另一方面,中智咨询强化了年度预算和人员编制管理,根据业务发展的时序进度对人员招录进行统筹管理,优化人员结构。中智咨询通过人员招录统筹管理严控人员总量,并建立应届毕业生招聘、社会在职人员招聘等多层次的人力资源引进模式,持续优化人力资源结构。2019年,中智咨询招录人员113人,以社会招聘成熟人才为主,占比达到79%。2020年上半年,中智咨询招录人员28人,成熟人才占79%。此外,中智咨询严肃劳动关系管理,明确岗位职责要求和业绩目标,对于不符合岗位要求、不胜任岗位工作、严重违反公司规章制度的员工及时调整、劝退、辞退,强化员工管理。2019年,中智咨询根据业务发展策略,及时调整组织架构、优化岗位,妥善安置调整16人;劝退、辞退不符合岗位要求、不胜任岗位工作的员工29人,其中试用期内员工13人。2020年上半年,中智咨询优化调整4人,劝退、辞退不符合岗位要求、不胜任岗位工作的员工9人。

二是优化干部聘任,落实管理人员"能上能下"。一方面,中智咨询建立并全面推行了针对中层及以上管理人员的公开招聘和竞争上岗制度,

在竞聘上岗过程中实现"能者上、庸者下、劣者汰"。2018 年至 2020 年 6 月，中智咨询通过公开竞聘选拔 8 名中层干部。另一方面，中智咨询以经营目标达成为导向，明确管理人员"能上能下"的标准，对年度考核不达标的管理人员及时进行调整。2018 年至 2020 年 6 月，中智咨询对 5 名经营管理结果不良、工作表现不佳的干部予以免职、降级或淘汰。

三是灵活收入分配，突出绩效管理与激励。中智咨询以达成经营指标、实现财务赢利、提升管理成效等为导向，优化业务中心负责人绩效考核体系，加大对团队和个人的特别贡献奖励力度，以收入分配反映价值创造成果。中智咨询将业务中心负责人个人薪酬与绩效结果紧密关联，根据考核制度，经营不善的专业中心负责人绩效薪酬最低可以为零。为突出对为公司经营管理和发展做出突出贡献的集体和个人的认可，中智咨询在年度奖项奖励中设置了 2 项先进团队奖、5 项先进个人奖，个人奖项覆盖率达到员工总数的 10%，激励效果显著。

三、改革成效

截至目前，中智咨询按时间进度完成 12 项改革任务中的 7 项，任务完成过半，在完善法人治理结构和优化市场化经营机制方面取得了较为明显的成效。

一是以重实干、重实绩的鲜明导向引导形成了良好的干事创业氛围，经营成效显著。中智咨询根据"业绩升、薪酬升，业绩降、薪酬降"的原则，结合综合业绩评价结果，确定各业务中心绩效与薪酬挂钩方案，实现以实绩论"英雄"，收入"能增能减"、干部"能上能下"，形成了良好的干事创业氛围，为提升经营成效奠定了良好的管理基础。2019 年，中智咨询营业收入迈入 2 亿元大关，同比增长 9.62%；新签合同额达 2.6 亿元，同比增长 23.81%；实现利润总额超千万元，同比增长 32.33%，超额

21.05%完成集团下达的利润目标，业绩呈现稳定、良好的发展趋势，向"成为咨询行业龙头企业"的目标更进了一步。

二是通过差异化的薪酬激励机制有效激发全员活力。中智咨询通过实行差异化的薪酬制度，充分体现价值贡献，建立了适应市场、灵活高效的经营机制，激发了员工队伍的活力。2019年，中智咨询业务中心员工的绩效浮动薪酬占总收入的27.4%~59.7%，总体浮动薪酬占比达49.7%；经营成果最突出的业务中心负责人绩效薪酬达到公司业务中心负责人平均绩效薪酬的1.88倍，激励效果显著。

三是通过人员结构优化，进一步发挥员工专业优势，支持国家重大项目和重点工作。通过人员结构优化，中智咨询能够独当一面的高级咨询顾问占比达到33%，带领项目团队广泛参与到国资国企改革咨询、"一带一路"数据信息服务等重要研究与应用工作中，充分体现了中智咨询作为一家具有央企背景的管理咨询公司在服务国家战略中的专业支撑作用。

60

全面推进综合性改革 打造企业内生发展力

中车株洲电力机车研究所有限公司

一、基本情况

中车株洲电力机车研究所有限公司（以下简称"中车株洲所"）始创于1959年，是中国中车集团有限公司（以下简称"中国中车"）所属企业。近年来，中车株洲所全面贯彻习近平总书记3次视察中国中车时的重要指示精神，持续深化国企改革，积极转变发展方式，依托同心技术的多元应用，将列车牵引系统（列车的"心脏"）和网络控制系统（列车的"大脑"）等关键部件核心技术延伸应用于新能源汽车、船舶、工业自动化、轨道工程机械等多个领域，逐步转型升级成为涉及电气传动与自动化、高分子复合材料、新能源装备、电力电子器件4大产业的高科技企业集团。截至2020年5月，中车株洲所实现销售收入87.01亿元，较2019年同期增长4.29%；利润总额达2.68亿元。

二、主要做法

（一）以分类为基础，推进差异化改革与发展

中车株洲所推行"小总部、大产业"模式：一方面做小做精总部；另一方面对所属企业进行分类管理，结合政策和公司多元产业实际制定了

《混合所有制改革指导意见》，按照支柱型、成长型、培育型、退出型4种产业类型，各有侧重地推进改革和发展。

一是分类推进改革。对于支柱型产业，通过在上海和香港两地上市，打造出时代电气、时代新材2家上市公司平台，累计募集资金近50亿元，支撑了中车株洲所销售收入连续实现200亿元、300亿元的跨越；对于成长型产业，通过并购、合资和"混改"，加快破解功率半导体器件研发周期长、产业投资大等难题，历经10年，在国内率先建立覆盖"芯片-器件-模块-系统"的自主创新能力和规模制造能力，打破了国外对IGBT（绝缘栅双极型晶体管）芯片、晶闸管等大功率器件的垄断，支撑和保障了高铁、高压输配电等国家重点行业的"芯"安全；对于培育型产业，在"混改"过程中大胆实施科技成果转化作价入股及股权奖励计划，以全球首创的智轨列车项目为例，在新设"混改"企业的首轮即实现无形资产评估增值4 200余万元；对于退出型产业，坚持以战略为导向有序推动，恪守国有资产保值增值底线，如某高分子材料膜项目，借助资本运营平台，在高估值状态下适时让渡控制权，通过参股方式加速建立健全更加市场化的经营机制，实现了国有资产的快速增值和产业市场化能力的加速提升。

二是分类实施考核。中车株洲所坚持战略导向考核原则，构建了差异化的考核模式和指标体系，既考核当期效益目标，又注重落实发展规划年度分解目标，打造长远发展能力。根据战略定位，中车株洲所在支柱型产业、成长型产业、培育型产业基础上，增加了资源平台、财务投资平台2类业务构成。其中，对于支柱型产业，主要考核收入、利润、资产收益率等经营性指标，为公司贡献稳定的现金流；对于成长型产业，主要通过看齐行业标杆，在考核中均衡关注规模收益和关键能力建设；对于培育型产业，主要依据战略规划考核落实情况，确保培育型产业按行业规律孵化发展；对于资源平台，主要考核战略性创新任务、重大科研项目的实施完成情况，重点培育内生动力和发展能力；对于财务投资型平台，重点考核投资回报、投后项目管理等内容。此外，为支持和激励部分单位在细分领域做强做优，中车株洲所实施"一企一策"，与部分单位签订了"一定三年"的经营考核责任状，关注规模、利润、现金流等指标3年期整体完成情况。

（二）以管理人员为重点，构建市场化经营机制

中车株洲所通过持续完善法人治理结构，加快建立内部管理人员市场化机制，推动了企业经营发展质量和效率不断提升。

一是完善法人治理结构。中车株洲所建立了外部董事占多数的董事会结构，形成了内部相对制衡的决策环境；进一步争取和获得了中国中车10项授权，落实了董事会在战略、投资、薪酬、经营层任免及考核等关键事项方面的责权力。中车株洲所在内部明确了党委会、董事会、经理层权责事项，明确了38项事项的前置讨论、决策上报、审批决定的权责主体，其中需要上报集团审批的有9项；党委会前置讨论事项37项，决策事项1项，主要包括公司纪检、监督、品牌文化建设等方面的事项；董事会决策审批事项11项，主要包括公司战略、投资、预算、经理人任免及考核等关键事项；总经理办公会审批事项17项，主要涉及中层任免、工资分配、预算内资金调动及使用等方面。2019年，中车株洲所召开董事会22次，审议议案65项；召开经营会议48次，审议议案87项。

二是建立职业经理人制度。中车株洲所对中层及以上领导人员全部进行了任期制管理和年度考核管理，实现强激励、硬约束和严考核。自2018年以来，中车株洲所通过竞争上岗方式选拔的职业经理人占比已超过60%。通过公开选拔，共有100余位职业经理人获聘上岗。在市场化选聘方面，中车株洲所设立了对标市场的岗位条件，实施"竞聘上岗"和"总经理组阁"试点；在契约化管理方面，中车株洲所突出绩效和能力导向，与全部职业经理人签订了聘期目标责任书与年度目标责任书。中车株洲所

将薪酬结构中浮动薪资比例设定到60%以上,实现了薪资"能增能减"。在差异化薪酬方面,中车株洲所构建了职业经理人年度考核的360度评价模式,自2018年起全面推行284位职业经理人强制排序,分A、B、C三个等级,其中C等级年薪核减15%~20%;同一层级经理人薪酬最高者是最低者的1.55倍;30人次受到扣减绩效年薪、诫勉谈话等处罚,另有6人因末位淘汰制被强制退出,实现了经理人"能上能下"。

(三)以人才为核心,实施体系化科研创新

中车株洲所坚持聚焦核心骨干人才,特别是科研创新人才,通过成果转化机制建设、实施岗位分红、畅通科研人员发展通道等方式,加快实现高端装备制造业从技术跟随者向创新引领者的转变。

一是优化创新体系,加速成果转化。中车株洲所基于基础前沿技术、平台共性技术、产品应用技术分层协同的科技创新体系,多维度支撑科技成果转化及产业化,持续为核心技术的多元化应用赋能加速。在所本部研究院,面向从事基础前沿、平台共性技术的科技人员,建立科技人员"以上持下"的跟投机制,支撑本部一线人员跟投刚进入孵化培育期的创新增量业务。建立起众创孵化机制,联合清华启迪等外部机构建立辐射全球创新资源的众创平台,探索以科技成果作价入股实施"混改",撬动外部资本和创新资源,"一项目一策",采取体内孵化或体外孵化的差异化模式。对于参与体外孵化的研发人员,给予3年过渡期保留企业员工身份、实施员工持股等系列政策,加速孵化和培育创新增量业务。

二是实施岗位分红,鼓励创新创效。在中国中车内部率先应用科技型企业岗位分红政策,对内部子企业设立了参与岗位分红的业绩条件,构建了以利润为导向、以个人绩效为牵引的分红激励模式,2019年超额完成最高挑战性利润指标(T3),可分红1 330余万元,激励300余人,其中70%以上为技术骨干,分红额度最高者达到最低者的3倍。

三是尊重科研人员，畅通晋升通道。中车株洲所打破"学而优则仕"的传统，将研发人员的层级上限设为最高，让科研人员"心无旁骛地做科研"，已有 20 余名资深专家被认定为 A 层级（与经营班子及高管同一层级），1 名科学家被认定为最高的 T 层级。

三、改革成效

通过分类推进改革、完善市场化机制、注重科研创新，中车株洲所走出了一条以改革激发活力、以创新驱动发展的成长之路。从一家收入 800 余万元、员工不到 600 人的转制科研院所（原隶属铁道部），发展成为规模过 300 亿元、员工超过 1.7 万人（其中海外员工近 5 000 人）的国际化企业。中车株洲所不仅为高铁列车提供安全、舒适、绿色的动力系统和控制系统，还进一步将核心技术应用于新能源、汽车、深海装备、船舶、煤炭、冶金等众多行业，为我国高端装备制造跨越电气化、自动化时代，全面"进军"数字化、智能化时代做出了一定的贡献。

一是有效发挥国有资本的撬动作用。截至目前，中车株洲所所属全资、控股子公司已实施"混改"及股权多元化的企业有 18 家（含上市公司 2 家），贡献了 80% 以上的销售收入和利润；成功以 177 亿元国有权益撬动 586 亿元总资产，使国有资本放大约 3.3 倍，快速提升了国有资本配置和运行效率；通过分类实施改革，形成了进退有序的产业发展格局，走出了一条"以产业养科技、以科技促产业"的良性循环道路。

二是做强主业的同时做优增量。中车株洲所坚持以核心技术为圆心，巩固主业优势的同时，分类改革推动多元战略性新兴产业发展，不仅在轨道交通主业成长为全球产品型谱最完备、综合技术实力最强、产品应用数量最多的牵引控制系统首选供应商，而且已在电气自动化（如深海机器人）、高分子复合材料（如弹性元件、风电叶片等）、电力电子器件（如高压 IGBT、晶闸管等）、新能源装备（如电动汽车）等领域的一些细分行业中进入了全球前列。

三是内生动力和发展能力持续提升。"十三五"期间，中车株洲所已建设 10 个国家级研发平台（主要包括国家工程中心、国家重点实验室、国家级企业技术中心等），拥有 1 名工程院院士领衔的 5 000 余人的科技团队，获国家技术发明奖、国家科技进步奖、国家专利奖共计 19 项，省部级科技奖励 140 余项；培养工程院院士候选人、国家"万人计划"领军人才、科技部中青年科技创新领军人才、湖湘青年领军人才等 218 人次；申请专利 5 141 项，其中发明专利申请约 3 800 项，每万人发明专利拥有量达 908 件，国际与国家标准、专利数量雄踞行业第 1 位。

61

创新海外党建 共促经营生产

中铁国际集团有限公司

一、基本情况

中铁国际集团有限公司（以下简称"中铁国际"）是中国中铁股份有限公司（以下简称"中国中铁"）为实施"大海外"战略、加快"走出去"步伐的海外平台公司，2013年11月由原隶属于中国中铁的中铁国际经济合作有限公司、委内瑞拉分公司、东方国际分公司、老挝分公司4家单位重组设立，在全球50个国家和地区设有经营及办事机构。

自开展"双百行动"综合改革以来，中铁国际坚持以"一加强"助推"五突破"的实施，始终把党的建设放在首位，特别是针对海外党建面临的国外特定的政治环境、文化理念及党员分散的困难，坚持两个"一以贯之"，紧紧围绕海外经营生产中心任务，以从严治党和加强党的建设为主线，结合自身主要从事海外市场经营、项目施工监管和项目施工主要由中国中铁所属施工企业承担的特点，建立了"项目海外联合党组织"，积极探索不同国别环境、不同施工模式下的海外项目党组织建设和党的领导作用机制，创新海外党建思想政治工作，夯实党建基础，提升党建质量，为企业国际化经营提供了坚强的政治保证和强大的精神动力。

在"双百行动"推进期间，中铁国际以加强党建为总体指引，锚定改革目标，通过实施一系列改革措施，进一步健全了企业法人治理结构，提高了企业战略规划和经营决策的科学性，同时通过不断完善市场经营机制、试点推进职业经理人制度、健全企业激励约束机制，逐步释放企业内部活力，以国际化和属地化的思维推进海外改革。通过"双百行动"综合改革，中铁国际各项重要发展指标逐年稳步提升，2019年实现新签合同额393.75亿元，实现营业额66.80亿元，创近年新高，为企业实现高质量发展打下了坚实基础。

二、主要做法

中国中铁玻利维亚ESPINO公路项目是中铁国际创新海外党建工作试点之一，项目于2015年9月19日中标，合同金额为2.53亿美元，2018年6月27日正式开工建设。中铁国际作为项目总承包方管理项目建设的实施，川铁国际和中铁一局、七局、九局作为项目合作方参与建设的实施。按照"四同步"原则，项目部成立之初，各参建单位均设立了党组织，并受中国驻玻利维亚大使馆党委及各派出单位上级党组织的双重领导，全线共有党员30名。为发挥"大军团联合作战"的整体效能，中铁国际ESPINO公路项目党支部牵头组建了联合党组织，与参建单位共同开展联合党建，认真组织"创岗建区""我是党员我先行"等党建主题活动，通过联合党组织创新海外党建思想政治工作，推动项目施工生产。截至2020年4月底，该项目累计完成产值超过1.41亿美元，完成合同进度55.83%，较好地促进了项目履约。

（一）立足"三个抓好"，确保高标准开局

中铁国际坚持党建工作与项目施工同策划、同部署、同安排。

一是抓好组织建设，夯实党建基础。项目部组建之初，中铁国际结合国内和国外实际，锚定党建工作"航向"，牵头组建了联合党组织，下辖4

个党支部，按照"三懂、三会、三过硬"的原则配备党务干部，联合开展项目党建，不断强化党建工作；通过联合党组织，在涉及项目整体推进、相互配合、应对风险等重大事项上共商共计，"把方向、管大局、保落实"。联合党组织成立5支党员先锋队、12支青年突击队，充实到施工生产一线；形成了各参建单位联合落实机制，共同抓好项目施工生产等各项工作，实现了两级党组织管理的有机融合。

二是抓好制度建设，规范项目管理。为确保项目达到标准化管理、标准化实施，联合党组织牵头组织制定了"三会一课"、党建职责、重大事项报告、有形化建设、舆情管理、谈心谈话、创岗建区等方面的党建制度14项；中铁国际联合各参建单位建立劳动竞赛、施工生产、物设管理、验工计价、财务管理等方面的项目管理制度21项，做到了目标清楚、职责清晰、环环相扣、流程简约，符合海外项目施工生产管理的实际，确保项目实施有章可循、有据可依。

三是抓好党建活动，激发团队活力。联合党组织严格依照"三会一课"制度定期组织开展党内生活。改革以来，在联合党组织领导下，各单位开展"三会一课"50余次，3次参加中国驻玻利维亚使领馆举办的党课及重温入党誓词活动，深入领会海外党组织和党员的职责使命，确保国有资产保值增值，助力发展中玻友好协作关系；围绕项目实施，积极组织开展"创岗建区""创新创效"活动，面对项目选线、工程设计、现场组织等重大课题，党员及骨干始终冲锋在一线，发挥了榜样及模范作用，激发了团队活力。

（二）聚焦"四个强化"，确保高效率推进

考虑到海外基层党建的特殊性，联合党组织坚持以政治建设为引领，坚持靶向攻坚、因地制宜、因势施策，不断提升组织力，采取切实有效的举措帮助项目解决实际问题，确保项目高效率推进。

一是强化政治建设,发挥引领作用。联合党组织通过开展"不忘初心、牢记使命"主题教育活动,组织全线党员统一学习党内法规及习近平新时代中国特色社会主义思想,推进"两学一做"学习教育常态化、制度化,解决了海外项目各单位党组织成员分散、党建教育覆盖面低的问题,提升了党建教育效果,强化了党的政治建设,进一步发挥了党建的引领作用。

二是强化生产推进,发挥保障作用。中铁国际利用联合党组织的党员数量优势和组织凝聚力优势,开展"我是党员我先行"及劳动竞赛活动,调动了党员、群众的积极性;面对项目推进的具体难点工作,党员带头冲,确保项目队伍"拉得出、顶得上、打得赢"。

三是强化团队管理,发挥凝聚作用。中铁国际通过联合党组织积极开展"海外之家"建设,打造温馨的海外家园;制定了文化宣传"三个一"实施方案,提炼和固化了各公司项目建设中的精神成果、成功经验,在联合党组织中互相学习、借鉴,有效地改善了中国中铁海外项目的安全生产、施工进度、工程质量和员工风貌。同时,按照项目总的规划设计,联合党组织统一指导各参建单位建立生活营地,按照"有形化"的建设总方案,利用营地文化墙、展板、橱窗宣传企业文化,凝聚项目共识。

四是强化企地关系,发挥示范作用。中铁国际以联合党组织为依托形成有效合力、统一对外,积极主动地融入当地经济建设及援助帮扶工作,多举措践行"一带一路"央企社会责任,营造良好的中资企业形象。中铁国际多次参与当地政府及公路沿线居民开展的文化交流活动,党员、群众积极担任"中华文化使者",展示中华武术、中国书法、中国戏剧等,传播中国文化,展示健康向上、自信阳光的中国中铁、中国企业员工形象。中铁国际通过社会化工作,积极解决当地居民生活中的困难,先后对沿线学校开展体育用品捐赠和节日慰问多达 25 次;合理利用机械设备台班,无偿提供修建和维护道路支援，在雨季随时承担180千米既有道路车辆事故的救援工作，向受灾民众捐助生活物资。联合党组织通过一系列善举逐渐受到了当地政府及民众的认可，为项目建设赢得了理解和支持。

三、改革成效

中铁国际以海外联合党建为载体，通过"三个抓好""四个强化"的各项举措，进一步夯实了的公司海外项目党建基础，创新了党建工作的开展方式，为项目实现高质量发展提供了政治保证。

一是促进团队建设聚合力。ESPINO公路项目作为海外工程项目，需要凝聚国内外一大批建设者的合力，联合党建为项目团队建设提供了一个重要的抓手。项目部通过联合党建凝聚发展共识，对内倡导风险共担、利益共享的理念，通过施工走访、检查调研等方式，了解掌握施工一线的困难与诉求，优化管理机制，提升管理效率，团结了各参建单位；对外倡导"共建、共赢、共享"，尊重当地民风民俗、相关法规等，保护了当地的生态环境及参建员工的利益，从而促进了团队凝聚力的建设和提升，为整个项目的顺利推进建立了强有力的"统一战线"。

二是促进党员干部转作风。联合党组织通过"创岗建区""我是党员我先行"等活动激发了党员干部勇当先锋模范的责任感、使命感、荣誉感，党员干部当先锋、树旗帜、创佳绩的意识更加强烈；通过大力打造表率、标杆，建立了"党员示范岗"，营造了比担当、比实干、比贡献的良好氛围；通过对"三重一大"事项集体决策、开展廉洁教育、查找廉洁风险点等方式堵塞管理漏洞，促进了领导干部增强底线思维、坚守清正廉洁，为打造"廉洁项目部"奠定了坚实的思想基础。

三是"三基建设"上台阶。结合"双百行动"综合改革工作要求，中铁国际以"三基建设"为抓手，通过开展海外联合党建工作，不断丰富党建活动载体、创新海外党建工作路径，积极探索与使馆、合作单位开展海外党建联建活动的方式、方法，激发了海内外党员的先锋模范作用和基层党组织的战斗堡垒作用。中铁国际在南美分公司玻利维亚 ESPINO 公路项目部试点开展联合党建工作并取得初步成效，也为其下一步夯实整个海外党建工作奠定了坚实的基础、提供了有形的"样板"。该项目部荣获了"中国中铁三基建设示范党支部""中国中铁文化建设示范点"等荣誉称号。

四是创新党建树典型。海外党建作为中铁国际全面加强党的领导和党的建设方面的主要内容，非常契合国家"一带一路"倡议下企业"走出去"的时代背景。联合党建具有较强的特色性和典型性，是中铁国际对海外党建工作开展方式的一次大胆尝试。对其中行之有效的"党建工法"进行总结，将为中铁国际海外特色党建的推广提供有效的模板。

62

着力解决历史遗留问题
探索创新企业发展模式

中铁二十三局集团有限公司

一、基本情况

中铁二十三局集团有限公司（以下简称"中铁二十三局"）隶属于特大型建筑企业——中国铁建股份有限公司（以下简称"中国铁建"），拥有铁路工程、公路工程施工总承包特级，建筑工程、水利水电工程施工总承包一级等多项资质。截至2019年年底，中铁二十三局新签合同额492.95亿元，与2016年相比增长114.4%；实现营业收入234.07亿元，与2016年相比增长52.35%；完成产值216.79亿元，与2016年相比增长41.1%；企业利润总额达2.92亿元，与2016年相比增长25.86%；企业资产负债率与2016年相比下降14.83%。

作为2004年重组成立的建筑施工类集团型企业，相较于历史悠久、综合实力强的传统老牌建筑类集团型企业，中铁二十三局存在经营能力较弱，人才、资金等资源不足，品牌优势不强，同质化竞争严重等问题。而相较于2010年前后组建成立的投资类、房地产类、新兴产业孵化类企业，中铁二十三局又存在效率低下、核心竞争力不突出、产业链优势不足等问题。

为了在强者如林的市场竞争中立稳脚跟,"十三五"期间,中铁二十三局提出了"聚焦主业、适度多元"的发展战略及"三步走"发展方略。特别是2018年启动"双百行动"改革以来,中铁二十三局紧紧围绕"五突破、一加强"的目标要求,一方面以"三供一业"剥离、医疗机构改革、过剩产能出清等历史遗留问题为突破口,化解产业结构性矛盾,帮助企业"轻装上阵";另一方面强化对"自选动作"改革的探索,结合自身实际情况,围绕市场需求,开展不同层级和多种形式的股权多元化和混合所有制经营,逐步趟出了一条符合市场规律且适合自身发展的改革道路。

二、主要做法

(一)加大历史遗留问题的处置力度

一是大力出清企业过剩产能。中铁二十三局所属川东水泥厂于1968年由铁道兵创建,1984年通过"兵改工"并入铁道部。因市场严重饱和、价格恶性竞争、自身管理不善,川东水泥厂长期亏损、资不抵债,属于产能过剩企业。经中铁二十三局党委研究决定,通过强化领导责任、健全机构、明确分工,采取协商、司法程序,以及交易所挂牌出让等多种途径,从根本上解决川东水泥厂外部债务与资产处置问题。经过努力,中铁二十三局彻底完成了对川东水泥厂落后产能和低效、无效资产的处置。

二是稳步实施"三供一业"分离移交。在中央财政补助资金尚未到位的情况下,本着高度负责、灵活应对、高效解决的原则,中铁二十三局自我加压,预先垫付了"三供一业"分离移交项目所需资金,解决了"三供一业"分离移交协议资金拨付问题,保障了分离移交工作的顺利进行。目前,中铁二十三局"三供一业"分离移交任务已基本完成。

三是分类施策推进医疗机构改革。2019年以前,中铁二十三局拥有养马河桥梁厂职工医院和川东水泥厂职工医院2家医疗机构,经营状况或闲置，或长期亏损。中铁二十三局根据具体情况，采取了关停和转让承包的方式分别对这2家医疗机构进行处理：对交通较方便的养马河桥梁厂职工医院，注销医疗许可证，关停相关医疗场所；对川东水泥厂职工医院，挂牌转让相关资产，以民营方式继续服务工厂退休职工。这既解决了地处偏远退休职工就医难的问题，又排除了改革中存在的不稳定因素。

（二）遵循市场规律，探索发展新模式

1. 实现"国民共进"，以"混改"激发企业活力

企业作为微观经济主体，只有通过体制机制改革，才能激发自身活力。中铁二十三局在宏观战略布局中始终坚持聚焦专业化细分市场的战略思维，在具体战术中注重扬长避短的经营策略，以多种途径引入非公资本，通过混合所有制经济这一纽带，用自身劳动要素、品牌声誉、管理优势，"嫁接"民营资本的高效运营、市场资源、资金资本的优势，实现了"国民共进"。中铁二十三局先后与多家民营企业在成都、苏州、昆明、无锡、合肥等地成立混合所有制企业，直接引入非公资本共计5 230万元。这些企业专注于当地轨道交通预制品生产的细分市场，年产值超亿元，创效超预期。同时，中铁二十三局还以这些混合所有制企业为平台，服务当地政府，造福当地群众，在践行央企社会责任的同时，实现滚动式发展，进一步拓展了驻地建筑综合施工市场的经营承揽。

2. 实施"央地合作"，以股权多元化"嫁接"优势

中铁二十三局不仅在"国民共进"方面开展多种合作，而且通过有效"嫁接"央企与地方国企双方优势，大力开展"央地合作"。为践行国家西部大开发战略和企业属地化滚动发展，中铁二十三局积极参与驻地城市建设，与成都城建投资管理集团有限责任公司、成都市市政工程设计研究院等企业共同出资成立了以市政工程项目建筑工业化生产为主的城建科技公司，践行了公司"部品+"经营战略，以"央地合作"的模式拓展了区域

内建筑行业细分市场。

在"央地合作"的过程中,中铁二十三局始终坚持既要"引进来",也要"走出去"的经营之道,与山东高速轨道交通集团联合成立了山东高速轨道设备材料有限公司,保障了区域内高铁预制品市场份额;与贵州省清镇市城市建设投资(集团)有限公司、贵阳仟坤文化旅游置业有限公司共同设立了宝园置业有限公司,积极布局西南市场,通过特色小镇项目的实施与运营,进入新型城镇化建设的新兴市场。

3. 实施"平台战略",以新发展理念构建新生态

中铁二十三局以"创新、协调、绿色、开放、共享"5 大发展理念为引领,积极践行绿色、环保和可持续的发展模式,借助中央企业内部各种经营平台,构建互利共生的发展新生态。中铁二十三局与中铁建重庆投资集团有限公司(以下简称"中铁建重庆投")共同持股中铁建生态环境有限公司,以投资为牵引,以高效资源整合为手段,高标准、高起点布局水生态环境治理市场,谋划新兴产业和新兴业务发展方向。从 2018 年中铁建生态环境有限公司积极践行 5 大发展理念,聚焦水生态环境治理市场,到 2020 年上半年,完成新签合同额 72 亿元,超过了 2013—2019 年经营承揽总额,实现了跨越式发展,为企业可持续发展奠定了坚实的基础。2019 年,中铁二十三局又以股权转让形式参股由中铁建重庆投、重庆市交通规划研究院共同设立的重庆金路交通公司,用有限的资本撬动了区域内的公路养护市场。

三、改革成效

中铁二十三局通过一手抓历史遗留问题处置,重塑企业文化,一手抓体制机制创新,激发企业内生动力,焕发微观经济活力,各项经营指标进一步改善,一系列制度化改革成果实现有效输出。

一是经营运行指标进一步改善。2019 年，中铁二十三局完成工程项目任务承揽金额近 500 亿元，与 2018 年相比增长 30.31%，净利润与 2018 年相比增长 9.25%。所属子公司各项经营指标也取得了较快的发展。其中，所属六公司 2019 年营业收入由 2018 年的 17.18 亿元增加至 30.89 亿元，同比增长 79.79%，利润总额同比增长 20.02%。所属四公司 2019 年营业收入由 2018 年的 24 亿元增加至 31 亿元，同比增长 29.29%。至 2019 年所属轨道交通公司连续 6 年实现年利润过亿元，被中国铁建授予"卓越工程公司"称号。

二是顶层设计进一步规范。中铁二十三局在改革过程中注重顶层制度设计与成果输出，通过在部分子公司开展试点工作，积极推进股权多元化和混合所有制改革，在总结多个成功案例的基础上，所属试点子公司较早编制出台了《混合所有制经济管理办法》，明确了"四个有利于"的混合所有制改革原则，规定了混合所有制公司的设立、运营与管理，以及后评价等规范操作程序，第一次把混合所有制经营上升到公司制度层面。2020 年年初，中铁二十三局根据"两个并重、两个着力"的改革思路，编制出台了《试点推行经理层成员任期制和契约化管理工作实施方案（草案）》和《试点推行项目分配机制改革实施意见（草案）》。

三是职工收入稳步增长，员工信心十足。自推进"双百行动"工作以来，中铁二十三局人均年收入由 2016 年的约 6 万元增加至 2019 年年底的约 9 万元，增长约 50%。2019 年，中铁二十三局围绕北京地铁草桥站项目施工所创造的"草桥速度"、受到高度肯定的北京冬奥会配套项目——河北延崇高速公路项目，以及亚洲第二高墩银百高速天宁沟特大桥顺利合拢等重大项目建设成果，在主流媒体主动发声，讲好企业故事，凝聚正能量，员工士气得到了极大的鼓舞，为企业发展凝聚了正能量。

63

做好改革文章
打造国内领先的综合地产投资开发集团

中交房地产集团有限公司

一、基本情况

中交房地产集团有限公司（以下简称"中交房地产"）成立于2015年3月，注册资本为50亿元，是中国交通建设集团有限公司（以下简称"中交集团"）为推进内部房地产板块整合、打造新的业务增长引擎、实施"五商中交"战略而设立的专业化子集团。

目前，中交房地产业务涵盖海内外房地产开发、资产运营管理、物业管理、房地产金融等领域；国内足迹遍及长三角地区、京津冀地区、粤港澳大湾区、长江中游地区、成渝（成都、重庆）等都市圈和城市群；海外成功落地美国、马来西亚、印度尼西亚等国家。中交房地产并表绿城中国控股有限公司（以下简称"绿城中国"），履行服务、支持、协同等职能。截至2019年年末，中交房地产（不含绿城中国）在岗职工人数为2 256人，所属房地产项目81个。

2019年，中交房地产（包含绿城中国）资产总额为4 073亿元，净资产为761亿元；实现销售合同额2 394亿元（全口径）、营业收入777亿元、利润总额70.5亿元、净利润43.4亿元。2019年，中交房地产（不含绿城中国）资产总额为712亿元，净资产为148亿元；实现销售合同额376亿元（全口径）、营业收入156亿元、利润总额16.7亿元、净利润9.6亿元。

在改革发展过程中，中交房地产逐渐出现了一些掣肘高质量发展的问题，包括：自有资本金不足，净资产较少，发展资源短缺；董事会授权不充分；作为传统国有企业，尚未实现"市场化选聘、契约化管理、差异化薪酬、市场化退出"；所属中房集团、中交置业历史遗留问题较为突出等。为解决这些问题，2018年3月，中交房地产被中交集团推荐为"双百行动"备选企业；2018年8月，成功入选"双百企业"名单。中交房地产以问题为导向，找准发展中的难点和弱点，用足用好改革政策红利，释放企业发展活力，通过改革创新升级，在公司全面深化改革的关键领域取得突破，成为治理结构完善、经营机制灵活高效、党的领导坚强有力、创新能力和市场竞争力显著提升的国企改革尖兵。

二、主要做法

（一）健全公司法人治理结构

一是加强董事会建设。中交房地产作为中交集团17家法人治理试点单位之一，积极推进公司董事会建设。建立健全董事会、经理层的议事规则，完善工作和协调运转机制，制定了董事会议事决策相关的工作制度；积极承接《中交集团管控与授权总体方案》所涉及的授权事项，着力争取将董事会对企业中长期发展决策权、经理层成员选聘权、职工工资分配权等落实到位。

二是着力构建科学、高效的授权管控体系。中交房地产借助公司外部力量，发挥内外部结合的优势，开展了平台公司管控职权边界全面梳理工作，拟定了对各平台公司的管控定位，制定了管控授权总体方案、授权评估办法等 13 项管控制度，进一步明确了公司管控界面和权责边界。

三是规范和科学行权。中交房地产保持了中交地产股份有限公司董事会与经理层的相对独立性，对董事会进行科学、充分的授权，保障了经理层的经营自主权；按照上市公司有关监管规则，建立健全了董事会、经理层的议事规则和协调运转机制，严格履行党委会研究企业重大经营管理事项前置程序。

（二）完善市场化的经营机制

一是推动整合重组和适应性组织建设。中交房地产调整总部组织架构，完成了吸收合并中住地产，中交地产现金收购北京联合置业有限公司、华通置业有限公司，中交置业无偿划转至中房集团的资产整合工作；适应国家宏观政策要求，完成海外地产战略调整，并将海外地产整体托管至中交地产，初步实现房地产业务集中发展。

二是加快推动市场化选聘和契约化管理。中交房地产推行市场化公开选聘和职业经理人制度。总部层面市场化公开招聘了总经理及 2 名中层管理人员；在海外项目选聘职业项目经理并推广契约化管理模式；修订了总部绩效管理办法，签订了年度绩效合约，实行考核结果分级管理。中交房地产层面通过市场化方式从外部引入职业经理人 2 名，5 名现有体系高管人员向职业市场化身份转换；制定了《中交房地产所属上市公司职业经理人管理暂行办法》，推动高级管理人员契约化管理。

（三）健全激励约束机制

一是实行差异化的工资总额分配管理模式。中交房地产在各平台公司间实行差异化的效益联动指标，分配向增量增效倾斜；实行差异化考核，将考核结果与薪酬激励挂钩；完善更加市场化的工资总额管理办法，实现月度工资发放与企业效益挂钩。

二是推进市场化的薪酬体系建设。中交地产实行职业经理人市场化的薪酬分配和激励机制，实施与企业经营效益挂钩、与行业规模地位对标、与劳动力市场相适应的工资决定机制，以及"横向同业、纵向同比"的业绩薪酬"双对标"机制，采取行业 50~75 分位的适度领先的薪酬策略，推行以创造价值为核心的项目奖金包制度。

三是健全干部考核评价机制。中交房地产加强对重大工作和关键节点的考核，加大对中层干部的交流力度和考核强度；启动了"青云计划"，扩充青年项目领军人才储备；修订了《总部绩效管理办法》，强化考核结果运用，实行末位淘汰调整机制，对不适宜人员进行适时调整。

四是探索实施项目跟投等中长期激励机制。中交房地产全面推行项目跟投，要求区域公司领导班子、项目操作团队、总部团队同时跟投，由个别项目试点发展到全面推广；积极推进上市公司股权激励，主动与中交集团相关部门沟通，将上市公司股权激励纳入试点范围，确定了上市公司实施股权激励的思路和框架方案，并指导上市公司适时启动。

（四）解决历史遗留问题

一是全力推动"处僵治困"和"三供一业"移交工作；二是全力处置中房集团低效、无效资产企业，通过清算注销、股权转让、吸收合并等多种方式，处置完成 85 家企业，剩余 58 家企业，初步实现了低效、无效资产与其他资产分离，风险和影响得到了控制；对剩余的待处理企业制定了分类清理方案，拟通过产权转让、解散诉讼、强制清算等方式，竭尽全力推动清理历史遗留问题。

（五）推进股权多元化和混合所有制改革

一是对股权多元化和混合所有制改革的模式、要点、流程、案例进行梳理，形成分析报告；二是在中交房地产内部存量公司中更名成立了中交健康养老产业集团有限公司、中交房地产管理集团有限公司、中交地产产业集团有限公司，探索健康养老、代建、产业园"房地产+"等新业务，丰富产业链；三是选择新业态和轻资产业务类型公司，拟定"混改"路径，谋求上市发展。

（六）加强党的领导

一是进一步明确党组织在公司法人治理结构中的法定地位。中交房地产推动完成总部及各平台公司把党建工作要求写入公司章程。

二是实现党的领导与企业经营管理有机结合。中交房地产把党委会研究讨论作为董事会、经理层决策的前置程序。2019 年，中交房地产召开党委会会议 21 次，审议党的建设、改革发展、生产经营等相关议案共 118 项，较 2018 年增长 66%。

三是落实好党建工作责任制，建立健全党建联系机制。中交房地产在 3 个平台公司建立了 14 家党建联系点，公司领导深入基层项目开展专题调研。

四是扎实开展主题教育活动。中交房地产组织开展"不忘初心、牢记使命"主题教育，征集梳理意见建议，推动抓好整改落实，以整改成果工作助力公司高质量发展。

三、改革成效

通过一段时间的改革调整，中交房地产在运营质效、体制机制、专业能力等方面取得了一定的成绩，促进了企业健康发展。2019 年，中交房地产（不含绿城中国）资产总额为 712 亿元，同比增长 8.67%；净资产为 148 亿元，同比增长 12.85%；实现营业收入 156 亿元，同比增长 18.50%；实现利润总额 16.7 亿元，同比增长 8.95%。

一是通过资产整合，管控体系更加科学高效。中交房地产通过合并、收购、划转等有机整合，部分缓解了业务发展分散的问题，初步实现了房地产业务集中发展，为内部平衡发展奠定了基础；充分发挥总部在资金及高端资源等方面的优势,支持和引导各平台公司协同发展,总部和平台公司经营活力被不断激发,整体市场竞争力得到提升;着力推动历史遗留问题处置工作,有效化解和管控各类风险矛盾,使各级企业摆脱了历史包袱,实现"轻装上阵",公平参与市场竞争,为进一步发展创造了条件。

二是体制机制更加完善,队伍创造性和战斗力显著增强。跟投机制试点以来,中交房地产取得了较显著的成效,提高了投资决策水平,降低了投资风险,加快了项目周转速度,初步实现了管理的自驱动。以昆明呈贡项目为例,项目施行跟投以来,项目开盘时间较原定计划提前了半年,收益率达293%,奖金预兑现3 758万元,明显激发了员工的工作热情和企业的经营活力,充分体现了跟投激励"风险共担、收益共享"的意义和作用。在平台公司中交地产加快推动市场化选聘和契约化管理,努力建立起与劳动力市场基本适应、同国有企业经济效益和劳动生产率挂钩的工资决定和正常增长机制,初步形成了以"市场化、专业化、活力化"为特点的新团队,为企业运营注入了生机活力。2019年,中交地产资产总额为475亿元,同比增长18.07%;净资产为63亿元,同比增长48.94%。实现营业收入141亿元,同比增长57.58%;实现利润总额17.9亿元,同比增长16.08%。

三是专业能力得到提升,集中力量办大事优势显著。中交房地产基本完成京津冀、长三角、粤港澳大湾区、成渝昆长汉郑(成都、重庆、昆明、长沙、武汉、郑州)4个投资拓展重点区域的布局,积极推进与中交集团内外部单位相互协同,多种方式获取土地,进一步提升了投资发展能力;明确了中交地产"美好生活营造者"的品牌定位,借鉴绿城中国的成熟经验,初步形成了具有中交地产特色的产品线,中交地产项目从拿地到开盘销售平均时间为10个月,部分项目已实现6~7个月的周期。通过不断落地优质项目,中交房地产获得了一定的社会知名度和认可度,成功获得银行间市场和交易所市场 AAA 评级，融资能力大幅提升。

四是党的建设不断加强，助推房地产业务高质量发展。中交房地产以政治建设为统领，以政治理论学习为抓手，以"三基建设"为路径，注重传递新思想、新理论，发挥典型引路作用，为推进改革发展提供思想政治保障，党委"把方向、管大局、保落实"的作用得到有效发挥；加强党风廉政建设，深入推进完善"三不腐"体制机制，筑牢思想防线；做好党建带群团工作，丰富职工文化生活，队伍凝聚力和向心力进一步增强；开展精准扶贫工作，打造房地产扶贫样本。

64

加速转型发展 国之重器升级核心动力

中交疏浚（集团）股份有限公司

一、基本情况

中交疏浚（集团）股份有限公司（以下简称"中交疏浚"）成立于2015年5月，是中国交通建设集团有限公司（以下简称"中交集团"）整合旗下疏浚、环保及海洋产业相关资源，重组天航局、上航局、广航局等单位而设立的专业化子集团，是中交集团深化国企改革、优化资源配置、"打造世界一流疏浚公司"的重大举措。中交疏浚现为世界最大的疏浚工程承包商，疏浚装备产能排名世界第1位，长期保持国内沿海疏浚市场领先地位，海外业务遍及全球60多个国家和地区。

中交疏浚核心业务为疏浚、吹填造地、浚前浚后服务、生态环保及海洋产业开发建设等，多为关系到国计民生和国家安全的战略性行业。中交疏浚发展目标是"打造具有全球竞争力的世界一流疏浚、环保和海洋产业集团"，成为国家"海洋强国、美丽中国、交通强国"等国家战略执行的重要力量，在贯彻落实国家"一带一路"倡议及国家重大项目中发挥了重要作用。

"十三五"以来，全球疏浚吹填市场进入持续低迷期，国内港口总体布局日趋完善、国内经济下行、地方政府投资不足，特别是随着国家出台史上最严围填海管控措施，中交疏浚面临项目紧缺、资源闲置、产能过剩等问题。2017年，中交疏浚营业收入中传统业务占比高达76%，单一依赖传统疏浚吹填业务的发展路径亟须改变。中交疏浚作为第一批"双百行动"企业，肩负着探索央企专业化子集团改革路径的特殊使命，承担着引领我国民族疏浚业转型升级的行业责任，更面临着传统市场断崖式下滑的现实考验。

中交疏浚以"增强新动能，推进公司高质量发展，在企业结构调整及转型升级方面取得突破"为重点改革举措，坚持将改革"蓝图"绘制到底，优化市场布局、业务结构、资产结构，疏浚主业保持发展优势，生态环保、海洋建设开发等业务成为重要支撑，通过构建传统业务、新兴业务、投资业务、海外业务"四轮驱动"的经营格局，掌握了发展主动权。2019年，中交疏浚被国务院国资委授予"中央企业先进集体"荣誉称号。

二、主要做法

（一）坚持党的领导，服务国家战略

自成立以来，中交疏浚始终坚持全面加强党的领导，持续推动党的建设与现代企业治理的有效融合。中交疏浚坚持党的领导，充分发挥党委在企业改革发展中"把方向、管大局、保落实"的领导作用，实现了党的建设与现代企业治理的有效融合和同频共振；始终站在党和国家事业发展全局的高度谋划推动改革发展工作，把服务国家战略作为企业最大的战略和最重要的政治责任，在服务"交通强国""海洋强国""美丽中国"等国家战略实施和雄安新区"千年秀林"建设、水环境治理一号工程、白洋淀内源污染治理等战略性工程项目中担当了主力。

（二）目标"世界一流"，强化战略引领

面对日益复杂的竞争环境，中交疏浚坚持每年对标欧洲4大疏浚公司

等标杆企业，不断在对标中寻找差距和启示。行业多元化及核心业务专业化、全球化布局、核心市场突出、全价值链服务能力突出等标杆企业的共同特性即是中交疏浚努力的方向。

中交疏浚将发展目标放在"世界一流"、国际化经营的大格局中进行思考，认真贯彻"五商中交"战略和"三者定位"，坚持改革创新，奋力转型升级，确定了以"一个目标、三个提升、六大平台、九个统筹"为核心的"一三六九"发展战略。"一个目标"，即国内领先、世界一流，"打造具有全球竞争力的世界一流疏浚、环保和海洋产业集团"；"三个提升"，即提升海外业务收入比重，提升新业务收入比重，提升投资业务比重；"六大平台"，即打造3个大平台——天航局、上航局、广航局，3个新平台——大海外平台、生态环保业务平台、海洋建设开发平台；"九"即"九个统筹"。中交疏浚坚持创新驱动，着力提升关键核心技术创新能力，以"天鲸号""天鲲号"为代表的"海上大型绞吸疏浚装备的自主研发与产业化"项目获得"2019年度国家科技进步奖"特等奖。

（三）规范法人治理，革新管控体系

一是建立较为完善的法人治理结构，建立健全职责清晰、运转协调的决策机制和规范科学的公司治理模式。中交疏浚参照上市公司标准规范股东大会、董事会运作，做实董事会，厘清董事会与党委、出资人、经理层的权责关系，建立了职责清晰、运转协调的决策机制和规范科学的公司治理模式。

二是优化总部管理架构，强化统筹管控能力。为适应改革发展需要，中交疏浚将总部机构优化为"6+2+1"管理架构，即"6大职能中心+2大事业部（投资事业部、国际事业部）+安全质量环保监督部"，有效地加强了部门协作，发挥了"职能协同、资源共享、效率提升"的统筹作用；形成了"4大管理机制"，即以提升资金集中管控水平为重点的资金管

理机制,以"五化一快"和"九化"要求为重点的项目管理机制,以"星级管理"为重点的船舶管理机制,以监察、审计、法律等部门横向协同构建的风险防控机制,统筹合力得到彰显。

(四)优化资源配置,构建专业化发展体系

一是打造新平台,培育发展新动能。中交疏浚成立了中交生态、中交海建、中交舟山公司,参股永定河流域公司,为战略落地、加快转型提供了坚实的支撑;提升了中交疏浚技术装备国家工程研究中心有限公司管理层级,统筹研发和设计资源;收购了中交国际航运、香港海事,打造了发展平台。

二是织密经营网络,优化市场布局。中交疏浚全面梳理了所属企业国内外经营资源,组建了国际事业部,设立东南亚、非洲、中东、美洲、欧洲5大海外区域中心,统筹海外市场,重点布局水利水电、生态环保等新业务;组建了投资事业部,设立九大区域中心,重点抢抓投资业务和新业务市场机遇。

三是统筹推动三级子公司专业化、差异化发展。中交疏浚推动传统业务公司整合重组,重点培育专业海外公司,避免新业务公司同质化发展;同时坚持"瘦身健体",压减法人单位31户,占"瘦身"前法人户数的30%以上。

(五)推进人才队伍转型,强化激励保障

中交疏浚推动人才优势转化为创新优势、竞争优势和发展优势,完善"选育用管"机制,深化人才发展机制体制改革,重点推进人员队伍结构化转型;明确薪酬向新兴业务、海外业务、一线部门倾斜的分配导向,强化薪酬激励保障作用,建立了工资总额与经济效益之间的联动机制和职工工资正常调整机制,合理调节职工收入水平;加大引进新兴业务高端人才,探索市场化的收入分配机制,坚持海外业务优先发展战略,加大海外人员薪酬分配激励力度,有力地保障了改革转型。

三、改革成效

一是资源布局更趋合理。中交疏浚新业务人才加速聚集,从事环保、水利、海洋等新业务的人员超 2 000 人,其中一级建造师 1 203 人,造价工程师 387 人;全球资源布局不断加强,海外投入自有船舶占公司自有挖泥船总数的 1/3,海外从业人员达 2 108 人,瓜达尔基地、蒙巴萨基地等 5 大海外船舶修储基地加速筹建。"中交疏浚"品牌开始走进国际市场。近 5 年来,中交疏浚海外业务营业收入年均增长率达 29.5%。

二是业务结构不断优化。中交疏浚在实现新签合同额连续稳定增长的同时,转型业务结构性占比也逐年上升,2019 年传统业务仅占其营业收入的 1/3。中交疏浚传统主业保持市场优势,国内市场占有率长期维持在 70%~80%;新兴业务蓬勃发展,生态环保成为贡献主力,先后策划了"三河三江四湖"等 10 大流域综合治理项目,打响了"中交流域"品牌;海洋业务近年来在海洋工程、海洋牧场、蓝色海湾整治、岛屿综合治理、海砂开发利用等领域取得了一定的突破。

三是经营模式由工转商。中交疏浚投资业务取得较快发展,初步实现了相关业务多元化发展,经营模式也由传统施工承包向 EPC(工程总承包)、投资 + EPC、PPP(政府与社会资本合作)模式、城市综合开发模式、"流域治理 +"、EOD(生态环境导向的城市开发)模式、"环境 +"等多种商业模式转变。中交疏浚已不再是单一的疏浚施工企业,而是逐步向承包商、投资商、运营商转变。

2019 年,中交疏浚营业收入同比增长 9%,利润总额同比增长 14%。中交疏浚改革发展取得了一系列成果,企业管理架构、体系、制度、流程、机制不断健全完善,产业布局加速推进,业务结构不断优化,新兴业务发展成效显现，海外业务全球布局及规模不断扩大，已形成传统业务、新兴业务、投资业务、海外业务"四轮驱动"的发展格局，转型升级成效显著，为全力"打造具有全球竞争力的世界一流疏浚、环保和海洋产业集团"提供了核心动力。

65

建立职业经理人机制
创新混合所有制企业管控模式

中农发种业集团股份有限公司

一、基本情况

中农发种业集团股份有限公司（以下简称"农发种业"）是中国农业发展集团有限公司（以下简称"中国农发集团"）5大主业板块之一——种植业板块的领军企业，也是目前中央企业中唯一的种业上市公司。2011年，农发种业通过重组进入种业，持续并购了11家企业，短短几年完成恢复上市、"去星摘帽"、定向增发等系列任务，由一家无实质性实体业务、面临退市风险的上市公司，成为综合实力位居行业前列的全国"育繁推一体化"种子企业，业务涵盖玉米、小麦、水稻3大粮食作物等农作物种业、农药、肥料，以及农业综合服务。

几年前，农发种业并购形成的混合所有制企业在管控方面遇到一些问题，如基础管理薄弱、业绩不稳、上下级管理存在"两张皮"、追求卓越的动力不足、协同发展意识不强等。被并购企业原创始人团队随着股权减少、年龄增长，又存在经理层固化、僵化等问题。按照国务院国资委和集团的要求，农发种业从2018年起开始探索建立适应混合所有制特点的管控模式；2019年以国企改革"双百行动"为契机，制定了综合改革方案，在选人用人机制上革故鼎新，抓住关键人这个"牛鼻子"，建立了职业经理人机制。通过1年的实践，农发种业激发了团队干事创业的活力，在严峻的市场形势下取得了较好的经营业绩；强化了战略执行力，总部重点战略得到有效推进；总部专业化管理能力获得了提升，取得了初步成效。

二、主要做法

（一）推行聘任制，逐步实施任期制和契约化管理

农发种业作为主导者，打破被并购企业原协议约定高管团队固化的局面，在所属企业市场化选拔与国企价值观相同、有大局观、有能力的中青年专业干部作为管理者，培养适合事业发展要求的人才。农发种业制定了《企业经营班子业绩考核管理办法》《职业经理人管理暂行办法》，在所属企业推行全面绩效考核；由简到难、循序渐进，从原科研单位所属企业开始，再到经营管理人员股权比例较低的企业，在河南黄泛区地神种业有限公司（以下简称"河南地神"）等4家所属企业推行经理层成员任期制和契约化管理，创建职业经理人机制，今后再逐步推行到原创始人股权较高的企业。农发种业定好聘任机制，将关键岗位团队纳入职业经理人范围，聘任制需要符合3项条件、4项任职要求、5项素质要求，任期为3年一届；退出有5种情形，实行动态管理；实行日常、年度、任期相结合的全方位动态考评机制，建立了"责权明晰、奖惩分明、能上能下、流动有序"的职业经理人管理模式。

（二）考核与激励并举，建立可持续发展的奖惩机制

在考核方面，农发种业根据各企业实际情况，因企制宜地地制定有针对性的考核办法，年度经营业绩考核体系由以下3项指标组成。

一是经营指标（即责任利润目标）。经营指标以过去几年实际利润的高位区间为基准，经财务测算确定合理区间，经营班子成员收入与业绩紧

密挂钩，体现"企业得大头、个人得小头"的多劳多得原则，实现企业与个人共赢发展。

二是议题指标。农发种业围绕总部战略，"一企一策"，制定重点战略议题指标，为促进高质量发展建立长效机制。农发种业充分发挥各企业优势，并针对其短板"哪壶不开提哪壶"，在提升市场推广能力、改善资产结构和财务状况、加强风险和内控体系建设、发挥现有优势等方面制定有针对性的重点战略议题考核指标，倒逼所属企业攻关急需破解的关键问题，确保实现"长更长、短变长"。

三是底线指标。农发种业设定了扣减分项，在党建、企业文化、风险管理、协同行为、执行上级任务等方面出现重大偏离时附加考核；设定了底线，如发生重大违法违纪事件、安全生产等事故，实行奖金"一票否决制"。

在激励方面，农发种业推了行短期、中期、长期相结合的激励措施。短期激励是每年在基本工资之上，另有绩效奖励，职业经理人还有超额绩效奖励、特殊贡献奖；在中长期激励方面，农发种业聘请专业机构拟定了限制性股票激励计划，拟对公司及所属企业中高级管理人员、核心技术及业务人员实施上市公司股权激励；对于管理层持股比例较大的企业，农发种业正在进一步探索实施管理层所持股权证券化的激励措施。通过不断探索新激励机制，农发种业有效激发了团队的活力和创新动力。

（三）强化约束与管控，建立促进高质量发展的管理模式

为避免职业经理人短期行为，农发种业设定了"完成高质量业绩才能获得奖金"的发放条件，即"当年经营性净现金流≥当年预计发放奖金"，避免增加应收账款形成的业绩，建立发展长效机制。当年未达条件不发放资金，可在以后年度达到发放条件时合并计算、发放；绩效奖金全额发放，超额业绩奖金预发50%，剩余50%任期考核合格后发放。农发种业利

用财务工具评价企业，要求管理者通过学习建立起指标思维、现金流思维、成本控制思维和风险防控思维，引导企业高质量发展，避免短视行为。

为防止出现"监守自盗""跑冒滴漏"行为，农发种业建立健全了管理制度，促合规、强内控、防风险，打造业务发展与内控保障相平衡的市场化运营机制，为确保企业稳健发展建立起了"防火墙"，力争做到"管而不死、放而不乱"；正在搭建"进销存"业财一体化平台，利用信息化技术手段夯实管理基础，打通企业管理全流程，建立以货物为中心的运营管理，实现公司对全部业务生产经营过程的动态监控，并为决策提供支撑；运用电子采购平台强化采购监管，促进采购招标业务更加规范、阳光、透明化，采购计划管理更加精准、可控，协同管理更高效，监督检查更便捷，实施供应商全生命周期管理；强化"三重一大"、业务关键环节的监管，在种子生产计划、"两金"、产品质量、品种权、重大合同、营销政策等业务关键环节健全有效管理机制，以审批或报备的方式强化监管。

农发种业强化安全发展理念，守住安全底线，建立了责任追究制度。农发种业扎扎实实提高认识，牢固树立"生命至上、安全第一"的安全发展理念，坚守"发展不能以牺牲人的生命为代价"这条红线；扎扎实实查隐患、补短板；扎扎实实夯实责任，层层签订安全生产责任书，专设安全生产办公室；扎扎实实狠抓落实，定期召开安委会例会，组织召开系统内安全生产培训暨应急演练观摩会等。

农发种业加强管理团队建设，强化总部组织保障，总部管理由二传手式被动管理向上市公司监督管理、种药肥专业化管理、国有资产监督管理"三位一体"的主动管理转变；完善总部管理职能，新设部门和机构，推进科技体系构建、重点战略议题研究、下属企业考核等工作。

三、改革成效

农发种业经过短短 1 年的改革实践,取得了阶段性成效。

一是取得了较好的经营业绩。近来年,受多重因素叠加影响,种子行业形势低迷。2019 年,全国小麦大丰收,种子严重供大于求,国内小麦种子企业业绩均大幅下滑;国际贸易摩擦也在一定程度上导致中农发河南农化有限公司的主导产品之一 MEA(2-甲基-6-乙基苯胺)市场需求锐减。在此严峻形势下,农发种业种子企业下沉网络、深耕基层,在村镇一线"拼刺刀";农药企业提质降本,主攻其他主产品;肥料企业在自营新业务上选外商、找产品、强示范、拓渠道。2019 年,农发种业实现营业收入 51.36 亿元、净利润 4 530 万元,收入大幅增长,净利润仅小幅下滑。其中,化肥板块营业收入和净利润分别增长 95.96%、108.93%,创历史新高;种业板块净利润同比增长 15.47%,7 家种子企业全部保持盈利,净资产收益率在对标企业中继续保持较高位次;农药板块净利润虽同比减少 33.81%,但主产品 DEA(2,6-二乙基苯胺)营业收入和毛利润同比分别增长 20.86% 和 108.58%,经营趋势进一步向好。

二是总部重点战略得到有效推进。在加快新产品推广上,山东中农天泰种业有限公司(以下简称"山东中农天泰")玉米新品种"天泰 316"销量同比增长 157%;河南地神 3 个小麦新品种的贡献率同比增长 30.94%;江苏金土地种业有限公司 8 个小麦新品种销量同比增长 22.65% 等。

在增强市场影响力上,河南地神培育了"泛玉 298"玉米品种 1 家推广 10 万亩(约 6 666.67 万平方米)、2 家推广 3 万亩(2 000 万平方米)的县级大客户共 3 家;山东中农天泰和山西潞玉种业股份有限公司分别培育了推广 5 万亩(约 3 333.33 万平方米)和 3 万亩的县级大客户各 3 家。

在新业务开拓上，华垦公司由肥料进口代理向国际新型肥料自营转型，引入英国硫酸钾镁钙、波兰阿速勃、瑞士缓释尿素，并引进专业人才，在11个省的18个点开展试验示范，开发了30家新渠道商。

在加大内部产业协同上，山东中农天泰将自有玉米品种授权2家兄弟公司协同开发省外市场；湖北种子集团有限公司和河南地神协同推广"泛玉298"玉米品种超过100万千克，成效显著；华垦公司联合各种子企业开展了肥料试验示范等。

其他重点战略议题，如营销人才引进、推进不相容岗位分离管理、盘活闲置资产、政策性项目资金争取、安全生产和节能环保等，各相关企业经营班子均作为重点任务进行攻关并取得了较好的成效。

三是总部专业化管理能力得到提升。通过总部组织机构改革和制度体系建设，农发种业强化了总部对业务关键环节的制度监管。在平台监管上，目前电子采购平台已全部上线使用；"进销存"业财一体化平台已在2家试点企业上线使用，正在加快建设；已对各所属企业和职业经理人2019年经营管理业绩进行了考核。

作为一项长期性、艰巨性的任务，农发种业对混合所有制企业的改革刚刚起步，虽然取得了一些阶段性成果，但也存在不足之处。农发种业将在改革推进过程中对机制不完善的地方持续进行调整，扎实走过每一年，力争3年看到显著成效。

66

打造"两山"理论高水平转化的千岛湖样本

杭州千岛湖发展集团有限公司

一、基本情况

杭州千岛湖发展集团有限公司(以下简称"千发集团")成立于1998年,位于浙江省杭州市淳安县千岛湖,是中国林业集团有限公司(以下简称"中林集团")所属的三级企业,主要从事千岛湖渔业生产、加工与销售,餐饮服务与经营,文化创意开发,旅游开发建设等业务,主导产品"淳"牌千岛湖有机鱼畅销大江南北。

千发集团是一家典型的"央地合作"型国有企业,其中中央国资占55%,地方国资占45%。成立以来,千发集团积极建立现代企业管理制度,一年一个主题,一步一个脚印,形成了"保水渔业"理论下的可持续生态渔业发展模式,构建起了"淳鱼产销、淳鱼美食、淳鱼智造、淳鱼旅游和淳鱼文创"的淳鱼"1+4"产业板块,实现了"打造中国淡水渔业领军企业"的目标。

2017年,千发集团业绩在实现近20年的连续增长后,受千岛湖鱼产潜力的限制(千岛湖有机鱼是人工放养、自然生长,产量受限),以及国内经济增速放缓和餐饮消费大众化的影响,有机鱼销量和价格面临新的双重挑战,发展缺乏后劲。同时,千发集团在体制机制、人才队伍、市场营销、经营模式和组织结构等方面,与快速发展的市场化竞争态势有不小的差距,亟须进一步改革创新。

2018年,经中林集团推荐,千发集团入选"双百企业"名单。千发集团不断深化改革,以高质量发展为主线,以"人才建设年""产业发展年"为主题,实施精细化与卓越绩效管理,通过"打造一条价值最完整的鱼",实现了公司的新发展,成为"两山"理论(绿水青山就是金山银山)高质量转化的生动案例和学习样板。

二、主要做法

(一)以彰显央企社会责任为导向,主动践行"两山"理论

千发集团大力实施"保水渔业",通过持续放养鲢、鳙鱼苗滤食水中的藻类,长期坚持水环境、渔环境动态分析和生态平衡研究,科学协调水体库存和捕捞的关系。千发集团确保每年向千岛湖投放达2 000吨、1 000余万尾以上的鲢、鳙鱼苗,通过增殖放流和强化保护渔业资源,实施科学限额捕捞和精细化管理,年供应千岛湖有机鱼5 000吨,同时从水体带出20万吨藻类的营养物质,起到很好的生物治理水质的作用,实现"绿水青山就是金山银山"的高水平转化和良好的社会效益、经济效益、生态效益,成为全国大水面生态渔业发展的标杆和典范。千发集团走上了以鱼护水、以水养鱼、以鱼富民、和谐相融的可持续发展道路,在实践中开创并形成的"保水渔业"理论体系,"绿水青山就是金山银山——以浙江淳安千岛湖为案例"已被列入中央党校生态文明建设案例教学课程。2018年11月28日,千岛湖"保水渔业"产业发展大会召开,"保水渔业"发展模式被总结为全国大水面生态发展的"千岛湖模式"。2019年9月,农业农村部在千岛湖召开大水面生态渔业现场推进会。在践行"两山"理论的同时,千发集团也争做"两山"理论的宣传者、传播者,积极开展全国大

水面生态渔业发展培训会，宣传千岛湖保护与发展经验，让更多的湖泊水库走上"绿水青山就是金山银山"的生态发展新路。

（二）以发展混合所有制经济为抓手，进一步推动产业发展，释放企业市场活力

千发集团始终把产业发展作为推动经济发展的主攻方向，以推进混合所有制经济为抓手，不断优化产业结构。2019年，千发集团围绕"深化一条鱼的供给侧结构性改革"这条主线，强化精细生产，优化淳鱼产销各环节流程，提升鱼货质量，提高渔业经济效益；积极引进符合公司餐饮业发展战略，与公司餐饮业形成优势互补、业务协同，探索餐饮企业进行"混改"，促进餐饮企业转换经营机制，放大国有资本功能，促进淳鱼美食的规模和影响力快速提升；通过对接用户消费情境、对接消费市场提档升级扩大产业规模，以增强自我发展能力为目标，加快制度创新、科技创新和管理创新；立足生态产业，突出有机鱼产业未来战略支柱和引领地位，发展淳鱼鲜冻分割和精深加工智造产业；推动淳鱼旅游和文创产业联动发展、融合发展，将亮点转化为卖点，将文化特色转化为经济优势，扩大产品规模，推动产业发展上规模、上水平。

在淳鱼餐饮方面，千发集团在对鱼味馆杭州3家分店"混改"增资后，民营股东占股达51%，进一步释放了酒店活力，市场化经营机制得以充分实施。在淳鱼旅游方面，千发集团收购了杭州千岛湖鱼文化旅游有限公司部分股东的股份，实现控股经营，增强对该公司主要旅游项目——体验式巨网捕鱼的控制力，进一步增进了淳鱼旅游与淳鱼产业链的融合，为下一步做强渔业旅游奠定了基础。与安徽高塘湖、江西大坳水库等15个省市的20多个湖泊水库达成初步的合作意向，在全国范围内大力复制、推广千岛湖"保水渔业"模式。

（三）以卓越绩效为目标，进一步提升内部管理

基于公司"1+4"的产业布局，千发集团注重活鱼全过程质量可追溯体系的建立与实施。一是加强标准的制定与执行，在千岛湖有机鱼的养殖、管护、捕捞、销售、加工、旅游、烹饪、科研、文化9个产业链环节，建立了生产、技术、管理、服务等500多项企业标准，推行标准化管理；二是强化生产环节的过程控制，分别开展养殖、管护、捕捞和销售等过程的日志管理，实施精细化管理；三是实现渔业数字化改造，建立渔业信息平台，收集资源保护、捕捞生产、静养管理等数据和信息，及时掌握整个渔业生产经营动态，探索渔业信息化建设；四是实施产品质量持续跟踪，对活鱼运输车、渔政管护船艇实行GPS（全球定位系统）远程监控管理，对送至顾客处的活鱼进行拍摄存档，及时处理顾客投诉并进行售后服务评价，进而实现从鱼苗培育、捕捞渔场、静养时间到运输销售的全过程质量监控和可追溯性，追求卓越绩效管理。

（四）以人才建设为核心，深化收入分配管理改革

企业间的竞争实质就是人才竞争，千发集团充分认识到了做好人才建设工作的重要性和紧迫性。基于"以人为本、和谐共赢"的企业理念，以及"任人唯贤、注重品德、注重实际能力和绩效"的人才观，2018年，千发集团以"人才建设年"为年度工作主线，构建了内部培育、人才晋升、合作引进"三位一体"的人才培养体系。千发集团面向基层员工实施多种形式的技能比武，提高了广大职工的技能水平；实施中层干部竞聘上岗制度，充分调动了员工的积极性；培养了"捕鱼大师""烹饪大师"等一批技能大师和领军人物；通过合作引才，引入院士及专家科研合作团队致力于千岛湖大水面渔业产业模式研究，为公司渔业发展提供了技术支撑；通过项目合作，聘用了资深旅游职业经理人，进一步拓展淳鱼旅游产业。

自开展"双百行动"以来，千发集团完善了与市场化基本相适应的劳

动用工关系，逐步建立了市场化的选人聘人制度；逐步强化了以业绩为导向，与营业收入及利润指标相挂钩，岗位靠竞争、收入靠贡献，奖惩分明的市场化薪酬分配机制，体现了收入"能高能低"、岗位"能上能下"，充分调动了员工的工作积极性。

（五）以党的建设为引领，推动公司高质量发展

千发集团充分发挥党组织的领导核心与政治核心作用，将党建工作写入公司章程，切实将党的领导融入公司治理各环节。习近平总书记在浙江工作期间曾6次到千发集团视察。千发集团将习近平总书记的殷切期望转化为当下积极践行"两山"理论实践的巨大动力，自觉用习近平新时代中国特色社会主义思想武装头脑、指导实践、推动工作，以高质量党建引领高质量发展。千发集团党总支与淳安县第一人民医院党委、中国建设银行淳安县支行党总支开展共建活动，促进了员工职业健康和银企合作，创建了合谐大家庭；积极开展了与陈村村等结对帮扶活动和"春风行动"，并将党建活动延伸到鱼塘边，做到党建生产两不误，以党建促生产。渔政分站的"党建+渔林资源保护"，创新护渔护林管理新模式。鱼味馆的党小组则是分店开到哪里，党组织就跟进到哪里，党员领衔的厨师团队研发了12道金牌鱼头菜品，勇夺亚洲美食节"鱼头王"，有力地促进了酒店经营与品牌形象。捕捞队将党支部建在船上，让党旗飘在船头，打造"船头党建"。

三、改革成效

千发集团自入选"双百行动"试点企业以来，内部改革向纵深推进，法人治理结构进一步完善，混合所有制经济进一步壮大，市场化经营机制进一步健全，党的领导进一步加强。面对近些年更加复杂多变的经济形势和发展环境，千发集团坚定"两山"理论高水平转化，发挥党组织在公司

治理体系中的领导地位，有力地推动了公司高质量发展，实现了公司经济效益持续稳步增长。

一是企业经济效益实现稳步增长。2019 年，千发集团实现营业收入 7.27 亿元，完成年计划的 106.2%，比 2017 年增长 146%；实现利润总额 3101 万元，完成年计划的 103%，比 2017 年增长 17%。

二是企业发展质量明显提升。千发集团通过强化主业、转换机制、强化考核、积极作为、稳健运营，推进企业高质量发展和渔业信息化建设，提升企业科技含量、盈利能力。在全网营销、品牌提升、综合技术开发与整合等方面，推动建立"动车组式"全产业链融合发展模式，进一步增强了核心竞争力。

三是生态品牌在全国叫响，千岛湖环境持续改善。千发集团运用"低成本创意营销"，主动创造新闻热点，吸引媒体的关注和报道，提高了旗下如"淳"牌有机鱼等生态产品的知名度；将原生态的捕捞场面策划包装为"中华一绝、巨网捕鱼"旅游观光项目；牵头编制的《天然水域活鲢、鳙鱼分割规范》《天然水域冻鲢、鳙鱼制品》成为团体标准并颁布实施；连续举办的"千岛湖有机鱼文化节"被农业农村部认定为国家级示范性渔业文化节庆；牵头成立了全国大水面生态渔业分会，并担任执行会长，持续推动千岛湖"保水渔业"发展与生态环境改善，引领我国水库生态渔业综合开发和产业发展。

四是产业示范引领作用进一步彰显。中林集团在千发集团打造的"千岛湖保水渔业"基础上，总结提炼经验，形成了"一湖推十湖、十湖带百湖"的"湖泊+"产业发展战略，成为中林集团"森林+""园区+""湖泊+"3 大生态产业的重要一极。目前，已经落地的项目有江西余干鄱阳湖（以康山大堤围合形成的鄱阳湖一大内湖——大明湖）、湖北通山富水湖、新疆赛里木湖、吉林白城月亮湖、湖北赤壁陆水湖、山东泰安东平湖、安徽淮南高塘湖、安徽金寨梅山湖和天堂湖等。

总的来说，千发集团自成为"双百行动"试点企业以来，努力在"五突破、一加强"上下功夫、做文章，取得了一定的成效。下一步，千发集团将继续深入学习习近平新时代中国特色社会主义思想，特别是生态文明思想，贯彻落实新发展理念，推动混合所有制改革不断走向深入，做强湖泊生态产业，为"美丽中国"建设贡献新的发展力量。

67

深化"三项制度"改革
建立市场化激励机制

中国工艺集团有限公司

一、基本情况

中国工艺集团有限公司(以下简称"工艺集团")是中国保利集团有限公司(以下简称"保利集团")所属的一级子公司。其前身中国工艺(集团)公司由组建于 1966 年的原中国工艺品进出口总公司和组建于 1972 年的原中国工艺美术(集团)公司在 2007 年联合重组而成。

2017 年工艺集团整体并入保利集团以来,按照"既重资产重组,又重产业培育"的重组发展原则,以及"加快产业梳理,形成重点培育、正常运行和战略退出三类产业"的重组要求,紧密结合保利集团整体发展战略和产业发展趋势,制定了新的战略规划,将主营业务划分为贵金属、工艺美术、国际贸易和资产经营 4 个板块。

2020 年上半年,工艺集团克服疫情影响,经营业绩实现大幅增长。2020 年 1—6 月,工艺集团营业收入达 395.1 亿元,同比增长 55.7%;实现净利润 1.2 亿元,同比增长 21.6%。

二、主要做法

(一)顺应改革趋势,充分调动自身求变的积极性

工艺集团作为一家历史悠久的中央企业,曾经为国家外汇创收做出积

极贡献，但进入改革开放新时期，特别是我国加入世界贸易组织（WTO）后，由于政策变更等多方面原因，困扰企业转型发展的矛盾不断增多，逐渐无法跟上时代发展的脉搏。并入保利集团后，工艺集团广大干部职工期待新的理念、新的作为、新的发展。以此为背景，工艺集团不回避问题，找准短板和弱项，敢于碰硬，从"三项制度"改革入手，以子公司负责人薪酬制度改革为着力点，精准持续发力，切实破除改革的思想障碍和制度藩篱，引领其他改革不断推向实处，助力公司焕发内部经营活力、释放内在发展动能。

（二）明确改革导向，将薪酬激励绑上公司效益增长的"列车"

工艺集团按照分类分级原则，综合考虑企业运营模式的本质差异，将子公司分为经营类和资产类，因企施策，建立与经营业绩接轨的"薪酬能高能低"的收入分配制度，力求发挥薪酬指挥棒的作用，引导企业重视净资产收益率，增加净利润，最大限度地实现国有资产保值增值，推动公司迈上跨越式发展的新台阶。

一是引导改革方向。工艺集团对子公司负责人薪酬制度的改革强调以效益为导向，更加注重效益、薪酬强联动，坚持"业绩升薪酬升、业绩降薪酬降"，坚决拉开差距，打破过去利润相差较大、薪酬相差较小的弱激励局面，引导子公司负责人走出经营管理的舒适区，激发其干事创业的活力，鼓励子公司做强做优做大，将子公司负责人绑上企业高速发展的"快车道"。

二是划定核心指标。工艺集团原考核体系包括基本指标、分类指标和财务绩效评价结果指标，指标较多、测算复杂，难以客观评价子公司负责人的业绩贡献度，无法合理拉开薪酬差距、调动干事创业的积极性。为此，工艺集团从落实国有资产保值增值角度出发，聚焦净利润和净资产收益率2个核心财务指标，精准施策，打破过去薪酬效益联动较弱的顽疾，强化效益与薪酬的联动关系,坚持鼓励先进,引领企业培养核心竞争力,大力创造价值、增加价值。

三是确定薪酬核算。工艺集团子公司负责人年度薪酬由年度基薪和团队奖金组成,分别与净资产收益率目标、净利润目标挂钩,给予增量效益更多激励。同时,工艺集团按照考核级别核定年度基薪标准,60%的年度基薪作为岗位工资日常发放,并根据经营类和资产类企业经营特点,分别建立了有针对性的奖金激励模式,克服过去用一把卡尺丈量所有企业的方式,使考核更具科学性和有效性。

四是明确改革目标。优化子公司负责人薪酬体系,提升基薪日常发放的岗位工资比例,有助于工艺集团推进不同业务单元、不同子公司间的负责人交流,加快高管人才队伍结构优化。优化子公司负责人团队奖金分配制度,一方面有助于将子公司高管团队利益共同化,激励为共同目标创造更多净利润;另一方面内部奖金分配适当拉开差距,按贡献度分配内部奖金,有助于子公司高管团队加强自身能力建设,规避内部"搭便车"现象。

(三)协同推进改革,保障"三项制度"改革顺利实行

一是加强组织领导。工艺集团党委紧密结合"不忘初心、牢记使命"主题教育活动,把子公司负责人薪酬制度改革作为回应干部职工期盼、破解企业改革发展难题的重要任务。工艺集团主要负责人亲自挂帅,提出明确的改革要求和完善意见,公司党委全员全程参与研讨,组织精干力量研究,以更高的站位、更大的劲头、更实的举措把子公司负责人薪酬制度改革推向深入,确保改革取得实效。

二是统筹协调推进。工艺集团以全局视角全面梳理子公司负责人薪酬改革的关键要素,同步推进子公司负责人绩效考核和薪酬改革,重新切分子公司综合考核办法和薪酬管理办法的管理诉求,力求改革既要重点突

三是高频研讨分析。为摸清问题、理清改革主线，工艺集团多次组织召开总经理办公会和总经理专题研讨会，研讨子公司负责人薪酬制度改革议题，细致梳理薪酬改革面临的突出矛盾和问题，专门研究薪酬改革中遇到的重点、难点，多次听取相关职能部门的汇报，对薪酬方案进行反复修改、优化，力求反映改革导向，兼顾公司实际，缜密制定改革方案。

四是强化政策落地。工艺集团在2019年半年工作会上向各子公司吹响了薪酬改革动员的"集结号"，在2019年度工作会上正式发布薪酬管理办法，并安排专题报告加以解读，协调指导推动改革顺利落地。

三、改革成效

一是大局意识增强，服务国家战略取得实效。工艺集团较好地完成了服务中国国际进口博览会（以下简称"进博会"）的任务，在前两届进博会上累计签约进口订单金额达210亿元，其中单笔订单金额最高达110亿元；首届进博会选送的国礼和官方礼品占全部礼品的90%，获得了国家相关部委的高度评价。工艺集团专项进口业务均满额中标，保持较高的执行率，位列央企第一梯队。

二是业绩稳定增长，发展质量有效提升。重组前，工艺集团在处理历史遗留问题和消化潜亏的基础上，2017年实现营业收入364亿元，亏损3.21亿元。工艺集团入选"双百企业"名单后，2018年实现营业收入416亿元、净利润1.74亿元；2019年实现营业收入638亿元、净利润2.18亿元，较好地完成了年度业绩考核指标。

三是主业方向稳定，总体良性运转。工艺集团立足产业发展特征和公司资源优势，提出了"发展贵金属、培育工艺美术、战略收缩贸易、稳定资产经营、寻找工艺美术+"的总体方向。贵金属业务成为工艺集团业务最重要的支撑，2019 年的营业收入和净利润分别占公司整体的 59% 和 34%；抗风险能力增强，2020 年第一季度面对疫情挑战，营业收入和净利润分别占公司整体的 74% 和 58%。工艺集团贵金属业务发展质量和行业话语权不断提升，产业链条延伸至精炼加工、仓储物流等环节，其中铂金进口市场份额增至 90%，成为"上海银"7 家定价商之一。工艺美术业务向内容领域延伸，自主研发的产品得到了广泛认可，实现国礼、企业定制高端商务礼品的突破。国际贸易业务风险防控能力得到增强，优势品种逐步向实业转型。资产经营业务加快资金回笼，迅速处置了一批长期的低效、无效资产。

四是管理质量提升，超额完成预算任务。2020 年，面对疫情带来的困难和挑战，工艺集团及时调整管理策略，减少工艺美术、国际贸易业务的亏损影响，抓牢贵金属业务的发展机遇。2020 年第一季度，工艺集团实现营业收入 199 亿元、净利润 0.54 亿元，分别完成年度预算的 30.5%、32%。其中，核心盈利点铂金进口业务管理团队主动放弃春节假期，克服供应链断裂困难，保障了上海黄金交易所铂金交易需求和我国铂金工业用料需求。

五是逐步走出困境，历史遗留问题取得重大进展。中艺总公司橡胶贸易诉讼案历时 4 年取得终审胜诉，减损 1.67 亿元；中国抽纱汕头进出口有限公司"三旧"改造项目历时 7 年终于挂牌销售，实现了资金回笼等。

经过近 2 年的探索和实践，"双百企业"改革对工艺集团发展的促进作用日益明显。工艺集团探索出符合自身特点的战略方向，业务结构不断优化，全体干部职工已与公司效益增长的"列车"紧密相连，未来改革红利的影响将更加深远。

68

以综合改革为契机
做强世界铸管行业领导者和冶金行业领先者

新兴铸管股份有限公司

一、基本情况

新兴铸管股份有限公司（以下简称"新兴铸管"）系深圳证券交易所主板上市公司，由国务院国资委监管的中央企业新兴际华集团有限公司（原新兴铸管集团有限公司，以下简称"新兴际华"）独家发起募集设立。其前身为始建于1971年的三线军队钢铁厂，于1997年发行上市，注册资本为39.91亿元，新兴际华持股比例为39.96%。

多年来，新兴铸管在"以钢铁为基础、以铸管为主导"的战略思想指导下，不断延伸和完善产业链和价值链，通过战略并购、重组、控股、参股等方式，形成了以华北为核心，覆盖华东、中南、西南、西北、华南地区及辐射东南亚的生产基地和产能布局。目前，新兴铸管拥有河北邯郸、安徽芜湖、湖北黄石、湖北随州、湖南桃江、湖南嘉禾、四川崇州、广东阳江、山西吕梁等地的多个生产基地和遍布全国的销售网络，是跨行业、跨区域的大型企业集团。新兴铸管现已成为年产800万吨以上金属制品企业，形成了新兴铸管、新兴钢材、新兴特种钢管、新兴格板、新兴铸件和新兴复合管等系列产品。

2019 年，新兴铸管作为国务院国资委确定的"双百企业"，迅速开展内部调研、研讨，总结改革现状，查找改革中的短板问题，以问题为导向，破解难题、补齐短板，制定了"双百行动"综合改革方案，重点在股权激励、混合所有制改革、员工持股计划等方面进行改革，助推战略落地。

二、主要做法

新兴铸管制定了在股权激励、股权多元化及混合所有制改革、管理层与核心员工持股等方面进行改革的《"双百行动"综合改革实施方案》，股权激励已经于 2020 年 2 月落地，聚联智汇水务科技有限公司（以下简称"聚联智汇水务"）"混改"及员工持股已形成方案。

（一）以深化激励约束机制为支撑，增强干事创业的活力

为了持续深化国有企业改革、赋予企业发展新动能，新兴铸管进一步建立健全了长效激励约束机制，吸引和留住专业人才，充分调动公司董事、高级管理人员、中层管理人员及核心技术和业务人员的积极性，使股东、核心团队共同关注公司的长远发展，确保公司发展战略和经营目标的实现。在充分保障股东利益的前提下，按照收益和贡献对等的原则，新兴铸管在上市公司层面实施了限制性股票激励计划。

2019 年，新兴铸管严格按照相关法律法规和公司规章制度，结合实际情况，筛选公司及下属公司董事、中高级管理人员，以及核心技术、市场、工艺、管理骨干等 400 多人作为股权激励对象。通过调研、论证，新兴铸管选择限制性股票作为股权激励改革的方式，股票来源为公司从二级市场回购的本公司 A 股普通股股票，授予价格由董事会按照一定的原则确定。

限制性股票设置有效期 5 年及一定的授予和解锁条件。有效期包括授

予股票后的 2 年限售期和 3 年解除限售期；限制性股票的授予及解锁条件将在综合考虑行业标准、公司业绩、个人业绩等因素后确定。

激励对象满足授予股票的条件后被授予股票，之后进入限售期。在限售期内，激励对象获授的股票被锁定，不得转让、用于担保或偿还债务；如果股票达到解除限售条件，则可每年按照一定的比例解除限售。对于公司业绩或个人考核结果未达到解锁条件的，未解锁的限制性股票由公司购回。

限制性股票的解除限售条件主要依靠公司层面的业绩考核指标。新兴铸管从 A 股钢铁行业中选取综合实力、收入规模、市值规模等方面与其相似的上市公司，同时考虑业务相似性、可比性和稳定性。新兴铸管最终选取了河钢股份、山东钢铁、包钢股份等 16 家上市公司作为本激励计划授权及解除限售的业绩考核指标对标公司。

新兴铸管公司层面的业绩考核指标为吨产品 EBITDA（税息折旧及摊销前利润）、铸造产品销售数量增长率和 EVA（经济附加值）指标。吨产品 EBITDA 反映了单位产品销售情况为公司带来的经济利益流入，由于不同公司盈利情况、资本结构、固定资产成新率等有所不同，上述指标剔除了利息、所得税、折旧及摊销的影响，可比性更强。铸造产品是新兴铸管的核心产品。新兴铸管的铸管生产技术、产品质量居世界领先水平，是全球最大的离心球墨铸铁管供应商。铸造产品销售数量增长率反映了公司核心产品的业务增长情况。EVA 指标反映的是公司扣除资本成本后的资本收益情况，是央企考核的核心指标。该指标能够较好地体现公司为股东创造的价值情况。激励计划分年度对业绩指标进行考核，以达到将业绩考核目标作为激励对象当年度的解除限售条件之一。

截至 2020 年 1 月 17 日，新兴铸管已完成此次股权激励的股份回购工作，占公司总股本的 0.97%；实际授予限制性股票的激励对象 452 名，授予限制性股票数量为 3 609 万股，占回购股票数量的 93% 以上；员工认购比例很高，表明对公司发展认可度较高。新兴铸管的股权激励措施有力地营造了广大员工干事创业的氛围。

（二）实施混合所有制改革，推进股权结构多元化

一是聚联智汇水务作为新兴铸管"一体两翼"发展战略中的重要"一翼"，定位于打造涉水经济综合服务平台的发展战略。2019 年，新兴铸管以"双百行动"为契机，制定了"混改"方案。新兴铸管以聚联智汇水务作为"混改"试点单位，通过引入行业内外战略投资者进行强强联合，快速实现技术对接、人才"嫁接"，提高产业集中度，推动行业整合，弱化竞争态势，促进公司快速实现管网运维、二供运维及抄表、收费等平台的搭建，迅速做强做大智慧水务板块。

二是 2019 年新兴铸管谋求在铸造园项目上推进股权多元化和混合所有制改革，引进战略投资者，实现强强联合、优势互补。在铸造园项目建设方面，新兴铸管重在吸引当地政府、院校、协会、金融机构、建设公司、产业链上下游公司等持股，为园区的发展提供配套土地、人才培养、园区运维等服务，打造服务闭环模式的混合所有制公司。2019 年，新兴铸管与湖南嘉禾铸都发展集团有限公司合资设立的新兴铸管（嘉禾）绿色智能铸造产业园有限公司的绿色智能铸造产业园建设取得重点突破，招商引资同步启动。

（三）加强党的领导，强化监督机制

新兴铸管在落实了"一肩挑"的基础上，通过进一步发挥基层党支部的主体作用、党建工作项目化管理及智慧党建等方式，自下而上、内外结合，实现党建工作进章程，将党委会研究讨论作为董事会、经理层决策企业重大事项的前置程序，持续加强党组织在企业中的绝对领导作用。

在严格落实已建立的"三位一体"监督机制上，新兴铸管进一步完善

涵盖各治理主体及审计、纪检监察、巡视、法律、财务等部门的监督工作体系，健全内部监督制度和内控机制，强化对子企业的纵向监督和各业务板块的专业监督，加强企业内部监督工作的联动配合，确保了内部监督及时、有效。

新兴铸管继续推进落实党组织在各级企业党风廉政建设和反腐败工作中的主体责任和纪检机构的监督责任，对关键岗位人员的廉洁教育实现常态化，将腐败问题及早化解在萌芽状态，确保公司决策部署及其执行过程符合党和国家方针政策、法律法规。

三、改革成效

2019年，新兴铸管以"双百行动"综合改革为契机，抓住"以深化激励约束机制为支撑、增强干事创业活力"这一核心，不断深化改革，破除发展瓶颈，企业发展活力得到显著释放，发展质量进一步提升，经营技术指标稳居行业第一阵营。2019年，新兴铸管实现营业收入408.90亿元，同比上升0.84%；实现归属上市公司股东净利润14.97亿元；净资产收益率（加权平均）为7.20%；每股收益为0.3751元。2020年第一季度，新兴铸管归母上市公司净利润达3.59亿元，同比增长12.63%；每股收益为0.09元，同比增长12.64%；净资产收益率为1.68%，同比增长0.15%。新兴铸管2020年第一季度的盈利能力明显高于对标企业平均水平。

2019年，新兴铸管党委以习近平新时代中国特色社会主义思想为引领，以高质量发展为目标，以生产经营为中心，以深入开展主题教育和基层党建推进年专项行动为抓手，将党的领导与公司治理统一起来，推进党建工作与战略落地"双融合"、与公司治理"双加强"、与生产经营"双落实"，在经营环境波动的情况下，创造了优异的经营业绩，企业高质量发展迈出了坚实而稳健的步伐。

2019年,新兴铸管围绕"做强世界铸管行业领导者和冶金行业领先者"的总体战略目标,以新产品研发、基础工艺攻关、装备升级3大领域为发力点,注重关键核心技术创新研发,稳步推进战略性科技创新项目。

2020年,新兴铸管将紧紧抓住深化国企改革的机遇,在"一体两翼"战略的基础上,全力打造"世界一流的球墨铸铁管及高端铸造技术、生产与服务企业",构建自己的冶金铸造生态系统,做强世界铸管行业领导者和冶金行业领先者。

69

强激励 深挖潜 促发展
借力"双百行动"东风推动高质量发展

重庆市泽胜船务(集团)有限公司

一、基本情况

重庆市泽胜船务(集团)有限公司(以下简称"泽胜公司")是中国航空油料集团有限公司(以下简称"中国航油集团")下属三级企业,是中国航油物流有限公司(以下简称"物流公司")于2008年通过股权收购方式入股的混合所有制企业。泽胜公司成立于2001年,注册资本为7 914万元,其中物流公司持股50%;重庆泽胜投资集团有限公司(民营)持股50%。泽胜公司主要经营长江干线及支流成油品、化学品运输业务,拥有各类油品、化学品船舶64艘,船舶总运力达29万吨,约占长江干线危化品船舶运力的18%,是长江干线最大的液体危化品运输企业。

"双百行动"开展以来,泽胜公司始终贯彻落实国企改革有关要求,全面推动企业综合性改革,在深化混合所有制改革、优化法人治理结构、完善市场化经营机制、健全激励约束机制等方面进行了大胆尝试和有益探索,企业质量和效益明显提升,队伍活力明显增强,充分体现了"双百行动"的改革成果。2018—2019年,泽胜公司年收入从3.7亿元增加到4.4亿元;年货运量从281万吨增加到342万吨,约占长江干线危化品运输总量的20%，实现了国有资产保值增值，为建设"安全可靠、绿色环保、运行高效、技术领先、管理先进的中国一流内河航运企业"奠定了坚实基础。

二、主要做法

（一）聚焦顶层设计，提升工作质量效率

一是完善公司治理体系。泽胜公司始终坚持以转换机制为核心，按照现代企业制度的要求，注重规范企业各治理主体的权责关系，修订完善了公司治理权限体系、决策程序等，实现了各治理主体按章程行权、依规则运行，内部管理更加规范，有效发挥了混合所有制企业的体制机制优势。

二是优化组织架构。泽胜公司根据部门业务性质进行重新分工，将岸基部门的岗位分为业务开拓、业务支持和后勤管理3类，有效理顺了部门之间的横向沟通和统一协调问题，进一步优化了工作效能。

（二）探索市场化用工制度，激发企业活力动力

一是深化用工机制改革。按照"市场化选聘、契约化管理、差异化薪酬、市场化退出"的原则，泽胜公司尝试开展了分级分类岗位竞聘，对企业内部人员进行调整，开展市场化用工机制改革，打破内部壁垒；累计调整4名部门经理，招聘2名管理人员，降级2名部门副职，实现全部700余名船员市场化选聘，做到了干部"能上能下"、员工"能进能出"，进一步优化了用工结构，提高了人员配置效率。

二是建立健全以市场为导向、激励与约束相结合的薪酬体系。在工资总额总量控制的情况下，股东方赋予了泽胜公司相对灵活的工资分配自主权。泽胜公司结合经营目标，实施差异化的薪酬激励办法，奖优罚劣，有效调动了员工的积极性，初步呈现了基本适应劳动力市场、同企业经济效益挂钩的激励效应。同时，将班子成员的业绩与分管部门的绩效考核分数

直接挂钩，按部门职责确定不同贡献率进行差异化奖惩和分配，真正实现了"业绩升、薪酬升，业绩降、薪酬降"。2019年，泽胜公司经理层人员薪酬差距最大达26%，岸基管理人员同业务岗位人员薪酬差距最大达22%。

三是实行船舶A、B、C分级管理。按照"严考核、强激励"的工作思路，泽胜公司建立了船舶分级标准共6大类300项，拉开不同船舶等级之间的船员薪酬差距，A级船舶船员平均工资较C级船舶船员平均工资相差17%；实行考核机制常态化，定期开展"回头看"检查，充分调动了船员的积极性和主人翁精神，船容船貌大为改观，为公司安全运营和拓展第三方航运市场打下了良好的基础。

（三）坚持精细管理，多措并举"提质增效"

一是强化成本管控。泽胜公司创新企业管控模式，推行燃油定额管理，通过制定燃油定额标准、推行经济车速、科学规划船舶加油周期及地点等措施，有效降低了燃油成本。同时，泽胜公司推行船舶信息管理，利用ERP（企业资源计划）系统统一管理公司物料和资产，实现对近2 000种船舶常用备品备件进行购、用、存全生命周期管理，有效降低了船舶维修费用。

二是精细财务运作。泽胜公司通过加强运费催收管理、合理安排结算周期、精细编制资金使用计划等方式，有效提高了现金管理水平。

三是坚决践行绿色发展。泽胜公司始终坚持"生态优先、绿色发展"的工作思路，新建船舶均以CCS（中国船级社）标准建造，"船舶主机冷却水余热利用系统"改造项目成为交通部首批"交通运输行业绿色循环低碳示范项目"，引领了长江中下游相关航运企业的船舶标准，为长江经济带建设贡献了力量。

(四)加强党建引领,开拓企业发展新局面

一是从完善企业法人治理结构的角度,做好公司组织架构的顶层设计,完成了党建内容进章程工作,设置了党务管理部门,配备了党务工作人员;进一步加强了党对国有企业的领导,发挥了党组织的领导核心和政治核心作用,切实把党的领导融入公司治理各环节。

二是修订完善"三重一大"决策制度,将党组织研究讨论作为董事会、经理层决策的前置程序,保障了各治理主体有效履职、规范运作。

三是坚持"四同步、四对接",积极开展"三会一课"。泽胜公司强调"三会一课"的政治学习和教育作用,精心研究和准备学习主题、内容,有效提高了"三会一课"的质量。

三、改革成效

一是发展规划和经营目标进一步明确。通过对未来几年水运业务进行详尽分析和深入研判,泽胜公司拟定了"西扩、东进"的市场开拓思路。未来,泽胜公司将通过充分利用"双百行动"的改革机遇,进入国内资本市场,不断做强做优做大危化品水路运输业务,实现立足"西南"、掌控"华中"、开拓"华东"的战略目标。"十四五"期间,泽胜公司船队规模计划由现在的64艘扩大至100艘左右,力争在汽柴油和化工品水路运输市场占有率达到40%以上。

二是经营指标全面提升。2019年,泽胜公司实现运量342万吨,同比增长21%;完成营业收入4.4亿元,同比增长18%,其中第三方业务收入同比增长30%;实现利润总额8 128万元,同比增长43%。泽胜公司被中国石化化工销售华中分公司评为"2019年度优秀物流供应商",并获得中国航油集团2019年度"市场开拓先进单位"殊荣。2020年,面对疫情的不利影响,泽胜公司的第三方业务继续保持良好的发展势头。2020年上半

年，第三方业务收入完成1.24亿元，同比增长8.82%，占总收入的69%。

三是员工激励效应初步显现。2019年，泽胜公司安全管理部门现场监管时间达到200天以上，圆满完成了"零事故、零污染、零伤亡、零滞留"的安全目标；通过专项考核，船舶等装等卸平均天数从6.76天降到4.7天，船舶过闸平均天数从4.92天降到2.75天，船舶运营效率大幅提高，有力地支撑和保障了公司经营目标的顺利完成。

四是责任意识显著提升，打造行业环保标杆。泽胜公司始终践行"生态优先、绿色引领"的发展之路，坚持做长江绿色环保的先行者。泽胜公司从现场检查、在线监管、安全考核多方面入手，筑牢安全环保防线，安全环保形势持续平稳，未发生过一般等级及以上安全责任事故及污染事故；积极响应国家政策，在长江航运企业中率先完成了所有船舶的火星熄灭器加装和生活污水处理装置技术改造工作，并逐船检测生活污水，确保达到国家相关环保标准，实现了船舶安全和环保设备的再升级，体现了央企担当，积极助力绿色航运发展。

70

以科技促创新 以融合求发展

中航材利顿航空科技有限公司

一、基本情况

中航材利顿航空科技有限公司（以下简称"中航材利顿"）是中国航空器材集团有限公司所属中国航空器材有限责任公司（以下简称"中航材公司"）控股的混合所有制企业。其前身昆明利顿人通信息服务有限公司（以下简称"昆明利顿"）是一家成立于2005年的民营企业。2015年，为更好地完成航材共享平台建设战略目标，中航材公司增资昆明利顿，持有其50%的股权，合并财务报表并完成更名。

中航材利顿已成长为中国民航业机务维修保障领域最大的IT（信息技术）系统供应商、最大的航材互援保障提供商。在机务IT系统建设领域，凭借强劲的技术实力和丰富的实战经验，以及对SAP系统（System Applications and Products）的深度应用，在国内获得73%的市场占有率；在航材互援保障方面，基于庞大的共享数据和高效的系统支持，每年处理航材紧急互援超4万次，在细分领域市场占有率超过60%。

截至2020年6月，中航材利顿已为中国国际航空、东方航空、海南航空等主流航空公司提供服务，使用超过2 600架飞机，建立了适应市场的规则和体系，形成了自身在相关领域的独特优势。中航材利顿还拥有大量自主研发的核心专利技术,并持续推动云计算、大数据、人工智能、物联网、区块链等技术的应用研究。

二、主要做法

(一)建立健全公司治理机制和市场化经营机制

"混改"后,中航材利顿首先清晰界定了股东大会、董事会、经理层的权责利,严格执行公司章程和国有控股企业各项制度规定,有效建立了适应现代企业发展的运行机制;根据国有控股企业管理模式及企业上市发展要求,对标先进,全面梳理了各项规章制度,切实规范企业各项业务、管理流程和审批环节,持续完善现代公司治理机制。作为IT企业,中航材利顿的人员选聘、任职均遵循市场化规律,公开招聘、公平任用各层级业务、管理人员,各岗位有清晰的晋升路径。各级员工均按年度进行工作考核回顾,考核流程有章可依,考核过程记录完整,考核结论直接与年度调薪晋级结果挂钩;中层以上管理人员必须与公司签署年度绩效考核任务书,确保各层级核心岗位扎实推进、落实公司的发展战略目标。

(二)探索健全激励与约束机制

中航材利顿坚持"强激励"与"硬约束"相统一,结合高新技术企业的特点,一直在探索多维度的激励方式,目前正在抓紧推进落实核心员工股权激励、项目跟投分红机制等多种激励与约束机制。这些新机制的推出有效稳定了核心队伍、吸引了新生力量、刺激了潜力员工成长,显著提升了企业团队的凝聚力。

(三)强化业务协同,构建航材数据共享及互援平台

重组以来,中航材利顿深入学习习近平总书记关于发展数字经济的重要讲话和指示批示精神,结合民航实际大力推动"新基建"业务,对IT服务与航材互援保障资源进行了整合,探索实践大数据与传统航空器材保

障业务相结合之路。

中航材利顿自主研发的基于移动互联网、大数据支撑的专业航材紧急互援（AOG）移动云平台，颠覆了传统航材保障业务的操作模式，将线下服务转移至互联网，实现了航材紧急互援业务全程可视化，提高了各航司航材保障效率和劳动生产率。

目前，中航材利顿正致力于以现有的信息化业务为基础、以市场化为依托，整合行业内信息、数据、共性技术等资源，将现有信息平台拓展为一个以"三大航"（中国国际航空、东方航空、南方航空）为主，行业内各企业共同参与，开放共享、合作互赢的中国民航航材数据共享及互援平台，借助相应的航材物流配送系统，实现信息服务、航材调剂、补充保障等功能，形成对现有航材保障体系的有效补充和优化，为行业提升保障效率、降低保障成本发挥积极作用。

（四）加强资源整合重组，引进战略投资者

中航材利顿抢抓深化国企改革红利，发挥民航保障数字化优势，在中国航空器材集团有限公司的支持下，明确了企业要按照完善治理、强化激励、突出主业、提高效率的要求，大力推进上市工作，进一步放大国有资本功能。目前，中航材利顿正在加强内部优势资源的整合重组，争取成为一家高度市场化的、服务全行业的航材信息共享及互援公司，与民航发展基金、"双百基金"等行业领军资本加强洽商，预计将在2021年完成首轮战略投资者引进工作。

（五）全面加强党的领导，建立健全党组织体系建设

"混改"后，中航材利顿严格根据国有控股企业要求，将建设党组织作为自身践行中国特色现代国有企业制度的重要举措，将中国航空器材集团有限公司党委提出的"1234"总体工作思路，特别是将打造"4大支持体系"（党建政治优势的领导体系、改革创新发展的决策体系、稳健经营

管理的保证体系、干部人才队伍的支撑体系）的要求落实落地；在前期自身党员人数不足的情况下，与中航材公司联合成立了中航材利顿党支部，不断加强党组织建设，党建工作逐步规范化。

三、改革成效

一是"双百行动"成效显著。入选"双百企业"名单后，中航材利顿业务范围不断扩大，营业收入、利润总额及资产总额等财务指标逐年上涨，步入快速成长期。2019年，中航材利顿实现营业收入2.67亿元、利润4 302万元，3年净利润复合增长率达36%，成为企业通过混合所有制改革相互促进、共同发展的典型案例。

二是业务融合成果突出。中航材利顿成功承办2019年中国国际航材论坛，启动成立了以中航材利顿为运营主体、30余家航空企业加盟的"中国民航航空器材联盟"，并与27家大中型航空公司签订了航材共享协议或达成意向，行业影响力和自身品牌价值显著提升。2019年10月，中航材利顿联合11家重点通用航空公司签署了航材互援保障协议，成功搭建了通航共享平台，有效解决了通航产业航材小、散、乱的问题，推动了行业内航材共享的新趋势。中航材利顿还与中国民用航空局（以下简称"民航局"）深入合作，打造了民航局飞行标准司民航维修人员信息平台、中国民航航空器拆解登记平台、中国民用航空上海航空器适航审定中心国产飞机数字化适航审定协同工作平台等多个项目，深受主管部门和业界好评。

三是高成长性加快上市进程。中航材利顿已经入选云南省42家政府重点支持上市的"金种子"企业，获得了1 600万元的上市专项资金支持；与中金公司签署了保荐人协议，为实现成功上市和"混改"新突破创造了有利条件。目前，中航材利顿上市各项工作有序推进，预计2020年内完成资产重组和员工股权激励工作，2022年有望上市。

四是科技实力明显增强。近年来,中航材利顿被评为国家高新技术企业,拥有软件著作权共计29项,取得了系统集成商三级、CMMI(能力成熟度模型集成)软件能力成熟度三级等资质,是云南省3A级信用企业,被昆明市评为企业技术中心(挂牌)及第一批认定的科技重点服务机构。

71

引资本 优治理 转机制
以"双百行动"助力转型升级

中国能源建设集团湖南省电力设计院有限公司

一、基本情况

中国能源建设集团湖南省电力设计院有限公司（以下简称"湖南院"）系中国能源建设集团有限公司（以下简称"中国能建"）所属三级企业，创建于1958年，具有住房和城乡建设部颁发的电力行业甲级设计资质和国家发展改革委颁发的工程咨询甲级资质，专业从事电力系统规划、超特高压电网工程、核电常规岛、大型火力发电、新能源发电等工程领域的勘测、设计、咨询、工程总承包业务。近年来，湖南院积极开拓国际、非电市场，加快工程总包、能源投资布局，进军生物质发电、垃圾发电、高炉尾气发电、新能源发电、智能电网等新兴领域，发展态势良好。面对基础建设领域日益激烈的竞争环境，湖南院紧紧抓住入选"双百企业"名单的契机，坚持将引资本、优治理、转机制紧密结合，坚决走"市场开拓为龙头、体制机制改革为推手、创新发展为动力"的转型发展道路，向"建设具有国际竞争力的工程公司"战略目标奋进。

二、主要做法

（一）高标准严选战略投资者，优化资本结构

一是确定引资原则。即高度契合湖南院发展战略，能与企业形成产业链协同效应，在资金、资源、资质等方面优势互补，不考虑单纯的财务投资人。

二是多渠道寻找意向战略投资者。湖南院通过在战略合作伙伴中探寻、发动全体员工根据业务关联度推荐等方式寻找意向战略投资者，并联系北京产权交易所、上海联合产权交易所，以及法律、财务等相关咨询机构扩大搜索触角，组织路演，进行公开招募，做到点面结合、精选优选。

三是增强投资者进入信心。湖南院释放40%的股权给外部投资者，让其在公司治理中"说得上话"；开展员工持股。绑定企业带头人和核心骨干，让员工"使得上劲"。湖南院先后洽谈、考察百余家意向投资方，通过公开产权交易市场正式引入投资方并同步实施核心员工持股。引资后，股权结构调整为中国能建规划设计集团持股34%，湘投控股持股15%，三峡资本持股10%，中天科技持股10%，华汇集团持股5%，员工持股平台持股26%。

（二）核心骨干员工与企业深度绑定，打造利益、风险共同体

一是以岗级为基，优选核心员工。湖南院综合考虑岗位等级、个人业绩、荣誉资质等因素严格制定核心员工筛选标准，做到核心管理岗位和骨干员工全覆盖，370名员工升级为企业"当家人"。

二是以财务能力为基，精细设计持股数量。湖南院以往年各岗级员工平均收入水平为基础，综合评价预测各类核心员工的财务能力，细分16档岗位持股基数，拉大级差，保证员工"出得起、捆得住"，员工各施其能、自筹资金，与"战投方"同股同价入股。

三是以股权流转为基，畅通股权进出通道。湖南院将个人持股数额和岗位等级紧密关联，岗位变则股份变，每年定时调整；区分客观、主观、公司、个人原因，详细制定员工股退出条款，预留5%的股权作为未来新进和晋级员工的激励标的。

四是岗位、考核、持股数量、分红额度4级联动，加大持股员工内部奖惩力度。员工股分为岗位股和业绩股，业绩股根据员工业绩以岗位基准股份为基础进行系数调整；员工股权分红和岗位业绩考核绑定，根据考核结果确定增加分红或减少分红。

（三）完善治理，有效做实董事会职权

湖南院以完善治理为牵引，依照《公司法》规范制定公司章程和议事规则，明晰了党委会、股东大会、董事会、监事会、经理层的权责边界。

一是实现治理结构有效制衡。在股东大会层面，重大事项、非主业投资、年度预算外的债务融资、资产处置等作为特殊决议事项，需由代表2/3以上表决权的股东通过。在董事会层面，董事会由7名成员组成，中国能建规划设计集团占3席，湘投控股、三峡资本、中天科技、员工持股平台各占1席；实行决议一人一票制，累计票数超过1/2即可行使否决权。

二是实行治理型管控。引资后，中国能建积极转变管控方式，确定以控股股东身份参与企业决策和经营管理，通过股东大会表决及推荐董事、监事等方式行使股东权力，实施以股权关系为基础、派出董事为依托的治理型管控模式，不干涉湖南院的日常经营。

三是有效授权放权。"混改"后，中国能建及时更新管理事项清单，明晰对湖南院的治理和管控边界。其中，赋予董事会主业投资、机构管理、关联交易、资产处置、选人用人、薪酬分配等事项自主决策权，有效做实了董事会核心职权。

（四）深化"三项制度"改革，建立市场化经营机制

一是建立市场化的选人用人机制，做到"能上能下"。湖南院重构员工职业发展体系，横向构建了企业管理、工程技术、项目管理、商务4个职业发展通道，纵向设置了从学徒至公司领导层或国家级大师等的13个职级，每年定时根据职工业绩考核情况进行职级动态调整，做到了横向可平移、纵向可调整，打通了"天花板"，清除了"铁板凳"。

二是推进薪酬分配市场化，做到"能多能少"。生产经营部门实行以利润为中心的绩效考核制度，收入水平直接和利润挂钩，同届、同专业进入不同生产经营部门的员工收入差距可达3倍以上。职能部门实行工资总额包干制，增人不增资，减人不减资。高级管理人员实行风险抵押金制度，年初签署生产经营责任状并缴付风险抵押金，年末根据考核结果执行抵押金冲公、返还、"返还+奖励"措施。

三是实行市场化的劳动用工机制，做到"能进能出"。湖南院规范劳动合同管理，强化合同续签考核，坚决辞退考核不合格的员工，改革以来共考核试用期、合同到期员工160人，与32人终止、解除劳动合同；破除员工身份限制，对劳务派遣员工推行"积分制"转正，实现"不看身份、不看级别，只看岗位、只看贡献"；加速推进经理层任期制和契约化管理及职业经理人制度建设。

三、改革成效

一是发展负担轻了。湖南院在改革任务的倒逼下，下决心啃下"处僵治困"的硬骨头，真刀真枪地解决历史遗留问题。湖南院更换了"僵尸"企业一把手，革除了等、靠、要观念；制订了3年行动计划，压实主体责任；分步骤开展土地收储、厂房出租等增收工作，综合运用员工分流、内退、转岗培训等手段减支降负。经过努力，湖南院在土地收储方面与当地

政府达成了多项共识,"僵尸"企业厂房租金提升至 1 000 万元,员工内退 70 余人、分流 31 人、转岗培训 40 余人,年亏损额由期初的 1 965 万元大幅下降至 2019 年的 770 万元,预计 2020 年亏损额将控制在 500 万元以内,切实减轻了企业负担,有效推动了改革"轻装上阵"。

二是发展动力足了。自推行改革以来,尤其是开展员工持股后,湖南院员工的积极性和创造力得到极大激发。湖南院全员创新创效,2020 年制定了包括发展战略管控、人力资源管理、财务管控、技术提升、市场化经营机制、激励约束机制、国际开发体系、总承包体系竞争力、生产流程工序再造、新业态市场开发、党建与企业文化融合发展等在内的 54 项创新管理制度;主动求新求变,下属电源分公司积极转变发展策略,提出分公司模拟子公司运营新模式,自主经营、自负盈亏,誓要走出"收入低、士气低"的困境。2019 年,湖南院实现新签合同额 40 亿元,同比增长 48.1%;实现利润总额 0.95 亿元,同比增长 26.7%,全员劳动生产率提升 35%。截至 2020 年 6 月底,湖南院积极克服疫情影响,实现新签合同额 36 亿元,利润总额突破 1 亿元,改革成效进一步释放。

三是发展前景广了。基于对"混改"后资金实力、投融资能力极大提升的研判,湖南院积极制定新能源产业项目开发和投资战略,加快获取分散式风电开发资源,目前已成功签订装机容量 350 兆瓦的风电开发协议。湖南院与 4 家外部股东进行全面对接,扩大合作领域,创新合作模式,确定合作目标。其中,湘投控股以旗下湖南化工院作价出资战略性入股,为湖南院融入化工石化医药工程全行业甲级资质和市政、建筑工程专业甲级资质,拓展了业务范围和发展空间。湖南院与湘投控股、三峡资本、中天科技、华汇集团在石化医药、天然气管网、新能源、氢能、综合能源、储能、市政环保、建筑、通信技术等工程领域开展了投资、建设、运营服务等全方位的合作,共进共赢。

湖南院紧抓"双百行动"历史机遇，突破传统思维，打破观念禁锢，勾勒了战略发展"蓝图"。湖南院计划用3~4年时间，通过全面实施改革，使经营机制更加灵活高效、创新能力和综合竞争力显著增强，确保年度合同签约、营业收入实现翻倍、利润总额翻三番，归母利润超过改革前水平；用3~5年时间，通过资产重组、功能性并购等途径，推动企业资质升级为工程设计综合甲级。在此基础上，湖南院将保持稳定增长的态势，实现"二次腾飞"的目标。

72

稳步推进混合所有制改革成效显著

中国黄金集团黄金珠宝股份有限公司

一、基本情况

中国黄金集团黄金珠宝股份有限公司(以下简称"中金珠宝")作为中国黄金集团有限公司(以下简称"中国黄金")的控股公司和7大板块之一,是国务院国资委"双百行动"和国家发展改革委第二批混合所有制改革试点单位;主要从事黄金、白银、钻石、珠宝玉石制品的综合开发、设计、生产、销售和咨询服务,是国内专业从事"中国黄金"品牌运营的大型专业黄金珠宝生产销售企业。

二、主要做法

中金珠宝混合所有制改革分为3个阶段,分别是引资本、转机制、IPO上市,目前处于IPO上市阶段。

一是增资扩股阶段。2017年1—10月,中金珠宝通过增资扩股成功引进中信证券、京东、兴业银行、中融信托、建信信托、越秀产投和浚源资本作为战略投资者,将下游30家优质加盟商引入成为产业投资者,稳固了传统销售渠道,夯实了线上线下结合发展的战略布局基础。中金珠宝同步实施员工持股计划,并于2017年10月底完成增资后工商营业执照换发工作。

二是股份制改造阶段。这一阶段从 2017 年 10 月至 2018 年 6 月。2018 年 6 月 26 日，中金珠宝换发股份公司营业执照，正式更名为"中国黄金集团黄金珠宝股份有限公司"。

三是 IPO 上市准备阶段。从 2018 年 7 月开始，中金珠宝拟以 2018 年 12 月 31 日为申报基准日并完成上市辅导和材料申报，如最终成功发行上市，将大大增强企业的发展动力和发展活力，实现国有资产保值增值。

具体做法有以下几个方面。

（一）完善治理，机制先行

一是强化突出党建工作，全面统领改革全局。中金珠宝始终坚持党领导一切，旗帜鲜明的以党建统领改革全局。中金珠宝通过构建"内化式"党建模式，将党建工作纳入公司章程，明确党组织在公司法人治理结构中的法定地位，明确党委会前置作为"三重一大"事项的前提条件，使其真正成为公司法人治理结构的重要组成部分。

二是完善多元治理结构，打好现代治企基础。中金珠宝始终贯彻提高国有资本配置和运行效率，实现国有资本保值增值。中金珠宝结合知名度、协同程度、金融优势、国际化并购投资能力等因素，筛选出 7 家战略投资者、1 家产业投资者，实施员工持股计划，以资本为纽带，深化共创、共享的投资关系。2018 年 6 月完成股份制改制后，中金珠宝目前已经形成了由 9 名董事、5 名监事组成的相对完善合理的法人治理结构，为下一步加快形成定位清晰、权责对等、运转协调、制衡有效的现代法人治理结构奠定了坚实的基础。

三是调整企业组织架构，增强内部联动效率。中金珠宝始终强调优化企业组织架构和管控流程，不断提高公司管理效率。中金珠宝通过拆分、合并等手段，将部门数量从 19 个压减至 14 个，有效畅通了部门间协调与联动,优化了资源配置;通过压减、放权,压缩无效管理层级,激发了体制活力。

(二)强化激励,提高效率

一是开展员工持股试点,绑定核心员工利益。中金珠宝结合自身情况开展员工持股试点工作,坚持标准统一、公平公正、综合评价的原则,综合员工忠诚度、知识结构、贡献度评优选先,最终纳入150名骨干员工参与员工持股计划,入股金额达3.3亿元。

二是改变选人用人模式,普遍激发员工热情。中金珠宝通过摒弃原有"论资排辈"的晋升机制,在原有"中层干部公开竞聘"的基础上,首次采取"主管公开竞聘、员工部门双向选择"的试点办法。"混改"以来,中层干部队伍中正职降为副职1人,副职降为员工8人,补充一线公司班子队伍3人;共选拔主管91人,提拔7人,落选29人,主管占比从40.5%下降到30%,压力、动力并举激发了员工的工作热情,基本形成了"能上能下、能进能出"的选人用人氛围。

三是开展薪酬改革试点,构建合理的分配机制。中金珠宝通过采取"加重考核比例,强化激励,缩减档级、拉大级差"3项举措与骨干员工持股相结合的办法,为员工构建了工资收入和资本利得"双驱动"增长机制,实现了收入"能增能减",打破了员工的"大锅饭"心态。

(三)突出主业,转型升级

一是夯实传统业务,保持稳健增长。中金珠宝通过突出自身在投资金条、黄金首饰产品及珠宝产品销售等传统领域的主营业务优势,如建立大型品牌旗舰店、试点联营店,开展高级珠宝定制业务,推出线上回购打通交易闭环等,夯实公司传统业务板块发展。

二是加深战略合作,多渠道创新发展。中金珠宝通过与战略投资者在数字化管理、新零售等业务方面进行深度合作,加速整体业务创新升级。

一方面开发信息系统,在管理环节进行标准化、流程化提升改造;另一方面试水微黄金、供应链金融、消费金融等业务,培育多个新的盈利增长点,加速业务体系创新发展和全面转型升级。

三是积极筹备上市,提升核心竞争力。中金珠宝已经以2018年6月30日为基准日,向中国证监会报送发行申请文件,上市地点为上海证券交易所。本次拟发行股份不超过1.8亿股,发行比例为10.71%,募集资金约10亿元。募集资金主要投向国内营销渠道扩建、产品研发设计中心及信息化系统建设项目。募投项目的实施将显著提升中金珠宝的核心竞争力。

三、改革成效

中金珠宝自创建以来坚持秉承"精诚所至、金石为开"的企业精神,贯彻"冲市场、聚人气、树品牌、做规模、防风险、提质量、增效益"的企业发展理念,坚持"品牌制胜、渠道制胜、规模制胜、服务制胜"的企业经营理念,奉行"黄金为民、送福万家"的服务理念,履行"央企为民"的社会责任。

为深入贯彻落实党中央、国务院关于国有企业改革的决策部署,中金珠宝紧紧围绕"五突破、一加强"原则和"完善治理、强化激励、突出主业、提高效率"16字方针,利用混合所有制改革契机,积极推进体制、机制改革工作,为"满足人民日益增长的美好生活需要"而不懈努力。增资扩股后,3类新进投资者持股比例合计达40.33%,中国黄金及其一致行动人持股比例由85.78%降至51.19%,其他原股东持股比例由14.22%缩减为8.48%,融资总额为22.5亿元。

中金珠宝现已形成以"中国黄金"为母品牌,"珍·如金"和"珍·尚银"为子品牌的多品牌并举,集设计、加工、批发、零售、服务于一体,直营、加盟、银行、大客户和电商5大销售渠道并行的黄金珠宝全产业链综合体系；制定了"大品牌、大营销、大数据"的策略规划，确立了"连锁+专卖"的经营模式，在全国建立30家品牌服务中心和2 000多家专卖店；推出贵金属投资和定制业务，倾力打造中国黄金B2C（企业对消费者）网上购物商场平台，切实为消费者提供了"愉快、专业、快捷"的新型网络购物体验。

中金珠宝不断践行"深化国有企业改革，发展混合所有制经济，培育具有全球竞争力的世界一流企业"指导思想，以"不断满足人民日益增长的美好生活需要"为使命，以"做强做优做大国有企业"为目标，通过完善法人治理、升级经营机制和强化激励体系等全方位手段，将"混"与"改"紧密结合，释放企业活力，放大国有资本，进一步增强可持续发展能力，成为真正具有国际影响力的黄金珠宝行业领军企业。

73

"三能"改革敢动真 "赛马"选材效果好

中国广核新能源控股有限公司

一、基本情况

中国广核新能源控股有限公司（以下简称"中广核新能源"）是中国广核集团非核清洁能源的开发、投资和业务管理平台。为应对快速变化的行业发展形势及日益激烈的竞争环境，实现公司高质量可持续发展，中广核新能源亟须通过改革建立起更加高效的经营体制机制，提高运作效率、提升核心竞争力。

经过充分准备、积极争取，2019年4月28日，中广核新能源正式进入"双百行动"试点企业名单。中广核新能源坚持刀刃向内、立足自身，深挖制约经营发展的痛点、难点，提出以推动"三能"改革为核心的"双百行动"综合改革方案，通过建立以提升人才队伍整体素质能力和组织发展效能为核心的"赛马机制"，形成了内部良性竞争氛围，有效激发了组织效能和员工活力，提高了企业发展的内生动力。

二、主要做法

（一）建立以素质能力评价为核心的选人用人机制

中广核新能源市场化人力资源机制局部受限于传统人力资源管理模式

束缚，与市场化发展的要求不相匹配，主要体现为公司业务发展需要与员工能力不足、公司业务多元化发展与人才结构不均衡、员工自身发展的期望与现行员工发展机制不匹配的3大矛盾。中广核新能源立足现实，以"双百行动"综合改革为契机，坚持市场化的选人用人方向，建立起了以素质能力评价为核心的"赛马机制"。

1. 优化干部选育用留机制，充分激发干部队伍活力

通过"双百行动"改革，中广核新能源将干部选聘中刚性的年限约束优化为工作历练，凸显岗位成才，以实战检验能力，发掘、选拔在公司发展中能够担负攻坚克难重任的优秀干部。中广核新能源结合公司战略发展和干部梯队建设，大力推进干部在总部与区域之间、各分公司之间、跨部门及部门内部轮岗的横向多岗位历练发展；同时，全面推进骨干人才在管理序列、技术序列多通道的纵向发展途径。2020年1—6月，中广核新能源进行干部调整156人次，其中跨组织交流占30%，跨序列调整交流占10%。

2. 坚持"能者上、庸者下、劣者汰"导向，建立健全末位待岗管理办法

中广核新能源在原有的干部管理免职、降职、撤职、辞职、退休机制基础上，将业绩、安全生产、经济责任审计、廉洁从业等方面与干部考核任用紧密联系。在组织绩效、干部履职、个人业绩、红线底线层面，中广核新能源建立起了"3+1"立体化考核机制，形成了"能者上、庸者下、劣者汰"的导向。中广核新能源提出"回炉锻造+待岗竞聘"的末位调整待岗办法，将考核与干部调整有效衔接起来；对进入末位待岗池的干部，暂停职务，取消评先评优资格，设置3个月至1年的待岗周期，由其原直接上级（或分管领导）担任其待岗期间的考核人，为其制定待岗期间考核方案；通过课程学习、教练辅导、专项工作历练等多种方式给予培养并再考核。如待岗期满考核仍不合格者，将通过考核、问责等方式进行干部调

整,年度收入水平同步下调,降幅不低于20%。

3. 紧密围绕"业绩"核心,有效推动人才梯队建设

中广核新能源在人才梯队建设上围绕横向员工能力评价、纵向技术岗位聘任2个渠道进行优化。

一是在员工能力评价方面重点建立起"小步快跑"的过程激励模式。中广核新能源根据组织绩效考核情况,为各部门及各单位核定"小步快跑"所需的资源及调整档数,体现"组织有业绩,员工就有发展";各部门及各单位则通过员工发展评价模型(PAA),从业绩、能力、态度3个维度对员工进行综合评价,体现员工发展与能力业绩强关联。在这种模式下,业绩表现突出的员工,每年有1~2次岗位津贴调档的机会,实现"小步快跑";业绩较差的员工,则面临原地踏步或降薪后果。2020年上半年,约3 000人实现"小步快跑"调薪,超过公司总员工的50%。

二是依托"双百行动",全面开展技术岗位聘任工作。中广核新能源以培养业务精、技术钻、能力强的后备人才梯队为目标,以综合能力评价为标准,为引领打造非核新能源领域专家团队,指导人才招聘、选拔、培养和交流,以及完善各序列人才梯队建设提供了机制保障。2019年,中广核新能源选拔出第一届新能源专家团队11人,2020年应用新的评价模型聘任技术岗位人员预计超600人。

(二)建立"赛"字当先的组织绩效评价机制

在原有的组织绩效考核机制下,基层单位承接的任务越重,扣分概率越高,容易造成"鞭打快牛"的情况,进而影响各基层单位积极性。为此,中国广核新能源以"双百行动"为契机,转变组织绩效考核思路,将年度绩效评价从"考"转到"赛"上,既避免"鞭打快牛",也让站在风口的"快牛"有所担当,保持必要的压力。

1. 分层分类设置发展"赛道"

针对基层单位发展不平衡、成熟度参差不齐的情况,中广核新能源在组织绩效考核指标设置方面以各单位发展定位为基础,综合考虑规模、效益与发展等维度,按照分类分层差异化考核思路,提出了差异化的考核目标:对承重墙类基层单位,具体考核指标设定上考虑效益、发展、质量并重,突出高端稳定要求;对局部领域存在短板或整体经营发展相对较慢的基层单位,考核指标突出短板补强要求;对增量发展受外部政策影响较大的基层单位,考核指标则聚焦在存量资产经营质量提升上。在这样的考核机制下,中广核新能源基层单位根据自身实际情况站在不同的"赛"道,同类型的单位站在同一起跑线上,保证各基层单位都能够"跳起脚来摘桃子",在年底考核时进行分类投档划线,实现同梯队竞争、优中选优。

2. 建立双维度综合评估机制

在分层分类考核指标设置的基础上,中广核新能源在年度组织绩效评价方面围绕价值贡献核心,坚持质量第一、效益优先的原则,在原有的绩效目标考核责任书的基础上补充了价值贡献评估机制,形成了双维度的综合评估机制。在价值贡献评估指标设置方面,中广核新能源以价值贡献和市场化竞争力为导向,既重视新增装机容量、利润总额等绝对价值贡献,也重视市场份额、资本回报率、发电小时数对标、内部提升等竞争力指标;在年度组织绩效考核星级评定过程中,中广核新能源对所有基层单位从2个维度进行排队,五星单位(最高分)从双维度评估均为第一梯队的基层单位中产生。

三、改革成效

中广核新能源通过深化人力资源领域"三能"改革,在岗位层级、干部聘任、考核机制等方面系统地建立起了"赛马机制",公司上下普遍形成了"以价值贡献为导向、不拘一格用人才"的文化共识。2019 年，中广核新能源实现管理干部公开竞聘比例超过 20%，干部交流比例超过 38%，在任"80 后"年轻干部比例超过 20%，员工敬业度达 82%，较 2017 年提升 20 个百分点，释放和挖掘了干部潜力，激发了队伍活力，增强广大干部员工敢于担当、善于作为的使命感。组织绩效考核机制优化后更贴近公司发展需要及基层单位实际情况，得到了各单位的普遍认可，起到了预期的激励效果。2019 年，中广核新能源上网电量超过 350 亿千瓦时，营业收入超过 180 亿元，利润总额超过 45 亿元，同比增幅分别达到 19%、22% 和 10%；2020 年上半年，中广核新能源疫情防控与复工复产持续稳步推进，上网电量超过 200 亿千瓦时，营业收入约 100 亿元，净利润达 34 亿元，分别完成计划值的 104%、98% 和 112%，同比增幅分别达到 11%、6% 和 7%；总装机容量超过 2 050 万千瓦，其中新增投运容量连续 2 年保持 300 万千瓦以上，行业地位进一步提升。

74

打造以岗位为核心的人力资源体系
助力实现战略领先和价值领先

中广核核电运营有限公司

一、基本情况

中广核核电运营有限公司（以下简称"运营公司"）成立于2012年，是中国广核集团下属的主要成员公司。作为国内大型专业化核电运维服务商，经过近8年的快速成长，运营公司已逐步涵盖维修服务、备品备件供应链服务、标准化服务、培训服务、环保服务、核应急服务6大专业化服务板块，在国内外核电特殊高端维修领域具有十分突出的竞争优势。迄今为止，运营公司已服务我国17个核电基地，累计实施完成核电厂换料大修百余次，并创造了国内装机容量百万千瓦级核电机组的多项大修记录，保障了集团核电机组安全稳定运行，有效支撑了集团核电领域的"三化"（标准化、集约化、专业化）战略落地。2018年，运营公司紧抓入选国企改革"双百行动"试点企业名单的契机，以目标为牵引、以问题为导向，聚焦以岗位为核心的人力资源体系，以"三项制度"改革为抓手，围绕"干部能上能下、收入能增能减、员工能进能出"的改革方向，充分调动广大干部队伍干事创业的积极性，为激发企业经营活力、实现战略领先和价值领先奠定了坚实的基础。

二、主要做法

（一）以任务驱动为导向，实现岗位"能上能下"

一是建立以任务驱动为导向的岗位发展体系。运营公司以未来发展任务为目标，做实岗位发展通道，通过任务与岗位匹配、人员与岗位匹配，实现人与任务直接关联。在岗位设置上，运营公司将管理岗位从低到高划分为5个等级（M1~M5），技术岗位划分为6个等级（T1~T6）；同时，根据工作地域、责任范围等因素，在各技术岗位设置7个子层级，员工通过聘任或授权的方式匹配至相应层级的相应岗位上。改革后，岗位与能力、知识、工作历练、适配性等因素挂钩。

二是实施动态化的岗位管理机制。在岗位管理上，运营公司建立了岗位聘任和考核机制。岗位聘任遵循"能力为基、历练为形、业绩为果、文化为根"的甄选标准，并将聘任条件通过岗位规范和聘任评分表予以固定。岗位聘任执行聘期制，聘期满，岗位释放。对于有特定周期的特定任务，运营公司建立了起聘平台机制，业务部门可按任务周期聘岗，期满即回归至起聘平台。任期考核围绕工作业绩（质量、负荷等）进行，通过考核实现"绩优者上、绩平者比、绩劣者下"，从而达到岗位"能上能下"的常态化、动态化管理。

三是实行岗位末位调整机制。运营公司深化管理干部和高端技术岗位的考核管理，对年度绩效结果为A或任期考核结果为"优秀""良好"的人员优先提拔；对于年度绩效结果为D或任期考核结果"称职"但综合排名在后10%的、任期考核结果"不称职"的人员，开展末位竞聘。运营公司实施岗位末位竞聘制，每任期的竞聘岗位数约占该层级岗位总量的6%~10%。未能聘上的人员，则参与次一级岗位竞聘。若仍未聘上，则只保留基本工资及福利。

(二)以价值创造为核心,实现收入"能增能减"

一是强化工资效益联动的工资总额核定机制。在集团现有工资总额资源管理体系下,运营公司突出以年度核电商运机组目标为基础的工资总额核定机制,将工资总额核定与任务总量挂钩,强化总额资源与任务联动;增加工资总额核定的业绩协同指标,加大业绩考核系数应用,强化总额资源与业绩联动。在配套激励与约束机制上,运营公司对工资总额管理实行"增人不增资、减人不减资"的措施,提升自我驱动力,激发内部活力;建立"以丰补歉"工资总额调节机制,根据各年度任务波峰波谷的情况,对工资总额进行适应性调节。通过层层树立工资效益联动理念,运营公司强化了激励约束和责任落实,充分发挥了收入分配对促发展的杠杆作用。

二是优化内部工资核算"能增能减"机制。运营公司确定了"两级核算、一级调节"的薪酬分配原则,建立了围绕年度营业收入或"虚拟产值"的业务中心浮动薪酬分配机制,业务中心工资总额的核定与当年任务直接关联,同时根据各中心任务难度、重要性、总资源统筹等情况予以一定调节。

三是进一步完善员工薪资激励分配"能高能低"机制。在薪酬体系中,运营公司将员工的岗位津贴和绩效奖金与职级脱钩,做到同岗位同津贴,绩效奖金按考核结果以岗位津贴为基数计发。改革后,员工75%的收入将由岗位和绩效结果决定,职级只影响25%。在激励策略上,运营公司实施了"激优、稳中、策低"的策略,重点激励业绩优异群体和核心群体,稳定保持大多数群体,鞭策约束业绩欠佳的少数群体。

(三)以精益管理为目标,实现员工"能进能出"

运营公司严控"进"的数量,从源头把控用工总量,持续优化用工结构;引入人员配置标准和结构效能系数指标,对各中心用工总量实行"双调控"。运营公司以各单位任务量为依据,以集约化人力资源标准化配置模型为基础，梳理出公司用人总量管控基数，同时引入结构效能系数指标；通过"双指标"调控，促进各部门对企业发展与用人效能之间的关联认知，鼓励业务部门通过加强员工队伍整体素质、优化配置用工结构，推动用工效能持续提升。

运营公司畅顺"退"的渠道，坚持对现有人员进行社会化招聘、契约化管理、正常化流动管理。一是实施"两级缓冲机制"，建立岗位末位竞聘制，同时建立待聘管理流程和待岗池与此衔接；岗位到期自然解聘或被解聘人员进入待岗池后，加强对其日常工作、培训辅导、绩效考核管理，同步调岗调薪。二是建立内部人才互助平台，鼓励员工在集团内部流动，支持公司业务中心人员互助；针对公司大修业务存在波峰波谷的特点，在业务高峰期适时启动人才互助，以实现组织人力资源利用效率最大化，达成整体效益最优目标。三是完善特殊人员退出机制。运营公司从退出管理完整性出发，补充建立了富余人员退出机制，鼓励员工创业，建立人员回流的快速通道；制定内部退养方案，解决部分员工因健康原因无法履职的问题。

三、改革成效

运营公司通过"双百行动"各项改革举措，有效促进了"三项制度"改革在公司层面全面落实，打破了原有的"大锅饭意识""铁帽子文化""铁饭碗心态"；通过打造以任务为核心的岗位发展体系，明确树立了"发展是方向、效益是关键"的价值导向，坚持"任务定总用工、任务定总资源"，激发了用人部门管理效能提升的动力和主动性，全面梳理公司的用工规划、资源规划与员工关系管理规划；通过建立工资与效益联动的工资总额核定机制，打破了原有的总额核定看人头、看资历的模式，将工资总额与公司承接的任务、完成的业绩进行强关联，与员工分配和岗位贡献进行强关联。从目前实施方案测算,同岗级的员工薪酬在实际应用中差异可达 2～4 倍。

运营公司上述改革措施增强了用人部门管理效能提升的主动性和积极性,激发了员工的竞争意识、责任意识和危机意识,员工队伍建设实现了从"规模发展"到"提质发展"、从"组织助力"到"内化动力"的良性转变。2019 年,在人员减少 40 余人的情况下,运营公司实现经营收入 23 亿元、利润总额 6 亿元,均创历史新高,经营收入、利润总额同比增长率均超过 27%;人均创收提升了 30%,全员劳动生产率明显提升。

75

聚深化改革之力 推动高质量发展

北京易华录信息技术股份有限公司

一、基本情况

北京易华录信息技术股份有限公司(以下简称"易华录"),是中国华录集团有限公司(以下简称"华录集团")控股的一家创业板上市子公司,主要从事大数据存储、智能交通、人工智能等新兴产业,是我国数字经济基础设施建设的先行者和大数据运营商。截至2019年年底,易华录共有员工1 680人,资产总额为129.06亿元,实现营业收入37.4亿元、利润总额5.2亿元。

2017年以来,易华录在全国智能交通行业市场占有率排名第1位的优势背景下,主动谋划转型,以华录集团国内领先的"蓝光存储技术"为切入点,创造性地提出建设数字经济时代的新基建"数据湖",为城市管理、社会治理、公共服务、产业升级"赋智用数"。易华录在转型升级、高速发展的同时,原有的体制机制已愈发不能适应企业高质量发展的要求。为破除发展障碍,易华录在入选"双百企业"名单后,抢抓改革"窗口期",实施了一系列改革举措,在健全企业法人治理结构、完善市场化经营机制、健全激励约束机制等重要领域和关键环节迈出了实质性的步伐,改革红利持续释放,走上高质量发展之路。

二、主要做法

（一）完善法人治理结构，提高企业运营效能

一是做实董事会，有效提高科学决策能力。易华录健全治理架构，设立了战略、审计、提名、薪酬与考核4个专门委员会，引入独立董事3名，完善董事会管理体制，有效发挥了专门委员会和独立董事对公司经营管理的监督和指导作用。

二是厘清权责利，各个治理主体实现无缝衔接。易华录科学界定各个治理主体在重大决策过程中的职责权限，出台了各类会议议事规则，在收购、投资等重大事项上赋予经营班子一定的决策权限，减少了权责模糊空间，形成了各司其职、各负其责、协调运转、有效制衡的公司治理机制。

三是强化"把管保"，充分发挥党委领导作用。易华录从严落实"四同步""四对接"的要求，2019年党总支升格为党委，实现"双线进入、交叉任职"，党委书记、董事长"一肩挑"，明确党委会是董事会、经理层决策重大问题的前置程序，党委领导作用持续加强。

（二）深化"三项制度"改革，健全选人用人机制

一是员工"能进能出"，推行市场化管理。易华录全面实施了以合同管理为核心、以岗位管理为基础的市场化动态用工制度，通过校园招聘、社会招聘、猎聘等方式，动存量、引增量，人力资源配置效率显著提高。

二是干部"能上能下"，实施任期制管理。易华录坚持国有企业"二十字"选人用人标准，运用公开选拔、岗位竞聘、挂职交流等形式，增强领导岗位的"流动性"，变"伯乐相马"为"赛场选马"。

三是薪酬"能高能低"，建立差异化的分配机制。易华录充分发挥考核导向和分配杠杆作用，引入360度全方位的考核体系，实现员工上下级和岗位贡献等多维度绩效评价，并根据结果刚性兑付薪酬。

（三）健全激励约束机制，激发人才活力动力

一是实施限制性股权激励计划。易华录严格筛选中高层管理人员、核心业务及技术人员等激励对象164人，占股权授予时公司总人数的9.1%；分两批授予股票739.5723万股，占股权授予时总股本的2%；在3年内分3期匀速解锁。易华录强化考核引领，明确了股票解锁业绩条件：3个考核年度净利润复合增长率高于22%且不低于对标企业75分值；经济附加值达到集团公司考核目标且经济附加值改善值为正。

二是推动下属子企业员工持股。易华录下属企业多为区域性、专业性公司，45%的企业在成立伊始便引入核心骨干团队持股，形成了国有控股、战略投资参股、经营团队持股的多元化股权结构，国有控股比例通常不超过66.6%，赋予少数股东一定的话语权，充分激发了"关键少数"的创造力和潜力。

三是深入开展重大专项奖励。易华录坚持物质奖励和精神奖励并举：在物质奖励方面，设立科技研发、市场开拓、工程管理、降本增效等专项激励计划，对成绩突出，在推动企业业绩增长、技术攻关、流程优化、成本节约等方面做出较大贡献的团队和个人进行专项奖励，授权项目负责人根据贡献程度合理确定奖励人员及分配比例；在精神奖励方面，推荐优秀骨干员工参与中央及地方政府机构、行业协会各项荣誉申报。改革以来，易华录累计实施专项奖励3项，兑现奖金292.25万元；推荐10余人次荣获省部级以上荣誉，团队之间"比学赶超"的热情高涨。

三、改革成效

（一）经营发展稳中提质，质量效益持续提升

一是发展速度不断加快。易华录营业利润连续2年保持29%以上的高增长率；技术投入比率分别达到行业良好值和优秀值；国有资本保值增值

率连续2年超过109%,总体保持了较为平稳的发展态势。

二是盈利能力持续加强。2018年和2019年,易华录净资产收益率分别为10.56%和12.14%,总资产报酬率分别为5.8%和6.38%,成本费用利润率分别达到16.39%和16.4%,主要经济指标均大幅超过行业优秀值。

三是人均产出稳步提高。2018—2019年,易华录全员劳动生产率从49.85万元/人提升到62.04万元/人,人事费用率从15.57%下降到12.25%,人工成本利润率从91.25%上升到114.14%,人均价值创造能力明显提升。

(二)产业布局持续优化,更好地服务国家战略

一是深入践行"数字中国"战略。易华录全国落地城市"数据湖"项目22个,累计部署蓝光存储1 100PB(数据存储单位)、IDC(互联网数据中心)机架2万余个,开辟算法应用场景170多种;同3大运营商(中国移动、中国联通、中国电信)、旷视、奇虎360等400多家大数据企业开展数据存储、算法对接等合作,建立了"数据湖"生态联盟,覆盖5大行业领域的37个细分行业方向,有效降低了社会数据存储成本,提高了数据使用效率和价值,为城市管理、社会治理、公共服务、产业升级精准赋能。

二是深入践行"交通强国"战略。易华录承担了大兴国际机场智慧枢纽、交通运输部应急指挥系统、首都城市副中心交通缓堵等重大工程建设项目,为"庆祝新中国成立70周年"、中非合作论坛、世界园艺博览会等重要国事活动提供了交管技术保障。

三是深入践行"一带一路"倡议。易华录加快"走出去"的步伐,依托巴基斯坦布局东南亚市场,依托埃塞俄比亚开拓非洲市场,依托白俄罗斯发展东欧市场,累计为10余个国家(地区)提供智慧交通、平安城市服务。

四是积极实施"军民融合"战略。易华录参与北斗、航空物探等军民融合项目研发,累计落地"雪亮工程""强边固防""数字边防"等公共

安全项目 100 余个。

（三）"三能"机制不断深化，内生动力有效释放

一是员工"能进能出"，推行市场化管理。易华录通过校园招聘、社会招聘、猎聘等方式"动存量、引增量"。改革以来，公司总部人员更替率接近 28%，引进大数据、人工智能等方面中高端人才 351 人，人才队伍结构持续优化。

二是干部"能上能下"，实施任期制管理。易华录运用公开选拔、岗位竞聘、挂职交流等形式，增强领导岗位的"流动性"，变"伯乐相马"为"赛场选马"。改革以来，易华录竞聘上岗干部 10 人，按照经营业绩考核末位淘汰 7 人，下属企业全部施行经理人任期制管理，形成了"人才充分流动、活力竞相迸发"的用人格局。

三是薪酬"能高能低"，建立差异化的分配机制。易华录充分发挥考核导向和分配杠杆作用，实现员工上下级和岗位贡献等多维度绩效评价，并根据结果刚性兑付薪酬，同岗级全薪全勤员工月薪酬绩效差距达到 1.4 万元，年度总收入差距达到 48 万元，严格做到了"业绩升、薪酬升，业绩降、薪酬降"。

76

以"混"促"改"
打造优质互联网营销生态

深圳市易平方网络科技有限公司

一、基本情况

深圳市易平方网络科技有限公司(以下简称"易平方")是华侨城集团有限公司(以下简称"华侨城集团")下属子企业康佳集团股份有限公司(以下简称"康佳")旗下的独立运营子公司,是华侨城集团为探索"互联网+"和"+互联网"战略机会,于2015年1月组建成立的高新技术公司。华侨城集团以"双百行动"为契机,制定了"振兴康佳"的战略部署,充分授权易平方基于康佳从事"易柚系统"电视终端运营与维护,并涵盖OTT(Over the Top,指通过公共网络向用户提供内容分发业务)广告、视频等互联网增值业务的运营及商业化变现等领域。2020年上半年,易平方实现营业收入1.41亿元,同比增长34%。

自成立至今,易平方始终注重建立和积累自身的技术研发实力与核心创新能力,积极响应国家"创新驱动发展"战略,自主研发"易柚系统",并通过对系统的不断更新迭代,逐步构建形成了以OTT服务为核心、"全媒体融合+多场景延伸"融合的"互联网+跨场景生态"营销模式。

依托于华侨城集团的产业体系与创新机制,易平方积极探索业务创新模式,取得了良好的经营成效。而随着业务的不断拓展和竞争的不断加剧,易平方迫切需要在用户价值转化、收入结构优化、产品技术创新等方面实现破局,推动商业模式由传统"平台＋终端＋内容"向未来"场景＋用户＋内容"的升级转型,以全面提升运行效率和市场竞争力,实现高质量发展。

二、主要做法

(一)以"混"促"改",加速业务发展突破

一是积极引入优质战略投资者,稳步实现股权多元化。为突破自身发展瓶颈,进一步增强企业综合实力,易平方按照华侨城集团提出的"混改"方法,坚持问题导向,正视自身差距,主动寻求体制变革,积极推动与头部互联网企业的"混改"进程。易平方于2018年12月、2019年4月先后通过股权转让和增资方式,成功引入战略投资者——阿里巴巴(中国)网络技术有限公司(以下简称"阿里")。阿里共计投资1.55亿元,持有易平方4.223 4%的股权。

二是整合优势资源,以科技赋能业务发展。易平方积极推动同阿里在优势资源上的整合与共享,基于客厅大屏入口,搭建了包括以优酷为主的内容引擎、以阿里巴巴达摩院人工智能实验室为核心的技术引擎和新零售基础设施等在内的"生态共同体",加速了物联网的发展进程,取得1项发明专利及13项软件著作权。在内容运营上,易平方与优酷展开深度合作,引入优酷的海量优质内容,通过强化终端、内容和牌照的协同运营,实行精品内容付费模式,提升了用户价值转化;在产品技术上,易平方与阿里优化人才结构,打造了一支50余人的互联网研发团队,共同建设联合实验室,在人工智能(AI)、大数据、用户画像领域开展技术合作,使康佳智能电视在语音交互、"千人千面"智能精准推荐等产品技术上实现了新的飞跃;在场景营销方面,易平方实施"易术营销"战略计划,通过对

人、场景、OTT、AI、IoT（物联网）的有机协同营销和交叉赋能模式，突破传统 OTT 营销瓶颈，构建了物联网时代的全用户智能生态圈。

三是完善法人治理结构，促进企业稳健发展。在引入阿里的战略投资后，易平方法人治理结构更加健全。根据"五突破、一加强"中规范法人治理结构的指引要求，康佳、阿里两方股东根据投资协议修订了公司章程，明确了董事会席位及构成（共设董事 7 名，其中康佳 6 名、阿里 1 名）；界定了股东、董事、监事、经理层的权力和义务，以及董事会议事规则和授权机制；严格规范了各类治理主体权责，逐级实现充分、规范、有序的授权、放权和行权，促进了各治理主体的履职制度化和操作规范化。

（二）健全激励约束机制，加速内生动力突破

一是以管理人员为重点，推行职业经理人制度。易平方创新选人用人机制，选拔、认定高级职业经理人 21 名；将职业经理人业绩考核与薪酬全面对标市场水平，建立了一套规则清晰的薪酬策略与市场化机制的定薪模型，为企业高质量发展注入持续原动力。

二是强化正向激励约束机制，激发企业活力。易平方针对薪酬结构率先实行了总包制，实现了薪酬管理的差别化与精准化；实行业务线业务进度及个人绩效合约完成情况双线考核机制，重点考核用户运营数据、研发项目完成情况等核心运营指标，引导业务做强做大。2020 年上半年，易平方系统研发中心共收到各项需求 37 个，完成开发项目 41 个，开发中项目 22 个，创意阶段项目 25 个，持续运维超过 50 个项目。

三是打造管理及专家"双通道"发展模式，构建高质量的人才梯队。易平方为员工规划了专业支持类和研发技术类双线晋升路线，包含 5 个层级、8 个职级、31 个薪级的晋升路径；根据岗位价值、市场薪酬水平及绩效表现的综合考量进行有针对性的薪酬调整，使能力强、贡献大、敢于创

新突破的员工得到有效激励,进而带动和提升员工的工作积极性和主动性,对优秀的研发人员也起到激励作用。

(三)坚持和加强党的领导,以党建统领全局

2018年11月,易平方将党建工作纳入公司章程,公司中党的基层组织必须围绕生产经营开展工作。

一是加强党的领导。易平方成立了党支部,梳理了党支部、经理层的工作职责,明确各治理主体在每件重大事项中的决策权限,清单化界定各治理主体权责边界。

二是创新推进"互联网+党建"模式。易平方发挥自身平台优势,在"易柚系统"开通党建媒介入口,加强意识形态"阵地"建设,做好宣传思想文化工作。

三是发挥党员先锋模范作用,建设过硬的队伍。当前易平方党员占比为15%,在积极发展党员队伍的同时,不断加强对企业选人用人的领导和把关,抓好企业领导班子建设和人才队伍建设,保证人选政治过硬、作风过硬、廉洁过硬,为贯彻落实灵活高效的经营机制变革提供了强有力的支撑。

三、改革成效

一是经营业绩显著提升,发展质量更高。2020年上半年,易平方实现营业收入1.41亿元,同比增长33.89%,助力华侨城集团高质量发展。在收入结构方面,易平方业务范围目前已拓展至互联网流量经营、版权内容服务、广告媒体平台等多个领域,收入结构、利润来源更加多元化,经营发展更有预期性,已逐步走出利润来源单一的局面。在用户价值转化方面,易平方通过构建"OTT生态共同体"和大数据运营平台,整合各方优质资源,建立用户画像,针对不同渠道特性进行精细化运营,全方位透析用户价值，从而高效实现了用户增长和用户价值的营销变现。2020年上半年，易平方视频业务收入为3 809万元，同比增长71%；毛利润为2 534万元，同比增长17%。其中，影视会员付费（分成前）1.19亿元，同比增长65%。在创新能力和技术水平方面，易平方自主研发"易柚系统"，通过对5大系统、3大引擎的不断研发迭代，逐步构建起了基于"易柚系统"的全链运营技术生态圈。

二是商业模式实现转型升级。围绕"全媒体融合＋多场景延伸，打造基于物联网＋跨场景生态的营销平台"这一核心定位，易平方基于"线上＋线下""创造流量＋经营流量"2条发展路径，通过"场景营销、媒体广告、数字发行"3大业务模式，贯通"家庭、景区、商旅、办公、社区"5大场景，通过全场景的"易术营销"，实现了流量的商业化变现和商业模式向"场景＋用户＋内容"的转型升级。

三是助力"宅家抗疫"实现社会价值。截至2020年6月，康佳易柚智能终端系统累计激活用户达4 400万户，日平均活跃量超2 190万户，月平均活跃量超2 870万户。2020年疫情期间，易平方积极承担央企责任，充分发挥自身平台规模优势，同步推进影视业务与广告业务，为打赢疫情防控"阻击战"贡献了自身力量。在影视内容运营方面，易平方率先上线了"抗击肺炎"相关内容，聚合权威信息报道疫情，直播火神山、雷神山医院建设现场情况，让广大康佳智能电视用户在第一时间就能够及时了解疫情防控信息；在助力湖北用户"战疫"方面，易平方开展了"湖北人民免费看"公益活动，"抗击肺炎"频道每天观看人数达1 025万人，"湖北人民免费看"专题页面3天内点击量突破6 000万次，日均开机时长同比增长13.5%；在广告业务方面，易平方带动中国"智慧大屏广告生态共同体"成员共同推出"战疫情、爱相随""战疫利剑"等多种广告特惠套餐，助力广告主顺利复产、共克时艰。

77

多层次推进激励约束机制改革 激发科技型企业人才活力

西安西电电力系统有限公司

一、基本情况

西安西电电力系统有限公司（以下简称"西电电力系统"）始建于1956年，是中国西电集团有限公司（以下简称"西电集团"）控股上市公司中国西电电气股份有限公司的全资子公司，主要从事交直流输电工程研究、设备成套，直流输电换流阀、无功补偿设备等电力电子设备的研发和制造。西电电力系统注册资本为3.15亿元，2019年年末资产总额约20亿元，从业人员约500人，营业收入约8亿元，利润总额约9 000万元。西电电力系统先后承担、完成了国家多项科研攻关任务，为我国直流输电的发展做出了重要贡献。

近年来，西电电力系统由于激励机制不健全，科技人员的积极性未能充分发挥，现有产品与同行相比同质化且成本偏高，市场份额下降；同时科技创新与市场结合不够紧密，针对新能源、智能配电网等领域研发的一系列新产品市场推广缓慢，企业经济效益下行压力大。自2018年起，西电电力系统以"双百行动"为契机，多层次、全方位推进激励约束机制改革，在企业本级开展项目分红激励，在子企业层面实施员工持股，不断激发人员活力动力,以改革促发展,取得了积极成效。

二、主要做法

作为高新技术企业,人才机制和科技创新是西电电力系统竞争力和高质量发展的决定性因素。西电电力系统"双百行动"综合改革的主要目的是为了充分激发科技人才的主观能动性,使科技人才主动了解市场并研发符合客户需求的产品,主动优化产品并不断提高产品竞争力,主动支持市场开拓并让客户接受新产品,与企业成为"命运共同体"。

(一)推行项目分红中长期激励,激发人员活力

西电电力系统选择在本级推进项目收益分红激励,主要原因:一是项目收益分红激励针对性强,可对企业未来发展的目标领域进行精准激励;二是企业满足项目收益分红的条件(企业各业务领域之间的边界较为清晰,可实现项目核算独立、收支明确)。

1. 围绕战略和市场需求,设立激励项目

西电电力系统打破固有思维,从"自身拥有什么产品"转换到"客户和市场需求什么产品"。在深入分析市场的基础上,西电电力系统结合自身发展战略,对产品和技术进行了全面梳理,及时对缺乏市场前景的产品和技术进行"关停并转",将满足客户同一需求的不同产品和技术整合到一个项目中。最终,西电电力系统选取设立了代表行业未来发展方向和自身业务拓展升级方向的"微电网与智能配电网解决方案""海上风电接入解决方案"2个项目,开展项目收益分红激励。5年激励期结束后,2个项目年收入规模合计占西电电力系统总收入的30%以上。

2. 围绕系统解决方案,组建项目团队

西电电力系统对新产品成果转化慢的问题进行了深入地剖析,从技术与市场结合入手,打破了以往按技术职能分工的传统组织形式,组建了整

体解决方案团队,以快速应对市场和客户需求。西电电力系统从相关领域技术人员中选拔了技术骨干,并纳入从事相关领域市场营销的业务骨干,组建了技术和市场相结合的项目团队;任命了产品经理和业务经理,共同承担提升相关领域的产品竞争力(技术创新、产品质量、产品成本等)和市场竞争力(市场目标、客户关系、营销运作等)责任。西电电力系统对项目人员日常工作分工进行调整,确保骨干人员针对项目专职工作,减少一般人员在其他业务方面的兼职。组建后的项目团队成为决定相关领域业务发展的关键力量,可承接相关领域的销售、利润、创新、履约等指标任务。2个项目合计激励64人,占西电电力系统在岗职工总数的13%,其中技术人员占全部技术人员的41%。

3. 强激励、硬约束,业绩结果与分配强相关

西电电力系统根据自身发展战略,设定了具有挑战性的5年期绩效考核指标,收入和利润年均增长率都在50%以上;在综合考虑员工平均薪酬水平的基础上,设定了符合政策条件的最大化利润分成比例,5年激励总额度约占项目净利润总额的15%,利润分成比例采取逐年递减的方式,兼顾项目初期激励性和项目后期分配的公平性;制定了项目业绩结果与项目利润分成比例相挂钩的团队整体激励规则(项目绩效目标完成的越好,项目团队的利润分成比例越高,反之则越低;低于项目绩效考核目标的60%,当年不兑现分红,连续2年低于60%,取消项目分红);制定了项目经理在团队激励包中的分成比例与项目业绩结果挂钩的激励规则(项目绩效目标完成的越好,项目经理在从团队激励包中的分成比例越高);采取积分制方式(根据项目成员角色、工作量和工作质量计算积分),将团队激励包合理分配给团队成员,并拉大项目团队成员之间的分配差距,提高对骨干员工和绩优者的激励性。

4. 充分沟通，确保公开透明

在方案制定过程中，西电电力系统与项目团队成员进行了多次深入沟通，使项目团队成员充分了解改革激励政策，意识到责任、权利及工作方式的重大改变，项目骨干成员主动参与到方案制定中。项目收益分红激励方案严格履行各项决策程序，同时充分听取职工代表大会意见。西电电力系统通过多次深入沟通，做好未纳入激励范围内的生产、管理职工的思想工作，以"水涨船高"的理念消除心理隔阂，获得了全体职工的广泛认可和支持。

5. 落实授权，健全配套支持和过程管理机制

一是契约化明确项目团队及项目经理在费用预算、绩效考核、经营管理、人员配置等方面的授权，尤其是落实项目经理对项目团队成员的绩效考核权、激励分配权、人员选聘权；二是围绕项目经营运作，优化了企业的营销、研发、采购等业务流程和管理制度；三是建立工作推动长效机制，采取项目组内部双周例会、公司对项目月度计划实施监控、总经理办公会与项目团队进行月度经营分析等方式，落实对项目的运作指导、配套支持措施。

（二）以"现金+期权"方式实施员工持股，探索科技创新、新业务培育新机制

为打通制约企业发展的技术瓶颈，进一步完善产业链结构，建立吸纳利用外部人才的新机制，西电电力系统与国内优秀技术团队合作，采取"现金+期权"的方式积极开展员工持股工作。

围绕企业发展战略目标，西电电力系统和外部科技人员团队协商确定了科技创新预期目标。在此基础上，由西电电力系统现金出资70%的股权+科技人员30%的股权（以科技创新目标为标的的期权）共同设立了科技型子企业。子企业设立后，外部科技人员全部进入子企业工作。在预期

科技创新目标实现后,由子企业向科技人员兑现现金奖励。奖金全部用于科技人员实缴注册资本,实现科技人员持股。

采取新的合资合作方式设立的子企业,建立了规范的法人治理结构,落实了董事会授权,既确保子企业运作符合整体战略规划,又确保子企业具有小微高新技术企业的机制活力。同时,这种方式有利于西电电力系统利用外部人才和留住人才,最大限度地激发科技人员的活力,促进科技研发和成果转化。

(三)推进深层次人力资源机制和组织变革,短中长期激励有机结合

西电电力系统对标国际一流企业,以华为为标杆,引入先进管理理念和管理机制,推进人力资源机制深层次变革,实现短期考核激励和中长期激励有机结合。

一是导向价值创造,全面变革价值评价体系。西电电力系统以客户为中心,以价值结果为导向,重构各部门的KPI(关键绩效指标)和KPA(关键绩效事件),形成客户"考核"业务部门、业务部门"考核"管理部门的考核体系,引导全员面向客户、面向市场;推行全员PBC(个人业务承诺)管理,建立部门主管对员工绩效辅导的长效管理机制,形成了能发挥员工的主观能动性、促进员工个人能力成长的正向业绩考核体系。

二是效率优先,兼顾公平,建立公开透明的薪酬分配体系。西电电力系统全面建立员工职级体系,畅通了员工职业发展通道,实现了员工价值创造、个人成长、收入回报的有机结合;按照绝对考评和相对考评相结合的原则对个人业绩结果排序,引入竞争机制,建立了员工职级"能升能降"、固定工资"能增能减"、奖金拉开差距的价值分配体系;建立了"五公开"(岗位职级、任职资格、个人职级、个人绩效考核结果、劳动态度考核公开)机制,实现业绩考核和薪酬分配的公平、公正、透明。

三是以客户和战略为中心,同步组织变革。在市场和技术职能方面,西电电力系统引入了现代化先进企业的管理模式，如"铁三角"团队"作战"模式，建立了连接市场与技术的市场组织，围绕市场需求重组科技创新功能单元。

此外，西电电力系统将改革延伸到集团内从事国内外电力项目营销和工程建设的兄弟企业（西电国际、西电新能源），共同推进人力资源机制与组织变革。一是促进企业之间的协同，以整体解决方案打开市场，共同促进重大科技创新和市场应用；二是实现考核、激励和分配机制的统一和标准化，促进跨企业的人才激励和人才流动，为集团化人力资源机制变革探索经验。

三、改革成效

西电电力系统通过开展项目分红、技术人员持股、人力资源机制变革等综合性改革，人员活力、技术创新能力得到了提升。2019年，在国内市场总体形势非常不利的情形下，西电电力系统加大对新产品市场推广、海外市场开拓并取得了积极成效，营业收入较2018年增长2.87%。

一是项目分红激励效果初步显现。自2019年年底施行项目分红激励措施以来，在企业的各项配套政策及措施的支持下，西电电力系统团队迅速形成了"科技成果向市场应用转化、新业务发展责任在我"的责任意识和团队氛围。"微电网与智能配电网解决方案"自主研发的新产品中标国家电网有限公司重点研发项目，在直流配电网领域取得突破。"海上风电接入解决方案"团队作为主力，并与兄弟企业合作，中标荷兰相关海上风电柔性直流输电系统研究与成套设计咨询项目，首次走出国门与ABB、西门子、通用电气（GE）等国际先进公司同台竞技，在将智慧电气解决方案推向国际市场的征程中迈出了坚实的步伐。

二是利用外部人才机制探索取得成效。西电电力系统采取"现金+期权"方式组建的小微科技型子企业,在混合多端直流输电工程控保系统的研发方面取得重大突破,完成了电力系统控保软硬件平台自主研发任务,解决了公司在控制保护系统技术方面的短板,目前正瞄准电力物联网领域持续发力。

三是人力资源机制和组织深层次变革逐步调动员工积极性。西电电力系统全体员工的市场意识大大增强,积极拓展新业务,抢抓国内市场,向国际市场"进军";尤其是与兄弟企业建立了市场与技术紧密合作的关系和机制,成功中标菲律宾直流联网工程,实现了海外市场的重大突破。

西电电力系统围绕健全激励约束机制开展综合改革,通过打激励"组合拳",建立科技型企业人力资源新机制,充分激发员工活力,实现科技创新对市场的快速反应,为西电集团先行摸索出了一条可复制、可推广的改革路径。

78

坚持问题导向 以改革激发企业创新创效活力

武汉中铁伊通物流有限公司

一、基本情况

武汉中铁伊通物流有限公司（以下简称"中铁伊通"）成立于2004年，是中国铁路物资集团有限公司（以下简称"中国铁物"）的物流板块与日本伊藤忠商事株式会社旗下的伊藤忠（中国）物流集团共同出资组建的围绕生产型企业与铁路综合物流服务2大领域的专业第三方物流企业，是国有控股混合所有制企业。

中铁伊通充分发挥混合所有制企业优势，紧紧依托专业背景深耕生产型物流领域，在精品钢材物流、汽车零部件物流、快速消费品物流、铁路综合物流、进出口物流等板块具有一定竞争优势的核心能力，成为中国铁物发展现代物流的一个专业化公司。近年来，尤其是被列入"双百企业"名单以来，中铁伊通紧抓改革机遇，坚持问题导向，精准施策，在用人用工制度改革、建立市场化激励约束机制、鼓励全员创新创效、进一步加强党的建设等方面稳步推进改革，着力落实落地，取得积极成效。

二、主要做法

（一）积极探索人事制度改革，打通干部"能上能下"、员工"能进能出"的最后"堵点"

一是高管层试行任期制和契约化管理，建立"能上能下"的约束机制。中铁伊通董事会以3年为一个任期对经理层进行聘任并签订契约。契约由聘任合同书、经营业绩责任书组成。董事会依据契约对经理层开展年度和任期考核，并根据考核结果兑现薪酬。同时，中铁伊通对经营业绩考核结果不满足条件，或出现重大决策失误、重大资产损失、重大安全事故、严重违纪违法、业绩连续考核不符合任职要求等否决性事项的经理层成员，终止任期，免去现职，建立能"下"的硬约束机制。

二是在区域业务单元中试点职业经理人制度。中铁伊通聘请职业经理人团队作为区域业务开发团队，通过契约建立团队成员岗位聘任、薪酬分配及退出机制，将公司作为创业平台，吸引行业创效团队共谋发展。目前，中铁伊通针对上海区域业务聘任了一支职业经理人团队，在区域相关业务开发及运行上初见成效。

三是建立员工"进出"的市场化机制，逐步淡化"国有员工"身份。中铁伊通采取"老人老办法、新人新办法"的用人机制，对现在职的43名原"国有员工"通过加强职业与岗位培训提高技能，对新进员工全部采取市场化招聘。其中，2018年至今，以市场化薪酬对标方式引进紧缺人才、应届毕业生储备干部共11人。因绩效不合格，经培训、转岗仍无法胜任岗位要求或严重违反公司规章制度而依法解除劳动关系的人员共4人，落实了市场化的用人用工体系。

（二）逐步建立与市场化相适应的激励约束机制

一是高管层试点以业绩为导向的当期激励和增量分红机制。总经理的绩效年薪与公司整体经营业绩挂钩，副总经理的年薪打破改革前单一与总经理年薪按比例挂钩的限制，变为绩效年薪与分管业务的利润完成情况挂钩，职能副总绩效年薪与分管部门数量、年度重点工作数量及年度考评结果挂钩。改革后，中铁伊通经理层浮动的绩效年薪占年度薪酬比重平均超过75%，经理层内部薪酬差距进一步拉大至2倍以上，真正建立了以业绩为导向的薪酬激励体系。针对超额完成的增量利润部分，经理层可提取一定的比例进行分红。为约束经理层短期经营行为，绩效年薪与增量分红实施延期兑现。新机制有效调动了经理层人员不断开拓市场、提升经营管理水平的积极性，鼓励经理层提升公司发展质量、注重中长期发展战略的实现。

二是各业务单元建立有约束的全业绩挂钩机制。中铁伊通业务团队负责人每年层层签订经营责任书，设定利润基准值与目标值，明确约束性事项，根据实际完成利润情况核兑年薪，薪酬水平与利润直接挂钩，业务部门负责人之间的薪酬差距可达2～3倍。业务团队按利润完成情况计提绩效奖金包并进行二次分配。中铁伊通每年根据业务发展情况适时调整机制，并鼓励业务单元制定灵活的内部绩效机制，经审批备案后实施。

三是创新职能部门薪酬决定机制。针对公司职能部门存在的"大锅饭""死工资"现象，从2019年开始，中铁伊通职能部门负责人每年需签订经营业绩责任书，设立全年重点工作任务目标，以目标完成情况进行季度、年度绩效考核，考核结果与季度、年度绩效薪酬挂钩，并作为下一年薪酬调整的依据，打破了以职务职级定薪的"固定"模式。

（三）释放创新创效活力，不断增强企业核心竞争力

一是在全公司范围内大力推行以"项目负责制"为基础的经营管理创新。中铁伊通尽可能"微"化每一个业务的核算单元，激发项目团队每一位员工参与业务开发与项目管理的主动性，促进项目团队更加关注项目收益，灵活应对市场变化，不断提升经营管理效益。

二是不断推进物流模式创新。近年来，中铁伊通积极推进公铁、水铁等多式联运业务，同时与客户深入开展了直送、托盘化运输等物流业务模式，为客户降低综合物流成本贡献价值。中铁伊通积极响应国家"一带一路"倡议，打造国际、国内班列、班轮等物流公共产品，促进了国际进出口贸易的双向流动。

三是推动装载技术创新。中铁伊通紧紧围绕生产型领域物流需求的特点，在海运、铁路运输、公路运输的物流装载技术方面进行了一系列的创新研发，相继在水运、汽运装载技术方面取得了2项国家实用新型专利，获得了客户的认可与好评。

（四）以高质量党建保障企业高质量发展

一是进一步加强党的领导，将党建工作总体要求写入公司章程。中铁伊通经与日方股东进行深入交流沟通，获得了日方股东的充分理解与支持，于2018年完成了将党建工作相关内容写入公司章程的工作。

二是将党建作为"硬指标"纳入领导班子考核。中铁伊通经理层及中层管理人员在签订年度经营责任书的同时，将党建工作作为重要内容，并签订党风廉政建设责任书，落实"一岗双责"，层层压实责任。

三是创新党建工作形式。针对公司外部项目点多、党员分散的特点，中铁伊通将党建知识、党组织活动、党课学习等联网、上线，搭建了"云上"党支部。

三、改革成效

一是"混改"成果丰硕。中铁伊通自2004年成立以来，作为一家国有控股的混合所有制企业，充分发挥混合所有制体制机制优势，实现了销售收入和利润的持续增长，净资产收益率持续保持在15%~35%，员工平均收入增长了500%。2019年，在严峻的外部环境下，中铁伊通实现销售收入超过4.19亿元，较2018年增长23%，创下历史新高。

二是竞争能力提升。中铁伊通核心能力进一步突出，集成服务能力、一体化综合物流解决方案能力持续提升，成为公司发展的基石。中铁伊通积极参与国家铁路重点工程建设，包括中老铁路、匈塞铁路等工程的物流组织及基地运营管理、铁路建设物资运输与配送工作。其中，中铁伊通中老铁路项目自运营以来，负责全线 3 个物资储备基地的运营管理，圆满完成了共计 30 余万吨的铁路建设物资设备的供应任务并达成了各年度安全生产目标。中铁伊通进出口物流、钢铁物流、快速消费品物流、铁路综合物流等板块业务规模持续增长。其中，2019 年，中欧班列业务走出武汉、布局西安，成功首发武汉至拉脱维亚里加、俄罗斯克列西哈、塞尔维亚等线路班列，利润增长 63%；钢铁物流深化与中国宝武、浦项公司、中粤公司等核心企业合作，实现收入、利润双增长；快速消费品物流板块在既有业务增线增量的基础上，成功引进以化妆品、服装、婴幼儿卫生用品等产品为主的快消品仓配一体化业务；铁路工程物流在抓好中老铁路物资储备基地安全稳定运营基础上，延伸服务链条，成功开发了上游供应商的直送业务并取得成效。

三是勇担社会责任，助力疫情防控及复工复产。在 2020 年疫情期间，中铁伊通在保证员工做好自身防护的前提下，积极参与武汉市防疫及民生保障物资的应急运输，境外捐赠的防疫物资通关、收货、分发、配送等相关志愿者服务工作，以及中国宝武等重点客户和中老铁路、匈塞铁路等重点工程的保产保供工作。此外，中铁伊通助力疫情期间武汉的中欧班列首发任务，承担了首发班列 50% 的集装箱集货、装箱、报关报检等相关任务，以及首列"中国—塞尔维亚"中欧班列的双向运行相关任务。中铁伊通在疫情期间的工作得到了相关单位和部门的高度认可。与此同时，中铁伊通全体员工团结一致、攻坚克难，以最快的速度恢复生产经营活动，2020 年上半年实现销售收入 20 636 万元，同比增长 11%；实现利润 832 万元，完成年初预算进度的 45%。中铁伊道 2020 年上半年生产经营效果好于预期，为完成全年各项生产经营任务打下了良好的基础。

随着综合性改革的全面深化，中铁伊通企业及员工创新创效活力进一步增强，为深入推进综合改革、实现企业高质量发展奠定了良好的基础。

79

强化改革激励 加快科技创新

中铁物轨道科技服务集团有限公司

一、基本情况

中铁物轨道科技服务集团有限公司(以下简称"中铁物轨道集团")是中国铁路物资集团有限公司(以下简称"中国铁物")于2016年重组设立的专注于服务铁路和城市轨道交通市场的专业化企业集团,注册资本为13.15亿元。中铁物轨道集团是中国铁物的核心成员企业,也是助力"交通强国、铁路先行"和服务全国铁路轨道交通建设与运营的有机组成部分,拥有辐射全国的铁路物资集成供应网络和轨道交通运维服务体系,在铁路线路物资设备供应链集成服务领域具有领先优势。其几乎覆盖国内所有钢轨、焊轨、道岔等生产厂商的质量监督体系,是铁路线路质量安全的重要屏障,在铁路高速打磨、轮轨保护技术等领域引领行业填补了国内空白。但中铁物轨道集团在发展过程中也面临着业务领域向产业链中高端延伸不足、新技术尚未实现规模产业化发展,以及经营创效活力不足等突出问题。通过深入学习调研,中铁物轨道集团以"双百行动"综合改革为契机,清晰改革方向,细化改革措施,进行了一系列有益的探索,加快向"一流轨道产业集成服务集团"的愿景目标迈进。

二、主要做法

近年来,中铁物轨道集团以深化"双百行动"综合改革为契机,通过实施分类管理、分类改革、分类考核,着力健全市场化考核激励,创新研发投入与产出机制,并以高质量党建引领业务创新发展。

(一)持续优化股权多元化、"混改"企业的治理方式,有效实现股东优势互补

中铁物轨道集团围绕优势主业和核心客户,先后与包钢、郑州铁路局、德国福斯罗公司等建立了合作关系,通过合资合作成立的所有参(控)股企业均实现了国有资产保值增值,保障了股东权益,实现了稳健发展。

一是落实章程和协议。中铁物轨道集团充分尊重股东合资协议,进一步提升了公司章程在公司治理中的重要作用,最大限度地放大了国有资本效能。

二是明晰选派人员、经理层的权责。中铁物轨道集团将优化资本结构与调整运营机制共同推进,规范了股东决策程序,持续完善董事会议事规则,强化了董事履职管理考核,通过科学有效的薪酬分配和激励体系,为激发经理层干事创业提供了机制保障。

三是坚持投资战略导向,促进发展成果共享。中铁物轨道集团围绕投资预期目标,进一步优化、固化各方共赢的机制:控股企业包钢中铁作为唯一设在钢厂内的长钢轨焊轨生产厂,成为国内16家焊轨基地中焊接能力、技术创新持续领先的生产加工基地;参股企业中原利达融合各方股东优势,巩固了扣配件领域市场,进一步拓展了铁路相关产品市场空间。

(二)推广实施超额利润分享和创新激励计划,有效激发团队经营活力

一是面向经理层成员、关键技术岗位、经营管理人员和业务骨干,推广实施超额利润分享奖励。中铁物轨道集团在推行全面绩效考核体系的基础上，针对市场化业务板块实施了超额利润分享计划，首先根据各公司前3年完成利润总额的加权平均值确定基准值，对于超出基准值的部分，按照不同梯次、比例分别计提超额利润奖励。

二是"一企一策"制定业绩考核方案，并在面向技术服务板块的业绩考核方案中，设立了科技创新、新业务开发等专项指标。中铁物轨道集团引导经营团队不仅要关注短期财务和业务指标结果，而且要注重经营管理过程和创新成果的持续改善和提升。

（三）坚持分类管理、分类改革的原则，完善市场化经营机制

作为商业二类子企业，中铁物轨道集团坚持围绕铁路重要物资供应服务，促进经济效益和社会效益有机统一。与此同时，为激发经营活力，中铁物轨道集团结合实际、因企制宜，明确了分类管理、分类改革的原则。

一是在所属科技类全资子公司技术公司、运维科技公司完成经理层成员任期制和契约化管理，出台了技术公司、运维科技公司经理层任期制和契约化管理工作方案并推进实施，完成了相关聘书和绩效考核责任书的签订。

二是在完全市场化的子公司率先试行了职业经理人制度，出台了《中铁物轨道集团关于组织开展职业经理人试点工作方案》及职业经理人岗位、薪酬、绩效考核等系列配套制度，为规范开展相关工作提供了制度遵循。

三是根据不同企业功能定位、业务领域分别制定了总部员工、分公司、子公司绩效考核与薪酬管理办法，确保企业负责人和各单位薪酬分配与考核结果强挂钩，特别是鼓励上不封顶的增量分红与市场化经营业绩提奖政策的实施，大大加强了创效激励力度。

（四）创新研发体制机制，打造科技市场化改革新引擎

中铁物轨道集团将改革科技创新机制、促进科技成果转化应用作为完善市场化经营机制的重要抓手，努力打造"轨道科技"创新品牌。2019年，为推进铁路线路运维技术研究中心的市场化运营，创新市场导向的研发产业化机制，中铁物轨道集团在原研究中心的基础上设立了运维科技公司。目前，运维科技公司技术服务已经实现了国铁集团所属18个铁路局及"八纵八横"高铁干线的全覆盖，形成了覆盖全国的技术服务网络和业务终端，行业影响力和品牌价值持续提升。

为加快技术创新和产业化进程、提升无形资产效能，中铁物轨道集团将BT（建设＋移交）模式创新引入信息化工作，通过设立大数据中心，实现了信息服务的建设和运营相分离，进一步理顺了研发投入与产出机制。目前，中铁物轨道集团通过研发"钢轨全项目检测数据分析系统""铁路线路动态添乘数据分析系统""钢轨使用状态综合评定算法"，已成功助推了高铁全项目检测和普速线路钢轨使用状态评估两项新业务的开展。

（五）推广建立面向产业链的党建共建模式，以高质量党建引领企业创新发展

中铁物轨道集团创新党建工作思路，形成了"以党建创新促业务创新"的工作机制；试点建立了"以基层党组织为支点，与产业链企业建立党建合作"的"党建联盟"合作模式，在有效探索党建工作与业务合作有机结合方面形成了自身特色。中铁物轨道集团党建共建模式的复制、推广有效聚合了产业链上下游资源，为企业创新发展提供了有力支撑：一方面，以市场为导向大大提升了创新效能；另一方面，通过实现客户价值增值，进一步增强了客户粘性。近年来，通过充分发挥基层党组织的战斗堡垒作用，推进党的领导和党的建设向基层延伸，中铁物轨道集团党委及所

属党支部分别与鞍钢、攀钢、武钢等合作伙伴,以及哈尔滨铁路局、济南铁路局等客户单位所属党支部签订了"总部—分支机构"多层次的党建共创协议,显著提升了基层党建工作活力,实现了党建、业务"双促共创"。

三、改革成效

一是提质增效、转型升级成效显著。中铁物轨道集团的组建,本身就是中国铁物改革发展的产物。2017年至2020年上半年,中铁物轨道集团累计实现营业收入337.51亿元,年均营业收入比2016年增长9.24%(为保持口径一致,相关指标数据均不含装备物资公司,下同),年均利润总额比2016年增长31.89%;2019年,中铁轨道集团市场化业务创利占比达到42.3%,较2017年提高了13.4个百分点,发展新动能持续增强。

二是助力"交通强国、铁路先行",科技创新成果转化成效显著。中铁物轨道集团推动建立了钢轨保护技术标准及规范,开发了一整套拥有自主知识产权的个性化钢轨廓形打磨理论、实施方法和服务流程,填补了国内技术空白;主导实现了廓形设计与打磨技术的产业化应用,对于提升铁路工务运维服务质量、促进钢轨保护技术创新与推广运用发挥了示范带动作用。中铁物轨道集团质量监督技术服务首次走出国门,服务国家"一带一路"倡议。中铁物轨道集团对小半径曲线廓形设计及打磨关键技术瓶颈的突破,助力京胶联络线300米半径曲线钢轨使用寿命由7~12个月延长至36个月以上;丰沙线小半径曲线维修成本下降88.46%;大秦线、沪昆线等线路曲线下股钢轨严重磨耗问题得到彻底解决,为更好地服务中国铁路建设创造了较大的经济与社会效益。通过加快核心技术研发步伐,目前中铁物轨道集团已有3家子公司成功申请成为国家高新技术企业。

三是首创的"钢轨全寿命管理平台",推动产业数字化转型成效显著。中铁物轨道集团"钢轨全寿命管理平台"成功入围工业和信息化部"2018

年大数据产业发展试点示范项目",每年为约40万根钢轨及时采购供应提供信息服务;钢轨伤损管理系统融入国铁集团"数字工务"体系建设,覆盖全路钢轨伤损追溯处置作业,为铁路运输安全提供了重要保障。

80

发挥金融服务功能　助力央企高质量发展

国新资本有限公司

一、基本情况

中国国新控股有限责任公司(以下简称"中国国新")自2016年开展国有资本运营公司试点以来,形成了基金投资、金融服务、资产管理、股权运作和境外投资5大业务板块。国新资本有限公司(以下简称"国新资本")作为中国国新金融服务板块的核心企业,牢牢把握服务央企战略定位,以央企需求为创新导向,充分运用商业保理、融资租赁等金融服务手段,推动党中央、国务院"三去一降一补"、防范化解重大风险等重大决策部署更好地在央企落地,积极服务中央企业供给侧结构性改革。

国新资本在成立之初就坚持市场化经营理念,在2016年运营首年即探索实施了超额利润分享机制与薪酬和风险捆绑的递延机制。国新资本通过开展"双百行动",进一步找准并紧盯企业短板和弱项,从问题出发精准发力、持续发力,破除改革的思想障碍和制度藩篱,探索破解重点、难点问题的方法和路径,强化正向激励,充分调动各类人才的积极性;根据自身功能定位、行业特点、发展阶段和竞争程度,将自身存在的问题、改革目标与国企改革"政策包""工具箱"及其他企业的成熟经验、做法实现精准对接、系统集成,实施个性化、差异化、多样化的综合性改革。

二、主要做法

国新资本以积极、稳妥地推进股权多元化和混合所有制改革为主要路径，健全企业法人治理结构，加快完善现代企业制度，全面提升公司运行效率和市场化、现代化经营水平；以完善市场化经营机制为关键抓手，健全激励约束机制，充分调动广大干部职工的积极性、主动性和创造性，持续激发公司改革发展的内生活力；以加强党的领导和党的建设为根本保障，传承"红色基因"，发挥央企金融服务平台作用，助力央企改革发展。

（一）稳妥推进混合所有制改革，健全企业法人治理结构

国新资本按照"三因三宜三不"的原则，通过"引资+聚源"，在国新资本各个股权层级发展混合所有制经济，坚持"混"得充分、"混"得规范、"混"出效益；引入有利于企业发展的战略投资者，充分发挥战略投资者的渠道、资金及业务优势，多方联动开展业务，吸收更先进、更符合市场方向的管理理念与方法，不断完善公司治理结构，促进规范化、市场化、专业化、集团化运作；充分尊重功能公司的独立市场主体地位和法人主体地位，通过规范的法人治理对功能公司充分授权，不直接干预功能公司日常经营管理。

国新资本将所属主要功能公司国新保理"混改"作为突破口，推荐国新保理入选国有企业混合所有制改革第四批试点企业，在加快完善法人治理的同时，多种途径稳步推进混合所有制改革。一是切实落实董事会职权。国新保理通过聘任独立董事、职工董事，修订公司章程，合理配置派出董事、独立董事和内部董事，建立了规范的运作程序和机制，逐步构建了各司其职、有效制衡、协调运转的多元化董事会，落实董事会在战略管理、重大经营决策等方面的决策权，进一步提升了公司治理水平。二是国新保理联合社会资本设立了混合所有制专业子公司——国新久其数字科技

公司（以下简称"国久数科"），在国新保理子公司层面实现了混合所有制。国久数科主要定位于服务商业保理行业的金融科技公司，通过SaaS（软件即服务）化、平台化的模式，实现商业保理公司、相关金融机构和供应链上下游多方互通，成为具备"科技创新能力+平台运营能力"的新型保理科技公司。三是国新保理积极探索引入能实现优势互补、有望形成深度协同效应的供应链金融上市公司作为合作对象，稳妥地推进"混改"工作。

同时，在国新资本并表范围内的3家公司中，国新汇通保险经纪有限公司（以下简称"国新保险经纪"）引入保险经纪行业各项指标在市场排名中处于前列的民营保险经纪公司持股40%，并推行完全市场化的运作，放大了国有资本功能，提升了企业运行效率。

（二）不断健全市场化管理机制，建立健全职业经理人制度

国新资本建立了市场化选聘、契约化管理、差异化薪酬、市场化退出的人力资源管理机制，不断丰富人才引进方式，通过市场化选聘、内部推荐等多元化的招聘渠道，成功延揽160余名教育背景优秀、从业经验丰富、能力素质较高的人员，形成"满足发展需求、具备培养空间"的人才梯队；针对关键岗位，创新采用"外部招聘+内部竞聘"相结合的方式筛选人才，加大所属功能公司领军人才的引进和储备力度，配齐配强领导班子；大力培养选拔优秀年轻干部，对看得准、有潜力、经过实践考验的优秀年轻干部，及早放到关键重要岗位压担子、交任务，激发企业的活力和动力。国新资本35岁及以下中层管理人员有10人，占全体中层管理人员数量的42%；45岁及以下高级管理人员有7人，占全体高级管理人员数量的54%，人才结构竞争优势明显。国新资本加强中层管理人员管理，在公司全系统中建立中层干部定期集体谈话机制，充分发挥中层干部"中流砥柱"作用；建立挂职交流制度，加强本部与所属功能公司之间人才双向流动,共实现内部横向挂职、交流10余人次;强化本部和所属功能公司的双向考核力度,将出资企业服务满意度评价纳入本部中层干部考核体系,对功能公司负责人年度考核谈话工作中收集到的意见及时做好沟通、反馈并在执行中进行整改,形成管理闭环。

(三)建立差异化动态调整的薪酬机制,持续优化激励约束措施

国新资本建立了以基本工资为保障、以绩效工资为驱动、以超额绩效薪酬为激励、以薪酬递延为约束的动态薪酬体系,打破了"薪酬只升不降"的陈旧观念,将绩效工资和超额利润激励与目标责任制100%挂钩,持续优化分配机制及约束措施。一是在功能公司全面推行超额利润提奖机制,从年度超额净利润中提取一定比例汇入"奖金池",以业绩作为唯一标准进行分配,薪酬与业绩实现有效挂钩,打破了"大锅饭"。二是建立多维度的考核体系,不断丰富绩效评价工具与措施,用好试用期考核、年度综合绩效考核、劳动合同续签考核等各项考核硬措施,强化结果运用力度,在国新资本全系统深化末位优化制度落实落地,进一步发挥赏罚分明机制在队伍建设、工作风气等方面的牵引作用;对党忠诚、苦干实干智干者可连年评优、晋级、提薪,不忠诚、不担当、不作为者则降职、降薪,并依法刚性优化,已累计对8名员工采取降薪措施,真正实现了薪酬"能增能减";对于考核等级为"C"及以下的人员依法合规进行刚性调整,历年平均非主动离职率达到8%,用人环境得到进一步改善。三是强化资产损失追究制度,推动资产损失及重大风险责任追究与薪酬递延机制全覆盖,确保每一笔损失、每一项风险都能责任到人,保障国有资产保值增值。

(四)强化基层党组织建设,开创党建工作新局面

国新资本不断突出基层党组织的政治功能,提升组织力。2018年年底,国新资本党支部调整为党总支,在主要功能公司成立了党支部。2020年,国新资本积极推进党总支调整为党委并设立纪委,进一步发挥"把方向、管大局、保落实"的领导作用；在本部成立了党群工作部，选优配强专职党务人员；构建党建工作新机制，探索推行"党建+"模式，将党建与公司治理、风险防控、科技赋能、廉政文化、监督机制进行有机结合，全面提升了党建工作质量。

三、改革成效

通过开展"双百行动"综合改革，国新资本改革发展的内生活力和动力得到持续激发，经营业绩实现较快增长。截至2020年6月末，国新资本总资产为648.01亿元，同比增长22.57%；累计实现营业收入16.04亿元，同比增长14.95%；计提减值前利润总额5.46亿元，同比增长31.46%；年化资本回报率达到11.07%。在资金端，国新资本自主融资能力进一步增强，建立了低成本、多元化的融资体系；在资产端，国新资本产品核心竞争力逐渐提升，差异化、特色化竞争优势进一步凸显；在信息化端，国新资本嵌入金融科技，为央企提供一站式线上服务的能力进一步增强。国新保理持续保持行业龙头地位，国新租赁成长为最具央企产业链业务特色和优势的融资租赁公司，国新保险经纪呈现良好发展势头，国新资本品牌知名度持续提升。

国新资本坚持以服务央企为定位，金融服务能力不断提高，在推动中央企业降杠杆、减负债、压库存，促进高质量发展过程中发挥了积极作用。截至2020年6月末，国新资本累计向28家央企所属的106家子企业、4家地方国企及1家非银行金融机构投放了2 029笔保理融资款，惠及核心企业及上下游产业链单位3 570家，受让底层交易资产13 600余笔，风险可控在控；累计向30家央企所属102家单位提供了价值超过600亿元的融资租赁服务，其中存货优化项目投放168亿元保理融资款，帮助12家央企实现存货优化；在去产能方面投放94亿元保理融资款，在补短板方面投放98亿元保理融资款，有力地服务了央企提质增效和转型升级。

81

探索国资监管与市场化机制有效结合的基金运作模式

中国国新基金管理有限公司

一、基本情况

中国国新基金管理有限公司（以下简称"国新基金管理公司"）是中国国新控股有限责任公司（以下简称"中国国新"）基金业务的统一管理平台，也是中国国新以"管资本"为主，推动基金系列化、差异化、协同化发展，实现基金市场化运营和落实国有资产监管的重要抓手。国新基金管理公司作为"双百企业"之一，围绕"打造国际知名、国内一流的国新系基金"的目标，秉承"专业创见未来"的发展理念，积极推动综合改革，探索出了一套国资监管与市场化机制有效结合的基金运作模式，为中国国新通过基金投资开展国有资本运营公司试点积累了有益的经验。

中国国新始终将基金投资业务作为开展国有资本运营公司试点工作的重要抓手，开展了一系列探索、实践。2014年，中国国新设立了国新系第一支市场化运作、专业化管理的私募股权投资基金——国新科创基金。2016年8月18日，为贯彻落实习近平总书记重要指示精神，按照国务院国资委工作部署，由中国国新发起设立的中国国有资本风险投资基金（以下简称"国风投基金"）挂牌成立。以此为契机，中国国新基金业务取得了快速发展。截至2019年年末，中国国新形成了以国风投基金为核心，包括国新国同投资基金、国新央企运营投资基金、国新建信股权投资基金、国企改革"双百行动"发展基金（以下简称"双百基金"）及国新科创基金在内的国新系基金，基金总管理规模超过7 000亿元，首期募集规模超过2 800亿元，系列化、差异化、协同化的国新系基金板块初步形成。

二、主要做法

中国国新基金业务板块以"运营管理、风控合规、赋能协同"为3条业务主线，按照"以管资本为主、依托治理结构、坚持专业判断"3个治理原则，依托"管理授权、业务指引、评价报告"3大核心机制，以"党建引领、文化塑造、团队建设"为3个重要保障，全力打造"LP（有限合伙人）生态圈、GP（普通合伙人）生态圈、公共事务生态圈、投后赋能生态圈、被投企业生态圈"5大生态圈，充分发挥合伙制市场化优势，初步摸索建立了一套具有国有资本运营公司特点的基金运营管理体系，建立健全了国资监管与市场化机制有效结合的激励约束机制，创新性地开展了混合所有制企业党建工作，取得了积极的成效。

（一）以基金投资作为国有资本运营试点的重要抓手

国有资本运营公司没有主业限制，主要以提升国有资本运营效率、提高国有资本回报为目标，通过股权运作、基金投资、培育孵化、价值管理、有序进退等方式，引导和带动社会资本共同发展，实现国有资本合理流动和保值增值。国新系基金充分发挥合伙机制的优势，将智力与资本进行有效结合。市场化智力资本GP的优势在于判断专业、对市场敏感、对竞争的理解透彻及利益高度一致；国有资本LP的优势在于战略定力、资本雄厚、长期投资及资源配置能力强等。通过合伙制，国有资本与社会资本，特别是智力资本实现了更好的融合。

（二）推动"五个捆绑"激励约束机制，建立"事业共同体"

中国国新基金业务探索建立了"五个捆绑"机制，进一步优化了基金业务的激励约束机制。"五个捆绑"包括股权捆绑、运营成本捆绑、跟投捆绑、超额收益递延捆绑及退出收益捆绑。股权捆绑是指基金管理团队一定级别以上的员工在基金管理人层面持有一定的股权份额，团队与机构共同作为基金管理人的股东，共担风险、共享收益；运营成本捆绑是指基金管理团队一定级别以上员工需承担基金管理人每年一定比例的实际运营成本，以此达到合理使用基金管理人运营费用的目的；跟投捆绑是指基金管理团队对基金所投资项目进行强制跟投，以起到控制项目投资风险、防范利益输送、保障基金合法权益的作用；超额收益递延捆绑是指对于基金管理人收到的超额收益分成，其中分配给基金管理团队的部分进行递延发放；退出收益捆绑是指将基金管理团队薪酬中递延一部分作为退出收益，在基金整体达到门槛收益时再予以兑现。

目前，中国国新基金业务板块已经在国新科创基金二期和"双百基金"实施了"五个捆绑"机制，并根据实际情况在其他基金全面推行。"五个捆绑"机制在基金管理团队和基金间推动建立了充分的风险共担、利益共享机制，将团队个人利益与基金整体利益进行了深度挂钩，有效平衡了国资监管与市场化要求，使团队与基金真正形成了"事业共同体"，促使团队更好地履行信义义务，努力为基金创造良好的业绩回报，达到"不用扬鞭自奋蹄"的效果。

（三）改革完善考核制度，践行价值创造理念

中国国新基金业务板块以价值创造为目标，以市场化激励约束机制为核心，以考核结果刚性应用为基础，研究制定了一套较为完善的国新系基金考核指标制度，在尊重行业通行做法基础上，引入更能够反映投资成果、保护投资人利益的指标，并兼顾国新系基金不同定位及基金的不同阶

段。一是坚持指标设定及调整与中国国新战略目标及各管理公司定位一致，同时针对不同基金定位设定不同的重点任务指标；二是坚持市场化与国资监管要求相结合，既尊重行业做法，又充分考虑国新系基金作为国有资本主要发起基金的属性；三是坚持定量考核与定性考核相结合，突出定量考核，形成明确的业绩导向；四是坚持强化退出导向，引入投入资本分配率（DPI）指标进行考核，有效改善了"重投、轻管、不言退"现象。

（四）建立制度及报告体系，打造基金运营管理"软实力"

中国国新基金业务板块充分总结近几年来基金运营管理的实践经验，围绕基金投资业务"募投管退"全流程，以及"前中后台"职能分工，形成了全流程运营管理制度体系及报告体系，包含基金设立及退出管理、跟投、复盘制度、投后赋能、项目协同与竞争协调、团队附带权益激励计划等 20 余项核心指引；制定了基金业务评价报告、投资组合分析报告及风险管理报告 3 大核心专业分析评价报告，不断提升基金运营管理水平。制度体系与报告体系将国有资本运营公司运营管理基金的经验进行了有效沉淀，形成了可借鉴、可推广、可复制的有效模式，逐步形成了国新系基金的"软实力"。

（五）高效赋能投后管理，打造国新系基金差异化竞争力

国新系基金依托法人治理结构对所投项目进行投后管理，充分发挥中央企业资源、管理优势，围绕产品、技术、市场、经营管理等维度，通过平台化运作和生态圈建设，区分战略性投资项目和财务投资项目的不同定位，分类制定和实施投后赋能计划。其中，对于战略性项目实施"'一企一策'、全方位、多层次"的投后协同方案，帮助被投企业全面做强做优做大。国新系基金通过投融资、资源整合、市场对接等方式，打造内外部、上下游一体化的产业发展生态圈；对被投企业进行战略定位重塑、内部管理提升、内外部资源整合等一系列投后赋能；积极促进并购的国外先进技术公司与国内产业公司对接，形成协同。2018年1月，国风投基金出资35亿元投资孚能科技。中国国新投资孚能科技后，围绕其上游原材料企业进行协同投资，帮助其对接一汽等知名车企，大力推动其与地方政府和金融机构深入合作。通过投后赋能，孚能科技电池出货量显著提升，与国际一流汽车制造商签订了价值超过100亿欧元的动力电池独家供货协议，是迄今为止全球最大的单笔动力电池供货订单。2020年7月17日，孚能科技成功上市，成为科创板"动力电池第一股"。

（六）加强党的建设，探索混合所有制企业党建新模式

目前，国新系基金在已经投资的106家企业中，非公企业项目有32个，国新系基金为第一大国有股东的项目有17个。针对基金参股投资的特点，基金板块开展专题研究、专项调研，提出了参股混合所有制企业党建"321"模式：3，即3条主线，将参股混合所有制企业党建工作与各基金的投后管理相结合，与专董年度调研活动相结合，与国新系基金生态圈建设相结合；2，即2个平台，组织国新系基金已投企业，以国资委、中国国新对口扶贫的2个县为平台，开展信息扶贫、产业扶贫、红色教育；1，即召集参股混合所有制企业党建负责人每年开展1次集中党建交流，充分发挥中国国新的党建引领和带动作用。同时重点推动国新系基金为第一大国有股东项目的党建工作，探索党建工作新模式，把建立党的组织、开展党的工作作为国有企业参股推进混合所有制改革的必要前提，确保国有资本流动到哪里，党的建设就跟进到哪里，党组织的作用就发挥到哪里。

三、改革成效

中国国新基金业务板块在基金运营管理方面开展的一系列探索与改革实践，已成为中国国新开展国有资本运营公司试点工作的重要经验组成部分，也为国有资本在既尊重市场化规律，又切实满足国资监管要求的条件下开展基金投资业务提供了有益借鉴,并在落实促进科技创新、支持中央企业改革发展及中国企业"走出去"等国家战略方面成效显著。

一是大力支持科技创新产业。国新系基金始终把支持科技创新产业作为重要工作任务之一,通过基金投资方式,广泛涉足国内外创新领域和亮点项目。截至 2020 年 6 月底,中国国新基金业务累计投资战略性新兴产业项目 122 个,投资金额近 1 257 亿元,涉及高端装备制造、生物医药、新能源与新材料、节能环保、新一代信息技术等方面,实现战略性新兴产业 9 个子领域全覆盖。

二是支持中央企业改革发展。中国国新基金业务始终将服务央企改革发展作为重要目标。在国新系 6 支基金中,有 5 支基金在投向定位方面明确了支持中央企业改革发展,其中"双百基金"配合"双百行动",专项投资于"双百企业"。国新系基金以财务性投资为主,先后投资了 20 多家央企的 30 余个重要项目,并联合有关央企发起设立了 9 支子基金,涉及生物制药、高端装备制造、航空航天、新一代信息技术等行业。

三是支持中国企业"走出去"。国新国同基金聚焦支持央企开展国际产能合作、重大国际工程承包、高端制造领域国际并购。截至 2020 年 6 月底,国新国同基金已累计投资 18 个项目,涉及金额近 280 亿元。